中国近代社会史研究集刊（第十辑）

中国社会科学院近代史研究所社会史研究中心主办

近代中国的
民众、民生与民风

郝 平 赵晓阳 主编

中国社会科学出版社

图书在版编目（CIP）数据

近代中国的民众、民生与民风／郝平，赵晓阳主编．—北京：中国社会科学出版社，2022.8

ISBN 978－7－5227－0344－2

Ⅰ.①近…　Ⅱ.①郝…②赵…　Ⅲ.①中国历史—近代史—研究
Ⅳ.①K250.7

中国版本图书馆CIP数据核字(2022)第100489号

出 版 人　赵剑英
责任编辑　吴丽平
责任校对　郝阳洋
责任印制　李寡寡

出　　版　中国社会科学出版社
社　　址　北京鼓楼西大街甲158号
邮　　编　100720
网　　址　http://www.csspw.cn
发 行 部　010－84083685
门 市 部　010－84029450
经　　销　新华书店及其他书店

印　　刷　北京明恒达印务有限公司
装　　订　廊坊市广阳区广增装订厂
版　　次　2022年8月第1版
印　　次　2022年8月第1次印刷

开　　本　710×1000　1/16
印　　张　19.75
字　　数　304千字
定　　价　108.00元

序

2019年7月27—28日，由近代中国社会史学会、中国社会科学院近代史研究所社会史研究中心主办，山西大学历史文化学院、山西大学中国社会史研究中心、山西省历史学会承办的“近代中国的民众、民生与民风暨第八届中国近代社会史国际学术研讨会”在历史古城山西太原召开。参加会议的有海内外学者百余人，其中有远道而来的“美国二十世纪中国史学会”的专家团队，还有来自日本、中国台湾等地的专家学者，更多是全国各地高校及研究院所的中青年学者，可谓高朋满座，济济一堂，讲学论道，讨论交流，又是一次学术盛会。

作为专业学术年会的“中国近代社会史国际学术研讨会”，自2005年首次举办以来，每两年举办一届，至这次会议已经连续举办了八届，跨越十几年。而此次年会半年后即受疫情影响，大型学术会议骤减，迄今尚未恢复，因此这也是疫情前最后的社会史领域大型学术会议之一，而原本计划于2021年举办的下一届年会，从目前疫情尚未完全平复的情况来看，恐怕还需向后推迟。因此，这次太原会议，可说是二三年间本专业领域最近的一次大型成果交流了。

本次会议的讨论主题“近代中国的民众、民生与民风”，是近代中国社会史学会及本届会议承办方山西大学等各参与筹备方共同商定的，考虑到这些议题是近代社会史近年的研究热点领域，同时也是山西大学社会史研究团队的研究重心。东道主山西大学社会史研究中心的老师们，还招待我们参观了他们闻名学界的宝藏——多年来收集积累的山西乡土资料库，望着整个大房间里一排排书柜上难以尽数的资料包，令同行们赞叹羡慕不已，这正是山西大学团队多年来几代人做出一批批优秀学术成果的储备粮仓，也是对大家的激励。

这次会议共收到论文80余篇，多数论文围绕这些论题提出最新研究成果，并在会议上展开交流讨论，内容多样，异彩纷呈。会后依惯例选编本册会议论文集，作为“中国近代社会史研究辑刊”第十辑刊行。受经费和出版篇幅所限，我们只能从中筛选20余篇，占总量不到四分之一，虽然不能反映会议讨论的全貌，但也有一定的代表性。其中涉及的论题也比较多样，大致可归纳为四个方面。如乡村治理与城市治理方面，有汾河流域水利秩序、村落民俗、地方商会、城市规划、城市粪溺处理、东北流民、“烟民”群体等专题研究。关于时代变迁与社会生活方面，有民国男子服饰变迁、京津京剧票友的观察、文人杨守敬的生活、五四时期婚姻问题及自由思潮、外国游客对藏族土司及女儿婚礼的见证、地方女巫神化等专题研究。关于社会与经济方面，有山西文水县农民的商业行为、虞洽卿在上海沦陷时期发起的调节民食活动等专题研究。关于社会与文化方面，有“社会”一词的概念史、温州地方文献、徐宗泽与徐家汇藏书楼的关系、《捐资兴学褒奖条例》、中共劳模文化的溯源等专题研究。

还有不少优秀论文由于正在向学术刊物投稿等，未能收入。但就这些收入的论文，已经可以看到会议上大家讨论的论题，涉及民众、民生与民风相关的多个方面，展现了这一领域研究的新貌与更加多样化的可喜趋向，相信沿着这一趋势的发展，相关研究会走向更深入，并可期待会出现更多、更高水平的新成果。

山西大学历史学院院长郝平，中国社会科学院近代史研究所社会史研究中心主任赵晓阳，二位都是近代中国社会史学会副会长，共同编选了这本论集。他们从众多论文中选择具有一定代表性的文稿、与作者反复沟通、与出版社方面联系等，付出了许多心血和劳动，在此对他们深表感谢！此外还要感谢被收录论文的各位作者，提供自己的最新成果与大家分享。特别是在会议上看到年轻一代学者的活跃面貌和富有的探索创新精神，更加感到信心满满，前途远大，学术事业就是靠我们这样一代代、一步步推向更高水平的发展。

此外，这次山西会议，我们研究团队的老前辈、社会文化史研究的首倡者、十多年来历届年会都活跃参与的刘志琴先生，因年事已高、身体欠佳而未能出席。岂料仅半年后的2020年春，在新冠肺炎疫情的阴霾尚未消退之际，她竟遽然仙逝，留给我们无尽哀痛与怀念。遥想在天国的她，如果能看到这本新论集出版，也会为年轻后辈社会史研究的新成果、看到学术事业后继有人而感到欣慰吧！

是为序。

李长莉

2021年4月

目　　录

国家治理视域下的城市乡村

时代变迁与社会生活

经济生活与文化发展

国家治理视域下的城市乡村

谁主沉浮：元明清时期汾河流域的水利秩序*

周　亚

（山西大学历史文化学院）

《辞海》曰："秩，常也；秩序，常度也，指人或事物所在的位置，含有整齐守规则之意。"对条理、有序而稳定的秩序的追求是自然和人类共同的取向。秩序的构建是多方力量博弈的结果，秩序运行过程中也会招致多方的挑战，在一定条件下秩序也会走向无序，进而发生变动，并重新建构新的秩序，开始新一轮的运行、变动与重建。这一过程中，有哪些因素参与，又有哪个起决定作用？弄清这一问题，对理解社会历史变迁的背景、动能、方向极为重要。

水利秩序是水利社会史研究中的核心问题之一，但以往的研究就"秩序"本身并没有进行细致的划分，对影响秩序的诸多因素也没有放在一个体系中判断和衡量，从而在一定程度上导致了研究的泛化。本文提出将水利秩序分解为用水次序的先后和水权分配多寡两个方面的内容。用水先后即指灌溉顺序的"自上而下"或者"自下而上"；水权分配多寡即指水权在各利益主体之间的分配情况，是以往水利社会史研究中较为重视的课题。在关注水权配置的同时，本文将更多地讨论灌溉次序背后的影响要素。

* 本文系国家社科基金青年项目（批准号：17CZS003）；山西省高等学校优秀青年学术带头人项目（批准号：2018052004）；山西省高等学校中青年拔尖创新人才项目（批准号：2020052002）阶段性成果。

一　环境、宗族、地缘：汾河下游龙子祠灌区的水利秩序

龙子祠灌区位于今山西省临汾市尧都区和襄汾县的汾河西岸，临汾盆地西北部至吕梁山麓之间的过渡地带。其水源为边山地带的大型岩溶泉——龙子祠泉。龙子祠泉又称平水，唐宋以来开始进行大规模的水利开发，宋末，平水被分为十二官河（渠道），名称上有“北河”“南渠”之分。在各渠水量分配上，将泉水分为四十分，南北各占二十分。“北河”是上官河、下官河、上中河、庙后河、北磨河五条河；“南渠”则指南横渠、南磨渠、高石渠、李郭渠、晋掌小渠、庙后小渠、中渠河，共七条渠。这十二条河渠自北向南灌溉临汾、襄陵两县土地。清代，上官河被分支为上官首河、上官二河、上官三河和青城河，形成了支系更为复杂的十六河格局（见图1）。在十六官河中，上官河是北河的代表，南横渠则是南渠的领袖。两条渠道集中反映了龙子祠灌区水利秩序的建构、运行与变

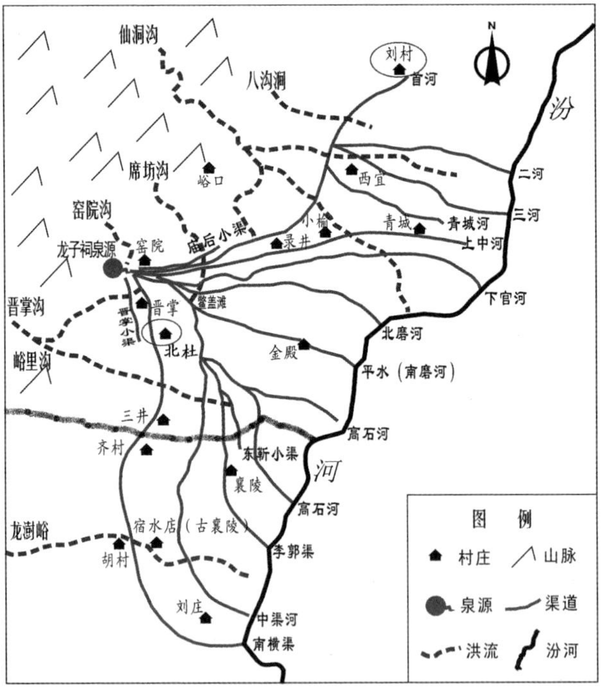

图1　明清以来龙子祠渠系分布

化，在龙子祠水利社会中具有典型意义。

（一）从“自上而下”到“自下而上”：元代上官河水利秩序的变革

与渠道的开创相伴，必有用水秩序的制定。按照唐代全国性的水利法规《水部式》的规定，“居上游者不得壅泉而专其腴”，“溉田自远始，先稻后陆”。但实际情形并非如此，唐宋时代龙子祠各渠均实行“自上而下”的灌溉秩序，即使是官方主持开挖的渠道亦没有按照国家法律行事。韩茂莉曾指出，“由于自下而上的水序是维护灌区秩序、保障全渠利益的最佳选择，因此山陕两地大多灌渠采用这种水序”。[①] 显然，龙子祠灌区的情况是个例外。究其原因，我们认为泉水流量的相对稳定和足够充沛是该区最初施行“自上而下”灌溉次序的根本因素。而当秩序运行不畅时，新的秩序便呼之欲出。

到了元代，上官河“自上而下”的用水秩序终于迎来变革。其原因显然是积弊日久，上游截霸水利而致下游无水可用。如碑文所言：“上官河水利之不均有年矣，其据上流者专其利，地未干而重溉者以月计之率三四次……其住下流者渴其利，时旱暵而水□下……播种□及其时，禾以槁死秕败□□□□□□□□□□□而与斗者百千人，至有致人命于死，数起大狱……数十代。”[②] 用水纠纷直接导致上下游间的械斗冲突而累代缠讼。

变革的契机是一位新官的上任。至正二十年（1360）春，后来成为户部尚书的范国英（字彦卿）从河中府来到晋宁路担任总管。上任之初，便至龙子祠祈祷，途中被“拦驾上访”，状告上官河上游民众霸水一事。范国英旁征博引，比之引汾灌溉之通利渠、丽泽渠均为“自下而上”，决定将上官河用水秩序进行一次大的变革，“自下而上，令行禁止”，并设“四纲”加以制度和技术上的保障[③]。

下游村庄有史以来第一次拥有了优先灌溉权，他们为父母官范国英的善举拍手叫好，为自己赢得胜利欢呼雀跃。但是，这样的胜利果实能保得住吗？

---

① 韩茂莉：《近代山陕地区地理环境与水权保障系统》，《近代史研究》2006 年第 1 期。

② 《兴修上官河水利记》，元至正二十六年（1366）。

③ 《兴修上官河水利记》，元至正二十六年（1366）。

（二）大村望族：明清时期龙子祠水利秩序运行中的核心力量

龙子祠水利社会的水利管理体制在唐宋时代就已形成，其最基础的管理组织是渠长—沟头两级管理体制。元代以来，国家对水利的管理由微观层面向宏观层面倾斜，官方一般只出面干预和处理一些水权讼案、制定或认证相关的渠规水制①。到了清代，“县政府一般是不过问各渠内部的水权分配的”②。官方退出对水利事务的具体管理，渠长—沟头式的民间水利自治组织完全成为乡村水利的管理方式。官方在资源配置中的缺位，为乡村势力染指水权争夺创造了空间。乡村水利秩序的运行更多地依赖于地方社会的自我调节。

所谓乡村势力，是指一个村落的整体势力，包括人口的多寡、精英力量的大小及其掌握社会资源的多少等方面。明清以来，由于水资源的紧张等因素导致的水权争夺情况十分复杂，其中既有集团对抗也有个体对抗。笔者以为，在形形色色的水权争夺中，集团对抗处于主流。这种对抗表现为上下游村与村之间，继而牵涉县与县之间乃至更高层级政区之间的利益分配。在争夺过程中，实力较为雄厚的集团会最终主导水资源的配置。以下结合田野调查所得，以位于上官河下游的刘村和南横渠上游的北杜村为例，将乡村作为一个整体利益集团考察乡村势力对当地水利秩序的控制。

1. 刘村：“以下霸上”格局中的主角

刘村位于临汾市尧都区汾河西岸，《山西通志 · 府州县厅考》记载：“晋以前侯国治汾西古城，今名刘村。”平阳侯国为西汉相国曹参的封国，从公元前 202 年册封至公元前 91 年国除，前后历 112 年。后来，刘村还一度作为平阳县的治所。也就是说，那时的刘村已经成为

---

① 如根据元至正二十六年（1366）《兴修上官河水利记》记载，上官河的用水秩序是在当时总管晋宁路事的户部尚书范中的主持下形成的。明万历四十二年（1614）《平阳府襄陵县为水利事》也记载，平阳府和襄陵县的水利纠纷也是在当地官员高宪的过问下予以解决，并制定了详细的渠规水制。但是，官方退出对公共资源的具体管理，在出现纠纷的情况下才出面干预，很大程度上带有“头痛医头，脚痛医脚”的性质，也使得水事纠纷的解决存在种种问题。

② 萧正洪：《历史时期关中地区农田灌溉中的水权问题》，《中国经济史研究》1999 年第 1 期。

区域的中心[①]。刘村位于上官河的最末端，但却是灌溉最先开始的地方。

上官河“自下而上”用水秩序是在官方的介入和干预下形成的，这一水利秩序能从元代一直维持下来，与刘村的整体实力关系十分密切[②]。刘村能够以下游村庄的身份实现“以下霸上”，除了因为其自古以来就是当地政治、经济、文化的中心外，与其村落中地方精英力量的强大也有很大关系。明清时期的地方绅士，是沟通官与民的中介，他们往往具有功名，有的还有在外做官的经历，这就会使他们拥有多于他人的政治、经济、文化和社会资源，也决定了他们在乡村社会中的话语权。前文已述，明清以来官方逐渐退出了水利事务的日常管理，这就为士绅的活动提供了机会和舞台。刘村地处区域中心，人口众多，世家大族亦不在少数，特别是在明代中后期一度出现烜赫一时的高门显宦之家，对壮大刘村的整体实力影响很大，并利用所拥有的特殊资源、权力或关系网络维持与上游其他村社之间一种“不对等”的水利关系。

刘村士绅势力以张氏家族最为强大。张氏一门，以明代弘治到嘉靖年间张镛、张润父子时最为显赫。直到今天，刘村还保留着张镛和夫人韩氏的陵墓，当地人称为“尚书坟院”“张家坟”。据神道两侧碑刻记载，张镛以山东兖州府汶上县典史之职致仕，“莅位勤能，持身清慎”，正德五年（1510）受封征仕郎、吏科左给事中，累封至中宪大夫、顺天府丞。嘉靖十一年（1532）去世。嘉靖十八年（1539）被加赠通议大夫、户部左侍郎[③]。张镛之子张润，明弘治十一年（1498）中解元，弘治十五年（1502）中进士，任河南宜阳知县。正德二年（1507）被拔擢为给事中，他“论列侃侃有直声，奉敕查□钱粮，一介不取”[④]，后历任顺天府丞、左副都御使、兵部右侍郎、户部左侍郎，曾巡抚宁夏，“积粮练兵，轻徭恤卒”[⑤]，立有边

---

① 事实上，刘村一直以来都是当地的中心。直到民国时期依然如此。1937 年 10 月中旬，受日军攻占大同、威逼太原的影响，中共中央北方局、八路军驻晋办事处南迁至刘村。1973 年临汾县迁驻刘村，1975 年迁驻临汾市。现在的刘村是刘村镇政府所在地，是汾河以西乡镇中重要的政治、经济和文化中心。

② 根据道光七年（1827）《八河总渠条簿》上所提供的上官河渠长信息，直到道光年间，上官河下游的渠长仍由当时的南刘，即刘村人担任，这表明了刘村在当地水利秩序中的地位。

③ 参见刘村尚书坟院内碑刻两通。分别为明正德五年（1510）四月二十一日皇帝敕封张镛的圣旨和嘉靖十八年（1539）十二月二十五日皇帝再次封赠张镛的诏书。

④ （清）邢云路纂修：《临汾县志》，康熙三十五年（1696）刻本。

⑤ 参见刘村尚书坟院嘉靖二十一年（1542）碑刻一通。

功。先后担任工部、户部、吏部尚书，明廷赠太子太保，谥号“恭肃”。张镛、张润父子长期在外为官，特别是张润，官至尚书，位极人臣，显赫的家族势力自然会成为刘村人引以为荣的功业，也自然会成为他们巩固自身在水利社会中话语权的资本。

需要指出的是，张氏家族在控制当地水权的过程中，也出面主持兴修水利，这些事功对于稳定上官河“自下而上”的用水秩序发挥了作用。张润之兄张滋，因其为长兄，故称为“长公”。嘉靖四年（1525），上官河堵塞，张长公组织民众进行疏浚，“溉田二万有奇，利及三十六村”①，为张家赢得了崇高声望，缓解了上官河上下游村庄因水事纠纷而造成的紧张关系，时人盛赞“于乎上官河其永矣”②。

另外，刘村还是上官河历代渠长所产生的村庄之一，这种制度安排对刘村之于用水秩序的维系赋予了先天的优势。

但秩序从来不缺乏挑战。张润、张滋的时代过去后，“浇地秩序更加混乱，经常发生浇地争执和打架斗殴事件”③。界峪、青城、泊庄、涧头等村落对刘村“以下霸上”的行为越发不满，联名进行控告，“自县府道司以及巡抚衙下，无不俱控至”，但最终因刘村强大的势力不了了之。当地诸如“尉秉楠争水”等传说故事也在这种背景下产生并流传至今。

由此可见，刘村“以下霸上”的水利秩序，固然在其形成之初是官方干预的结果，但在其后长时期的水权资源配置中，处于地理位置相对劣势的刘村能够长期维持水资源的优先配置，关键还在于其村庄力量的强大和村庄望族的存在。相应的，位居上游者始终对刘村的用水“优先权”心怀不满，其权威稍有变动，便会借机进行挑战，动摇无果，则积怨愈深，成为水利社会中的不稳定因素。

2. 北杜村：精英崛起与“世袭霸水”

与上官河不同，居南河领导地位的南横渠始终实行“自上而下”的灌溉次序，从未发生变动。但这并不代表上下游间的长期“和平共处”，相反，下游民众对上游村庄恨之入骨，从未间断对现有秩序的挑战和破坏。因为该渠灌溉临汾、襄陵（今襄汾县）两县土地，上下游间的“斗争”又

① （清）高塘、吴士淳修：《临汾县志》，乾隆四十四年（1779）刻本。

② （明）吕楠：《平阳府重修平水泉上官河记》，嘉靖五年（1526）。

③ 参见尉晨光、尉清华《尉秉楠争水记》，《尧都村镇风情》，第825页。

往往形成两县之间的矛盾，秩序维系与否，变革与否，就显得更为复杂。

与刘村一样，南横渠上游的北杜村也同样是渠道上“霸水”的主要力量。明万历四十二年（1614），在平阳府知府主持下，临汾、襄陵两县为了平息一直以来上、下游村落之间的水利纷争，规范用水秩序，曾制定了《平阳府襄陵县为水利事》，这一材料对南横渠各村落用水的水程做了明确规定：南横渠“定为上下一十三沟”，实行“自上而下”灌溉，并对上下游各村的用水时间、比例都做了清楚的规定①。但在之后数百年具体运行中，由于上游所处的地理优势，加之地方望族的插手，使得这套规定很难真正执行。

北杜村是上游村庄“霸水”的主要力量，一直以来都是南横渠上最大的村落之一。当地老人回忆，北杜村在1949年前人口已将近一千人，属于当地大村，与刘村一样属于区域的中心②。北杜村位于南横渠上游，控制着上游五个陡口中的三个③，地理优势得天独厚。

除了村庄规模和地理位置上的优势外，北杜村内精英力量的崛起同样引人注目。清代中晚期，来自临汾县枕头村的徐氏家族迁入北杜村，以其掌握的各类资源和运作能力成为南横渠上下游一系列争水斗争中乡村势力的代表。据《徐氏家谱》记载，徐家第九代先祖徐钟秀从枕头村迁到北杜村，开启了北杜徐氏的历史。徐氏家族不同于单纯以出租土地为生的地主家庭，而以重视教育、耕读传家名重于当地。徐钟秀生子徐砥平，曾中举人，徐砥平生子徐飞明，光绪朝后期中进士，任山东德州知州，徐家势力臻于兴盛，成为北杜村首屈一指的望族。徐飞明生有三子，即徐家第十二代，徐家势力在这一代人手中达到全盛④。这三兄弟在村民中间享有很高威望，村民有“大哥二叔三爷爷”之说。此说指的是长兄徐鹤龄性格软弱、文化不高，主要以出租土地为生，当地人称之为“大哥”；而徐同龄则曾担任过渠长、村长、水利局干事，较之乃兄拥有更大的势力，因而被

① 《平阳府襄陵县为水利事》，明万历四十二年（1614）。

② 抗战期间，北杜村曾是二战区的编村，管理三景村、西杜村，中华人民共和国成立后曾设立北杜管理区，仍管辖三景村、西杜村，后又成为龙子祠人民公社所在地，因而北杜村在相当长的历史时期内一直处于所在区域的中心位置。

③ 这五个陡口分别是，神仙陡门、郭家陡门属于北杜村以北的晋掌村，泰山陡门、中陡口、吃水陡属于北杜村，分别灌溉农田1000多亩。

④ 参见徐靖华等编《徐氏家谱》，内部资料，2012年。

称为“二叔”；徐长龄因近视又被称为“三瞎子”，他于并州大学法政专业毕业后长期在临汾县任职，一度担任国民党临汾县党部书记长，被称为“三爷爷”，是庇护北杜村的主要力量①。

村庄的区位优势和精英力量使北杜村具备了强大的集团力量，在灌溉中素有“三不浇”之说，即刮风不浇、下雨不浇、黑夜不浇。显然，所谓的“三不浇”与前文中提到的有关水程的规定是相违背的，因为在规定中并未申明刮风、下雨、黑夜等这些“特殊情况”。一些年长者回忆，下游村庄迫于无奈，每逢水程就要派人到北杜村各个陡口监督放水，但总免不了受到北杜村村民的欺凌。这些冷遇与不公作用于人的心理，就有了齐村村民中广泛流传的卢秉纯为民请命的故事。相传，南横渠最初只用于上游村庄灌溉，襄陵各村无以利用。当地开明绅士卢秉纯②为民请命，开通了南横渠在襄陵段的渠道③。

徐家自迁入北杜村以来，“其先世二世胥膺上游渠长”④，长期控制南横渠的水资源配置，可谓是“世袭霸水”。徐家对南横渠水权的控制主要是通过在争水斗争中庇护本村村民、无视已有渠规水制，进而损害下游村民的正当诉求等方式实现的。在这个过程中，上、下游之间付出的劳动和获得的收益处在不对等的状态下。据下游襄陵县齐村村民王银生回忆，齐村为了用水，必须承担每年疏浚河道的任务，还要额外交粮，这部分粮食与公粮、军粮等混在一起，一并征收，一般都存在摊派，用作村里开支。下游的委曲求全和上游的蛮横跋扈形成了鲜明的对比，下游长期的屈辱与压抑成为上下游之间斗讼的诱因，甚至常常因此闹出命案⑤。

---

① 受访者：临汾尧都区金殿镇北杜村村民张尧，男，1935 年生，曾任北杜村会计；徐天顺，男，1937 年生，曾任水利技术员，参与过跃进河、七一渠的测量和修筑工作；史平安，男，1938 年生，1971—1986 年任北杜村党支部书记；临汾尧都区金殿镇北杜村村民徐锡川，男，1944 年生，徐同龄次子。采访时间：2012 年 7 月 5 日；采访地点：临汾市尧都区北杜村。

② 卢秉纯，清末民初人，曾担任江苏学台、翰林院检讨，被誉为“晋南才子”，《襄陵县志》称赞他“风骨棱棱，刚正不阿”。

③ 受访者：王银生，男，1936 年生，齐村村民。早年就读于晋南师专（今山西师范大学），1955 年加入中国共产党，曾为中学教师、校长。采访时间：2012 年 7 月 6 日；采访地点：临汾市襄汾县齐村。

④ 档案 B13 - 2 - 162，1945 年 5 月 25 日，山西省档案馆。

⑤ 受访者：王银生，男，1936 年生，齐村村民。早年就读于晋南师专（今山西师范大学），1955 年加入中国共产党，曾为中学教师、校长。采访时间：2012 年 7 月 6 日；采访地点：临汾市襄汾县齐村。

二 环境与技术：汾河中游八大冬埝及边山洪灌区的水利秩序

（一）汾河中游八大冬埝的灌溉秩序

汾河出兰村口后，就结束了其在上游山间峡谷中的穿行，进入中游的太原盆地。盆地整体呈东北—西南走向，北部较为狭窄，向南逐渐开阔，似人胃状。其东缘为太行太岳山脉，西缘为吕梁山脉，中部为汾河干流纵贯南北，河流两岸又有从边缘山脉发源的诸多支流[①]汇入。汾河进入中游平原区后，比降逐渐减小，河道纵坡逐渐变缓，据当代数据观测，“由兰村开始为1.4‰，到祁县降至0.4‰，再到平遥三坝以下为0.3‰”[②]。这使河水中所携带的泥沙迅速发生沉积效应，使得河床被迫抬高；由于该地处于季风气候区，且河流的主要补给来自降水，故而流量的季节变化极为明显，夏秋季节水量较大，冬春季节水量较小，这样的盆地、平原地形一旦遭遇暴雨则很容易出现河道宣泄不畅，河水溢岸的洪涝灾害，历史上就曾发生多次改道。正是因为在这样的环境背景下，历史时期汾河中游最早的开发并非从其干流开始，而是始于那些流量稳定又较易控制的泉源性支流。

汾河流至清源以下，附近农田高于河身，必须拦河构筑土坝才能使河中水位抬高，以利灌溉。汾河冬埝的开发始于明代万历年间，至清末时期形成“八大冬埝”的格局。自北而南分别为：（1）广惠埝，在徐沟县南社村，灌溉徐沟范家庄、交城段村、文水东北安等村地亩；（2）广济埝，在文水韩武村，灌溉阎家堡、西社等村地亩；（3）广会埝，在文水贯家堡，灌溉贯家堡、保贤等村地亩；（4）利轫埝，在文水云周村，灌溉云周、原西等村地亩；（5）天德埝，在文水水寨村，灌溉王家堡、赵村等村地亩；（6）天义埝，在祁县建安村，灌溉建安、上段等村地亩；（7）天顺埝，在平遥长寿村，灌溉长寿、门世等村地亩；（8）共议埝，在文水南

---

① 主要是东部的阳兴河、潇河、乌马河、象峪河、昌源河、惠济河、沙河、龙凤河；西部的磁窑河、白石南河。

② 晋中汾河志编委会编纂：《晋中汾河志》，山西人民出版社2008年版，第14页。

齐村，灌溉南齐、杜村等村地亩；（9）和顺埝，在平遥王家庄，灌溉王家庄、南良庄等村地亩；（10）永济埝，在平遥苏家堡，灌溉苏家堡、侯村等村地亩。需要说明的是，上述十埝由于水程的限制，每年只筑八埝，故称“八大冬埝”。

何以在冬季筑埝？则是基于地理环境而进行的技术选择的结果。如前所述，汾河自清源以下坡度愈缓，泥沙堆积严重，极易改道，加之夏秋季节汾河洪峰较大，此时若在河中修筑埝坝其弊有三：一是夏秋之际汾河含沙量较大，若此时构筑埝坝，则会造成坝前渠口形成大量的泥沙淤积，终至渠口堵塞而不得引水；二是洪峰来临水势之大，埝坝之筑使洪水宣泄不畅，从而夺渠入田进庄，给生命财产造成危险；三是洪峰来临时直接将埝坝渠系冲毁，造成整个灌溉系统的瘫痪。

进入冬季，汾河的水文状况就变得大不一样。降水量的减少不但直接使汾河的径流变小，而且因降水造成的水土流失也大幅减轻，汾河的补给源中来自山泉水的比例增大，这样，汾河的水质就较夏秋时节清凌许多；另外，水量虽然总体大幅减少，但流量较为稳定，若能集整个径流加以利用，还是相当可观的。而径流的变化也为埝坝的修建减小了难度。是为冬埝建设的可行性。

八大冬埝均为截流汾河引水，因此处于上游第一埝的修筑就显得至为重要，工程也最为浩大。立冬之前开始动工，招募附近村民，并准备好土、苇席、椽等建筑材料。其建筑方法，选择在河流顺直处从两岸相向填筑土方，至两岸相距 10 米左右时开始合龙：先在两岸集土，形同土山；用长椽打桩，水面露出四五尺，再用横梁将其绑成长方格状，左右对立六格或十格；按格的大小缉苇席置于格中，用土装实做成墩子。左右两墩之间名为龙口。在龙口打桩数排做成牛槽，将悬在牛槽上的席帘放入水中拦截水流，乘水接近断流之际迅速将两面土山上的土流和备好的土袋填实上下墩和牛槽间的空白，并紧贴下墩做成实埝。① 这时，湍急的水流便被截住，合龙即告成功。汾河合龙是中游灌溉事业中的一件大事，其成功与否直接决定灌溉的效果。

---

① 榆次区汾河灌溉管理局编：《汾河中游水利史料》，榆次区汾河灌溉管理局印，1956 年，第 6 页。

利用冬水截流灌溉的方式决定了八大冬埝的用水秩序必须为“自上而下”。这是因为：上游第一埝截流合龙成功后，下游诸埝的修筑就较为容易，主要是坝体工程的硪实，以土方工程为主。此时第一埝先行灌溉，水程结束后，将该埝破坏，使河水自然进入第二埝进行灌溉，以此类推，完成当年八大冬埝的灌溉。实际上，各埝的灌溉次序也正是如此，第一埝灌溉水程到时，无论灌溉完毕与否，第二埝都会派人准时将第一埝“打破”，使河水下流为我所用。以下诸埝引水以此类推。这一方式是八大冬埝灌溉系统最为经济和理性的选择。

与大埝相配套的，是在其左右两翼开挖的引水渠道。在距引水口不远处的渠道内建一座土闸，河水到时掘开渠堤，使水流入周围筑有围埝的“甲”① 内。每埝之内各甲之间同样采用“自上而下”的灌溉次序。这与两方面因素有关。一是地形。太原盆地内东北高而西南低，河水引入渠道内依自然地形便可进入农田。地势随渠道的延伸逐渐降低。“自上而下”灌溉可以更多地利用这一地形，减小成本。二是水量。冬埝之筑将整个汾河径流悉数引入田亩，其水量是相当可观的。因为水量大，很多地区只在下水一面筑有渠堤，称为“单扇渠”，有的甚至无渠堤，全凭“倒甲”送水。水从地势高的甲依次倒入地势较低的甲，这便是汾河特有的大水倒甲漫灌法。在渠道布设较为完整的区域，同样是“自上而下”的顺序。其方法，是在每甲引水口修建甲埝，甲内构筑围埝，待甲埝内的土地全部或大部受水后，乃将甲埝掘开，放入下一个甲埝，由上游向下游依次送水。各甲必须按照水程进行灌溉，水程满时，无论该甲灌溉完毕与否，都必须决埝放水。这一秩序的施行，与各大冬埝有异曲同工之妙②。

（二）边山地带引洪灌溉中的水利秩序

引洪淤灌是指在河道或沟口修堤筑坝，开渠建闸，引取高泥沙含量的洪水淤地或灌溉，它充分利用了洪水中的水、肥、土等有益资源，为农业垦殖和增产服务，是一项与改良盐碱及水土保持相结合的综合性农田水利

---

① “甲”是古代的灌溉单位，各区面积不一。

② 需要指出的是，此种灌溉方法因地势高低不平，容易造成高地受水少，低地受水多，浅的以见水为度，深者水达数尺，以致无法退水，长期积水形成内涝。相比现在，这一灌溉方式显然是极为粗放的。

措施。人类对洪水的这种特性早有认识，古埃及、两河流域与古印度最早发展的农田水利均是引洪淤灌。同样，我国秦汉时期诸如漳水渠、郑国渠、白渠、河东渠、龙首渠等大型农田灌溉工程均具淤灌性质，淤灌构成了我国农田水利发展史上的第一个重要阶段，对中国古代文明特色和地位的确立意义重大①。

在汾河中游太原盆地和下游临汾盆地的边山地带，有很多从山间汇集的山水从沟谷流出，我们将这一水资源称为洪流（flood current），洪流出山口后形成山前洪积扇，也为该区带来了灌溉水源。由于土地坡度较陡，土质较粗，地下水含水层多为沙石砾石，天然排水条件良好，所以引洪淤灌虽在雨季进行，却不会产生渍涝灾害，也不会出现土地盐碱化。因此，这里的引洪淤灌与改良盐碱无涉，而主要是发挥水土保持、灌溉增肥的作用。由于汾河流域的暴雨多集中于7、8月间，而且每次降水时间短促，洪流“来得快，去得也快”，具有“暴涨暴落”的特点，这对洪流的利用提出了更高的要求。

本文所论之引洪灌溉区域位于汾河下游临汾盆地西部吕梁山脉的山前洪积扇区。如图1所示，该区自北向南分布着八沟涧、仙洞沟、席坊沟（又名山神沟、石槽涧）、窑院沟、晋掌沟、峪里沟、龙澍峪以及其他无名山水。在田野调查中发现，山前较大的洪流几乎被开发利用，引洪灌溉当是边山地带较为普遍的水利类型。上述洪流中有文献记载可兹追溯者有仙洞沟和窑院沟，其中又以仙洞沟的规模和影响最大。

位于仙洞沟出山口附近的峪口村引洪淤灌历史悠久，据民国十六年（1927）《上下二汧根基要据所当保存碑记》载，自该村成立以来即开始引用山水灌溉，其文曰：

> 天地之生人也，居处不同，教育各别。如我峪口村成立以来，地近山麓，渊泉缺少，所赖以谋生活者，惟恃有仙洞沟之水而已。夫此水固无本也。追忆其始，每值五六月间大雨如注，山水骤发，任其所流，似无可用。迨后吾人之心思渐巧知识，愈高一监，于水而有悟

① 李令福：《论淤灌是中国农田水利发展史上的第一个重要阶段》，《中国农史》2006年第2期。

焉。以为此水可以兴利，将有所用。

其引用洪水的方法为：在洪流河道内“横筑滚堰两道”，另建“约水桥一孔”，保证足够水量进入引洪渠道，底层挟带滚石、沙砾的水流则可从桥洞顺流而下，若水量太大时则可漫堰而过，尽量防止了滚堰溃决的危险。

同其他类型的灌溉方式一样，引洪淤灌依然需要开凿干支渠，人们称之为“汧”。各支渠引水时亦须打埝筑坝，不过坝埝的形式与滚堰不同，或打土埝，或打板拦水，各有讲究。灌溉峪口村和录井村的仙洞沟汧渠，因为流域面积较大，集水丰富，一次洪水可轮灌数次，形成了“从上而下，周而复始，如有不足，下次补水”① 的灌溉秩序。这样，其支渠就可以采用较为灵活的打板引水方式，方便启闭。

但是，对于较为短小的洪流，其支渠引水则是另一种方式。以窑院沟为例，洪水来时，上游支渠先灌，下游支渠在后，以“自上而下”为序进行灌溉，每次洪水只轮一次。因为没有水程规定，各支渠灌多久方为合适？灌区做出如此规定：上游支渠只可打土埝而不得打板，而且土埝一旦被水冲破即不能修复，于是下一支渠接水继续灌溉，同理，若其土埝冲破后亦不得修复。若此，则洪水一级一级达至下游支渠，到最后一道支渠时方可打板引水。为了延长引水时间，引得尽可能多的水量，上游支渠尽其所能夯实土埝。洪水到达下游时，水量渐小，即使全部被其引用，受益地亩也是极为有限的，无论是土埝还是打板就只是下游支渠自己的选择了，因为与引洪灌区的上游村庄已经没有任何关系。

引洪淤灌的这种技术选择和“自上而下”的灌溉次序依然需从洪流自身的特性方面找原因。前已述及，洪流“来去匆匆”且无定时，每次的水量和持续时间亦不相同，因此，引洪灌区就不可能像引泉灌溉和引河灌溉那样按水程分定时刻，而是以特殊的坝埝技术首先保证上游地区的用水权，水量足够大时才可利及下游；为尽可能地达至均平合理，灌区又在制度层面做相应的保障，防止上游无限制地利用。“自上而下”的优势还在于，一旦上游的埝坝被冲毁，水还可以依次进入下游各支渠进行灌溉，不

① 顺治十五年（1658）《公议水利文字碑》，临汾市档案馆藏。

会造成水资源的浪费；如果采用“自下而上”的灌溉次序，则下游埝坝冲毁后就会直接导致洪水的下泄，因雨量集中，洪峰较大，所以很难在短时间内将埝坝补修完善，这些弊端显然是要主动回避的。

三 结论与讨论

秩序是人类社会的重要属性，它体现着社会要素之间的排列方式和结构组成。社会史研究既要注重秩序变化的过程及其前后的变化，更要注重对引起秩序变化（包括构建）动因的探索，进一步而言，还要对其中的诸多因素给予强弱轻重的比对衡量，才能更有利于我们在经验研究的基础上提炼出一般性的规律认识，从而更好地把握历史脉络，预见未来发展。

通过前文的讨论，我们认为地理环境是水利秩序构建乃至变革的重要基础。龙子祠泉流量之大，以及其位于边山地带的地理特征，为其进行自流灌溉创造了先天的优势。因为其流量足以供应各渠使用，不存在用水上的争夺现象，还降低了“自下而上”式严密管理所产生的制度成本。然而，龙子祠泉在宋代的进一步开发，以至十二官河的形成和各渠分水格局的确立，一方面说明水量有限不得不分，另一方面也为渠道上下游之间的水利纷争埋下了隐患。

汾河中游八大冬埝同样采取“自上而下”的灌溉次序，最核心的影响因素仍然是地理环境。汾河中游河床宽、比降小、易摆动，以及夏秋流量变化大、不稳定的特征决定了埝坝必须在冬季修筑。“自上而下”的灌溉次序则是在这一技术条件下最经济的制度选择。边山地带引用沟谷洪水进行淤灌与此有异曲同工之处。

水利秩序的构建和运行体现着“地缘政治”力量的对比和结构，从某种程度上说，这是一种绝对政治和经济实力的反映。同样是龙子祠灌区两大体系的领导者，同样有着深刻而悠久的上下游用水矛盾，何以上官河可以实现从“自上而下”到“自下而上”的转变来更有力地保障下游村庄的用水权利，而南横渠则不可？其背后是村庄绝对实力的体现。在南横渠，这一绝对实力又与临汾、襄陵二县的“地缘政治”有着密切联系。临汾县是为平阳府的附郭县首县，在该府之中有着其他各县不可替代的重要作用。其又位于南横渠上游，为“既得利益”集团。历史时期，襄陵县曾多次因南横渠上下游间的水利纷争与临汾县产生矛盾、形成诉讼，结果都以失败告终。“首县”的地位由此可见一斑。

国家意志之于水利秩序的作用取决于其自身力量的强大程度及其与社会力量之间的博弈关系。据萧正洪的研究，“历史时期关中地区农田灌溉中水资源的分配原则从一开始就是由国家确定的；个体小农、地方乡绅和权势之家各自的利益在水资源的实际分配过程中有时可以产生一定的影响，但国家政权的主导作用从来没有被替代过”。“元代以后，地方政府对水权的管理有逐渐放弃微观层面的倾向。到了清代，除非有水权讼案，县政府一般是不过问各渠内部的水权分配的。”① 历史时期汾河流域水利社会中的国家意志大致也经历了这样的变化过程，从唐宋时期官方对龙子祠泉进行主导性开发，到元代上官河灌溉秩序的变革，国家意志都起到了决定性作用。明清时代，国家逐渐退出乡村水利的管理，地方社会中大村望族在水利事务中的角色与地位不断上升，成为水利秩序得以长期维系的主导力量。在秩序的运行过程中，国家意志通过解决水利争讼等重大事件得以表达，进而展示其维护“均平”“正义”的权威形象。

① 萧正洪：《历史时期关中地区农田灌溉中的水权问题》，《中国经济史研究》1999 年第 3 期。

乡籍、派系与党政：抗战时期吉安县商会选举之争*

李平亮　曾忠轩

（江西师范大学历史文化与旅游学院）

作为新式的商人组织，商会对近代中国社会的政治和经济产生了重要影响。对此，学界借助现代化理论、国家与社会、市民社会和网络层级等理论，进行了深入探讨，取得了丰富成果。① 近年来，学者在现代制度建构及实践视野下，聚焦商会法的制定和商会选举，分别探讨了民国时期天津、上海等地商会选举中外商、同业公会、地方政府的影响和作用，指出“近代商会选举呈现出从常态向变态的演变趋向”。② 但是，从地方历史的角度来看，商会的选举，既受制于政府力量和行业组织，又要面对不同的文化传统，因而呈现出区域性和多元性的面相。在内陆基层商会的发展过程中，行帮、宗族等传统因素始终相伴，产

---

* 本文为国家社科基金重大项目（17ZDA199）、江西省社科规划项目“江西万寿宫碑刻搜集、整理与研究”和北京用友公益基金会“商的长城——明清以来江右商与江西会馆研究”项目阶段性成果。

① 2009 年之前商会研究，参见冯筱才《中国商会史研究之回顾与反思》，《历史研究》2001 年第 5 期；马敏、付海晏《近 20 年来中国商会史研究（1990—2009）》，《近代史研究》2010 年第 2 期。近年来商会研究的代表性成果有马敏主编《中国近代商会通史》（4 卷本），社会科学文献出版社 2015 年版；郑成林《抗战时期国民党对商会的管理和控制》，《华中师范大学学报》2011 年第 6 期；王仲《民国苏州商会研究（1927—1936 年）》，上海人民出版社 2015 年版。

② 朱英：《二十世纪二十年代商会法的修订及其影响》，《历史研究》2014 年第 2 期；《近代中国商会选举制度之再考察——以清末民初的上海商会为例》，《中国社会科学》2017 年第 1 期；《1934 年天津商会改选纠纷与地方政府应对之策》，《武汉大学学报》2015 年第 1 期；《从“公推”到“票选”：近代天津商会职员推选制度的曲折演进》，《近代史研究》2007 年第 3 期。

生了深刻影响。[①] 本文通过对抗战时期吉安县商会两次选举之争的历史考察，探讨乡籍、派系和党政等因素在其中的角色与作用，以期深化对民国时期商会选举地域特征的理解和认识。文中不当之处，敬祈方家指正。

一 抗战前吉安县商会职员的构成特征

商会选举既是《商会法》的重要内容，又是其实践的重要表现。商会诞生后，不仅职员的推选方式经历了从“公推”到“票选”的转变，[②] 且职员任期也发生了相应变化。清末《商部奏定商会简明章程》规定，商会的总理、协理“以一年为任满之期”。期满后“先期三月仍由会董会议，或另行公推，或留请续任”，议决后禀呈商部定夺。[③] 1915 年，北京政府颁布《商会法》，规定“会长、副会长、会董均以两年为一任期，其中途补充者须按前任者之任期接算”。[④] 1929 年，南京国民政府修订了《商会法》，限定商会执行委员和监察委员的任期均为四年，“每两年改选半数，不得连任”。此后，这一原则在商会法中得到延续。[⑤] 从理论上说，职员任期的定期改选，既有利于商会职员的稳定，又预防了商会职员的垄断。但是，由于地域差异和行业构成的不同，加之时局等因素，商会职员任期往往难以按照法规操作，从而使选举制度的实践呈现出多元的景象。

抗战时期吉安县商会，由清末吉安县保商局演变而来。光绪三十三年（1907），根据《商部奏定商会简明章程》，吉安县成立了保商局。宣统元年（1909），改组为吉安县商务分会，组织形式为总协理制。1913 年，吉

① 张芳霖：《市场环境与制度变迁——以清末至民国南昌商人与商会组织为视角》，人民出版社 2013 年版；刘朝晖：《明清以来景德镇瓷业与社会》，上海书店出版社 2010 年版；谢庐明、林康：《塘江：赣南一个农村墟镇的商会与社会变迁（1912—1949）》，《农业考古》2015 年第 4 期。

② 朱英：《从“公推”到“票选”：近代天津商会职员推选制度的曲折演进》，《近代史研究》2007 年第 3 期。

③ 《商务部奏定商会简明章程》，《东方杂志》1904 年第 1 期，第 4—5 页。

④ 《商会法》，《农商公报》1916 年第 2 卷第 6 期，第 30—31 页。

⑤ 《商会法》，《建设》1929 年第 31 期，第 7 页。

安县商务分会改称吉安县商会。[①] 1915 年，北京政府颁布新《商会法》，要求各地商务分会进行改组，规定商会职员为“会长一人，副会长一人，会董自十五人至三十人”。可以设置特别会董，但不得超过会董人数三分之一。[②] 次年 12 月，吉安县商会进行改组选举，实行会长董事制，设正、副会长各 1 人，特别会董 4 人，会董 24 人。[③]

清末民初的吉安县商会虽经历了数次改组，但职员构成呈现出鲜明的地方性特征。一是总理或会长由本地商人担任。如吉安县商人李庚平，先是历任吉安保商局协理、总理，后连任两届商会会长，成为地方军政倚重势力。如史料记载：

> 李庚平，世居吉安坊廓乡西村，其父奉政公，忠厚好善……商界中称为能人，争延聘之……经商五十余年，为人推重，迭任地方要职……凡会务之设置，规划周详，令人翕服。历任庐陵道尹聘为顾问，遇事咨询，军队供亿，肆应靡遗。前张镇军欲呈保勋章，先生力辞不受。[④]

二是商会会董形成了吉安、吉水两县人员共掌的格局。如 1916 年改选后的吉安县商会，会长为吉安县人李庚平，副会长是吉水县人李学莲。另有 17 名特别会董、会董来自吉安、吉水两县。此后近 20 年中，吉安县商会会长和会董的乡籍格局，没有发生根本变化。至 1935 年，这种格局演变为吉水县商人萧宗川的“集权”。

早在 1929 年夏，南京国民政府就颁布了《商会法》和《工商同业公会法》，要求各地撤并商民协会，改组商会，但吉安县商会因第一次国内革命战争一再推延。至 1935 年 6 月，待战事稍息，吉安县党部以吉安县商会“为本市商人重要团体，以前既不合法定组织，应加以整顿，俾资健全”为由，成立“吉安县商会整理委员会”，指定刘云辉、彭銮、萧宗川

---

① 民国《吉安县纪事》卷 2《自治》，第 25—26 页。

② 《商会法》，《农商公报》1916 年第 2 卷第 6 期，第 30—31 页。

③ 《吉安商会职员表》，《中华全国商会联合会会报》1917 年第 4 卷第 3 期，第 2—3 页。

④ 民国《吉安县河西坊廓乡志》卷 4《耆献》，第 73—74 页。

等15人为整理委员，负责商会改组工作。[1] 经过近5个月的筹备，11月2日，吉安县商会召开会员代表大会，选举产生了新一届执监委员，其中常委3人，执委12人，监委7人，吉水县人萧宗川任主席。为说明此时吉安县商会执监委的乡籍特征，现将执监委员的基本情况列表1，并略作分析。

表1　吉安县商会第一届执监委员基本情况

职别	姓名	年龄（岁）	籍贯	业别	略　历
常委（主席）	萧宗川	50	吉水	绸缎疋头业	民国八年、民国十四年任吉安商会会董，民国十九年任商会临时会常委；民国二十年任国民会议江西出席代表；民国二十年任金融会主席；民国二十四年任整理会常委
常委	刘遐九	35	吉安	银行业	江西建设银行吉安分行行长
常委	陈善夫	69	南昌	煤油业	民国十五任吉安商会特别会董
执委	王心齐	38	吉安	布染业	民国十七年任吉安商会会董；民国二十三年任布染业同业公会执委
	罗职昌	39	吉安	米业	民国十八任米业公会常委；民国十九年任吉安商会监察委员；民国二十年任米业公会常委
	曾观生	51	吉安	京果酱园业	民国二十一年任吉安商会执行委员；民国二十四年任京果酱园业同业公会主席
	刘天日	40	吉安	针织机业	民国二十四年任针织业同业公会主席
	魏云洲	50	吉安	油盐业	民国二十四年任油盐同业公会执行委员
	彭良臣	35	吉安	布染业	民国二十三年任布染业同业公会常委
	戴丰泰	33	吉安	杂货店	民国二十四年任吉安杂货业同业公会主席
	周成才	54	吉安	油盐业	民国十二年任吉安商会董事；民国十九年任吉安商会执行委员
	袁萃华	47	丰城	华洋杂货业	民国二十四年任华广杂货业同业公会
	刘长文	46	吉安	水果业	民国二十四年任水果业公会主席
	廖梅谿	56	吉安	南货业	民国二十四年任南货业同业公会常委
	萧淦臣	42	吉安	布染业	民国十七年任吉安商会董事
监委	杨佐邦	45	新建	米业	民国二十四年任米业同业公会主席
	陈廷颐	57	吉安	京果酱园业	民国二十四年任京果酱园业同业公会常委
	章明经	52	南昌	布染业	民国十六年任吉安商会董事；民国十九年任吉安商会执行委员
	彭銮	47	吉安	电汽（器）业	道德分会主席、道德月刊社长、吉州电灯分公司经理

① 《本县商会奉令整理》，《吉安商报》1935年6月30日第3版。

续表

职别	姓名	年龄（岁）	籍贯	业别	略　历
监委	萧震青	50	吉安	南货业	民国二十一年任吉安商会候补执行委员；民国二十四年任南货业同业公会常务委员
	陈云卿	40	南昌	帽业	民国二十四年任帽业同业公会主席
	罗奎文	27	吉水	烟业	民国二十四年任烟叶同业公会交际

资料来源：《本会执监委员名册》，《吉安县商会民国二十五年度全年实录》，吉安市档案馆藏，档号 J007－1－00451，第1—2页。

从表1来看，15 名常委和执委中，有13 名来自吉安、吉水两县，占总数3/4 强。其余两名分别来自南昌和丰城。7 名监察委员中，吉安、吉水两县4 人，南昌县2 人，新建县1 人。换言之，在吉安县商会的权力机构中，以商会主席、吉水人萧宗川为代表的本地派占据主导地位，外地商人处于绝对劣势。萧宗川的履历表明，其早在 1919 年就跻身会董之列，此后逐次攀升，至商会改选前任“吉安县商会整理委员会”常务委员。这种多年积累的身份资源，无疑是其当选主席的重要砝码。

萧氏担任商会主席后，一方面通过机构设置、人事任免等措施，联络同乡，培植亲信，掌控商会大权。首先，他在主席之下设置一室四科，即办公室、总务科、商事科、交际科和调解科。办公室设秘书、书记和收发，其他各科设主任、委员以及办事员。其次，聘任亲戚罗友三为会计，欧阳青为秘书。如当时的《吉安日报》就说：“账房罗友三，系该会主席萧宗川之老表，此次萧宗川登台后，即雇为该会账房，以资慎重。”① 欧阳青自清末以后，历任乡区自治乡董、吉安道德会会长、吉安义渡局总理、吉安义图总绅以及吉安财政局第一股股长等职，在地方商政两界有着非常深厚的社会关系网。②

另一方面，他借助组建商业夜校、吉安救火总会及商人自卫队，增强自身权威。1936 年9 月6 日，吉安县商会常委会通过了设立夜校的提议，成立了“吉安县商会商业夜班学校董事会”，萧宗川兼任夜校董事长。12 月11 日，吉安县商会创立吉安救火总会，设有正、副会长，董事 17 人，

① 《商会账房内昨夜险肇焚如，附近街邻饱受虚惊》，《吉安日报》1936 年6 月19 日第3 版。
② 《莲波五十六岁自叙》，《河东沙芫欧阳氏族谱》卷2，1929 年版，第128—129 页。

候补董事 7 人，萧宗川兼任会长，彭銮、周才成为副会长。此外，吉安县商会组建了“吉安市商人自卫队”，萧宗川兼任总队长。他将自卫队“分为第一、第二、第三、第四等队，每队队丁五十名。除招募五十名为第一队，常川驻局外，其余各队队丁，归本市各商号各派一人充当之”。该自卫队“在国难期间，专以维持本市治安为任务，不得他调”。① 因此，自卫队实际上成为萧宗川掌控的地方武装。

通过上述措施，萧宗川实现了对吉安县商会的全面掌控，一跃成为炙手可热的实力派。然而，随着抗战的全面爆发，大量来自南昌、九江等地的商人和商户迁入吉安，吉水、吉安两地商人把控吉安县商会和萧氏“集权”的局面，受到了外来力量的挑战。

二　外地商人迁入与商会权力格局的变动

1938 年 6 月 11 日，武汉会战爆发。26 日，由于守军指挥失当，援军贻误战机，作为长江天堑的马当要塞失守，江西北部的彭泽、湖口、九江、星子、瑞昌、德安、修水等地先后被日军占领。次年 3 月 27 日，南昌会战失败，省城沦陷。九江、南昌两地的沦陷，导致大量商人和商户南撤，吉安成为南迁大军的第一个落脚点。② 如源源长钱盐号经理王德舆、南昌市商会主席余建丞都将部分业务转至吉安。南昌籍商人徐建中，抗战前在九江开设正记颜料行，任职九江县商会，“后因战事辗转到吉，在县城永叔路复开正记颜料行，亲任经理”。③ 中小商人有的租下店铺，稍作粉饰，即行开张。有的搭起临时店铺，开门营业。④ 至 1941 年，吉安县城有坐商 1545 户，商户总数超过 4000 家，另有“200 多家大小工厂、作坊，以及源源钱庄、亚西亚药房、老同兴、老协和金器店、中国南货店等近千家大小商店”。⑤

---

① 《商人自卫队简章》(1936)，吉安市档案馆藏，档号 J007 - 1 - 00451，第 1 页。

② 何友良：《江西通史 · 民国卷》，江西人民出版社 2008 年版，第 297—308 页。

③ 《吉商会改选揭晓，徐建中为理事长》，《前方日报》1943 年 3 月 9 日第 4 版。

④ 《吉安剪影》，《新青年》1939 年第 1 卷第 8 期，第 20 页。

⑤ 中共江西省委党史研究室编：《江西省抗战时期人口伤亡和财产损失》，江西人民出版社 2011 年版，第 172 页。

众多商户和人口的迁入，不仅带来了大量资金，还形成了一个庞大的消费群，刺激了吉安商业的繁荣，如有人感慨道："吉安，事实上今日已成为江西最繁华的都市了。南昌的繁华，是逐渐转移向吉安。在各方面，她确实是够得上'小南昌'之称的。"① "此时的吉安、泰和，实际上成为江南非敌占区的政治、经济、文化中心。"② 但是，大量商户和实力雄厚的商人迁入，导致了商会改选中的本籍商人与外地商人之争。

1937 年年底，吉安县商会曾按照商会章程，呈请改选半数执监委员，但被政府以抗战时期"民众团体不能轻易变更"为由拒绝。③ 1938 年 1 月，南京国民政府颁布《修正商会法》，要求各地健全商会和同业公会组织。④ 此时正处战争期间，局势动荡，改选随之搁延。1939 年 1 月，国民党江西省党部、省政府先从南昌迁至吉安，数月后再转泰和。1940 年 4 月，眼见局势稳定，江西省建设厅"为健全全省各地商会及同业公会之组织，特派专员前往各地督导改组"。吉安作为战时全省商业中心，商会改组成为省厅重点关注对象。

接到改选指令后，吉安县商会迅速成立了筹备委员会，要求各同业公会在 4 月底改选完毕。5 月 14 日，完成改选的 39 个同业公会在商会大礼堂联合举行宣誓典礼。6 月 25 日，吉安县商会会员代表大会开幕，"共出席代表一百七十四人，共计五百三十一权正"。⑤ 28 日下午，商会进行改选，共选出执行委员 21 名，候补执行委员 9 名，监察委员 11 名，候补监察委员 5 名，萧宗川、蔡献廷、余厚基、戴丰泰、刘天日当选常务委员，其中萧宗川任主席。

1940 年的吉安县商会改选，呈现出鲜明的时代特征。一是受时局和党政的影响，选举比原定时间晚了近 3 年。如萧宗川在开幕词中就说道："数欲召集大会，依法改选，因抗战军兴，政府以民众团体不能轻易变更，迭次请求，未奉核准，故搁延至今，不得实行……本会依法组织吉安商会

---

① 《吉安剪影》，《新青年》1939 年第 1 卷第 8 期，第 20 页。

② 中共江西省委党史研究室编：《江西省抗战时期人口伤亡和财产损失》，第 172 页。

③ 《吉安县商会第一届会员代表大会实录》（1940），吉安市档案馆藏，档号 J014 - 1 - 00045，第 1 页。

④ 《中央银行月报》1938 年第 7 卷第 2 期，第 250 页。

⑤ 《吉安县商会第一届会员代表大会实录》（1943），吉安市档案馆藏，档号 J014 - 1 - 00045，第 3 页。

改组筹备会，推定委员九人，负责督饬各公会遵照新法改组，并蒙工商管理处及党政机关详为指导。”① 此外，列席大会的，有江西省会警察总队代表张孟韬，水警第六队代表周璇林，吉安县政府代表钟益明，吉安县警察局代表徐化龙，吉安警备司令部代表尹敬，江西第三区保安司令部代表刘声扬，吉安县党部代表郭侃、刘棨琮，吉安财务委员会代表王令德等党政军人员。

二是与1935年吉安县商会相比，商会的执监委构成有了明显变化。首先，执监委的人数有了较大增加。执委（包括常委）从15名增至21名，另有候补委员9名。监委由7名增至11名，另有候补委员5名。其次，从乡籍来看，虽然吉安、吉水两县的委员仍占据多数，但外地委员的比例有了较大上升。如21名执委中，有本地商人12名，约占总数55%。有南昌籍委员7名，约占总人数的35%。另有丰城籍委员1名，籍贯不详1名。9名候补执委中，本地商人5名，南昌籍商人2名，丰城籍1名，籍贯不详1名。在11名监委中，有本地商人5名，约占总人数的45%。其余6名委员中，有南昌籍3名，兴国籍1名，籍贯不详2名。5名候补监察委员中，吉安籍商人只有1名，其余4名分别是南昌人刘佛沧、新建人杨佑民、奉新人王德舆、丰城人吴源茂。②

总之，此次安县商会的改选经过和结果，既是战时状态下党政力量强化对民众团体控制的表现，又是大量外地商人由省城迁至吉安的结果。执监委的乡籍构成表明，南昌、九江两地商人已经成为吉安县商会的新势力，如候补执委、南昌人徐建中从九江迁至吉安后，担任了旅吉洪都、九江暨安义同乡会理事长。选举前，徐氏被视为商会主席的有力竞争人选。又如《前方日报》曾就吉安县商会改选一事报道：“徐建中事前呼声颇高，结果仅获二百五十二权半。”③ 作为外地商人代表，徐建中虽仅获候补委员之职，但能在选举前“呼声颇高”，一方面反映了其本人竞逐吉安县商会领导权的意愿，另一方面是外地商人希望借助商会，维护自身利益的诉

① 《吉安县商会第一届会员代表大会实录》（1943），吉安市档案馆藏，档号J014－1－00045，第1页。

② 《吉安县各业同业公会执监委员名册》（1936），吉安市档案馆藏，档号J007－1－00451，第1—30页。

③ 《吉安县商会改选完毕》，《前方日报》1940年6月29日第4版。

求。不过，吉水人萧宗川显然不愿意将吉安县商会的主导权拱手送出。选举之前，萧氏在致辞中直言不讳说道：

> 本会今日议决案，他日能否实现，全赖商会执行委员能否执行，与监察委员能否监督执行以为断。明日继续开会，依法投票，选举执行委员与监察委员。选举权固在诸公之手，被选举权亦在诸公之中。诸公均商界能人，负有重大使命。来会参加者，必能选出才德兼全、众辈允孚之人，执行本会议决各案，不至蹈能言不能行之，使吉安商人得到无上之光荣，与无限之福利。①

可见，萧宗川希望各位会员选出的执监委员，能显现吉安商人的荣耀和利益。换言之，就是选择吉安本地的商人，担任商会执委和监委。最终，萧氏如愿以偿，连任会长。戴丰泰、刘天日、刘遐九等“旧臣”当选常务委员，南昌和九江迁入的王德舆、徐建中两人仅获候补委员。但是，外地商人的增多，对本地商人控制商会，尤其是萧宗川的“集权”产生了一定的冲击。因此，外地商人与本地商人的权力争夺，持续到了 1943 年的商会改选，演化为“新”“旧”派系之争。

三　商会钤印之争与特种委员会的设立

1942 年元月，南京国民政府修正了《商会法》，商会由委员制改为理事制。6 月，吉安县商会根据商会章程中“执行委员及监察委员之任期均为四年，每两年改选半数，不得连任”之规定，成立了第二届改选筹备委员会。9 月 19 日，吉安县商会奉令将各执监委员选举，改为理监事选举。②为此，吉安县商会限各业公会于 9 月底完成改选。然而，直至年底，仍有油榨、图书、印刷、六尘、自行车等公会未改选。有的公会虽已改选，但未按要求将代表名册和事务费册造送商会。次年元月，吉安县商会召集各

① 《吉安县商会第一届会员代表大会实录》（1943），吉安市档案馆藏，档号 J014－1－00045，第 2 页。

② 《吉县商会筹备改选——同业公会限月底选举》，《前方日报》1942 年 9 月 19 日第 4 版。

业公会理事长会议，要求各业公会在本月 13 日前将代表名册、事务费册及提案送达，逾期视为放弃。同时，为了达到公平公正、选贤任能的目的，筹备委员会订立了 8 条投票须知。对此，《前方日报》有专文报道，兹摘录如下：

吉安县商会筹备改组已久，案定二月一日改选。惟此次改选，各业主张选拔真材，以期选出能员，为商服务。而竞选人员颇多，商界众人对于选举，抛弃情感，绝不受任何运动，以求将来力谋商界幸福。又该会为慎重选举，订定投票须知如下：（一）此次投票照章用记名连举法行之。（二）理事票被选举人下须列写九人姓名，监事票被选举人下须列写三人姓名，不得增多减少。（三）被选举人姓名，须笔画清楚，易于辨认，不得模糊涂改。（四）被选举人姓名，须与会员代表名册相符，不得写代表名册以外之人。（五）被选举人下，不得写自己姓名。（六）选举人下须写明某公会代表，及自己姓名。（七）票内不得夹写他事。（八）选举票如有污坏及破烂，可交监察员看明更换。①

记名投票和写明公会无疑有助于防止舞弊。但在大会召开前夕，有公会代表提出了两大疑问：一是记名投票不能选自己，可否选本业之其他出席代表？二是摊贩公会各摊向无定址，从未缴纳县商会事务费，是否可作为会员参加选举？为此，筹备委员会先是报请吉安县政府核示，后电呈中央社会部，希望予以解释。2 月 21 日，江西省社会处接到中央社会部转来的呈文后，对两点疑义作出答复："本业出席代表可以选举本业其他出席代表。摊贩业公会既已依法组织成立，自应加入商会参加选举，但各项费用均应如数缴清。"② 3 月 1—3 日，吉安县商会第二届会员大会召开，改选了理监事，刘天日、张模良、邓玉麟、王顺康、赵璧、徐建中、蔡献廷、黄绍云、余厚基 9 人当选为理事，刘遐九、曾逸凡、朱志懋、邹程

① 《吉安商会改选期近，各业主张选拔真材，筹备会特订定选举须知》，《前方日报》1943 年 1 月 19 日第 4 版。

② 《吉安商会定期改选——社会处解释疑义，吉县府转饬遵照》，《前方日报》1943 年 2 月 21 日第 4 版。

九、汪珊5人当选为候补理事，戴丰泰、龙门礼、刘文质3人当选为监事，喻衍烈为候补监事。

商会理监事虽改选完毕，但派系纷争并未停息。依照商会章程，理监事选出后应立即召开理事会和监事会，互选常务理事和常务监事，再推选理事长。但是，刘天日、王顺康、余厚基3人以有事无法出席为由，申请展期互选。3月8日，理事会再开，准备互选常务理事，前述3人却差人将辞职函送至会场。此时，到会的党政监视员姚振亚、曾广梅认为出席会议理事有6人，超过总人数之半，符合法定人数，可以改选，最终徐建中、蔡献廷、邓玉麟、张模良、赵璧5人当选常务理事，徐建中出任理事长。徐建中当选后，认为“时值非常时期，会务紧要”，打算在10日“接钤视事，宣誓就职典礼日后再择期举行，并呈请第三区行政专员、吉安警备司令部、吉安县政府、县党部等察核备案”①。

徐建中虽问鼎吉安县商会理事长之职，但以萧宗川为代表的吉安县商会“旧”势力显然不愿彻底交出商会之权。首先，他运动绸缎疋头业公会与其他8个同业公会，联名向吉安县政府发去公函，表示不认可选举结果。刘天日、余厚基等人则以此为由，声明“在未核示以前，仍请维持会务，暂时碍难移交”。其次，在移交之事上百般阻拦，不愿将商会钤记交至徐建中之手。大会闭幕后，萧宗川“因事回乡”，将交接之事交商会秘书欧阳青代办。但是，当徐建中与欧阳青交接时，欧阳氏称商会钤记由萧宗川之弟萧椒庭保管，萧椒庭则表示本人愿意交接，只是有原来的常务委员阻止，故难以从命。无奈之下，徐氏只好函请萧宗川早日回来，办理交接。3月21日，萧宗川从吉水老家回到吉安县商会，召开原来的商会常务委员会，决定将商会钤记交余厚基保管。② 至此，无法掌握商会钤记的徐建中，实际上是有名无实的理事长。

商会钤记之争，表明以萧宗川为代表的“旧”势力和以徐建中为代表的“新”势力之间的权力争夺表面化。为了能更好地理清这一问题，笔者将1943年当选商会理事的基本情况列为表2，并做进一步分析。

从表2可以看出，当选理事全为吉安、南昌两地商人。反对徐建中之

① 《吉安县商会全年实录》（1943），吉安市档案馆藏，档号J007－1－00491，第2页。
② 《吉安县商会全年实录》（1943），吉安市档案馆藏，档号J007－1－00491，第6页。

人既有吉安商人，也有南昌商人。刘天日、余厚基、王顺康等人，皆在上届商会任常务委员，徐建中、邓玉麟、张模良等人皆属上届商会的边缘人物。这说明纷争两派并不全以地域为宗，而是新旧力量的对立。

表2 **1943 年吉安县商会当选理事略历**

姓名	籍贯	1935 年商会职务	1940 年商会职务	1943 年当选职务
徐建中	南昌		候补委员	理事长
蔡献廷	南昌		常务委员	常务理事
邓玉麟	吉安		监察委员	常务理事
张模良	南昌		候补委员	常务理事
赵　璧	吉安		常务委员	常务理事
刘天日	吉安	执行委员	常务委员	理事
余厚基	南昌		常务委员	理事
王顺康	吉安		执行委员	理事
黄绍云	南昌		执行委员	理事

资料来源：《吉安县商会全年实录》（1943），吉安市档案馆藏，档号 J007－1－00491，第4页。

吉安县商会的钤印之争，引发了江西省政府的关注，指派社会处处长黄光斗居中调解。① 黄氏认为："一、此次选举机构之不健全，只好重新选举常务理事及理事长，如完全复选似不可能。二、最好各理事能互相谅解，切实合作，负起为国家、为商民造福之重任。"② 4月13日，黄光斗召集商会理事及相关人员举行谈话会，形成了以下决定：

一、县商会理事余厚基、王顺康、刘天日辞职应照准，由候补理事依法递补；二、候补理事刘遐九、曾逸凡兼职不克递补，再由候补理事朱志懋、邹程九及次多票数者汪珊递补；三、县商会常务理事蔡献廷、邓玉麟、张模良等辞职，由朱志懋、邹程九、汪珊递补；四、县商会理监事定本月十三日下午二时宣誓就职；五、县商会原有钤记缴销，另由县政府颁发图记；六、余厚基、王顺康、刘天日、曾逸

① 《短评——商会纠纷》，《前方日报》1943 年 3 月 23 日第 4 版。

② 《商会暗礁仍多，黄光斗提出折衷办法》，《前方日报》1943 年 3 月 27 日第 4 版。

凡、刘遐九等由县商会聘为特种委员；七、次多票数余家庆、万凝贞、龚延寿、毛祥斌递补为候补理事。[①]

由上可见，黄光斗的调停实际上是采取了折中的办法。“旧”势力虽未达到预期目的，且理事一职未能保留，但多人被聘为吉安县商会特种委员。“新”势力中，徐建中虽任理事长一职，但邓玉麟、蔡献廷、张模良等人的常务理事之位未能保全。递补的常务理事中，仅邹程九一人是南昌籍（朱志懋为丰城籍、汪珊为安徽籍），是否与徐建中同心难以确定。因此，徐氏虽得到了县政府另颁的商会图记，但处于孤掌难鸣之境。这种有名无实的结局，为次年徐建中因劝募慰劳金之事辞职埋下了伏笔。

1944 年 6 月，江西省临时参议会议长彭程万从泰和前往吉安，一是劝募慰劳湘北及各战区将士慰劳金，二是代表省会各界向驻扎吉安的军队官长致敬，转发慰劳金。到达吉安后，彭氏认为吉安商业繁盛，商人资本雄厚，应多为抗战出力，于是要求商会劝募 100 万元慰劳金。理事长徐建中则提出，吉安商业不景气，加之苛捐杂税太多，商人负担过重，希望减半。对此，彭氏不仅当面斥责徐建中无爱国之心，是“奸商、暴发户，大发国难财”，还以“煽动商人抗缴捐税”为名，要求江西省社会处严惩徐建中。冲突发生后，地方士绅斡旋不果，于是徐建中选择了辞职。7 月，江西省社会处接受了徐建中的辞职请求，同时将吉安县商会劝募的慰劳金由一次性完成改为分期缴纳。[②]

徐建中离职后，吉安县商会奉吉安县政府之令补选了理事和常务理事，朱志懋担任理事长。朱氏上任后，立即成立了“吉安县商会特种委员会”。根据《吉安县商会特种委员会简章》，该会是为了“谋工商业之公共福利而特别组织之”，预设特种委员 19 名，由商会聘请商界“名望素孚，富有商业经验者”担任。然而，实际推选的委员达 26 名，分别是王德舆、王崑臣、黎意伯、熊养泉、吴飏言、刘遐九、方应尧、刘天日、邓谓之、余厚基、黄锡章、王顺康、熊允元、吴荣泉、舒炳之、漆健安、刘子益、曾逸凡、萧宗川、余洁吾、徐瑞甫、彭绵城、王幼吾、陈卓堂、刘

① 《吉县商会理监事定明日宣誓就职，余厚基等五人聘为特种委员》，《前方日报》1943 年 4 月 12 日第 4 版。

② 龚屏：《西江旧闻录——三教九流面面观》，江西人民出版社 1991 年版，第 18—19 页。

梅林、余家庆。①

从这些委员的身份和经历来看，“吉安县商会特种委员会”实际上是调和“旧”势力和“新”集团之间矛盾的结果。在本地商人中，刘子益、彭绵城、王崑臣、萧宗川等人先后担任过吉安县商会会长（主席），余厚基、王顺康、刘天日、曾逸凡、刘遐九等人是原吉安县商会常务委员或委员。在迁入商人中，徐瑞甫曾任南昌市商会会长，王德舆为全省商会联合会理事长，黄锡章和黎意伯历任军政要职，后开设工厂，自任经理。不过，这种在明争暗斗之后达成的“和谐”局面，不久就因抗战胜利而结束。随着南昌、九江两地商号回迁，“吉安县商会整理委员会”随之成立，吉安县商会选举进入一个新阶段。②

四 结语

商会是清末以来最具影响力的新式民间社团之一，在中国政治、经济和社会等领域产生了深刻的影响。历次《商会法》的颁布，不仅使商会职员的推选方式由“公推”到“票选”，且形成了“任期四年，每两年改选半数”基本原则。③ 不过，由于时代不同和社会环境各异，各地商会选举呈现出多元的景象。在民国时期沿海城市商会选举中，既有来自同业公会的挑战，又有外国领事的干涉。④ 与沿海城市商会选举相比，抗战时期吉安县商会的选举，更多地表现出地方性特征。

作为一个内陆地方性商会，吉安县商会自成立以来，就深受地域因素的制约。吉安县商会虽按照《商会法》来采取组织形式，设置职员人数，但无论是总协理制，还是委员会长制，都形成了吉安、吉水两县商人占绝对优势的格局。至抗日战争全面爆发前，吉水县人萧宗川成为吉安县商会

---

① 《吉商会组成特种委员会》，《前方日报》1944 年 7 月 30 日第 4 版。

② 有关这一问题，参见李平亮、曾忠轩《商会与抗战胜利后地方社会秩序的重建——以吉安县商会整理委员会为例》，《江西师范大学学报》2018 年第 3 期。

③ 朱英：《二十世纪二十年代商会法的修订及其影响》，《历史研究》2014 年第 2 期；《从“公推”到“票选”：近代天津商会职员推选制度的曲折演进》，《近代史研究》2007 年第 3 期。

④ 朱英：《1934 年天津商会改选纠纷与地方政府应对之策》，《武汉大学学报》2015 年第 1 期；《民国时期天津商会选举的两次风波》，《浙江学刊》2007 年第 4 期；《维护国权与商权：天津商会抗议日本领事干涉会长选举》，《史学月刊》2015 年第 12 期。

的“集权者”。抗日战争全面爆发后，大批九江、南昌两地的商人和商户迁入吉安城，导致了1940年商会选举中外籍商人与本籍商人之争。在1943年商会改选中，虽然由九江迁入的南昌人徐建中当选理事长，但3位原吉安县商会委员的辞职和9个同业公会联名不予认可之事，充分说明吉安县商会选举中的外籍与本籍的对立，已演变为“新”势力与“旧”势力之争。这一点，集中体现在商会钤印交接过程中。

抗战时期吉安县商会的两次选举之争，表明商会在国民党建构的双重管理体制下，[①] 仍然具有一定地方性特征。首先，1940年和1943年吉安县商会选举，虽有党政人员当场指导和监督，但选举中的派系之争，不是党政力量干预的结果，而是以萧宗川为代表的本地派，与以徐建中为代表的外地商人博弈的产物。其次，徐建中问鼎理事长之位，既源于南昌、九江等地迁入商人力量的强大，还可能得益于旅吉洪都、九江暨安义同乡会的支持。纠纷产生时，江西省社会处黄光斗的调解，不是解散重组，而是让“新”“旧”两派各有输赢。最后，徐建中的辞职，表面缘由是江西省政府临时议长彭程万的打压，深层原因是徐氏面对“旧”势力的无奈。而“吉安县商会特种委员会”的设立，虽有战时之需，实为调和“新”“旧”两派矛盾的结果。因此，抗战时期吉安县商会的两次选举之争，展现了乡籍、派系与党政等多种因素交织的复杂面相，有助于我们从地方社会的视角，进一步丰富对商会选举制度及其实践的认识。

① 抗战以后国民党对商会的双重管理体制，参见郑成林《抗战时期国民党对商会的管理和控制》，《华中师范大学学报》2011年第6期。

1928 年国都南迁与北平城市发展路径的规划与讨论

王建伟
（北京市社会科学院历史研究所）

1928 年 6 月，南京国民政府辖下的国民革命军攻入北京，北洋政府统治终结，南京被确立为新的首都，北京被改名为北平，成为与天津、上海一样的中央直辖“特别市”，后来再降为普通市，甚至一段时期曾隶属于河北省，“不但不是国都，而且成了边塞”①。持续数百年的国都身份遽然失落，触动北平城市命运的起伏，“从前的声势，从前的繁华，都逐渐消失了”。②“大家认北平为倒霉的地方，几乎更无一顾的价值。”③

一 潮流更易，景象全非

北京作为一个依靠政治因素兴起的城市，政治角色的变动、政治地位的升降在很大程度上影响城市的各个方面。观诸当时舆论，纷纷将北平衰落与国都南迁联系起来，“本来北平之繁盛，乃政治使然。今首都既废，则冷落衰败，势所必至”④。北平市政研究会的专业刊物《市政评论》后来也指出：“北平为辽金元明清五代国都，居民多依政治为生活，千数百年来，遂演成政治支配生活之状态，自国都南迁，市民生活遽失依据，凡

---

① 周作人：《北平的好坏》，载姜德明编《北京乎：现代作家笔下的北京（1919—1949）》（上），生活·读书·新知三联书店 1992 年版，第 17 页。

② 林颂河：《统计数字下的北平》，《社会科学杂志》第 2 卷第 3 期，1931 年 9 月。

③ 铢庵：《北平的运命（北游录话之十）》，《宇宙风》第 31 期，1936 年 12 月 16 日。

④ 《北平地面之兴废》，《大公报》1928 年 8 月 23 日。

百营业，莫不凋敝，市况日趋萧条。"[①] 1928 年 9 月，作为国民政府特派负责接收北平府院办公处的杨熙绩报告了北平当时的情形：（一）"国都南迁，而失业之人十余万，凡此啼饥号寒之民众，不可不速谋救济也"；（二）"旗民居住北平市，几占全市人口总数之半，溯满洲自入关而后，瘦汉人以自肥，二百余年，养成愚惰，近已穷而无告，卖儿鬻女者有之"；（三）"北平久定、而九校尚无开学之期，卒至弦歌尽辍"。[②]

北平市面商业受国都南迁的影响最为直观，《大公报》记者看到的景况是："路上只有几个稀少行人和车辆，昔日正阳门前门的繁华，今日几将消减……马路两旁有很多的铺子都是紧闭大门，贴着'门面出租'的条子。东安市场行人稀少，很多摆摊的都袖着手幽幽不振的坐着。"[③] 一位外地人在北平也有类似的所见所感："所有买卖，似乎是非常萧条的，来往的行人，也似在寻求着饭具。愁眉苦脸的灾官，处处都可以见到，无书可读的大学生，溜马路逛市场，甚而捧戏子住下处，也都成了日常功课!"原本一派繁荣的前门东西两车站虽有青白旗飘扬，"但还不如从前有秩序"，"军阀固然是打倒了，不过北平社会也要从此堕落了!"[④] 曾经的国都被形容"为西风落叶所吹遍"，"无处不萧瑟"。[⑤]

对于具体人群而言，北平公务员群体在迁都前后的境遇反差最为强烈，一批中央机关或裁撤，或南迁，或降级为地方机构。加之北平市政府机关因经费紧张，只能裁撤机关，精减人员，公务员群体失业严重，从人声鼎沸到人去楼空，"各部院及附属机关，相率徙京，职员中百分之七八，悉被裁换"。"薪微职小者，在当日每月所入，仅敷所出，已属强自支持，今一旦经济来源全绝，实感生活不易之苦。且此类职员，又大都携有眷属，担负颇重，谋生既感不易，转动尤觉艰难。"有的失业公务员只得以代人"写信"为生，孩子无钱读书，母亲忧劳患病。有的失业后无力支付房租，暂借亲戚家住。有的拉车又拉不了，谋事则无人介绍，故在家赋闲。[⑥] 当时流行一个词就是"灾官"，梁启超在致女儿家信中对此描述：

① 黄子先：《繁荣平市之我见》，《市政评论》第 1 卷合订本，1934 年 6 月。

② 《杨熙绩报告北平近况》，《大公报》1928 年 9 月 26 日。

③ 《最近北京的萧条》，《大公报》1928 年 11 月 17 日。

④ 崇一：《旅平杂感》，《大公报》1928 年 11 月 21 日。

⑤ 《西风落叶下的古都》，《大公报》1929 年 11 月 15 日。

⑥ 牛鼐鄂：《北平一千二百贫户之研究》，《社会学界》1933 年第 7 卷。

“京津间气象极不佳”，“北京一万多灾官，连着家眷不下十万人，饭碗一齐打破，神号鬼哭，惨不忍闻”，“所谓新政府者，不名一钱，不知他们何以善其后。党人只有纷纷抢机关、抢饭碗”。[①]《申报》此时也连续报道：“自国都奠定后，北平之倚官为活者，失所凭借，欠薪累年。日食早不继，更有欲归不得之苦。平沪各慈善机关，遂实行遣送大批之灾官。”[②] 上海自 1928 年入秋之后，先后涌入北平失业灾官约 2400 人。[③]

不管是那些南下谋求出路的官僚政客还是留在本地的失业公务员，虽在北平总人口中所占比重不高，但消费能力较强，是支撑国都时期北京商业的重要支柱，这一群体的流失是导致北平商业迅速萎缩的主要原因之一。更重要的是，官僚群体消费能力的下降引发了一系列连锁反应，“各部院司员人役，皆无形取消。他们平素都有固定收入，赁屋而居，包车代步，一旦失业，包车可以不坐，首先裁去，车夫因而失业，房租不得不欠，自三月以后，以迄于今，多未曾付”。北平租房市场价格跳水，受此影响最大的就是那些依此赚取费用的所谓“吃瓦片”者，“无不竭蹶困难，愁眉不展”。[④]《世界日报》对此也有报道：“自去年以来，北京城里的市民，就成了冷水打的鸡毛，越过越少……少一家人家，就要多空出一所房子。所以慢慢的过着到了现在，空房子到处都是。这可急煞了一班吃瓦片的，望上成万上千银子的血本，在那里要成废物。人有钱，最稳当的莫如置不动产。现在看起来，觉得就是不动产，也未必就靠得住能当现钱。”[⑤]

国都南迁不仅大量抽取了北平原有的政治资源，也连带引发其他资源的转移，金融业首当其冲。中国银行和交通银行都将总部由北京迁往上海，在北平仅剩下分行、支行。据统计，从 1927 年至 1929 年，北京完全商办之银号“受战事及迁都影响，关闭甚多，市面所受损失甚巨”。至 1931 年，北平银号或兑换所仅剩 83 家，“其市面交易，亦甚平淡”，“有盈余者，不过十分之五，不敷开支者，亦达百分之二十。各号职员，均以年终分红为大宗收入，然新年失望者，实具多数”。[⑥]“政府南迁，市面萧

① 丁文江、赵丰田编：《梁启超年谱长编》，上海人民出版社 2009 年版，第 762—763 页。
② 太玄：《灾官访问记》，《申报》1928 年 10 月 20 日。
③ 《不尽灾官滚滚来》，《申报》1928 年 11 月 8 日。
④ 《青白旗下的北平（二）》，《大公报》1928 年 8 月 7 日。
⑤ 《瓦片也靠不住》，《世界日报》1928 年 8 月 18 日。
⑥ 《平市银号最近调查》，《大公报》1931 年 1 月 30 日。

条，加以发行公债集中沪市，各银行及资本相率徙去，以致本市现金多数外输，金融停滞，各种债券不能流通，华北各经纪人歇业大半。”①

北平作为一个标准意义上的消费城市，消费规模的大幅度下降对城市的打击是致命的。由于商铺都必须按照铺捐章程，分等纳捐。因此，北平商业盛衰情形，也可以由历年纳捐商铺的增减看出来，1928—1931 年间，这一数目减少了 1839 家。据北平公安局行政科统计，国都南迁之后的 8、9 月间，仅仅 10 天之内，北平内城停业商店 310 家，外城停业商店 506 家，四郊停业商店 155 家，其中饭馆及旅店业占 3/10，其余还有未经允许停闭的饭店、歇业而未准者百余家。② 另据北平市社会局 1931 年 6 月的数据，纳捐铺数共计 28410 家，每月营业流水达到 20 万者只有 1 家，80—150 元有 7398 家，如果平均计算，每家每月营业流水数目仅有 191 元。有一些商户每日营业流水数目只有六七元，“许多大规模商店门可罗雀，奈被市府强为撑支市面，不许关闭。这种大小商铺分配的情形和每月营业流水平均数已足表明，平市商业之日趋微弱矣”。③ 1930 年 11 月，曾为南城香厂地区地标性建筑、赫赫有名之城南游艺园因“游人稀少，赔累不堪”，实行歇业。④

再统计北平市各业行会失业人数，1928 年 6 月至 1929 年 6 月，北平总商会各商号职工有 91476 人，其中有 29902 人失业，占总数的 32.69%。在各行业中，失业人数的百分比以饮食与服装两个行业最高，“这两业本是北平市民主要的消费，紧缩如此，全市的凋敝，也就可想而知”。⑤ 而电灯公司相关数据的变化最能直观反映北平在迁都前后市面的萎缩程度：

> 第一、各官署解散者解散，收束者收束，官署之用电自少。第二、服务于官署之职员，及与政界有关连之人士，因谋事南下者有之，因失业离平者有之，留者百无一二。北平居户，本以政界关系人

---

① 吴廷燮：《北京市志稿》卷三，北京燕山出版社 1998 年版，第 636 页。

② 《全市萧条百货滞销北平市之最近情形》，《顺天时报》1928 年 9 月 19 日。

③ 魏树东：《北平市之地价地租房租与税收》，（台北）成文出版社有限公司、（美国）中文资料中心 1977 年印行，第 73 页。

④ 《平市萧条下之牺牲者城南游艺园停闭》，《大公报》1930 年 11 月 4 日。

⑤ 林颂河：《统计数字下的北平》，《社会科学杂志》第 2 卷第 3 期，1931 年 9 月。

士为中心，官吏一空，中级以上居户，几为之全空。近且与教育界有关之教习学生，亦复旧者纷去。新者不来，居户用电，当然锐减。第三、各商家各铺户，歇业者日多，未歇者亦均以顾客寥寥，极力收缩，重则撤灯，轻亦少用。此外用电之工业，北平本自无多，以后更难推广。查该公司自迁都定议后，本年五月份电费收入，较上年该月份，约少三分之一。六七两月，几少至约五分之二。八九两月，竟将少至约七分之三。其比较降落程度。实至可惊。而北平居户之减少情形，亦可藉知大概矣。[①]

北平作为一座主要依靠政治力量驱动的特殊城市，当国都身份被“抽离”，从国家权力中心退居边缘，在短时间内无法改变“生产者少、消费者多”的畸形经济结构，同时缺乏建立现代工业体系的良好基础，加之外部环境不稳，经济形势恶化，财政收入减少，市民生活萎缩，从各个方面看，20 世纪 20 年代末的北平都是一段非常灰暗的时期。

二 故都初期关于“繁荣北平”的讨论

面对国都南迁之后北平的困境，各方人士忧心忡忡，“居住北平之百数十万市民，深恐隳其固有之繁荣，而影响其生活”。[②] 从上至下，从官方到民间，“一部分人民叹息北平市面的萧条，另一部分人民提出种种繁荣北平的计划”。[③]

国都南迁之初，中央与地方对于北平的经济前景已有基本预判。北平发展模式单一，城市兴衰高度依赖官僚政治集团的各种活动，一旦失去国都地位，城市发展动力丧失大半，无异于釜底抽薪。此时，作为北平实际掌控者的阎锡山，一度曾有国都回迁的尝试，北平总商会也为此专门做出

---

① 《旧都益冷落　电灯公司大赔累》，《大公报》1928 年 10 月 16 日。

② 《北平特别市公用局宣言》，《大公报》1928 年 9 月 21 日。

③ 林颂河：《统计数字下的北平》，《社会科学杂志》第 2 卷第 3 期，1931 年 9 月。比较有代表性的意见包括朱辉《建设北平意见书》，《北京档案史料》1989 年第 3—4 期；《有关北平市政建设意见史料一组》，《北京档案史料》1997 年第 2 期。

努力。[①] 北平舆论始终有借助政治资源振兴经济的固有思维，一旦有风吹草动，即伺机而动。1929 年 7 月 8 日，时值蒋介石在平期间，北平总商会组织 87 个分会代表共 800 余人赴总部行营向蒋主席请愿国都回迁北平事宜，整个过程秩序整齐，“毫无紊乱”。[②]

但是，定都南京已不可更改，因此，竭力争取其他政治资源成为北平政商人士的共识。一些意见主张退而求其次，建北平为陪都。1928 年 6 月，《京报》刊发北京学界呼声，指出因北京在文化、外交、军事、国防等方面具有重要地位，建议仿照旧时陪都制度，“暂立一比较其他省区较大之规模，以为过渡”。[③] 第二年，曾担任北平政治分会主席的张继也表达了相同的主张。[④] 不过，陪都之说一直未能得到实质性回应。

另外，当河北省政府在 1928 年 7 月 4 日在天津成立之后，北平总商会等社会团体就积极活动，争取其移驻北平。[⑤] 第四集团军前敌总指挥、北平政治分会委员白崇禧也在向分会提交议案，建议河北省政府应移设北平，其中一个重要理由就是“首都既经南迁，工商业必渐衰微，一般劳动者职生计，益形困难。省会果能置此，注重工商业之发展，并改善劳动者之生计，如是则首都南迁，不特未见其害，且蒙其利”。[⑥]《申报》甚至提出假设，河北省政府如果不移平，北平再过半年“将成废区”。[⑦]

不过，这一主张招致河北方面的反对。河北省商会联合会与河北省农会以“省政府迁往北平，天津商业将受影响”为由，主张暂缓迁移。同时，两团体还指出：“北平为历代旧都，积数百年之经营，及全国人文之辐辏，始有今日之繁盛，决非一省府左右之力，所能补救于万一！”[⑧] 但是，这些反对意见并未能改变事实。1928 年 10 月 12 日，河北省政府正式移驻北平，此举虽有多方面因素的考虑，但通过集聚政治资源拉升北平经

---

① 《平商会议请国府国都设平》，《大公报》1928 年 8 月 21 日；《北平总商会繁荣北平之建议》，《华北日报》1930 年 11 月 27 日。

② 《北平商界代表请愿》，《大公报》1929 年 7 月 9 日。

③ 《迁都声中之北平学界》，《京报》1928 年 6 月 24 日。

④ 《张继抵京谈话主张，建北平为陪都》，《天津益世报》1929 年 7 月 8 日。

⑤ 《河北省政府委员明日在津开正式会议》，《大公报》1928 年 7 月 17 日。

⑥ 《向北平政治分会提议案》（1928 年 7 月 12 日），载黄嘉谟编《白崇禧将军北伐史料》，《“中研院”近代史研究所史料丛刊》（25），1994 年，第 340 页。

⑦ 《各社电讯·北平将成废区》，《申报》1928 年 8 月 23 日。

⑧ 《两法团请省政府暂缓迁移》，《大公报》1928 年 9 月 20 日。

济，确为其中应有之义。

长期以来，政治因素一直是驱动北京发展的核心动力。国都身份的丧失以及由此导致的城市困境引发了官方以及民间关于北平发展模式与路径的大讨论。当时各方比较普遍的意见是当北平的政治属性淡化之后，应将文化作为重要的筹码，凸显文化优势，建设“文化之城”。

文化因素被中央政府与北平地方人士共同强调，确实是因为文化价值作为北平的特质最为明显，落实在具体层面，首推独一无二的优质学术与教育资源。迁都之初，《顺天时报》即建议将北平建成全国文化的中心区域，“北京除国立九校之外，其他的公私立大中小学，亦不在少数，现若能一面将原有的各校，加以整顿扩张，并作完全的设备，聘良好的教授，一面另设各种职业学校，利用固有的官舍，充当校址，以资培养普通实业人才，并酌予成绩优良的私立大学，以相当的补助费，藉示奖励游学之意，则庶几使北京成为全国学生荟萃之地”，“而北京市面自可望依此大批学子的存在，以维持其从来之繁荣，不至因迁都受重大影响”。[①]

这种认识也得到了官方的认同。北平市市长何其巩表态，北平“原有学校，多属最高学府，讲艺之风，逾于邹鲁，加之故宫之文物，焕然杂陈，各图书馆之册籍，庋藏丰富，其足以裨益文化考证学术之资材，几于取之不尽，用之不竭，而文人学士之乔寓是邦者，亦于斯为盛，市府要当整理社会，修废起顿，以期革除旧染，溶发新机，使秩序宁静，环境改观，以为国家振兴文化之辅助，此职责尤不可容缓者也”。[②] 何的表态并未停留在口头，他专门要求市公安局对北平市内郊外有关历史古迹，一一调查，详细记载，“留昔日文化之痕迹，以备历史学者之研究”。[③]

教育不仅是重要的文化资源，也是重要的经济资源，数量可观的大众学生群体对于民国初年北京的城市消费做出了重要贡献，“负笈旧都之学生，即不啻为平市存在之中流砥柱。姑以每人每年平均花费二百元计之，合十数所官私大学专门诸校学生，其消费力殆极可观”。[④] 国都南迁之初，北平对学生吸引力下降，“今都城既易，观感不同，故南京中央大学此次

① 《迁都后之北京繁荣策》，《顺天时报》1928 年 7 月 9 日。
② 何其巩：《今后北平之建设》，《天津益世报》1928 年 10 月 12 日。
③ 《北平市有关历史古物调查》，《大公报》1929 年 1 月 28 日。
④ 《整顿北平教育之进行》，《大公报》1931 年 3 月 7 日。

招生，报名者达两千之数，而北平学生则来者寥寥。向来各城公寓，暑假中间满住投考之新生，今则阒然无人，莫不叫苦连天”。[①] 同时，政权鼎革之际，北京各高校内部各种风潮频发，从这个意义上说，整顿教育不仅是维护政治稳定的重要举措，对于提振北平的商业消费也具有积极意义。

其次，帝都时代留下的各种物质遗存，包括古建筑、古物等，是故都人民引以为傲的文化资本，更是无可取代的优势资源，成为北平地方政府构建文化之城的重要依托。1928 年 10 月，曾经担任京兆尹的南京国民政府内政部部长薛笃弼就提出要将北平建设成为“东方文化游览区”，其重要依托就是北平独一无二的历史积淀。“北平建筑，雄伟古朴，最能代表中国，而数百年首都名称，外人尤耳熟能详。且附近西山明陵长城等处，又尽有引人流连之真价值。若能以文字图版，广事宣传，设招待机关，善为照料，则欧美日本人士之远道来游者，行将踵趾相接。”[②] 河北省政府移驻北平之后，根据薛笃弼的要求，为此专门向社会征求繁荣北平市面的计划意见。一时间，从官方到民间对此多有讨论。

故都初期，北平地方政府围绕“繁荣北平”问题进行了一定的实践，如通过将河北省政府设置在北平等方式努力维系政治地位，设立北平繁荣设计委员会等。另外，充分利用北平的文化优势，包括教育、古物等资源，建设“文化之城”。虽然各方意见能取得基本共识，但多能认识到这些举措仍为治标之法，而治本之策，则必须抛却北平往日城市发展的路径依赖，另在其他方面寻求“新生命”，这种“新生命”，就是振兴工商业，培育稳定的消费力量，谋求城市发展的长久动力。

从当时情况分析，各方对繁荣北平的计划与蓝图分歧不多，主要集中在建文化教育中心、旅游城市与发展工商业方面。仔细分析这些主张，虽言之成理，持之有故，但并不具备充分的实施条件。故都初期，北平百废待兴，市政府主政者变动频繁，无法保障政策的连续性。最重要的是，各种繁荣计划多需大额资金推动，而此时北平财政十分支绌，自身造血能力严重不足，中央拨款十分有限，致使很多计划无法有效落地。北平市政府刚处起始阶段，各类事业尚在摸索阶段，运转效率仍有待检验。限于各种

---

① 《北平地面之兴废》，《大公报》1928 年 8 月 23 日。

② 《维持北平繁荣之快捷方式》，《大公报》1928 年 8 月 18 日。

因素的窒碍，故都初期繁荣北平计划多停留在纸面理论设计层面，“只是空言，未见实行”。①

三 中原大战之后北平经济渐有起色

1930 年春，蒋介石与阎锡山的矛盾逐渐升级，3 月 18 日，阎锡山派兵接收中华民国陆海空军总司令部北平行营，国民党中央在北平的宣传机关被查封，南京政府控制的铁路、邮电、报刊等也大多被晋方接管。次日，国民党北平市党部遭到查封。北平地方政府还宣布自立税则，独立征税。这标志着北平脱离了南京中央政府的管辖，成为事实上的独立王国。4 月，中原大战爆发。7 月 13 日，阎锡山、冯玉祥联合国民党内的改组派汪精卫、陈公博和西山会议派邹鲁、谢持等，在北平召开中国国民党中央党部扩大会议，另立中央，与南京国民政府分庭抗礼。

一般而言，战争意味着生灵涂炭，但对北平而言，则孕育了新的“生机”。中原大战爆发后，一批反蒋势力齐聚北平，他们的集团性活动成为一种牵引，促发了城市一度缺失的发展动力，“近来商界方面，见阎冯讨蒋意志坚决，且有在北平成立政府之讯，故于颓丧状况下，顿然现出兴奋精神来。从前打算关门之店铺，近忽决定暂行勉强支持三数个月，以俟市面活动。其资本宽厚之各大商店，近已纷纷联络，议商请求阎冯，早速成立政府，恢复北京名称等事……以期北京繁荣早复原态，俾救垂毙之商业，即现在失业之市民，亦可求得生活云”。② 曾经衰颓的北平市面因此出现了短暂的复苏势头，“自扩大会议成功后，平市方面组设新政府之声浪，弥满空际，一般商民，闻此音讯，莫不欣然色喜。盖自国都南迁后，市面萧条，商业停顿，商民人等饱受此中影响，故一闻有建设新政府之讯，多以为凋敝之旧都，将从此恢复昔日繁荣之盛况也”。③

北平扩大会议虽一度声势浩大，但基础并不稳固。1930 年 9 月 18 日，张学良宣布支持南京中央政府，出兵华北。扩大会议代表纷纷外逃，阎、

① 林颂河：《统计数字下的北平》，《社会科学杂志》第 2 卷第 3 期，1931 年 9 月。
② 《北平商人因营业冷落　拟请阎冯恢复旧称呼》，《大公报》1930 年 5 月 6 日。
③ 《旧都渐有活意　新贵云集繁荣有望》，《大公报》1930 年 7 月 17 日。

冯一方在军事上节节败退。9月23日，东北军从晋军手中和平接管北平防务，北平脱离南京国民政府的状态实际上只持续了半年的时间。此后，张学良领导下的东北边防军司令长官公署和东北政务委员会取代阎锡山的中华民国陆海空军总司令部，掌控平津地区的政权、军权与财权。

张学良进驻北平之后，北平各方对张寄予厚望，张亦对北平前途表达关切与决心。此时，社会上关于“繁荣北平”的呼声再次响起。1930年11月，国民党三届四中全会召开，北平行营主任何成濬提交“繁荣北平以固国防案”。他从南北均衡的角度阐释了重振北平的重要意义，提出北平的三个城市定位：工业中心，文化中心，练兵区域，“其目的在集中一大部分人才与经济力于其间，既维系地方繁荣，且联带发展北方其他事业”。[①]

相对于许多民间人士的看法，何成濬的定位更高、视野更广。与此同时，吴敬恒、张学良、叶楚伧、张继、李石曾等在1930年11月向中央政治会议提议设立“整理北平市文化指导委员会”，拟定简章主要包括：“直隶于国民政府，除平市政府行政事项外，其保存古迹，布置风景，发展工艺，招致游宾等之组织，皆由本会指导，积极整理”；“北平市长为当然委员，并为总干事”；“会中所决议，呈请于国民政府批准执行”；“机关经费，由国府市府酌量补助，不足则由会筹募”。[②] 1930年12月22日，李石曾在北平研究院介绍该机构设立的缘起及其意义时指出，此处所谓的“文化”是广义的文化，不仅包括教育学术，还包括实业工艺等，“换言之，即用经济方法，来维持发展，而成为文化中心”。[③]

“整理北平市文化指导委员会”虽以“指导文化”为名，但并非只为单一发展文化事业，同时还与振兴经济以及时局演变有密切关系，兼顾文化与民生，具有多重功能，尤其是在刚刚经历中原大战的时代背景下，淡化北平的政治意味，强化文化象征意义，也符合南京方面的意愿与利益。中央政府希望强化北平作为文化城的定位，可以使其远离政治中心，遏制

① 《何成濬之繁荣北平案》，《国闻周报》第7卷第46期，1930年11月24日。

② 吴稚晖：《整理北平文化市指导委员会》，载罗家伦、黄季陆主编《吴稚晖先生全集》卷十“国是与党务”，中国国民党中央委员会党史史料编纂委员会1969年版，第1632—1633页。

③ 李石曾：《以最经济方法充分发展北平文化》（1930年12月22日在北平研究院讲），载中国国民党中央委员会党史委员会编《李石曾先生文集》（下册），中央文物供应社1980年版，第257页。

地方势力借助北平丰厚政治资源挑战中央权威的合法性与可能性，也算是吸取了北平扩大会议的前车之鉴。该组织简章有一条即规定：“北平市除法定政治机关外，不准有任何政治之集会及行动或设立机关，遇有前项情形，本会得知会市政府制止之。”[①] 地理学家白敦庸也提出，北平不做国都，“则可超出政治漩涡而免于政争政变之苦，生活可获比较之安定，藉可从事整顿教育阐扬文化，吸收四方学子来平就学，中外人士来平游览，作日本东京之第二”。[②] 1931年7月，在周大文就任北平市市长的仪式上，李石曾作为中央委员致辞再次强调：“昔日北平为一政治中心，常有种种纠纷及不安现象。现已非政治中心，而成为文化中心。”[③]

李石曾在“整理北平市文化指导委员会”筹备过程中态度最为积极，奔走最多，往返于北平、沈阳之间，与张学良几次磋商委员会的具体计划与内容。会长人选原定蒋介石，张学良、李石曾为副会长，北平市市长为总干事。至于关键的经费来源问题，张、李二人商议的基本结果是，整个计划约分十期，以一年为一期，每年需款五百万元，共需五千万元，“大部分向中央商请，由庚子赔款项下指拨”，其他部分待北平财政收入回升之时再由地方筹集。第一期经费主要用于补助北平中小学校教育经费以及建设卫生设备等项目，此外还包括故宫博物院维修、文化展览会经费、坛庙古迹修理费等。[④]

对于“整理北平市文化指导委员会”的设立，舆论多寄予厚望，《大公报》称其为“空谷足音，令人惊喜不已”，并以“故都兴废在此一举”为此定调。[⑤] 不过，也有观点对此机构的效用表示质疑，指出人选不当，艺术家、建筑家缺乏，官员过多，委员多属兼职，做事迟缓等。[⑥]《北平晨报》则表示了谨慎的乐观：“北平处今日枯竭状态之下，徒恃固有区区收入，沿袭旧来因循敷衍之故套，纵加以如何倡导文化之美名，结局断不易

① 《指导整理北平市文化委员会组织章程已经中政会通过》，《华北日报》1930年12月15日。

② 白敦庸：《北平市生存大计》，《大公报》1930年11月3日。

③ 《周大文昨宣誓就职》，《大公报》1931年7月7日。

④ 《繁荣旧都需款五千万元》，《大公报》1931年2月19日。

⑤ 《故都兴废在此一举》，《大公报》1930年11月29日。

⑥ 是惕：《对于整理北平文化指导委员的一点意见》，《大公报》1931年4月9日。

收良好之效果"。[①] 实际情况是，整理北平文化指导委员会成立后并未有效开展实质性工作，一场声势浩大的行动随着后来张学良的去职而无疾而终。

张学良驻守北平期间，采取了一些举措，如在平建立陆海空军副司令部设置，阻止平汉铁路局移汉，"因此事关系旧都繁荣甚巨。平汉铁路局职员千余人，日开支四十万元。如移汉则影响平市殊非浅显"。[②] 同时，张学良还担任国民党军事委员会北平分会代委员长，并被推举为中央政治会议委员，东北军的政治中枢也由沈阳迁至北平。[③] 此举对北平商业具有一定的维持作用，"据说北平日薄西山的市面，竟靠着来了个回光返照"。北平商人常常说起："这年头幸亏营业税并未实行，加上副司令终年留守着，给我们剩了口苦饭。"[④] 《大公报》报道："自副司令部行营开始组织后，各方要人来平者极多，沉寂已久之北平市，忽又冠盖如云。各要人连日在平市寻觅房屋，不借以重价租赁……最近六七日中，北平市房价腾贵，尤以西城一带地方房屋最甚。此外各大饭店，昔日门可罗雀，今亦生意兴隆，如中央长安春瀛寰华等饭店，门前车马拥塞，各大饭庄，各戏园电影院等，营业较前均盛。"[⑤] 北平毕竟基础雄厚，经过国都南迁初期的慌乱之后，社会经济有所恢复。据《申报》1931 年 12 月的报道，"平市稍繁荣，上月报营业者一八八家，歇业者百二十四家"。[⑥]

房租价格亦有提升，"北平市自民国元年至民国十三年，房租极高，为黄金时代。十四年至十六年，即渐趋衰落。十七年，政府迁南京，乃急转直下。二十一年后，复稍升高"。[⑦] 1932 年，北平市社会局对全市工商业进行调查，虽经历国都南迁所导致的百业低迷，但凭借雄厚的积累，北平城的经济体量仍维持相当规模。[⑧]

---

① 《所期望于文化指导者》，《北平晨报》1930 年 12 月 22 日。

② 《副司令部决设北平》，《大公报》1930 年 12 月 9 日。

③ 《张对新闻记者谈话》，《国闻周报》第 8 卷第 16 期，1931 年 4 月 27 日。

④ 欣欣：《从"北京"说到"北平"》（北游琐记之二），《民力》第 1 卷第 5 期，1931 年 11 月 21 日。

⑤ 《旧都新气象　房租骤涨》，《大公报》1931 年 4 月 24 日。

⑥ 《北平市面近稍繁荣》，《申报》1931 年 12 月 17 日。

⑦ 魏树东：《北平市之地价地租房租与税收》，（台北）成文出版社有限公司、（美国）中文资料中心 1977 年印行，第 45 页。

⑧ 娄学熙：《北平市工商业概况》，北平市社会局印行 1932 年版，第 1 页。

1933 年 1 月 1 日，日军进攻山海关，开启进攻华北的序幕。3 月初，热河陷落，北平城市上空隐现战争阴云，全国舆论哗然，各方谴责南京政府的军事外交政策，张学良亦成为众矢之的，于是向南京国民政府请辞，获蒋批准。5 月 3 日，中央政治会议决议，设置行政院驻北平政务整理委员会，于学忠、徐永昌、宋哲元、傅作义等为委员，黄郛担任委员长，何其巩为秘书长。黄郛与蒋介石关系密切，并与日方渊源颇深。通过谈判，5 月 31 日，中日双方签署《塘沽协定》，两军停战，在长城以南的冀东和平北的平原地带划出一个“缓冲地域”，一度危急的华北形势得到缓解，北平进入了一段难得的平稳发展时期，“久经惶恐的人心，无形之中，竟安定了许多”，“总而言之，现在的北平，因为停战协定成功，一切又渐渐的趋于安稳享乐的生活中去了！”①

华北局势稳定之后，北平经济呈现复苏势头，以 1933 年北平市商业数据为例，开业家数（2243）明显高于歇业家数（1397），但开业资本总额仅为 154307 元，而歇业资本总额则为 192628 元。② 数据表明，北平经济形势总体平稳，社会需求仍在增长。

1933 年 6 月，袁良出任市长。他认为北平当时的市政问题非常严重，其基本思路是将市政改良与文物整理工作结合起来，借此凸显北平的文化资源优势吸引更多的旅游观光者，最终的目标是将北平从原有的政治包围中解放出来，着重城市的内生动力，谋求城市的长久发展。③

1934 年 9 月，北平市政府向行政院驻平政务整理委员会呈上市政建设三年计划，将 1934—1936 年定为北平市市政建设计划初期，针对社会、工程、卫生、财政等多个方面的实际情况，逐步进行建设和改造，目标是将北平建成“东方一最大之文化都市”，而当务之急为“河道沟渠之整理及游览区之创设”。④ 同年 11 月，北平市政当局在三年规划的基础上制定

---

① 《平市人心渐趋安定，将重觅享乐生活》，《世界日报》1933 年 6 月 2 日。

② 北平市政府秘书处第一科统计股主编：《北平市政府二十二年度行政统计》，台北：文海出版社 1993 年版，第 1 页。

③ 袁良：《叙言》，载北平市政府秘书处编《北平市政府二十二年下半年行政纪要》，1934 年，第 1 页。

④ 参见《北平市政府为建设北平市政拟定筹款办法致行政院驻平政务整理委员会呈（1934 年 9 月 26 日）》，《北京档案史料》1999 年第 3 期；《1933 年北平市扩充市政事业计划史料》，《北京档案史料》2016 年第 4 期。

了更为具体的《北平游览区建设计划》《北平市沟渠建设计划》《北平市河道整理计划》，三项内容合称“旧都文物整理计划”。①

旧都文物整理计划是一项综合性功能，涵盖内容很广，不仅包括文物古建的修复，还有与之配套的市政建设，如道路、交通、商业设施等。1935 年 1 月 11 日，旧都文物整理委员会成立，附设于行政院驻平政务整理委员会，职责主要包括指挥监督关于执行整理旧都文物之各项事宜，如文物保护、修复等。这一机构不再是简单的咨询机构，主席由行政院驻平政务整理委员会委员长兼任，成员还包括驻平政务委员会内政、财政、教育、交通、铁道各部门及中央古物保管委员会代表，河北、察哈尔省政府主席，以及北平市市长等实权人物。

旧都文物整理计划取得了短期成效，从 1935 年 5 月陆续开工的天坛、香山碧云寺、西直门箭楼、妙应寺、正阳门五牌楼、东西长安牌楼、东西四牌楼、东交民巷牌楼、西安门、地安门、明长陵等项目先后完工。曾经作为帝制遗物的宫殿、城门、牌楼等经过修缮之后，呈现出新的时代面貌。袁良任期内的市政建设成绩，被认为是“朱启钤办市政以后的第二人”。②

进入 1935 年之后，华北地区战云密布，国民党中央军开始逐渐撤出华北。此时，原本有限的资源也逐渐向军事方面倾斜。1935 年 11 月，黄郛退出，袁良卸任北平市市长，一度颇有声色的旧都文物整理计划遂告中止。

余　论

1928 年之后，北平不再负载国都的政治象征意味，逐渐回归城市的日常生活。尤其是国都南迁所导致的经济低迷，官方与民间开始探索城市发展的新路径。当浓重的政治意涵淡化之后，“文化”成为北平为数不多的可以凭借的资源与依托。无论是建设文化之城的目标定位，还是东方文化游览中心计划、古物整理计划等，都建立在北平的文化优势这一基础之

① 《故都文物整理之一页》，《市政评论》第 3 卷第 3 期，1935 年 2 月 1 日。
② 铢庵：《北平的运命（北游录话之十）》，《宇宙风》第 31 期，1936 年 12 月 16 日。

上。与此同时，发掘北平的文化价值，不仅成为一项重要的经济策略，而且也兼有将北平从作为“政治之城”的传统属性中解放出来的作用。南京国民政府意图借以强化自身的正统性，进一步消解华北地方政治势力借助北平的政治地位挑战中央权威的合法性与可能性。在这一点上，北平与南京中央达成了共识。

进入 20 世纪 30 年代之后，北平周边局势趋于平稳，尤其是 1933 年《塘沽协定》签订之后，北平迎来了难得的发展时期。袁良出任市长，着力推进旧都文物整理计划，涵盖社会生活多个方面，北平的城市建设有所起色。不过，北平近代工业发展滞后，经济结构以消费性服务业为主，受外部政治环境影响较大，自身发展动力不足。北平市政府虽极力扭转原有的发展模式，挖掘城市的特色资源，但效果并不明显。进入 30 年代中期之后，日本侵华之势日益明显，国民党中央军序列被迫逐渐撤出，强敌压境，民族危机不断加深，北平成为军事前线，至 1935 年年底南京中央军事力量撤出华北，北平彻底沦落为一座“危城”，城市发展让位于政治危机，刚刚开启的重振之路被战争截断。

20 世纪 20 年代东北流民问题的整治*

范立君
（吉林师范大学历史文化学院）

20 世纪 20 年代是关内流民涌向东北的高峰期，史料记载称为流民的“狂潮”①。关内流民迁往东北，“乃为逃荒之举，其对于自身前途的运命，全无把握，徒以故乡生路已绝，不得不迫而出此，至于出关以后之生路，亦惟有听之天命而已”。因此，流民的“救济问题，是迫不容缓之问题，不可不急救解决者也”②。当时，各大报刊、新闻媒体纷纷倡议，组织公私团体、救济机关对流民进行援助，以防其颠沛流离，生命无保③。因此，在社会各界的呼吁下，当大批流民涌向关外时，迁出地和迁入地的地方政府、公私团体、慈善机关、交通部门等并未袖手旁观，而是采取了一系列的救助措施，为流民提供方便，使大量无家可归的流民得到安置。

---

* 关于进入东北地区的关内人口究竟是“流民”还是“移民”，研究者从研究需要，有的称为“流民”，有的则称为“移民”。本文认为，流民属于“移民”的范畴，人口学中有所谓“自发移民”，是指流民。但“自发移民”决不是“移民”的本质，“移民”的本质是政府行为，是有计划、有组织的人口迁移活动（参见池子华《中国流民史·近代卷》，安徽人民出版社 2001 年版，第 390 页）。“移民”侧重于迁徙的组织性、有序性和批量性，而“流民”则更强调迁徙的分散性、无序性和盲目性。从关内人口迁往东北的实际情况来看，自清代至民国，流入关东的人口除一小部分是由政府组织的外，其余均是自发性的。也就是说，关内移入东北地区人口的主体，实际上是流民，而不是严格意义上的移民。

① 章有义：《中国近代农业史资料》第 2 辑（1912—1927），生活·读书·新知三联书店 1957 年版，第 638 页。

② 朱偰：《满洲移民的历史和现状》，《东方杂志》1928 年第 25 卷第 12 号，第 19 页。

③ 参见孙国仁《救济难民》，天津《大公报》1928 年 7 月 1 日第 5 版；《赈灾与移民》，《大公报·社评》1929 年 7 月 18 日第 2 版；《呜呼，鲁省灾民之悲境》，《大公报·社评》1928 年 4 月 25 日第 1 版；《赈济直鲁难民之应声》，《大公报》1928 年 4 月 6 日第 6 版；《山东灾民之慰安与救济》，《大公报》1928 年 4 月 15 日第 1 版。

一 地方政府——依靠行政权威，发挥主导作用

面对势如潮涌的流民，迁出地与迁入地的地方政府依靠行政权威，在流民的输送与安置过程中，发挥主导作用。在迁出地中，对流民最尽力的是山东省赈务处。在 1928 年流民如潮的情况下，该处用运输粮食的空车把流民送到东三省各县区，乘车期间的饮食全部由该处负责。另外，该处还专门设立了难民招待所，备有席棚、粥厂等，对出关流民提供食宿帮助①。1929 年，河南省赈务会为谋求根本救济流民起见，专门拟订了《河南省赈务会筹拟移民赴东三省垦荒办法》。同时，为了使流民顺利到达东北，赈务会专门请求政府减免流民的运输费用。这可以从《河南赈务会致旅平河南赈灾会函》中反映出来。其内容如下：

> 径启者，案查敝会前以续办移民赴东垦荒一案，当经电请国赈会暨铁道部请予援案免费运送。兹奉赈务委员会复电开河南省赈务会鉴，前准贵会呈请核照去岁移民成案，运送灾民赴东省垦荒。兹计第 1 期移民数目 10 万人。由灵宝、陕州、渑池、新安、洛阳、郾师、巩县、郑州、开封各站为起点，经平汉北宁两路运赴辽省各地，垦荒终点未能指定，请转铁道部查照，转饬各站遵照办理，并祈指令只遵等因到会，当经本会函转铁道部办理在案。兹准函复，已电饬陇海平汉北宁各路免费备运特闻，赈委会元印等因，相应函达贵会查照是荷。此致旅平河南赈灾会，河南省赈务会启。②

据上函，河南流民由陇海、平汉、北宁各路出关，皆获免费待遇。1930 年 3 月，河南省赈务会又致电东北各省军政当局，请求对豫省流民予以保护：

> “豫省灾歉连年，战祸频仍……灾民无奈，纷逃附近邻省，以冀

① ［日］满铁庶务部调查课：《民国十七年の满洲出稼者》，1929 年日文版，第 129 页。

② 惠民：《由天灾人祸说到移民》，《中东经济月刊》1930 年第 6 卷第 3 号，第 14—15 页。

苟延残喘，素仰诸公胞舆念切，利济愿宏”，尚祈“通令所属，凡遇灾民持有敝会护照，一律给食放行或就地妥为安插”①。

在迁入地，东三省当局也全力援助、尽力安插流民。

1920年9月，直隶、山东两省80余县的流民纷纷涌向奉天，各界急筹赈济之办法：奉天省政府将没收的皖系在奉天的存款70万元全部作为赈济之用：以40万元赈济直东两省流民，以20万元安置来奉之流民，以10万元赈恤奉省东路各县雹灾；对在皇姑屯处的流民，每人每日给煎饼1斤或小洋1角，欲往他处谋生者，每人给川资2元②。

1920年10月，吉林省警察厅在接到直鲁豫等省所来流民已达四五千人的报告后，立即召集各科长，制定安置流民办法两项：令已来流民“分往各县维持生活；由（警察）厅致公函吉长道署，特令未来800余名赴下九台、桦皮厂等地”③ 安插。

1927年4月，吉省当局鉴于流民“来北者如此之多，如不设法安插，穷困所迫，势将影响治安”，故“电知吉属四道，令妥为安插”，并定有《吉当局安插北来难民办法》9条，对安插流民的办法做了详细规定④。同年，吉黑两省又派出地方官员前往北满流民迁移的起始地点——长春，向流民们提供各种帮助，使他们了解适于垦殖的各个地方以及前往这些地方的道路和方法。对来长春而又无处栖身的流民，先由当地的救援会安顿，然后送他们去居住点⑤。

1928年3月，直鲁流民出关者络绎不绝，人数较前倍增，而奉天省城原有的难民收容所“组织颇为简单，办理难期周到”，奉天公署因此命令总商会、警察厅、沈阳县署、同善堂四机关，对该所进行重组，扩大规模，“共同负责办理，以谋救济”，并拟定了新的组织章程。该章程规定：

凡由奉天省城经过之难民，均设法妥为招待；为招待便利起见，

① 《豫振会请保护难民》，《申报》1930年3月6日第9版。
② 《灾鸿赴奉后情形》，天津《大公报》1920年9月19日第2版。
③ 《警厅安置难民法》，天津《大公报》1920年10月13日第2版。
④ 《吉当局安插北来难民办法》，《申报》1927年4月19日第2版。
⑤ И. П.：《1927年的北满移民运动》，宋嗣喜译，《黑海学刊》1989年第3期。

在奉天城内同善堂，城南十里河、浑河铺，城北大洼、清水台设立招待所五处；招待难民，除供给粥食外，如难民有欲他往，而无川资者，得查看情形酌量倾助①。

是年12月，哈尔滨当局“以正值冬令，灾民饥寒交迫，待赈孔急”，将募集的大洋1万元汇交山东赈务处，以赈济山东流民②。

1929年7月，旅平河南赈灾会，以豫省出关流民“数极众多，路线又长至数千里，故招待上殊感困难”，请求辽宁当局及各慈善团体予以援助。经辽宁省议决，以筹赈会办理流民事宜，“并由北平红万字总会、关外红万字会及道德会担任北宁路招待事宜，于山海关、锦州等处，加设招待所”③，全力援助河南流民。

1930年2月，鉴于来东北的流民日益增多，辽宁省民政厅扩大了救济流民的范围。将以前仅救济直鲁难民的“直鲁难民救济总所”改为“辽宁救济难民总事务所”，并在流民登陆的大虎山、营口、大连等地增设分所。同时，又通令流民沿途经过的各县，也一律设立分所④。这样，辽宁省将救济流民的范围由直鲁两省扩大到了陕、甘、豫、晋、浙等省，大大便利了流民的迁移。

1931年6月，鉴于内省流民出关日多，为开垦边荒，优待流民，吉林省政府“函准东北交委会，转饬各路局，特订难民移垦减价乘车办法”，要求吉敦、吉长、吉海等各线对难民乘车予以减价，“以示体恤，而广招徕”⑤。

由上可见，无论迁出地，还是迁入地的地方政府，都运用行政权威对社会各界力量进行整合，以便使流民得到更为妥善的安置。以下是旅平河南赈灾会发表的一位河南流民于1929年到东三省后致其祖父的信，从中可以看出地方政府为安置流民所做的努力及成效。

① 《直鲁难民出关者络绎不绝》，天津《大公报》1928年3月16日第3版。

② 《山东难民福音》，天津《大公报》1928年1月3日第3版。

③ 《东省当局全力援助豫省移民》，天津《大公报》1929年7月19日第4版。

④ 《辽宁民政厅拟扩大救济难民总所》，《申报》1930年3月1日第11版。

⑤ 《吉敦路运送灾民办法》，天津《大公报》1931年7月3日第5版。

自省城叩别至甜草岗下车，即分拨肇州之第4区，孙亲与区长接洽，求分至第7行。又亲见第7行分区区官及警长。所到灾民，均分拨慈善会附近，安置妥当。时值秋忙，当令灾民分别工作，现在均有食宿……诸多如此，尚有过于此者，不足尽述。孙初到肇时，与各方接洽，无事可做。延至9月10日各区绅董开会议决，令孙充当小学教员，薪金足供生活费用。会中所发棉衣，系孙到区领出，业已分发完毕。灾民均感激莫名，所到灾民，地方机关均给柴菜米麦3个月，因此初到时并不感觉困难。而3月内所余之钱，亦足供一切之用，故到此之灾民，真可谓升天堂。来春若仍办理，可令咱乡多来为要，别不多禀，谨叩金安，孙敏立跪禀。①

二　社会团体、慈善机关——运用民间力量，起到辅助效应

20世纪20年代，在流民如潮的情况下，若干社会团体、慈善机构，如华洋义赈会、世界红万字会以及直鲁豫各省在关外的同乡会等，也纷纷成立救济处，筹划救济办法，帮助募集义捐，积极展开义务接待、安排食宿、组织移送流民等工作，进而发挥其辅助作用，以弥补政府主导功能的不足。

1928年1月，鉴于阴历过年后流民又会大量增加，哈尔滨总商会会长张凤亭函请东省铁路当局共同筹划救济方法。东省铁路当局会同慈善机关代表、各公益团体首领，拟定了救济流民的办法：（1）因北来流民既众，其中自不免有患病者，应在中东路沿线各大站组织卫生队，以便疗治；（2）预备大宗温暖车辆，以便运送；（3）在长春、哈尔滨二站，添设温暖栖留所，以便各流民未能立即转往他处者，暂时栖居。并组设施粥厂，以免流民有冻馁之虞。除以上3条救济办法外，北满中国当局及各商会还筹集资金充作流民旅费，在途中准备饮食供流民食用②。

1928年冬天，山东流民麇集济南，多至6万余人，东北筹赈会、上海

① 南阳：《如何开发东三省》，《中东经济月刊五周年纪念特刊》1930年，第12页。

② 《直鲁难民源源赴北满》，上海《民国日报》1928年1月10日第1版。

济生会、华北赈灾会等分别赈济，使灾民免予冻馁[①]。1929年年初，山东利津县因黄河决口，淹没村庄，流民遍地，华北赈灾会及天津红万字会“分别救济1500人，分3批运津，先来500名，已假江苏会馆为临时收容所，并由天津电灯公司，助安电灯”。这些流民“不日将搭东省运送赈粮专车转送黑龙江呼伦贝尔一带开垦”[②]。

在组织流民输送方面，1928年2月，由于东北筹赈会和上海济生会在山东济南捐办的粥厂突然停办，山东慈悲社即拣选无法遣散的流民送往东北开垦，沿途由东北慈善会和华北赈灾会照料[③]。1929年春，山东慈悲社又运送山东流民400户，计2000余人到东北垦荒就食[④]。这些流民到达黑龙江省东兴县后，原拟分配在大粮户家寄食帮耕。由于该处多稻田，山东人不惯种稻，所以县政府分给每户荒地5垧，另给村基200垧，设立8个村。草屋、籽种、食粮等完全由慈悲社供给，每户合需150元[⑤]。

河南人在东北的不多，所以河南流民要到东北去更要依靠有组织的移送。河南到东北去的流民，主要是靠旅平河南赈灾会和华洋义赈会及各地河南同乡会来移送。1929年春天，旅平河南赈灾会开始筹划移送流民的办法，但是遇到很大的困难：东北当局怀疑河南流民中有红枪会分子，不予接受；而河南省政府则认为东北当局在关内变相招兵，亦迟疑未发。最后，在旅平河南赈灾会的努力下，经过屡次向双方当局疏通，河南流民才被准许出关[⑥]。从1929年5月至9月，河南赈灾会陆续运送流民43批，计35004人前往东北垦殖[⑦]。

在输送流民的过程中，旅平河南赈灾会为指导流民迁移计，在河南境内普遍设立了招待处，如豫东有开封、商丘、周家口、郑州、许昌、郾城6处；豫北有彰德、卫辉、新乡、沁阳4处；豫西有洛阳、陕州、临汝3

① 《鲁灾民移垦东北之成绩》，天津《大公报》1929年12月26日第4版。

② 《五百鲁难民》，天津《大公报》1929年5月1日第12版。

③ 惠民：《由天灾人祸说到移民》（续），《中东经济月刊》1930年第6卷第4、5合号，第16页。

④ 《鲁灾民移垦东北之成绩》，天津《大公报》1929年12月26日第4版。

⑤ 陈翰笙：《难民的东北流亡》，载冯和法编《中国农村经济论》，《民国丛书》第2编，第35册，上海书店1990年影印版，第348页。

⑥ 连濬：《东三省经济实况揽要》，吴相湘、刘绍唐编《民国史料丛刊》第10种，传记文学出版社1971年影印版，第329页。

⑦ 《豫灾民散居东省各地之统计》，天津《大公报》1929年12月30日第4版。

处；豫南有信阳、西平、南阳、汉川4处。每处均派有专员二三人，对流民进行指导①。总招待处设在郑州，各地流民多集中在这里乘车出发。未到丰台以前，沿途由旅平河南赈灾会照顾②。彰德的基督教会，石家庄的绅商各界，保定的慈善家万德英，也备有茶水，施粥或发钱。过丰台以后，各站间或有一点私人救济；但大部分仍由中外慈善机关共同照应③。（见表1）。

表1　　1929年中外慈善团体办理沿途招待河南流民事务

机关名称	招待地点	散发物品	机关名称	招待地点	散发物品
世界红万字会	丰台、天津、唐山、滦州、山海关、锦州、通辽、郑家屯	玉面馒首（头）、钱、酱菜	太平慈善会	锦州	杂面馒首
普济佛教会	丰台	钱	直鲁豫难民救济所	打虎山	高粱米饭
上海济生会	丰台	钱	通辽商会	通辽	白面饼
华北赈灾会	天津	玉面馒首	通辽医院	通辽	药品
万国红十字会	山海关	粥	开鲁官绅商学各界	开鲁	钱、米
垦民入境检查办公处	绥中	粥	万国慈善会	泰来	玉面馒首
绥中县公署			中心慈善会	黑龙江	小米粥、咸菜
热奉吉江四省慈善联合总会	锦州	玉米面饼	万国道德会		

资料来源：陈翰笙：《难民的东北流亡》，载冯和法编《中国农村经济论》，《民国丛书》第2编，第35册，上海书店1990年影印版，第341—342页。

① 惠民：《由天灾人祸说到移民》，《中东经济月刊》1930年第6卷第3号，第14页。

② 旅平河南赈灾会发给难民的给养，每人每日杂面馍2斤。自河南各地到郑州，按距离的远近，计日发给。南阳出发的以7日计算，陕县的以2日计算。候车期间给养仍逐日照发。登车以后，杂面馍除了起送的招待处发给以外，再由郑州、石家庄等地的招待处分段发给。途中每人每日用费洋1角，由起送的招待处核算到达丰台的日数先照发半数；剩下的一半要到丰台后才补发。女子中途要生产的发给抚育费4元；成人死亡的发给掩埋费10元，孩童死亡的5元（陈翰笙：《难民的东北流亡》，载冯和法编《中国农村经济论》，《民国丛书》第2编，第35册，上海书店1990年影印版，第342页）。

③ 陈翰笙：《难民的东北流亡》，载冯和法编《中国农村经济论》，《民国丛书》第2编，第35册，上海书店1990年影印版，第341页。

1929 年 10 月，旅平河南赈灾会又派出专人陈麟仁、于廷鉴、黄自正等押运赈灾棉衣 3 万套由平津起运，11 月 6 日到达黑龙江省，陆续向各县河南流民发放[①]。此外，在流民到达东北后，河南赈灾会还不断派员赴各县实地调查流民的生活状况[②]，以确保其生活。以下是旅平河南赈灾会派往东省发放赈衣兼考察豫流民生活状况的代表于廷鉴向报界谈话之报告，从中可以看出流民在东北之状况：

> 此行除发放赈衣外，其主要目的，实为视察各地灾民生活状况。故凡有灾民之县分，即分遣代表一人前往，只要在可能范围之内，对各灾民之衣食住所，无不亲往考察，以睹实际情形，而免传闻讹误。每至一处，见灾民均欣欣然有喜色，召集谈话时，亦无不以当地人招待殷勤，谋生容易，交相称许，而当地之人则复谦词有加，盛称灾民之勤苦耐劳，主客极为相得[③]。

三　铁路交通部门——优惠路费，发挥疏导功能

在调控流民问题的模式中，“移民”调剂[④]不失为整治流民问题的重要措施，即把关内流民迁往东北垦荒，以改变关内人满为患、人多地少的状况。在实施“移民”调剂方略时，流民的输送问题就显得至关重要。当时关内流民贫困已极，很难承担旅途路费。因而，铁路部门对流民也予以优惠。

1920 年 9 月，北京政府交通部以“本年直隶等处旱灾綦重……灾民出外谋生者，所在多有”，拟定灾民乘车办法。规定：“凡某县灾民赴外省谋生者，由县知事造具清册载明某人赴某处，派警备交送至车站，由各站长

---

① 《出关灾民无忧》，天津《大公报》1929 年 11 月 9 日第 4 版。

② 《出关豫民得庆温饱》，天津《大公报》1929 年 12 月 9 日第 4 版。

③ 惠民：《由天灾人祸说到移民》（续），《中东经济月刊》1930 年第 6 卷第 4、5 合号，第 11 页。

④ 参见池子华《近代移民“调剂”方略简论——一项关于流民问题调控模式的人口学研究》，《河北大学学报》2001 年第 1 期。

加挂车辆运往，不收车费，以示嘉惠穷黎”①。1925 年 3 月，交通部为提倡流民“垦植起见，特在京奉、京绥两路发售减价票”②。随即又发布《京奉京绥两路发售减价票规则》，规定：凡流民及家属乘车，票价均较定章减至十分之四五。至孩童 12 岁以下者，及流民本身随带之农具，均予一律免收车费③。如 1929 年至 1930 年，“所有河南难民之由陇海、平汉、北宁等路出关者，皆得免费乘车之待遇”④。1931 年 8 月，陇海路发布《移民联运减价办法》布告，决定自“本年 9 月 1 日起，加入移民联运”，同时对发售移民联运票的各大站站名、减价表及移民乘车细则等做了详细规定⑤。

东三省的国有铁路，对于“难民乘车，一律免费或减收”⑥。1927 年，洮昂路铁道部门制定了《优待垦民乘车办法》，规定：

> 凡农民及其眷属，持有本县县长发给之垦民执照，经由本路洮南站上车，前往本路各站，及由昂昂溪站下车，前往镇东（今吉林镇赉县）以北各站下车垦荒者，准坐代用三等车，收票值三成，并准每人免费携带行李农具 80 公斤，7 岁以下之小孩免收票价⑦。

同年 4 月，在旅东直鲁人士的呼吁下，南北满铁路局决定“由本月 1 日起至 6 月 1 日止，在此期间经过该路之难民，15 岁以下、60 岁以上之男女，一律免票。15 岁以上、60 岁以下之男妇，概收半票”。同时，东铁呼海、四洮、吉长等路，“亦允下星期起，援照满铁待遇难民办法，实行减免票价两月”⑧。到 1928 年 12 月 31 日，呼海铁路对直鲁难民由哈尔滨转往黑龙江省免费运送的期限已满，但鉴于“哈尔滨难民救济所，直鲁难

---

① 《灾民乘车办法》，天津《大公报》1920 年 9 月 23 日第 3 版。

② 《农商公报》1925 年第 129 期，第 1 页。

③ 《农商公报》1925 年第 130 期，第 3 页。

④ 连濬：《东三省经济实况揽要》，载吴相湘、刘绍唐编《民国史料丛刊》第 10 种，传记文学出版社 1971 年影印版，第 338 页。

⑤ 参见《陇海路移民联运办法》，天津《大公报》1931 年 9 月 9 日第 5 版。

⑥ 朱偰：《满洲移民的历史和现状》，《东方杂志》1928 年第 25 卷第 12 号，第 20 页。

⑦ 东北文化社编印处：《东北年鉴》（民国二十年），东北文化社 1931 年版，第 1288—1289 页。

⑧ 《吉当局安插北来难民办法》，《申报》1927 年 4 月 19 日第 2 版。

民辗转北来，仍络绎不绝，为谋救济到底计”[①]，呼海铁路当局决定再延长免费输送期限两个月。

1928年，奉海、洮昌两铁路亦颁布《运送直鲁难民免费办法》，对难民实行免费运送。据1928年各地对流民免费率的统计看，已高达30%[②]。

1929年，吉林省制定《运送垦荒难民暂行章程》，规定：

> 凡各地难民经由各路前往他处垦荒者，得由慈善团体或收容机关调查明确，开具人数并起程及到达地点，呈准各地方长官函请交通委员会转饬路局，按照普通三等票价，男子核收三成，女子核收一成五，现款运送，小孩在12岁以下者免费[③]。

1930年4月，北宁、四洮、洮昂、齐克四路呈准铁道部，颁布《北宁四洮洮昂齐克四路联运移民暂行办法》及《四洮铁路运送开垦农民减价章程》。该办法总共17条，开篇即指出，此举是“为扶助内地各省贫民谋生及调节人口密度及奖励移民殖边之实现起见，每年春季由关内开行特别优待移民列车，专为运输内地人民移往东省之用”。规定：

> 关内各省人民赴四洮、洮昂、齐克各站沿线开垦荒地者，由北宁关内各联运站发售移民优待减价或免费通票，成年男女准购用移民减价优待票。男子票价照现行三等票价之三成核收（即减七成），女子票价照现行三等票价之一成五核收（即减八成五），此外所有杂捐等一概免收。12岁未满之小孩及60岁以上之老人准用移民免费优待票。
>
> 移民每人随带行李，成人以20公斤为限，孩童及老人以10公斤为限。
>
> 移民本身（老小在内）随带农具免收运费，但以40公斤为限[④]。

---

① 《直鲁出关难民》，《大公报》，1929年1月15日第8版。

② 本报哈尔滨特约通讯员：《直鲁难民源源出关　东省各界竭诚救济》，《晨报》1928年4月28日第6版。

③ 黑龙江省档案馆藏：《黑龙江省政府档案》，62－7－484。

④ 连濬：《东三省经济实况揽要》，载吴相湘、刘绍唐编《民国史料丛刊》第10种，传记文学出版社1971年影印版，第336—337页。

1931年6月，吉敦路亦颁行《运送垦民减价办法》，对难民移垦减价乘车做了规定：

> 年龄在60岁未满，12岁以上者，核收普通票价三成，12岁未满之小孩，60岁以上之老人，均予免费；行李以20公斤为限，农具以40公斤为限；农民准乘坐三等客车，如遇人数众多或本路客运繁忙时，得令乘坐货车①。

与此同时，各铁路还相继增加车次，如1928年2月下旬，由济南发往青岛的火车，每日在济南就已客满，所以又连续增发23次、72次、74次、38次四趟列车和5—10辆的四等客车②；1929年3月，中东铁路因“感于由长春来哈旅客过于拥挤，于上星期三日始，每日特由长春加开四等客车一次，每次挂车多至四五十辆”，为“旅客登车方便计，开行不规定时间”。尤为值得一提的是，鉴于“难民衣履不整，远征长途，舟车劳顿，遂易生病，四等车厢每有特别气味”，中东铁路除对车辆进行消毒外，还在哈尔滨、长春设立诊所，对患病的流民进行治疗③。

综上，20世纪20年代，面对日益严重的流民问题，当时的地方政府、社会团体、慈善机关以及铁路交通部门采取了多项整治措施，虽然这些救济和援助流民的措施，比之巨大的流民潮只是杯水车薪，但“假使无社会的指导，公私团体的援助”，此流民之大部分，“必颠沛流离，无以自存”④；“限于灾民的财力，如果沿线运输机关不鼎力相助的话，是很难到达垦荒地的”⑤。因此，尽管这些措施有着诸多不完善之处，但也取得了令人瞩目的成效，使大量无家可归的流民得到安置。同时，作为调控流民问题的模式之一——“移民”调剂方略的实施，也大大促进了东北人口的增长，正如时人所讲，“1894年中日战争以前，全东三省之人口不过二三百万，至现在（1930年）止，仅30余年，已达3000余万，比中日战争前已

---

① 《吉敦路运送灾民办法》，天津《大公报》1931年7月3日第5版。

② ［日］满铁庶务部调查课：《民国十七年の满洲出稼者》，1929年日文版，第130页。

③ 《山东灾民纷赴关外》，《申报》1929年3月23日第10版。

④ 朱偰：《满洲移民的历史和现状》，《东方杂志》1928年第25卷第12号，第19页。

⑤ ［日］满铁庶务部调查课：《民国十六年の满洲出稼者》，1927年日文版，第128页。

增加10倍矣。此10倍之当中，虽有原居民之生殖者，然移居者最少亦占五六倍以上……积30余年不断之迁移入境，致成今日之现象，是移民大有造于东三省也"①。

① 南阳：《如何开发东三省》，《中东经济月刊五周年纪念专号》，1930年，第10页。

承继与嬗变：近代中国城市粪溺问题的考察*

任吉东

（天津社会科学院历史研究所）

一

“尽管亚洲在地理、文化上都同西方相去甚远，它却于同一时间令人惊奇地开创出与之类似的人的粪便处理方法。这两个地区都用便池或夜壶来积存粪便。二者的不同之处在于对粪便的珍视程度。西方农民很少用粪便作肥料，人们任凭粪便在便池中日积月累，直至装满，人群熙攘之地尤其如此。相形之下，东方的农民则将城镇各处收集来的粪便视为一种重要物品。”①

据学者考证：“考我国周代以前，即知利用肥料，以增进地力，汉代氾胜之书曾载‘伊尹作为区田，教名粪种，负水浇稼，区田以粪气为美’。”② 之所以会选用人粪，是因为“人类每日食粮，均为优品，如六畜之产，五谷之粒，实为动植物界极腴美之部分，故所排泄之粪尿，亦特加肥美，较家畜类屎尿，含氮质及磷质更多，而氮磷二质，实为构造动植物之要旨，吾人施肥料，即还此质于泥中，供植物之食也。故应用人粪，均优于畜粪，经验与考查均不谬也”。③

在中国的很多城市中，粪溺业作为一种谋生的行业，成为城市经济生

---

* 本文部分章节刊发于《经济社会史评论》《福建论坛》。

① ［美］朱莉·霍兰：《厕神：厕所的文明史》，许世鹏译，上海人民出版社 2006 年版，第 128 页。

② 钟兴正：《中国肥料研究之回顾与前瞻》，《农林新报》1935 年第 22 期。

③ 罗世嶷：《人粪之价值及收藏法》，《农学杂志》1919 年第 2 期。

活中不可或缺的组成部分，如上海，“同东亚的习惯做法一样，城市的粪便和垃圾被小心地储存起来，出售给承包商，他们承担运走粪便并把粪便卖给长江三角洲地区农民的任务，得到少许的酬劳”。[①] 在南京“惠民河的粪市是当时全国最大的此类交易市场之一”。[②] 在天津，据《大公报》载：“报告称津郡春秋二季粪秽出境，每岁约三十万石，每石一百四十斤……查每船运粪平均约三百石，值年景好时，运出船不下八九百只之多，此运销粪秽之大概情形。”[③]

而正是这种粪溺经济，除了能满足农业需要外，还在一定程度上有利于城市环境卫生的维护，粪溺出城下乡避免了其作为废物对环境产生的污染问题，“中国4000年的耕作历史中，若不是很好地利用了人类的粪便，他们在没有矿物肥料可利用的情况下，不可能生存下来，居住环境更不可能避免受到粪便污染”。[④] 因此，在16世纪来华的外国人眼中，中国的城市是很卫生的，城里的街上有专人负责捡拾粪便，“男子们在街上捡粪，如果对方愿意，就用蔬菜或柴作交换购粪。从保持城市良好卫生来说，这是一个好习惯，城市极其干净，因为没有这些脏东西”[⑤]。

与亚洲传统观念相对照的，欧洲则是把城市粪溺作为一种生活垃圾来看待的。在西欧的早期城市管理中，政府要面对的问题是如何将粪溺置于城市范围之外而不污染人居环境，“中世纪城市处理粪便的方法是把它倒入河中，埋进坑里，或用船运出城外。那个时代人们更看重便利，而不是健康”。而当河道因之堵塞，城市中各街道“满溢的粪坑发出的臭味连中世纪恢复最快的鼻子都感到刺鼻时，市镇委员会便雇用功弗莫（gongfermor，音译）。这份让人无法艳羡的工作包括把坑中粪便铲到桶里，送到城外将其处理掉”。[⑥] 虽然，功弗莫们也会把城市粪便卖给乡下农夫们做肥料，而且这也是中世纪英国收入最为丰厚的行当，但多数西方人还是对此

---

① ［美］罗兹·墨菲：《上海——现代中国的钥匙》，上海社会科学院历史研究所编译，上海人民出版社1986年版，第189页。

② 扎西·刘：《臭美的马桶》，中国旅游出版社2005年版，第78页。

③ 《来函》，《大公报》1909年11月2日第6版。

④ 邵仲香：《粪夫请愿》，《农林新报》1924年第34期。

⑤ ［葡］费尔南·门德斯·平托等：《葡萄牙人在华见闻录——十六世纪手稿》，王锁英译，海南出版社1998年版，第37页。

⑥ ［美］朱莉·霍兰：《厕神：厕所的文明史》，第27、29页。

不以为然，“牲畜粪肥向来被用作肥料，但很多人反对以同样的方式处理人类粪便”。[①] 而1895年葡澳当局强制命令澳门居民禁止使用粪料尿水灌溉及制作粪饼就是典型的例证[②]。

缺少了经济利益的诱惑，西方城市的粪溺处理在19世纪以前并不比东方城市高明，甚至还有所不如。当时的西方国家“城市居民处理人体排泄物的方式与前人毫无二致，他们经常将这些排泄物从窗口倒到街上……欧洲城市的居民们保留了罗马时代的习俗，将夜壶倒往窗外以处理其‘内物’”[③]。“人们一如既往地从窗口倾倒便壶：街道成了垃圾场。巴黎人长期惯于在杜伊勒里宫花园‘一排紫杉树下大小便’；瑞士士兵把他们从那里赶走以后，他们就到塞纳河两岸去行方便，于是塞纳河畔既不雅观，又臭不可闻，这是路易十六治下的景象。”[④] 但在经过工业革命后，欧洲城市人口的剧烈增长引发了一系列的卫生问题，尤其是瘟疫的产生，也直接催生了19世纪以英国为首的卫生改良运动，“公共卫生是一个古老的问题，英国以国家为主体干预公共卫生的历史开始于1838年”。[⑤] 一系列公共卫生法案的出台和地下管道、抽水马桶的建设和运用使得城市粪便处理也借以得到很大的改善，“待至19世纪晚期，马桶的黄金时代已然到来。一时间，每个人满脑子尽是马桶。设计师们开始迫不及待地将抽水马桶写进建筑计划中”。[⑥] 人类的排泄物以一种隐秘的方式被水冲进了下水道，再经过地下管道排入城外的河海中，几乎同时掩盖了粪溺与味道，做到了销声匿迹、一干二净：“一个对身体的自然机能憎恶有加的社会，才可能研制出一种将其产物清出视线的有效而隐蔽之法。”[⑦]

而这时候的中国城市在西方人眼中就变得“可怕”起来：如帝都北京，“以我所到过的地方而论，街中虽然未必比北京好到什么地步，然而

---

① ［美］朱莉·霍兰：《厕神：厕所的文明史》，第86页。

② 《镜海丛报》1895年3月13日，“示禁晒粪”。

③ ［美］朱莉·霍兰：《厕神：厕所的文明史》，第39页。

④ ［法］费尔南·布罗代尔：《15至18世纪的物质文明、经济和资本主义》（第1卷），顾良等译，生活·读书·新知三联书店1997年版，第366页。

⑤ Lancelot R. Rhelps, *Sanitary Progress*, Select by David Gladstone, Poverty and Social Welfare, Public Health 1807 – 1900, London: Routledge/Thoemmes Press, 1996, p. 179.

⑥ ［美］朱莉·霍兰：《厕神：厕所的文明史》，第68页。

⑦ ［美］朱莉·霍兰：《厕神：厕所的文明史》，第128页。

总不至像北京这样肮脏，满街路都是屎尿”。① 曾在华传教行医多年的雒魏林（William Lockhart）对上海的卫生状况这样评论：“在外国人看来，它的公共卫生平均水平让人吃惊……城市，沟渠卫生清洁管理条例也没有……此外，下水道系统也非常不完善，排水沟简直成了一个污水池，经常发出阵阵恶臭，污染空气。”② 在南京“陋习相陈，人民不知公共卫生，随时随地便溺，以致通衙僻巷，臭气四溢，既关卫生，亦碍观瞻”。③ 由于倾倒马桶污秽和洗刷马桶，古代文人墨客笔下的风景名胜之地秦淮河早已成为“南京最污浊之死水”④。而同样在天津“人们有着把尘介污物等几乎是不选场所地随意放置的风气，平常住在海河沿岸的居民是把夜间的污水、尿水等随意倒入海河的”。⑤ 清人唐尊恒的《竹枝词》对此讽刺道：“水波混浊是城河，惹得行人掩鼻过。更有矢遗满街路，须防鞋上踏来多。”⑥

“事实上，中国人在这三百年间并没有徒然变得比以前肮脏不卫生……他们仍然善用粪便。”⑦ 正是由于“善用粪便”，使得东方粪溺处理一直保持原始的城乡交流方式，历经千年而“粪声依旧”，响彻大街小巷的粪车和粪夫的吆喝声在中国城市中持续了好几个世纪。这一具有悠久历史的生产方式，直到20世纪80年代仍发达兴旺，“据1976年统计，全国粪便为农业提供了全部肥料的1/3以上。1980年，中国城市年产粪便3300万吨，其中约90%被运往农村，流入下水道的不足10%”。⑧

二

而当东西方在近代交汇时，借助工业文明和坚船利炮的优势，“西方

---

① 屯民：《伟大的京都》，《晨报》1924年12月7日第6版。

② William Lockhart, *The Medical Missionary in China: A Narrative of Twenty Years Experience*, London: Hurst and Blackett, 1861, pp. 36 – 37.

③ 南京特别市政府秘书处编：《南京特别市政府工作总报告》，南京印书馆1930年版，第85页。

④ 瑞恒：《卫生部刊发刊词》，《中央日报》1930年6月29日第2版。

⑤ ［日］中国驻屯军司令部编：《二十世纪初的天津概况》，侯振彤译，天津市地方史编修委员会1986年版，第330页。

⑥ 张焘：《津门杂记》，天津古籍出版社1986年版，第115页。

⑦ 潘淑华：《民国时期广州的粪秽处理与城市生活》，《“中研院”近代史研究所集刊》第59期。

⑧ 陈朱蕾、唐赢中：《中国城市粪便的可持续利用研究》，《城市环境与城市生态》1994年第2期。

标准慢慢被接受为普世价值，如何达至现代国家的清洁卫生标准，成为中国知识分子以至政府施政的一项重要议题”。[①] 这些议题包括了卫生行政的管理机构、管理措施、管理人员等，其中便囊括对便溺场所、粪溺放置以及粪溺的工具和从业人员等在内的一系列治理内容，从而形成了从源头到最终目的的一整套带有“西式标准”的东方特色城市粪溺处理系统，深刻地改变了中国城市的治理方式、城市面貌以及传统行业。

1. 何人负责方便：从无为而治到政出多门

“卫生机关可说是卫生事业进步发达的一个标志。因卫生机关之设立，而后卫生工作才走上系统化、积极化的道路。”[②] 对于城市卫生的管理，虽然中国很早以前就有相关的职位和差役，马可·波罗就曾在其游记中对元代中国的卫生设施叹为观止，至宋朝京师等繁华之地出现了专业的清理厕所人员，当时的开封府还派专人巡逻督察，防止“闾巷闲人”倒垃圾于沟内堵塞流水。

但是总体而言，这项无关江山社稷、国计民生的“薄物细故”，政府从来就是不予重视的，尤其是明清时期的北方城市，“在李鸿章和清朝其他官员以及19世纪后期天津公益组织的大多数商人组织者看来，城市领导人要通过一些方式保证人民的健康，如确保正常的粮食供应等。国家是没有权力或相应的组织去直接干预人民的健康事务，也不想这样做”。[③] 以致许多城市此等事务向来处于政府不作为的自发运营状态。但随着近代城市化进程的加剧，“人民之相聚而居，生齿日繁，加以工业之进步，人民集中城市工作，其日常所排泄之污物，非天然清洁之力量所能收效，人民处此不良环境，感受疾病之威胁，健康缺乏保障，而城市卫生建设之需要日感迫切”。[④] 于是，在城市人口日渐增多和清末新政的大背景下，一些行政机构和制度相继建立出台。

清政府于1905年在巡警部警保司内设立卫生科，这是中国公共卫生机构的肇始，1906年卫生科被提升为卫生司，下设保健、检疫、方术三

① 潘淑华：《民国时期广州的粪秽处理与城市生活》，《“中研院”近代史研究所集刊》2008年第59期。

② 俞松筠：《卫生行政与卫生工作》，《社会卫生》1946年第2卷第2期。

③ 李晓凤：《美英学者与近代天津社会研究：以1900—1949年的天津社会为研究》，博士学位论文，南开大学历史学院，2008年，第8页。

④ 黎树仁：《城市卫生之意义与推行》，《辅导通讯》1946年第12期。

科。国民政府成立后，1912 年在内务部下设卫生司，1913 年改为内务部警政司卫生科，1916 年又恢复为卫生司，1928 年撤销原内政部卫生司改设卫生部，“正式之卫生行政，实滥觞于清季。及民国肇造，于内务部置卫生司，总理全国卫生行政事宜。国府奠都南京之后，于十六年四月设置内政部卫生司，旋因卫生行政之重要，乃于十七年于行政院下设卫生部，为全国最高卫生行政机关”。①

而在各地城市中，作为通商口岸的天津由于在 1900—1902 年被多国联军的“都统衙门”所统治，因此很“幸运”地又一次在卫生行政方面走在了全国的前列。“在原来的中国，总起来说南北各地没有听到任何关于卫生设施。直到义和团事变前，天津知县衙门在有死者呈报之时，有关于死者的死亡及埋葬的目的分配、尸体检验等手续，可视为其卫生制度之滥觞，实际上是从义和团事变之际才开始的……当时受到兵灾之后，天津的街道不干净及杂乱的程度，可以说是不能忍受，所以在都统衙门内特别设有卫生局，以法国军医及日本军医为主任，依靠都统衙门的威力，力行了关于道路及其他的清洁方法。”②

天津都统衙门成立后，设立了 7 个常设机构，其中就有专设的公共环境卫生管理机构——卫生局，其对粪业的管理涉及两方面的内容，一是对开设粪厂的商人做出了一些规定，如开设地点必须远离城市居民房屋，必须开设在城外相距民房 120 米以外的地方。二是建立所谓的“官厕”，规范人们的出恭行为，都统衙门规定，不准沿街便溺，违者罚洋银一二元不等。

1902 清政府在原卫生局的基础上，组成天津卫生总局，总局下设 3 个分局，另设 4 处传染病患者收容所。卫生总局负责城厢街道的清扫、厕所粪厂的监管、饮食检验及防疫等事项。此外，袁世凯又仿效西方，在天津率先开办巡警，同样赋予其整治卫生之责。所谓“街衢污秽、食品馁败、防疫救急等事，皆非一人之力所能及，必警察从而干涉始能有济”。③ 天津的卫生行政进入了卫生机构和警政机构共管的“双轨制”阶段。在两局的努力下，天津城市环境卫生取得一定进步，据当时的日本人观察：“对属

① 《卫生统计》，内政部编印 1938 年版，第 1 页。
② ［日］中国驻屯军司令部编：《二十世纪初的天津概况》，第 322 页。
③ 《论警察之功用》，《大公报》1906 年 8 月 19 日第 5 版。

于个人的义务扫除部分，卫生局的巡捕会同各所辖巡警局之巡警，交互监视其进行扫除。”[①] 而在“天津交还后，巡警更加整顿，道路更见清洁，实出人意料之外”。[②]

1908 年后随着巡警管理卫生事务的日本模式逐渐兴起，清朝政府批准执行了巡警道官制，“专管全省巡警、消防、户籍、营缮、卫生事务”，而天津南段巡警总局又开设了“卫生警察”，卫生局与巡警总局的矛盾因事权交叉开始显现。而所属部门之间的纠纷和冲突也日渐增多，而到了 1911 年 2 月直隶警务公所成立，其下属部门“卫生科”分管环境卫生、饮食卫生、医药和巡警卫生，直接导致了与卫生局的矛盾激化。“凡关卫生之事件，卫生局以巡警不能视察有碍治安，巡警局以巡捕不能扫除放弃责任，互相推诿，路政因之败坏，致各处堆积秽物，徒有名而无实。”[③] 1912 年为了节省经费，卫生局被一分为二，一部分并入工程局，大部分并入了警务公所，成为下属的卫生科，改称防疫总处。

然而时移事易，20 世纪 20 年代，日本模式的卫生警察遭到质疑，1928 年南京国民政府建立后，中央设卫生部，各省有卫生处，市则为卫生局，同年天津设特别市，重新实行了卫生局建制，“卫生行政即经设有专局，先后派员接收，前警厅之卫生科及北洋防疫处所有卷宗册籍，统移归卫生局保管”。但是清道夫仍留归公安局管辖，设立清洁股于总务科下，以督导各区清洁队之工作。并且由警察学校特别训练卫生警察若干名，对市内不洁公厕因其与公共卫生有碍，不时建议市府加以改善。其中，公安局清洁股负责督促检查街道的清洁，卫生局负责医疗、饮食、水质的检测、卫生检疫等公共卫生管理事宜。

卫生局与警局的废立之争对天津卫生事业产生了消极影响，据《帝京新闻》报道，卫生局夫役平时打扫各街巷污秽已属懈怠，自议裁卫生局后，打扫夫及土车更难得一见，以致大街小巷污秽不堪。[④] 再加上办公经费的窘迫，各地卫生局都和天津面临着同样被拆并和缩减的危机，天津的卫生局在 1928 年重新组建后，1931 年就因经费支绌被裁并划归社会局，

---

① ［日］中国驻屯军司令部编：《二十世纪初的天津概况》，第 23 页。

② 《译件》，《大公报》1902 年 9 月 22 日第 8 版。

③ 《北洋近事片片录》，（上海）《民吁日报》1909 年 8 月 20 日第 5 版。

④ 《卫生局注意》，《帝京新闻》1910 年 12 月 13 日第 7 版。

增设第三科，总理全市卫生行政，第二年改隶属市政府秘书处，设卫生事务室，1935 年改为市府第四科，1936 年 1 月又重新扩充卫生局，然不久于 7 月又缩减为第四科。

而就算是名义上建立了所谓的卫生机构，但多徒具其名，实质性且有成效的工作不多，“过去的办卫生，如政府办其他虚设的机关一个方式，派几个毫无训练的人到日本，考察卫生三四个月，抄了一本卫生的节目。回国后就堂堂做起卫生官发起财来了。于是乎那处亦设一个卫生所。这处亦设卫生司，清道亦是卫生，禁止便溺亦是卫生。卫生竟成一个做官发财的新名目。各地的警察署有卫生科，市政所亦有卫生科，内务部亦有卫生司”。[①] 究其原因，“现代的卫生防疫观念传入中国时间并不长，尽管有中央政府的政策鼓励和知识分子的舆论提倡，但是广大民众的环境卫生意识依旧淡漠，导致环境卫生机构的政策措施无法具体落实；当然，最重要的，是民国时期经济疲敝导致的经费不足，难以支持地方卫生事业之发展”。[②]

尽管存在诸多弊病，但作为近代中国城市管理中的新兴事物，比起以前的毫无作为，城市中毕竟建立起了公共卫生行政的基本格局，有了专门的卫生机构和人员，有了初步的规章制度和管理办法，包括公共空间中视觉和嗅觉的重新安排，如把中国人的墓地变为平地，把垃圾运到城外，把臭味集中到官厕，无疑是迈出了卫生现代化从无到有“质变”的第一步。就如外国学者评价的那样：“20 世纪的最初十年，新的清朝卫生局在天津分外活跃。在中国城里，居民们通过卫生警察和穿制服清扫街道的卫生苦力意识到了一种新的卫生的开端。虽然警察总是会收受贿赂，扫街道的也没有得到很好的监管，但是新的卫生局已经无可置疑地给日常生活带来改变，即使仅仅是改变了一个苦力大小便的地点。”[③]

2. 何处可供方便：从随地便溺到公厕系统

传统时期的城市，无论东西方，都存在随地便溺的卫生问题。而据史书记载，明清时期的北京尤为严重，号称“京师无厕”，以至于很多大院

① 杨济时：《建设时代之公共卫生》，《医学周刊集》1929 年第 2 卷，第 280—281 页。

② 张大庆：《中国近代疾病社会史（1912—1937）》，山东教育出版社 2006 年版，第 111 页。

③ ［美］罗芙芸：《卫生的现代性：中国通商口岸卫生与疾病的含义》，向磊译，江苏人民出版社 2007 年版，第 204 页。

和胡同口成为便溺的场所。明代王思任在《文饭小品》中曾绘声绘色作赋道：“愁京邸街巷作溷，每昧爽而揽衣。不难随地宴享，报苦无处起居。”夏仁虎《旧京琐记》也说：行人便溺多在路途，虽有厉害的官吏惩治，但颓风不可挽，有的官员也在道上便溺。而在 20 世纪初的天津也大致如此，1898 年北上赶考的王锡彤就曾记载：“天津为北方诸河入海总汇处。海通而后，各国轮船往来如织，土产运出，洋货输入，大交易场肆殷阗，冠绝一时。惟房屋之低矮，道路之污秽，街巷之狭隙，殊出情理外。沿河两面居民便溺，所萃不能张目。”①

虽然传统时期中国城市也早就出现公厕，历史之悠久可以上溯到商周时期，但是因为用途迥异和官方重视程度的差别，所以在建设和维护上也是风格各异、参差不一，效果也不尽如人意，有些因为收费无人问津，而大部分则极为简陋，颇为不雅，明清之际尤为不堪。

光绪中期游历中国的宫内猪三郎在其所著《清国事情探险录》中曾专门谈到清国的圊厕和肥料，“都会之地，各处都设有很大的圊厕，白天近街的居民和路人都到此如厕，夜间，则在家中的一隅放一个带盖的桶以作厕所，每天会有扫除者前来清洗”。② 这种因陋就简的方式，让外国人倍感烦恼：“这次停留期间，使团因大量的公共厕所而备感烦恼，这些厕所成排分布在小镇外，船队停泊的地方。我们在中国大多数城市都看到过这样的厕所，建造这些厕所的目的似乎更多是暴露而不是隐蔽，他们只是一些敞开的棚子，棚子内必不可少的储粪池上面搭着两道横板，厕所中很少有空闲的时候。”③ 以作为首善之区的北京为例，“仅有的一些公厕也是由粪霸掌控的粪场子设立的，目的只是为了方便地收集粪便，并不考虑卫生、环境、隐蔽等问题，因此都是简陋得不能再简陋，节省得不能再节省。这样的公厕多数为露天的，周围仅有半人高的矮墙，里面挖上六七个坑，每个坑里埋一个小缸，缸前用砖头砌一道一砖宽的尿槽，这就是一个厕所的全部内容”。④

---

① 王锡彤著，郑永福、吕美颐点注：《抑斋自叙》，河南大学出版社 2001 年版，第 56 页。

② ［日］宫内猪三郎：《清国事情探検録・圊廁及び肥料》，清国事情编辑局 1895 年版，第 41 页。

③ ［英］克拉克・阿裨尔：《中国旅行记（1816—1817 年）——阿美士德师团医官笔下的清代中国》，刘海岩译，上海古籍出版社 2012 年版，第 152 页。

④ 周连春：《雪隐寻踪：厕所的历史、经济、风俗》，安徽人民出版社 2005 年版，第 35 页。

要解决市民随地大小便和城市粪溺四溢的首要问题就是建设相当数量的公共厕所，因此当近代西方的公共卫生观念传入后，国人纷纷呼吁："当街而溺之恶俗，不独有碍卫生，抑且大伤风化，此厕所之必需设置也。凡应行备置之地点，均当分别设置，或专为小便者，或兼大便而有者，一切设备，应于卫生及风化上，兼筹并顾。"① 排泄和排泄物的适当地点作为文明的先决条件，已经成为个人卫生和公共卫生不可或缺的因素。

而真正意义上的公厕则几乎都是"西风东渐"的舶来品，"直至19世纪60年代，近代上海才首次出现真正由行政机构兴办的公厕，即1864年工部局在公共租界花园弄（今南京东路）所建的公厕"。② 澳门的"公厕"设立于光绪十四年（1888），1888年11月《点石斋画报》的评论称，"今日葡人在澳门地面创立大便公钞，列厕于市，派人看守，凡士商赐顾者，每人须纳一文钱，否则以闭门羹相待。盖洋场素禁二便，故得借此以遂苛敛。生财有道，逐臭奚辞。当此为有记录之最早的收费公共厕所"。③

在天津"都统衙门把公共场合便溺看做一种罪恶，但是他们花了两年时间才在天津城里建起了公共厕所以供人们在适当地点排泄"。④ 这项事务是由都统衙门下属的卫生局主持："都署所辖境内前经卫生局查明应立官厕一百五十处"，聘用当地的华人具体操办，"公共工程局局长代表委员会主持了约120个厕所合同的投标。卓连福（Cho Lien Fu）以每个厕所3.5元的标价中标，这一价格符合招标细则确定的最低投标价"。⑤ 先是由邱应运、冯天锡负责，但是两人办公不利，私下与人订立合同索取钱财，"因承办之冯天锡等舞弊，业已罚办。兹于廿三日起由新工头陆续接盖，当奉梅君面谕，新工头不准藉端舞弊，致干未便云云"。卫生局也发表声明："卫生局梅为出示晓谕事，照得前办官厕之邱应运、冯天锡等业经罚办开除，所有邱应运与民人私立之合同亦均须作为废纸。本局员现准李润章承办起盖官厕并管理妥协各项事宜。"⑥

这些所谓官厕就是现在意义上的公厕，也是政府将其转包给专人负责

---

① 佚名：《卫生警察》，上海世界书局1932年版，第6页。
② 苏智良、彭善民：《公厕变迁与都市文明——以近代上海为例》，《史林》2006年第3期。
③ 《圊税新章》，《点石斋画报》1888年第9期。
④ ［美］罗芙芸：《卫生的现代性：中国通商口岸卫生与疾病的含义》，第189页。
⑤ 《八国联军占领实录》，倪瑞英等译，天津社会科学院出版社2004年版，第269—270页。
⑥ 《更换粪头》，《大公报》1902年6月30日第2版。

运营的一项商业，“都统衙门把厕所的垄断权授予一些中国人，他们为政府收取使用费，并可以拥有这些有付费的使用者留下的宝贵粪便”。① 据时人记载：“津郡内外街道均归外国分段管辖，不准沿街大小便溺，已有年余，现经董事李植宗商办，建立华人茅厕二百余处，每厕设夫役一名，按时扫除。”②

清政府收回天津后，对官厕建设和管理也做了详细规定，但进入民国后，虽然历届政府都有对公厕的修建计划和措施，但一方面由于时局动乱，另一方面也因为经费不足，最晚至1946年，根据当时的调查，天津公厕“分区点验四百六十七处”。③ 而这个数量相对于百万之众的大都市来说，无疑是九牛一毛，“时有市民随地便溺情事，污秽狼藉，于观瞻卫生所关极巨，窥其原因，固由于市民卫生习惯欠佳，而公厕数目不足实亦主因之一”。④

对于这种情况，时人也多有抱怨：“我国的都会，即使你跑了几条马路，也不能发见半个厕所……外国的公共厕所，稍漂亮一些的，收费的尽有，但是终不过几个铜元而已，唯有我们贵国，因为缺少公众厕所的关系，遇着十万火急的时候，一时找不到办公地点，恐怕比肚饿没睡还难受吧!”⑤ 而且这些所谓的新式公共厕所也大都建筑粗糙、设备简陋，“三面围以土墙，墙内挖土成粪坑，无屋盖，无门板，无隔障，极不完备，只不过遮路上行人之眼而已。加之清扫设备不足，粪块积累，尿液浸淫土地，臭气熏天，不可接近”。⑥ 如天津唐口大街“确有厕所一处，用席围立，简陋不堪，亦无尿池，尿水四溢”。狮子林大街东口及西口两处公厕，“污秽特甚，一厕粪堆厕内，臭味远溢，则粪水成粥，行人欲呕”。河东小关大街土地庙后胡同公厕：“一间大小砖墙上有草顶破陋不堪……粪池内稀粪如粥，池外墙根集粪狼藉，恶臭四溢。”⑦ 对此，时人也多有讽嘲：“外国

---

① ［美］罗芙芸：《卫生的现代性：中国通商口岸卫生与疾病的含义》，第189页。

② （清）储仁逊：《闻见录》卷8（手稿），光绪二十八年（1902），第98页。

③ 《为点验各区公厕情况致天津市政府警察局函》（1946年8月17日），J0116－000895－004，天津档案馆藏。

④ 天津市卫生局：《计划整顿公厕卷》（1946），J0116－1－000896，天津档案馆藏。

⑤ 道蕴：《公众厕所》，《民众医报》1930年第2期。

⑥ 《清末北京志资料》，张宗平等译，北京燕山出版社1994年版，第461页。

⑦ 天津市卫生局：《拆除改善公厕》（1945），J0116－1－000901，天津档案馆藏。

人的厕所是个洁白的房间，里面只是装置着便盆，很合卫生。中国人的厕所，很是美丽，朝天的粪坑，满藏着浓厚熏人的气味，踏板上也常有很多各种纸头、竹片、瓦片等留着残余的粪屑，甚至屋顶密布着渔网似的蜘蛛，在大便时还可以看五光十色的壁报，中国人的思想，却是无微不至。”①

但无论条件何等恶劣、硬件何等不足，近代公厕已经在城市里遍地开花，有了最基本的建设规划、建筑蓝图以及维护人员和管理制度，所欠缺的无非是数量上的增加、技术上的改进乃至习惯上的养成。而更为重要的是城市公厕的兴建和管理，在一定程度上提升了市民的卫生观念和文明意识，“以往是不问路旁、墙壁、随地滥撒大小便，今天几乎达到了绝迹，这不能不说是其显著的成绩”。②

3. 何人服务方便：从传统粪夫到承包商人

除了建设公厕外，另一项善后工作就是需要把粪便运输出城市范围，从而一方面清洁城市，另一方面为农业所用。“首宜注意厕所之建筑，次及运输之法。在欧洲诸大城市均然，且多设法收存，加之制造而售诸农人者，既可清洁城市，又为农益，诚两利也。吾国城市中人粪亦由农人取用，惜尚无完善之料理法，且农人运输又极为简陋，仅以木桶担之，常有不覆其桶者，既害卫生复巨损失，是宜有组织以经理之，有规则以制限之。”③ 在这方面，发挥作用的是城市粪便的“清道夫”——粪夫。

作为传统职业中的一种，粪夫行业自古有之，爱德华·摩尔斯在《东方便所》中说：“一进入上海小镇，用扁担挑着敞开着的木桶的男子便迎面而来。他们是大粪搬运工，沿着固定的路线穿过城市。倘若跟随这些掏粪工，你会发现，他们走到附近的沟渠两侧，将木桶里的污物哗啦一声倒入敞舱驳船或另一种船舶里，污满为患时，船只便被牵引到乡间的稻田里。”④ “不论他们到哪里，他们一路上不可避免地要碰见粪船、粪坑、粪杓和挑粪夫。”

不同的城市对于该行业有不同的称谓，如苏州称之为“壅业”，“似与

① 摘艳生：《厕所》，《奋报》1930 年第 500 期。
② ［日］中国驻屯军司令部编：《二十世纪初的天津概况》，第 323 页。
③ 罗世嶷：《人粪之价值及收藏法》，《农学杂志》1919 年第 2 期，第 6 页。
④ ［美］朱莉·霍兰：《厕神：厕所的文明史》，第 129 页。

别地情形不同，故召粪段业之名称壅业”[①]，至1949年，全市从事壅业者达600余户。在北京，这些收集粪便者称为粪夫，俗语为“打扫茅厕的”“掏大粪的”或“屎猴”。“旧北京的住户多自备厕所，粪便由粪夫来清除，粪夫将粪便推到城外的粪厂去卖，粪厂又将粪便晾晒成粪干，作为肥料再卖给农家。”[②] 天津的粪夫分为两种：“粪夫的工作，约分为两部分：一种是出去拾粪，一种是在粪厂内晒粪。前一种又可分为二：有的是在路上拾取零粪，有的是专去各住户茅房收粪，俗名‘磕灰的’”[③]。因为“天津人管上厕所叫去茅房。每家有个‘把把桶子’，其内放些灰，大部分是煤球灰。到了晚上，专门有拉灰的，家家都来磕灰”。[④]

在传统时期，粪夫们依据沿袭已久的“粪道”来划定各自工作的区域和界限，至于“粪道”的来源，则众说纷纭。在北京，“过去若干年中，粪夫掏取住户的粪便卖钱，对住户来讲不需要固定何人，但在粪夫同业之间彼此相遇不免因利益争吵。直至清康熙年间，粪夫互相间定出办法，就是根据某人常掏某处划出了疆界，分出了地段：这股道归张三，那股道归李四，此即所谓‘粪道’的由来”。[⑤] 另一种说法是“远在清乾隆年前，由‘街道厅’规定四城城外的粪厂子掏粪的范围。办法是：划出城门附近的城内几条街道、若干胡同，由某某粪厂经常掏运粪便，又在这范围内的僻静处所，指定他们设立公厕（当时叫‘官茅房’），由他们掏粪……以后城内、市区中心各地段，也都划出‘粪道’，分由城外各厂派工掏运”。[⑥]

天津亦是如此，“每个粪夫收粪地点，具有一定地盘，范围预先划定，不得互相侵占”。[⑦] 这些“粪道”，“粪厂经营多属世袭，不让别人……经营方式是各拉主户，按时掏取，如某家新盖房舍争先联系，并备置木桶放

---

① 转引自王芳芳《近代苏州壅业同业公会研究》，硕士学位论文，华中师范大学历史文化学院，2009年，第17页。

② 龙刚、韦兵编：《中国三百六十行大全》，四川辞书出版社1995年版，第539页。

③ 刘炎臣：《津门杂谈》，三友书社1943年版，第94页。

④ 施永康：《津门旧事》，解放军出版社2001年版，第163页。

⑤ 金祥瑞：《旧北京的粪夫与粪阀》，载文安主编《清末杂相》，中国文史出版社2004年版，第118页。

⑥ 北京市政协文史资料委员会选编：《风俗趣闻》，北京出版社2000年版，第353页。

⑦ 刘炎臣：《津门杂谈》，第95页。

于厕所，取得掏粪权利，不许旁人侵夺”。[1] 以天津南开区为例，该区居民粪便的20%由下水管道排出。其余由私粪商雇工掏挖：一是粪霸，他们把持大部分粪道、公厕，雇工剥削、垄断粪价，称霸一方；二是一般粪商，占有部分粪道、公厕，雇工剥削；三是个体劳动者，占有少量粪道、公厕，本人参加掏粪、晒粪劳动。私粪商均立有字号，在工商局领有营业执照，凡属私粪商占有的粪道，公厕即据为私产，可任意租卖或传给子孙；有的私粪商嫁女，将粪道作为嫁妆陪送，粪商所雇掏粪工人，多数是来自山东、河北等地逃荒到天津谋生的。[2]

而当西方人踏入中国的城市后，虽然对此多有诟病，“这些人不具备卫生知识，对工作漫不经心，常常将桶中的粪便洒落在街上”。[3] 但面对具有悠长历史的“粪业系统”和数以百计的粪商以及数以千计的粪夫，即使是操纵着文明话语权的强势西方势力也不得不萧规曹随，仍保留了由粪夫人力运送城市人粪便这一传统的清理粪便方法。但在管理方式上有所差别，采用了与传统“粪道”截然不同的现代“承包”制度。

这种制度在一些租界内率先采用，如澳门粪便业在清末已经成为一个各方责权明确、程序清晰的行业。粪料的处理方式实行的是“特许专营制度”，即包税专营专卖制度。包税专营专卖制度就是由议事公局出投粪料，招人承充，明确时间期限，缴纳一定的保证金后，由价高者投得，双方签订合同。

在上海，清同治六年（1867），公共租界工部局同粪便承包商签订粪便清除承包合同。1917 年法租界公董局也将老西门菜场公厕承包给王荣记经营。继租界公厕实行承包经营之后，华界公厕也竞相仿效。如商人王鼎文承包南市南码头、唐家湾等四处公厕，商人庞道宗承包浦东、沪西、闸北等地公共厕所。在实行招商清除粪便的地段，农民若想清除粪便，须向粪便承包商主办的“清洁所”缴纳一定数额费用。在 1928 年上海市专门出台了《上海特别市政府招商承办全市公厕暨清洁所专则》提出“由各区

---

① 中华全国总工会编：《搬运工人工会工作参考资料》，工人出版社 1950 年版，第 37 页。

② 南开城市建设管理志编辑委员会：《南开城市建设管理志》，南开城市建设管理局志编辑委员会 1996 年版，第 233 页。

③ ［美］罗芙芸：《卫生与城市现代性：1900—1928 年的天津》，作舟译，《城市史研究》1998 年第 15—16 辑，第 168 页。

原办商人推举代表一人出名承办全市公厕及清洁所”，承办区域“暂以南市、闸北、曹家渡、浦东之洋泾区等地为限”。[①]

天津租界也实施承包制度，日租界在建立的1896年之始就采用了承包制度，即由日本人出面承办，再转包给中国粪商，“日租界所有环境卫生事务原系由日人宫琦假借李子清名义包刻”，据中国粪商李子清交代：“旧日租界之粪便，本人于民国三年即开始承办，彼时系由日人万太成立卫生会，由家叔李松泉承办，至民国十七年，租界成立保净科，将取粪事务，包给谢文清、崔雅亭承办（谢崔二人仍转包与本人）。”[②] 其他租界情况各异，德国租界公厕八处，则由一名叫王世泰的中国人承包，嗣后迭经易人。而意大利租界公厕八处，“因各户建筑，多为抽水马桶，设粪坑者甚少，虽曾一度有人全部包办，但以粪户无多，且异常零散，人力所费亦太多，亏累亦甚巨，嗣后遂无人继续包办，一任跑海粪夫自由掏取”。[③]

于是在一些城市之中，我们会看到两种形式的收粪模式，“在口埠租界上，我们到处可以看到推着粪车的人，将各处的粪秽推往粪码头的粪船上。但华界的情形与此不同，他们没有租界上的粪车，全是由苦力用木桶去挑，挑往各处的粪船上。他们也不像租界那样的实行包工制，每日只须清除指定范围的粪秽，就可以取得一定的工钱，而是行着计件工制，挑了多少担，就得多少担的工资”。[④]

相对于传统的分散式的“粪道”经营，按区域划分的承包不仅有利于掏挖的便利，减少因粪道区域不一而浪费人力，“粪厂因为自拉住户，掏粪地区分布零散，有时一地区仅掏四五户，道途遥远，也必须按时去掏，往返需时很长，但所掏之粪无多，以致事倍功半，费力不讨好，如屈恩普的粪厂，掏粪地点包括城内闲台胡同、小双庙胡同、南市永荣大街、建德里西头、南大道、南开、天海路等地。住户分布至为广泛”。[⑤] 而且承包区域则较为集中，方便工人工作。更明显利于政府的统一管理和监督，而在合同的约束下，承包人必须接受卫生局指导，遵守各类卫生规章，若有违

---

① 《上海特别市政府市政公报》1929年第18期，第96页。

② 《处理粪便事项》（第一册）（1946），J0056－1－0934，天津市档案馆藏。

③ 《处理粪便事项》（第一册）（1946），J0056－1－0934，天津市档案馆藏。

④ 王有道：《粪夫生活之一斑》，《民生》1933年第5期。

⑤ 《天津市担粪工人调查》，载中华全国总工会编《搬运工人工会工作参考资料》，工人出版社1950年版，第39页。

约，轻者罚款，重者则终止合约，这无疑对于以前的“无章可循、无律可查”是一项重大的进步。例如，澳门商人陈梅轩所立的承包合同条款就达十五条之多，里面详细规定了诸如收粪时间、粪夫纪律、粪船停泊等相关要求和规则。在天津的日本租界管理尤为正规，不仅与中国粪商定有合同，“每年四月一日，更换合同一次”。而且对粪夫行为和掏取时间有着严格的规定，如对粪夫素质恶劣、索要酒钱小费者以及故意懈怠、言辞粗鲁、行为不端者，一旦发现立即解聘，如承包商谢文清、崔雅亭两人签订合同后“未及一年，该商等因收取小费，被租界局解约”。还对四季收集时间和收集方法详加说明，对违反者一经查出立即开革。

三

当胡同变为马路，当四合院变成了小洋楼，人们不得不改变包括排泄在内的行为习惯和行为方式，以适应日新月异的城市，这就是所谓的生活文明，而从方便到不方便的变化恰恰直观地折射出这种城市生活文明的转变进程。

在传统的城市生活图景中，粪夫游走在城市的大街小巷，从城市的千家万户中收集起粪便，或从街道上拾起城市居民随地便溺的产物，源源不断地从四面八方运至粪厂，在经由粪船销售至城郊乡村，这套系统在中国的城市中运行了数千年，不仅造就了城市粪溺处理的固定模式，也培养出城市居民粪溺排泄的行为惯习。

西方文明伴随着殖民暴力呼啸而来，以西方公共卫生为标准，在净化城市环境的过程中建立起一系列相关机构和管理制度，从无为而治到政出多门的管理机制、从随地便溺到规划公厕的基础建设、从粪道粪夫到区域承包的运用方式，在传统与现代的博弈中建立了一套中西合璧的“西体中用”城市生活新方式，既有着西方城市公共卫生的框架，也有着东方粪溺经济的内容，它不仅影响了传统粪溺业的运作模式，也深深地改变了在这个旧框架下习以为常的城市居民。

但毋庸置疑，同历次文明冲突与融合一样，公共卫生作为一种新的文明形式输入并楔进中国的文化母体，也面临着一个适应、生存和发展的问题，而它又与近代的行业变迁、殖民侵略和国家建设等纠合在一起，在诞生时期就面临着经济利益的挑战、殖民霸权的阴影和惯习惰性的反扑，使得原本简单易行的方便变成了错综复杂的不方便——深刻地反映出这个转型时期特有的时代主题：既有传统行业重新定位洗牌的整合与重组，也有东西方文化在社会生活层面的全方位接触与碰撞，更有国家和社会之间悄然发生的一次控制与反控制的争锋与博弈。

时至今日，中国又处在另一个城市文明化的进程中，各行各业也在不断地进化蜕变，其产生的冲突与改变仍在不断发生并日益改变着我们的生活方式，今天的我们也必然会像先人那样在阵痛和振荡中逐渐适应和完成自我向城市现代人的转变。

民国时期中国特殊群体产生缘由之社会学解析
——以烟民群体为典型案例

贾小壮
（吉林大学历史研究院）

民国时期中国特殊群体包括烟民（专指吸食烟毒的人）、赌徒及娼妓等群体，他们是社会的“毒瘤”，不仅败坏了社会风气，也带来了一系列的社会问题，成为阻碍中国社会良性、协调发展的重要因素之一。一直以来，学术界较为关注，也产生了诸多的学术成果，但综合来看大都是就事论事阐述历史事实，鲜有结合社会学理论加以剖析的。因此本文试图从社会危机理论与社会失范理论的角度，剖析此种社会现象产生的主要原因，以期揭示社会病态的根源。

一　社会危机理论与社会失范理论的基本释义

德国社会学家哈贝马斯把社会危机分为四大类：一是经济危机，即经济系统不能生产足够的消费价值以满足人们的需求；二是合理性危机，即行政系统不能作出足够量的合理决策以协调经济系统发出的矛盾指令；三是合法化危机，即社会文化系统不能为社会整合提供足够的合法性以确保社会成员对社会的信任；四是动机危机，即社会文化系统不能使社会成员产生足够的参与动机。

美国社会学家默顿从文化目标与制度化手段两个方面阐释社会失范理论，文化目标是指顺应历史发展、符合社会基本道德与价值体系的愿望，制度化手段则是在社会法律、法规等制度约束范围内实现文化目标的方式，两者有其一的偏差行为即可视为社会失范，进而将其分为革新、仪式主义、退却主义、反抗四种类型，具体标准，如表1所示：

表1 默顿之社会失范类型

类型	文化目标	制度化手段
革新（innovation）	接受	拒斥
仪式主义（ritualism）	拒斥	接受
退却主义（retreatism）	拒斥	拒斥
反抗（rebellion）	拒斥流行价值，替换以新价值	拒斥流行价值，替换以新价值

资料来源：［美］罗伯特·K. 默顿：《社会理论与社会结构》，唐少杰等译，译林出版社2006年版，第272—273页。

结合社会危机理论与社会失范理论可知，经济与行政系统“失范”所致的经济危机与合理性危机，是社会问题产生的根本原因，自然也可作为社会“毒瘤”的特殊群体产生的根源；社会文化系统“失范”所致的合法化及动机危机，是社会发生异质性变化与个体陷入迷茫困顿的主要原因，也正是个体行为“失范”而误入歧途的重要刺激因素。

二 根本原因：经济与行政系统“失范”所致的经济危机与合理性危机

近代中国的连年战争，使得经济系统几近崩溃，由于缺少稳定的社会环境，经济系统难以按照“需求—生产—市场—消费”这一经济规律模式正常运行，而处于“失范”状态，也就不可能生产出足够的消费价值以满足人们的需求，最终产生德国社会学家哈贝马斯之社会危机理论中的经济危机。在经济危机中，贫困是经济系统“失范”状态下的显著特征，社会上层与中下层民众都无法取得满足自身需求的消费价值，政府和军队常为军饷缺乏而忧虑，普通民众则苦恼于物质生活的朝不保夕。

在特殊的政治与社会环境下，经济系统不能仅仅依靠经济规律自我调节“失范”状态，而行政干预则承担了更大的修复责任。面对经济危机中的贫困，近代中国历届政府都做出过诸如颁布促进经济发展的相关法律法规、实施优惠政策等制度化的有益尝试，但也有为解燃眉之急而进行的“失范”经济行为，如由于常年战争，军费军饷“支绌万分”自是必然，其“欲取给于公家，则军需告乏”，而“欲取给于闾阎，则罗掘俱穷”[①]，因此在北洋军阀时期，福建、广东、湖北、陕西等地竟出现官方迫种烟土的怪象，以最大限度地增加税收。

当时劝种烟土的告示，阐明了种植烟土“上能裕国，下能便民”的“好处”：一是防止外国的烟土“慢慢的可以运进来”，中国的金钱“暗地里跑出去”[②]；二是解决军兴时代军饷“急的不得了”的窘状，并使“公家无不给之虞”，改变之前“钱粮杂捐，完了又借，借了又完，若是借的太多，你们大家负担不起，官厅也不便开口”[③]的现象；三是使“百姓有挹注之便”，农民既可得钱又有奖励，如若不种，则“钱拿不来，奖励又弄不到，并且还要打算捐费”[④]。这样的宣传蛊惑，确实起到了一定作用，甚至出现当禁烟风潮波及种烟区时农民反抗。如乾州厅鸦王溪“地方土民强悍不知法律，竟敢练团制造军械、大种烟苗”，结果与地方官军激战，共杀土民42名，结果造成“商民逃匿、罢市，土民抗缴赋税，聚众在五六万之多”[⑤]。这只是一种比较偶然的现象，全国大部分地区还是迫种烟土的。

在福建，莆田县“以口头命令促全县农人种烟每一村庄必须种烟若干亩，每亩付捐若干惟省政府代表一方”，如有违抗则“以重罚为违抗种烟之惩处”[⑥]；福清县亦强迫民众种烟，如有反对，即视为阻挠军饷，而“加倍科罚”，甚至出现警兵持枪胁迫并酿成血案之事，县署“拒不受理”，各上级长官“亦均留中不发”[⑦]；兴化县则有“政府官吏之公然种烟”[⑧]的现象。在广东，潮汕地区“以逼种鸦片抽收烟税为挹注”，称特别田亩捐，以“筹济军饷需要”，按照各乡田亩之多少，“妥为支配，分别派定，依时播种”，以致“潮属烟田日多一日”[⑨]。在湖北，宜昌自复活之鸦片营业以

---

① 《闽军界勒种鸦片骇闻》，《民国日报》1923年12月21日第3版。
② 《闽军界勒种鸦片骇闻》，《民国日报》1923年12月21日第3版。
③ 《闽军界勒种鸦片骇闻》，《民国日报》1923年12月21日第3版。
④ 《闽军界勒种鸦片骇闻》，《民国日报》1923年12月21日第3版。
⑤ 《湘省禁烟之大骚乱》，《申报》1913年3月21日第4版。
⑥ 《闽军阀强迫百姓种烟》，《民国日报》1923年11月23日第6版。
⑦ 《闽省强迫种烟之骇闻》，《民国日报》1923年11月28日第10版。
⑧ 《闽军阀强迫百姓种烟》，《民国日报》1923年11月23日第6版。
⑨ 《陈炯明在潮勒种鸦片》，《民国日报》1923年12月3日第6版。

来，“烟业尤盛”，军民长官专利经营，甚至筑有“烟土商专任之旅馆”，凡与烟土业有关者“均邀之前往住宿，默示此地系受军队保护”①。在陕西，鸦片栽种之禁大开，官方“竟强迫农民种烟”，有数区域“每百亩之田至少种烟5亩”，种亩之多“为多年以来所未有”②。

如果说烟土种植是烟民群体产生的基础条件，那么烟土贩运、烟馆广布则是烟民群体产生的重要刺激因素。北洋政府时期的烟土贩运由于受到地方政府和军队的保护，而更加顺畅，“烟商称便”，这使得烟土可贩运到全国各地，如宜昌的烟土只要“每包贴有军队所发之印花”③，就能够顺利到达山西、汉口、河南等地，加速了烟土在全国范围内的扩散，也为烟民或准烟民吸食鸦片提供了更为便利的条件，加之当时之体制为吸食鸦片者设有保护办法，即吸食者“纳税一元，领取执照，可即于任何地点及时间吸食”④。同时，民国时期，在一些烟土种植、贩运猖獗的地区，烟馆林立，如川贵地区，在川内甚至有烟馆多于饭馆的说法，在西昌从东门过四牌楼，到下南街、经顺城街、马水河街，再到武侯祠，仅这几条街专数挂有招牌的烟馆“就有60多家，比饮食杂货铺还多”⑤，而不挂牌的、流动的烟馆，就不可胜数。为了应付中央的禁烟令，四川禁烟局只好睁一只眼闭一只眼，曾对烟馆订过很滑稽的办法，如“全省烟馆改为谈心处”，“各烟馆如系临街开设，须一律加以腰门或门帘，以免外人看见”⑥。这些都促使了烟民群体的产生并进一步壮大。

综上所述，面对经济系统“失范”所带来的以军饷缺乏、政府财政支绌及民众贫困等为表现形式的经济危机，行政系统虽积极响应，但其行为也是“失范”的，一方面行政系统以改变经济危机窘状为目标，是接受时下“文化目标”的具体表现；另一方面，为增加税收而迫种烟土的行政干预，显然是拒斥制度化手段的，综合看来，其“失范”行为属于默顿社会失范理论的“革新”类型。同时，行政系统的“失范”行为确实达到了缓

① 《宜昌北军大开烟禁》，《民国日报》1923年12月6日第6版。

② 《西报纪陕西之烟与棉》，《民国日报》1923年12月7日第6版。

③ 《宜昌北军大开烟禁》，《民国日报》1923年12月6日第6版。

④ 《宜昌北军大开烟禁》，《民国日报》1923年12月6日第6版。

⑤ 林如渊：《西昌鸦片祸害一瞥》，载《文史精华》编辑部编《近代中国烟毒写真》（下），河北人民出版社2001版，第97页。

⑥ 《烟馆的面面观》，《拒毒》，中华民国拒毒会刊行，1928年7月1日出版。

解经济危机的目标，如陕西每年收取种烟之税达1200万元[①]，福清县“每亩种鸦片者纳捐13.2元”[②]，宜昌每年收取烟税500万元[③]，都足以支撑政府与军队的开支，但其是以庞大烟民群体产生为代价的，烟民对国家、民族危害的严重性自不必说，因此这种行政干预无异于饮鸩止渴，从这个意义上讲，行政系统并没有作出足够量的合理决策以协调经济系统发出的矛盾指令，而产生了危害国家与社会的烟民群体这一合理性危机。

三 主观原因：社会文化系统“失范”所致的合法化及动机危机

（一）合法化危机下烟民群体的产生

鸦片自晚清被引入后，在中国社会一直“禁而不止”。在烟毒的长期弥漫之下，社会文化系统由于缺乏强大的“自净”能力，而处于“失范”状态，具体表现为社会风气的异质转变、民众日常生活方式的逆向变迁等，这是烟民群体产生的主观原因之一。

吸食烟毒成为时尚是社会风气异质转变的重要体现，更是促使烟民群体产生的社会原因。美国社会心理学家杨京伯（Kinball Young）认为时尚是社会上一时崇尚的具体或抽象的事物。烟毒危害之无穷，尽人皆知，但在近代以来相当长的一段时间里，其却被世人“视为无上佳品”[④]，上自政界巨公，下至贩夫走卒“莫不人携一枝，肆意狂吸”，甚至五尺孩童、青年学子也“莫不派律一枝，几为第二生命”[⑤]。在四川，全家吸烟“是很平常的事”，而且竟把烟毒作为应酬品来待客，客至“必摆灯盘，以烟敬客，有似今天以纸烟待客一样”，否则就会被视为“待客之意不恭”[⑥]；贵州亦是“几乎家置烟灯，以为日常生活及供应酬客之必需品”[⑦]；绥远省则

① 《西报纪陕西之烟与棉》，《民国日报》1923年12月7日第6版。

② 《闽省强迫种烟之骇闻》，《民国日报》1923年11月28日第10版。

③ 《宜昌北军大开烟禁》，《民国日报》1923年12月6日第6版。

④ 赵廷炳：《烟毒论》，《时报》1912年4月21日第2版。

⑤ 赵廷炳：《烟毒论》，《时报》1912年4月21日第2版。

⑥ 谢藻生：《忆四川烟祸》，载《文史精华》编辑部编《近代中国烟毒写真》（下），河北人民出版社2001年版，第9—10页。

⑦ 罗运炎：《中国鸦片问题》，兴华报社1929年版，第68页。

"以大烟款待客人，已成牢不可破之习惯"①；在天津，中等以上住户竟"每以鸦片款客为荣"②；在西昌城厢"从东栅子李家祠，到北栅子锦绣楼，西栅子二水井，共有21个院子，院院家家都有烟鬼，其中包括学校教师、衙门公务人员、店伙、丝厂管事、布坊老板以及更夫、水夫、保长、甲长各色人等，而且男女都有"③。可见，吸食烟毒已然成为一种社会时尚。

追求时尚一方面是"求入时，求合于社会上流行的标准，而同于胜于己者"④。在吸食烟毒成为时尚的近代社会，为"入时"，并符合时尚标准。民众，特别是禁令不严地区的人们，多把各类烟毒作为社交的工具，无论吸食烟土与否，在这样的环境下生存，都会身不由己地染上或加重毒瘾。原本不食烟土的人虽然常闻各种禁令、警戒、劝告，但由于社交的需要，出于"同于胜于己者"的目的，自然也会抛却烟毒之危害，如同敬酒般的你来我往，自己甚至是连带身边的亲朋好友堕入烟毒之地狱，成为烟民。就吸食成性的瘾君子而言，烟毒对其身体的侵害已达到相当严重的程度，无烟不欢，每日以吸食烟毒所产生的昏睡与镇定的快感为支柱，所谓"终日无事只烧烟，坐也安然，睡也安然。日高三丈我犹眠，不是神仙，谁是神仙"⑤，此类人大都为官宦豪绅、阔商大贾及其子弟等社会上流人士，愿与之交往者甚众，而交往活动中也必然以吸食烟毒为重要内容，其带动性是不言而喻的，烟民队伍必然进一步壮大。

另一方面是"求新奇，求差别，求表现个性，而异于不如己者"⑥，以时尚之物来显示自身的优越感。既然吸食烟毒成为"极体面、极时髦的事"⑦，那么必然促使世人为表现自己"异于不如己者"，而从众吸食，这主要体现在两个方面。一是就富家大户而言，他们有充足的财力支撑吸食烟毒之高额消费，其所追求的是更高品质的享受，诸如烟灯、烟盘之精

① 罗运炎：《中国鸦片问题》，兴华报社1929年版，第68页。

② 罗运炎：《中国鸦片问题》，兴华报社1929年版，第66页。

③ 林如渊：《西昌鸦片祸害一瞥》，载《文史精华》编辑部编《近代中国烟毒写真》（下），河北人民出版社2001年版，第98页。

④ 王开文：《谈时尚》，《胜流》1948年第7卷第4期，第661页。

⑤ 吴天成：《张啸林大传》，中国华侨出版社2010年版，第154页。

⑥ 王开文：《谈时尚》，《胜流》1948年第7卷第4期，第661页。

⑦ 胡汉民：《全国禁烟会议的讲话》，1928年11月。

美，烟枪、烟土之讲究，高级烟管便投其所好，不仅备有上好烟土与烟具，还衬托以美味食品、妙龄烟妓、丝竹管弦，有利于吸引更多的富家子弟加入烟民行列之中。二是就普通乃至贫户而言，对富家大户之享受自然“每每向往不止”，且常常“以自己无能为大憾”①，为迎合时代潮流，家长劝子弟吸烟“是司空见惯的事”，认为鸦片可以羁縻住人，如重庆地主胡敬六为防止儿子在外嫖赌，竟“千方百计的引诱他儿子吸烟”②；产业工人中吸食鸦片的大有人在③，甚至乞丐“把要来的每一个铜板都花到了鸦片烟馆，所以他们看上去才那么饥饿的样子”④。可见，上述炫耀式的享受及盲目追求时尚的行为正是促使民众快速堕入烟毒地狱的“催化剂”。

（二）动机危机下烟民群体的壮大

自鸦片战争开始，面对列强的军事、经济侵略，晚清政府、北洋政府均无法组织有效的抵制，行政系统与经济系统严重“失范”，中国民众一直处于水深火热之中；在社会文化系统中，以吸食烟毒为时尚的社会风气的异质性变化，使得社会成员逐步失去对社会的信任，而无法产生足够的参与拯救国家危亡的动机，从而堕入消极厌世的情绪之中，以致个体行为“失范”，在由个体组成的整体社会中充斥着动机危机，这直接促使了烟民群体的壮大。

自 1840 年鸦片战争爆发至 1945 年抗日战争胜利的百余年间，中国遭受了世界范围内几乎所有帝国主义国家的侵略，加之内战频仍，连年的战争使得各阶层民众苦不堪言。对农民而言，他们在战争中“要当差，要纳税，要出粮，要出丁”，政府或者军阀既要“榨取他们血汗代价的谷粮”，更要“勒逼捆绑以夺去他们的身体与生命”，使得农民“贫苦不堪，终年辛劳，手胼足底，难获一饱，过着牛马不如的地狱生活”⑤。

---

① 赵英兰：《恶劣风气折射民国社会深层危机》，载《北京日报》理论部编《史海新探》，北京日报出版社 2016 年版，第 175 页。

② 谢藻生：《忆四川烟祸》，载《文史精华》编辑部编《近代中国烟毒写真》（下），河北人民出版社 2001 年版，第 10 页。

③ 朱邦兴等编：《上海产业与上海职工》，上海人民出版社 1984 年版，第 706 页。

④ ［英］布莱恩·鲍尔：《租界生活：一个英国人在天津的童年（1918—1936）》，刘国强译，天津人民出版社 2007 年版，第 235 页。

⑤ 鸣盛：《罪恶的战争，战争的罪恶》，《益友（长沙）》1949 年第 23 期，第 5 页。

对工人而言，由于“战争无界限无底止的破坏”，加之一般人民“也根本没有购买力”，使得工商实业“凋零万状”，生产部门“几全盘停业”，进而促使工人大批失业。在“百业凋敝，生产锐减”的境况下，工人失去了赖以生存的工厂，而“深深受着生活的威迫”①。甚至对中层智识阶级而言亦是如此，如一般公务人员因“内战的绵延不止，通货的恶性膨胀，财政机关的故意拖延”② 等，也是穷困潦倒。

面对如此窘境，民众最容易表现出退却主义类型的个体行为“失范”，具体而言，在战火纷飞、内忧外患的社会条件下，民众不懈的奋斗带来的却总是没完没了似乎不可避免的挫折，而使他们陷入无尽的空虚和困苦之中，往昔所追求的文化目标已无法真正实现，不自觉地表现出了拒斥的态度；同时，一些人开始采用麻痹自己的方法去逃避不如意的现实，对固有的制度化手段也是拒斥的。由于烟毒具有使人昏睡和镇静的作用，吸食烟毒成为他们逃避现实困境、排解空虚的重要手段，这必然会促使烟民群体的壮大。

另外，社会风气的异质性变化是促使民众产生退却主义类型的个体行为“失范”的另一刺激因素。此种退却主义类型的个体行为“失范”理论根据与表现为由规范的高度复杂性或迅速变化所引发的，个体被众多相互矛盾的规范和目标左右摆布——直到他完全迷失方向，陷入混乱，再也找不到自己觉得不自相矛盾的一套可遵守的规范。近代中国的社会规范在潜移默化之中发生着异质性变化，吸食烟毒成为时髦，这与传统的社会规范是完全相抵触的，置身于此种变化之中的个体很容易陷入迷失，而做出“失范”之举，即盲目地顺从时髦，吸食烟毒以躲避现实困境、排遣空虚，进而对精神压力和恍惚状态进行自我调治。

在内政部公布的烟民数字上，仅以 1936 年为例，江苏为 122934 人，河南为 102237 人，湖北为 223181 人，安徽为 220763 人，江西为 137731 人，福建为 111482 人，湖南为 207582 人，四川为 1295569 人，贵州为 97904 人，云南为 176120 人，陕西为 358979 人，上海为 43020 人，全国总计 3628162 人③。这些数字之巨，已经令人发指，加上伪满洲国当年的

① 鸣盛：《罪恶的战争，战争的罪恶》，《益友（长沙）》1949 年第 23 期，第 5 页。
② 鸣盛：《罪恶的战争，战争的罪恶》，《益友（长沙）》1949 年第 23 期，第 5 页。
③《内政部禁烟委员会禁烟禁毒工作报告书之附表 4：各省市登记烟民人数两年来比较表》。

数字，超过四百万人，而1936年的全国人口（包括东北）总数是479084631①，也就是说，登记烟民数量占千分之八以上。而这仍然是保守数字，“1936年南京国民政府军事委员会就烟民登记问题给各省县的训令中称：‘全国平均，烟民占总人口的6%。当时全国大约有4亿人，根据这一比率，烟民人数达到了2400万’”。②

余论

如此众多的烟民为社会带来了一系列的社会问题，诸如娼妓、赌博等问题的连带出现。烟馆为招揽生意，之中常设有烟妓，“经常有三两个烟花女子，替客人烧烟赔客人谈笑”③，这一方面连累很多女子染上烟瘾，另一方面加深了社会的妇女问题。同时，稍具规模的烟馆中还常设有赌局，这既是烟馆招揽生意的手段，也促使一部分人受赌博的诱惑走进烟馆，当然烟鬼也极易染上赌瘾，因此民国时期的特殊群体中多数是赌毒兼染之人。

时人对烟毒的危害也是有一定认知的，并以各种形式表露对烟民的憎恶，有歌谣《吸毒叹》，所谓“一棵烟枪怀里抱，喷云吐雾乐逍遥，没钱买烟泡，吗啡扎上了，只要能过瘾，怎好就怎好。没钱去扎抽，想法去偷盗，失主紧紧追，小偷嗷嗷叫”④。时人还以实际行动声讨烟民，如以烟鬼故事为题材编排活报剧，宣传烟毒之危害，“各表演队把烟鬼形象刻画得惟妙惟肖，烟鬼丑态表现得淋漓尽致，看了不由人憎恶、痛恨”⑤。同时，也有大肆声讨之举，如潮州大种烟土之时，学生呼吁社会各界人士加以抵制，成文如下：

---

① 姜涛：《中国近代人口史》，浙江人民出版社1993年版，第102页。

② 赵英兰：《论近代中国社会的民间烟毒问题》，《北华大学学报》（社会科学版）2002年3月第1期。

③ 徐锦文：《陈调元在安庆“禁烟”侧记》，载《文史精华》编辑部编《近代中国烟毒写真》（上），河北人民出版社2001年版，第312页。

④ 姚云鹏、杨尚清、魏丹：《“大桥旅馆”的烟鬼》，载《文史精华》编辑部编《近代中国烟毒写真》（上），河北人民出版社2001年版，第240页。

⑤ 林如渊：《西昌鸦片祸害一瞥》，载《文史精华》编辑部编《近代中国烟毒写真》（下），河北人民出版社2001年版，第99页。

> 岭东学生总会、汕头总商会、各报馆、各县议会全国各报馆、各团体公鉴：我潮苦军阀蹂躏久矣。前者勿论，近如莫擎宇、刘志陆、洪兆麟、尹骥等，连肩接踵，剥削无余，我潮民亦已筋疲力尽矣。乃者甘为国贼曹锟走狗之陈炯明，盘踞潮州，未及半载，勒饷八九次，借粮15年，近日迫种鸦片，竭泽而渔。夫鸦片之祸甚于洪水，人类公敌国际共禁。潮民何辜，遭此荼毒，念我潮去年八二风灾，疮痍未复，迭受兵祸，闾里骚然，凡有人心，孰不悯恻。陈炯明黩武穷兵，残民以逞，尤欲以鸦片毒物，造祸于百世，嗟我潮民，宁无死所。同人等东望风云，惨然变色，岭表陈词，无任愤慨，群声致讨，愿共奋兴，潮民幸甚，中国幸甚。潮州留省学生杨石魂、郭瘦真、郭寿华、杨东侠、兰余热、赖先声等258人同叩。①

政府也屡屡禁烟，最著名的莫过于"六年禁绝"时期，全国各地颁布相关法律，但在民国政府"寓禁于征"的政策之下，诸多禁绝法令也不过是征税的另一种工具而已，如《国民政府禁烟条例》规定"凡有鸦片瘾者，须于拘留地方所设之禁烟局或分局成立之日起，10日内注册请领吸烟牌照"，吸烟量的多少，关键在于交钱的多少，"吸烟牌照分为三等：每日吸烟6钱或6钱以上者为一等，每年征收牌费10元；每日吸食3钱或3钱以上者为二等，每年征收牌费5元，每日吸食不足3钱者为二等，每年征收牌费1元"②。

全国虽设有诸多的戒毒所，但其中大部分是较为简陋的机构，不足以起到戒毒的作用，如1915年四川的模范戒烟所仅"设所长1员，坐办1员，文牍1员，会计员、庶务员各1员，所员4员。内外稽查各1员，常驻医士1员，临时医士无定员"③，1930年禁烟委员会规定"市县立戒烟所设所长一人、医师一人、助手一人、药师一人、看护二人到四人、事务员二人至三人"④，这样简单的设置是不可能应付庞大的烟民群体的。在北

---

① 《潮州学生电讨陈炯明迫种鸦片之反响》，《民国日报》1923年12月19日第7版。

② 马模贞主编：《中国禁毒史资料》，天津人民出版社1998年版，第803页。

③ 马模贞主编：《中国禁毒史资料》，天津人民出版社1998年版，第648—650页。

④ 《市县立戒烟所章程（1930年4月29日）》，载于恩德《中国禁烟法令变迁史》，文海出版社1934年版，第318—319页。

平，禁毒期间虽经常巡查，但戒毒所条件也是十分简陋的，戒毒所与第二、第三劳役宿舍厨房，“俱系苍蝇丛集，殊于饮食卫生有碍”①，在夏季“所有戒毒劳役仍着棉服，不但工作不力，且与卫生有碍”，但戒毒所资金匮乏，只能“拟请将库存残旧警服拨借五百套，以资更换”②。

总之，从社会危机理论与社会失范理论角度析之，民国时期的特殊群体是在经济危机、合理性危机、合法化危机及动机危机并存的特定历史条件下，经济系统、行政系统、社会文化系统均不能充分发挥应有作用。政府，甚至是社会各界，虽都有抵制之举，但效果并不明显，这主要是由“寓禁于征”的政策之下，生产力水平低下、行政乏力、社会参与机制尚不健全所致。以烟民为代表的中国特殊群体作为民国时期的“毒瘤”，本身就是以社会问题的形式存在，对其产生缘由进行社会学探析，是认识民国社会的另一视角。

① 《卫生股呈（1935 年 7 月 2 日）》，载北京市档案馆编《北京档案史料》，新华出版社 2000 年版，第 141—142 页。

② 《公安局为外五区署拨借旧警服事致北平市政府呈（1935 年 5 月 23 日）》，载北京市档案馆编《北京档案史料》，新华出版社 2000 年版，第 129 页。

文化生态视域下的村落变迁与体育民俗传承

——以“跑马排”春节习俗的嬗变为中心

李善靖
（山西大学历史文化学院）

学界历来有关注体育民俗的传统，因其兼具民俗和体育两大特性，一直受到民俗学和体育学的关注，又因其大多生成于历史时期，延续成百数千年，又被纳入历史学的研究范畴。民俗学者更多偏重从现实民俗活动的仪式和操练出发，探究文本生成的深层因素；体育学者更多关注体育民俗活动的效果及影响，从功能和结构出发探究体育民俗的现实价值；历史学者则试图从长时段切入，以文献为中心探究民俗活动的起源与历史变迁。因为视角及研究方法的不同，对于同一体育民俗的研究亦有不同的见解。总的来讲，当前学界对民俗体育的研究采取的视角多样，对话空间多元，对不同类型的民俗体育变迁进行了分析，产生了一批重要的研究成果①。其中，文化生态学最早由西方学者 J. H. 斯图尔德于 1955 年提出，主要是用人类生存的整个自然环境和社会环境的各种因素交互作用的生态理论研

① 杨中皖、袁广锋等：《“国家—社会”关系中的民俗体育考察：来自骆山村“骆山大龙”的田野报告》，《体育与科学》2018 年第 3 期；龙宋军、孙葆丽：《民俗体育的外部环境与内在动因分析——以湘中“朱家舞狮”为例》，《体育文化导刊》2017 年第 12 期；吴林隐、杨海晨、韦金亮：《隔离抑或融合：民俗体育参与的性别变化研究——广西马山县壮族会鼓与打扁担的田野考察》，《体育科学》2017 年第 8 期；段丽梅、杨小凤等：《传承与俱进：民俗体育文化认同的现代化路径分析——以非遗项目花棍舞（打莲湘）为个案》，《南京体育学院学报》（社会科学版），2016 年第 2 期；牛芳、卢玉、陈小蓉：《非物质文化遗产视角下徽州民俗体育的传承——以徽州嬉鱼灯活动为例》，《上海体育学院学报》2014 年第 3 期；杨海晨、王斌等：《想象的共同体：跨境族群仪式性民俗体育的人类学阐释——基于傣族村寨“马鹿舞”的田野调查》，《上海体育学院学报》2014 年第 2 期；万义：《村落少数民族传统体育发展的文化生态学研究——“土家族第一村”双凤村的田野调查报告》，《体育科学》2011 年第 9 期；等等。

究文化产生和发展规律的一门学说①。国内外学者将这一学说加以丰富，与文化再生产理论、生命周期理论等共同构成了解析不同文化模式的重要理论。本文认为，作为整体研究的一个重要视角，文化生态理论对乡村文化研究意义重大。在文化生态学视域下，村庄的过去与现实、生态与人文、成就和问题等被纳入"人与环境互动"的整体视野中，有利于更加全面地、以人为本地认识村落文化。

本文的研究对象为下董寨村，位于山西省平定县娘子关镇。该村地处晋冀两省交界地带，南邻温河，北为悬崖，村庄呈东西走向与上董寨、坡底等村毗邻，历史时期是一处人文荟萃、产业兴旺的军寨型乡村聚落。该村因悠久的历史和完整保留了大量传统建筑，2013 年被列入第二批中国传统村落名录，2019 年被列入第七批中国历史文化名村，由此成为娘子关地区旅游开发的重点对象。同时，村中遗存的"跑马排"春节习俗也于 2020 年入选第五批国家级非物质文化遗产推荐项目名录，逐渐受到相关学者的重视②。下董寨村内至今生活着许多非遗传承人，其中省级 1 人，市级多人③，这些人是下董寨村民俗体育发展的历史见证者和参与人，为本文的研究提供了宝贵的口述资料和研究文本。本文在文化生态学的视域下，以长时段的整体视野深入传承地，从民俗活动主体的角度考察了传统村落文化生态变迁与民俗体育传承之间的关系，希望能总结出当前此类传统村落以民俗体育为核心的文化生态整体保护和可持续发展道路。不当之处，敬请方家指教。

一　从军事文化到农商文化："跑马排"春节习俗的形成与发展

斯图尔德指出："地域性文化的形态及其发展线索的相似性和差异性

① 司马云杰：《文化社会学》，中国社会科学出版社 1987 年版，第 23—27 页。

② 学界已有的研究成果有：段友文、王旭：《崇神敬祖、节日狂欢与历史记忆——山西娘子关古村镇春节习俗调查》，《文化遗产》2012 年第 4 期；李建华：《阳泉民俗：下董寨跑马》，《检察风云》2016 年第 6 期；周丽蓉：《传统春节中的历史记忆——山西娘子关古镇下董寨村的春节习俗调查》，《戏剧之家》2018 年第 12 期；梁有权：《灯官轮流做，风光到我家》，《神州民俗》2017 年第 1 期；孔毓泽：《集体记忆视角下民俗体育"跑马排"活动的调查研究》，硕士学位论文，山西大学，2019 年；等等。这些都为本文提供了重要的参考，在此感谢。

③ 如跑马排省级传承人为董虎平先生，市级有李贵宝、董三把等人。

很大程度取决于自身所处的生态环境，不同类型的生态环境与相应的技术相结合便会形成独具特色的文化进化图景，而这也是人类文化形态多样性的基本原理。”[①] “跑马排”春节习俗作为下董寨村独有的文化遗产，其发展历程也与该村的自然条件和社会变迁密切相连。下董寨村在清代以前长期作为战略防御要寨和军事要冲，先后经历了“董卓垒”（东汉）、“承天军”（唐）、“承天寨”（宋）、“娘子关”腹地（明）等发展阶段，动荡环境孕育的“军事文化”作为这些时期村庄的主导文化，孕育了“跑马排”等军事技能训练活动。明清易代之后，该村由边关地区转为内地，社会环境逐渐趋于安定。受自然环境和交通条件影响，“农商文化”成为村庄的主导文化，“跑马排”春节习俗的内容和形式不断拓展，成为村中最重要的文化景观。

（一）军事文化影响下诞生的“跑马”活动

下董寨早期聚落的形成与其所处的地理位置和地形条件密不可分。从地理位置看，该村地处黄土高原与华北平原交界地带少有的横谷区，属于东晋郭缘生《述征记》记载的“太行八陉”之一的井陉必经之地，因此成为沟通晋冀两地的咽喉地带。从地形条件看，该村建于温河北岸，背倚卧龙岗、面仰紫金山的危崖峭壁上，唐胡伯成的《承天军城记》称其“连天作险，蹙地成隆，一夫奋守可以当万人”[②]，而当地民谣则将村庄地貌描述为“头顶九龙群峰立，脚踏玄武万丈崖，迎面凤凰展翅飞，龟蛇二将镇东西”，可见其具备成为军事要塞的基本条件。故早在东汉末年董卓任并州牧时，即亲自巡查此地，在此修筑工事设垒驻兵，遂称“董卓垒”，《魏书·地形志》载“乐平郡石艾县有董卓城”[③]，即今下董寨所在区域。此后，“董卓垒”作为抵御河北地区的军事屏障受到历代统治者的重视。唐大历元年（766），河东节度使张奉璋在下董寨村东南的“紫金山”修筑“承天军城”，与“董卓垒”互为犄角，并于此地置承天军。[④] 长庆元年

① ［美］J. H. 斯图尔德：《文化生态学的概念和方法》，王庆仁译，《民族译丛》1983 年第 6 期。

② （唐）胡伯成：《承天军城记》，载李铭魁主编《平定碑刻文选》，《平定文史资料》（第十四辑）2001 年版，第 1 页。

③ 魏收：《魏书》，中华书局 1997 年点校本，第 2468 页。

④ （唐）胡伯成：《承天军城记》，载李铭魁主编《平定碑刻文选》，《平定文史资料》（第十四辑）2001 年版，第 1 页。

（821）裴度征河朔时也曾在此驻兵，史载“裴度率众屯承天军，诸将挫败”。[①] 此后，承天军寨成为唐后期保卫河东及长安、抵御河北诸镇的军事要地。北宋太平兴国四年（979），宋廷废“承天军”，将之易名为“承天寨”，董寨被称为“承天董寨”[②]，作为辽与北宋边境，常年有军队驻守。明朝时，董寨村归平定州承天镇管辖，隶属内长城娘子关段腹地，据《娘子关志》记载：“嘉靖二十年（1541）曾复修承天寨用于抵御游牧民族袭扰。”[③]

综上，可以看出下董寨所在之地长期作为军事要冲的战略地位。由于温河河谷自西向东呈狭长走势，南北两侧皆有崇山阻隔，底部温河水流湍急，无论是唐代之前由东向西进军，还是安史之乱后由西向东进军，董寨均是必经之地（见图1）。自东汉之后长期在此地驻军的历史无疑促进了村落的发展：动荡的社会环境孕育了当地军民彪悍的民风与习武护身的实际举措，作为基本生活技能的骑术也被董寨村民所承袭，成为村民日常生活的重要部分。从文化生态学的视域看，“跑马排”在该地区的形成和早期传承是当地居民适应环境的一种自然而然的选择，“跑马”是村民强身健体、保卫家园的一种早期生活技能。

此外，隋及北宋两次开凿太行运道的行为对下董寨的发展亦产生深远影响。据《资治通鉴》记载：“大业三年（607），发河北十余郡丁男凿太行山，达于并州，以通驰道。”[④] 由于这条岩崖古道途径作为军营的董卓垒，并以之为补给站，下董寨便以此为基础迎来了一次村庄扩建，奠定了我们目前所见村庄面貌的早期格局。宋建隆三年（962），为了打通向北的道路进一步统一全国，宋太祖命令“开太行运路”，[⑤] 对原凿山道进行了扩宽，这是继隋炀帝开凿太行以来又一次大规模的开山运动，在太行山史上具有重要的意义。与这两次开道直接相关的，是下董寨交通枢纽地位的巩固及军事活动在该区域的日益频繁。据传承人董虎平说：“（至迟到）唐代

① （后晋）刘昫：《旧唐书》，中华书局1975年点校本，第2886页。

② 《资治通鉴》卷242，唐穆宗长庆元年（821）十月条：裴度自将兵出承天军故关以讨王庭凑，胡三省注曰：（宋朝）以承天军为寨，属平定县；光绪版《平定州志》上绘有“承天董寨图”，此山至今仍沿用“承天寨山”的名称。

③ 朱玉芳、贾振芳、王非生编：《娘子关志》，中华书局2000年版，第56页。

④ （北宋）司马光等：《资治通鉴》，中华书局1982年点校本，第5629页。

⑤ 《宋史》卷1《本纪第一》，中华书局1977年点校本，第2138页。

军队信使穿村而过传递军情已成为下董寨村颇为常见的景观，给村民留下了深刻的印象。后来，村民便在农忙之余利用穿村古道和饲养战马之便利，在‘跑马’中加入了模仿军队信使送信的活动，将其拓展为村庄娱乐活动。”① 从中可见“跑马排”从骑术训练向早期民俗活动过渡背后的村民需求变化——已然更多将其作为农忙之余乡村生活的调剂品，这时候的跑马排应处于一种无序的自发组织状态。

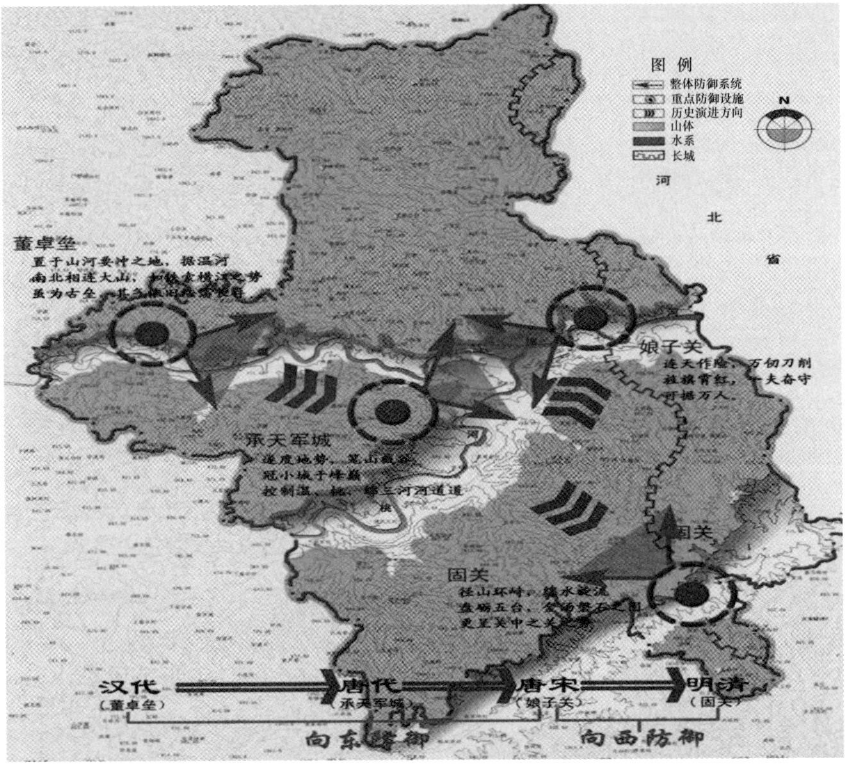

图 1　历代下董寨地区军事防御形势

资料来源：华中科技大学城市规划设计研究院设计（引自下董寨历史文化名村申报材料，内部资料）。

① 被访谈人：董虎平，男，45 岁，跑马排传承人。访谈时间：2019 年 7 月 21 日；地点：下董寨村董虎平家；访谈人：李善靖。

（二）农商文化影响下诞生的“跑马排”春节习俗

明清易代，来自北方游牧民族的威胁已然不存，娘子关沿线堡寨的军事功能弱化，村庄逐渐回归安定的生活状态。由于军寨属性淡化，农耕文化与商业文化抬头，成为下董寨发展的两大主导因素，推动了“跑马排”从娱乐活动逐渐发展为有固定时间、全村老少集体参与、以“崇神敬祖”为主要文化内核的春节习俗活动，影响力逐步扩展到整个娘子关地区。①

1. 农耕文化影响下“祭祀式”民俗的形成

由于下董寨村长期为军队驻扎所在，就地粮食补给是维持驻军的必要条件。但村庄坐落于危崖峭壁上，其耕地主要位于村北的陡坡，农业生产始终面临严重的水源短缺问题，所以村庄的粮食作物以种植耐旱的小麦为主，并以养殖牛、马等作为上坡耕作的主要劳力（见图2）。这种“靠天吃饭”的生产方式使得祈求风调雨顺、粮食丰收的祭祀活动成为村民心目中的大事，并孕育了众多体系的神灵信仰。以笔者实地考察所见，目前下董寨村主要遗存的庙宇有：始建于元至正九年（1349）的大王庙和牛王庙②、建于明万历三十四年（1606）的平安阁（关帝庙）③，约与关帝庙同期的朝阳阁（观音阁）及村南的龙王庙④。这说明至少从元代开始，村庄便已奠定了如今的基本格局，以农耕为主的生活逐渐占据了村庄的主导地位。在这种地理格局的影响下，该村形成了单一的姓氏结构和宗族格局，并在明清时期发展为董氏“二十四股”⑤。各股的长辈均为董氏家族德高望重之人，由他们构成村庄的主要权力机构，负责村中大小事务，其中就包括拜神祭祖活动和“跑马排”的组织与展演（见图3）。周丽蓉等人曾对娘子关地区的习俗深入研究，发现下董寨村在明清时期已有选拔“灯官视

---

① 段友文、王旭：《崇神敬祖、节日狂欢与历史记忆——山西娘子关古村镇春节习俗调查》，《文化遗产》2012年第4期。

② 明万历二十一年（1593）《重建大王庙初建牛王庙记》载：“平定州东北二十里，承天都□董□村自古，大元至正九年醮盆提名，董贵重修显泽大王、鹤山圣母二神行祠。”碑存下董寨村全神庙。

③ 平安阁西额有明万历三十四年（1606）提额，碣存下董寨村平安阁。

④ 祭祀的诸神既有三官大帝、武圣关羽、观音菩萨等佛道神灵，也有鹤山圣母、显泽大王等地方神，还有龙王、马王、牛王、山神、土地等与农业生产密切相关的神灵。

⑤ 被访谈人：李夏云，女，45岁，现任村委书记。访谈时间：2019年5月1日；地点：下董寨村跑马大道；访谈人：李善靖。

事”的传统，并且将“选灯官”“跑马排”“武社火”等结合起来共同构成了下董寨独特的春节习俗①。

图2　下董寨地貌

资料来源：2019年7月笔者拍摄。

段友文等人的研究指出：“灯官是每年腊月由村民选出村中德高望重的两位老人，在元宵节期间以人代神，全权管理正月十五闹社火整个事宜的总负责人。”② 这里有几个要点：一是“以人代神”，表明灯官作为民间与上天沟通的纽带，需要承担起带领村民祭祀祈福的任务；二是灯官全权管理春节期间的“闹社火”活动，这意味着灯官是下董寨春节期间民俗活动的组织者和负责人；同时也意味着，灯官应该承担起春节期间的各项活动开销，所以灯官一般由财力雄厚的董氏族人担任。在明清时期华北地区的村庄，能够具备这样条件的人通常是村中的“士绅阶层”，在下董寨这些人往往又与村中的宗族耆老重合。在某种意义上“选灯官”可以说是下

① 周丽蓉：《传统春节中的历史记忆——山西娘子关古镇下董寨村的春节习俗调查》，《戏剧之家》2018年第12期。

② 段友文、王旭：《崇神敬祖、节日狂欢与历史记忆——山西娘子关古村镇春节习俗调查》，《文化遗产》2012年第4期。

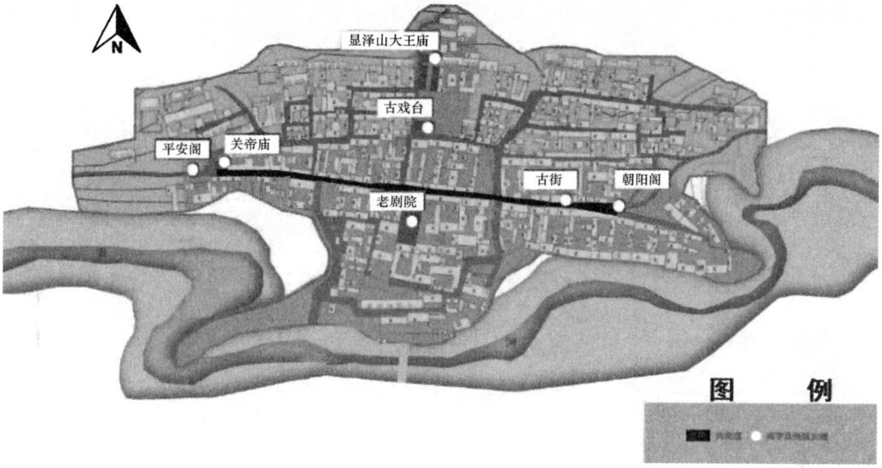

图 3 “跑马排”春节习俗活动空间分布

资料来源：依照田野考察绘制。

董寨选拔村中首领的一种手段，灯官在与“神灵”沟通的过程中不仅可以在乡民间建立巨大的威望，而且可以在组织跑马和社火的过程中成为村民集体活动的首领，因而成为该村权力组织架构中很有影响力的一个环节，这与杜赞奇等人探讨的华北村庄中的“文化权力网络”颇有相似之处①。在这一叙事体系下，灯官组织领导的“跑马排”活动成为村民与上天沟通的一种物态媒介，直至今日仍有很多村民认为通过“跑马”可以祛除晦气，带来好运②。在宗族和士绅领导下，村民或作为“跑马”直接参与者，或作为观看表演的观众，“跑马排”呈现出全民参与的特征。

2. 商业文化影响下“跑马排”的发展

清初下董寨村隶属太原府平定州管辖，雍正二年（1724）平定升为直隶州，下董寨亦改属“直隶平定州安平乡承天都”统辖，村内划分为五甲，实行连保制，一直延续至清末。③ 民国时平定废州改县，实行区村制，

① ［美］杜赞奇：《文化、权力与国家：1900—1942 年的华北农村》，王福明译，江苏人民出版社 2003 年版，第 78 页。

② 被访谈人：李贵宝，男，70 岁，“跑马排”传承人。访谈时间：2019 年 7 月 18 日；地点：下董寨村李贵宝家；访谈人：李善靖。

③ 朱玉芳、贾振芳、王非生编：《娘子关志》，中华书局 2000 年版，第 9 页。

下董寨作为主村曾辖黑窑凹、张家峪、阳坡等十个自然村。[①] 新中国成立之初，该村属平定县第十区，1953—1955 年为董寨乡乡政府驻地，1958 年 9 月董寨乡并入娘子关人民公社，此后董寨村隶属于娘子关镇管辖。[②] 可以说，依托便利的交通优势，下董寨村从清代到新中国成立之初的很长时间内都是娘子关地区辐射周边的重要村镇。

这一阶段，下董寨村的经济结构逐渐从农业为主转向农商并重，商业文化成为影响下董寨村发展的又一重要因素。村中遗留的清咸丰七年（1857）《重修石桥碑》记载："董寨村东阁外有旧桥，上通秦晋，下接燕赵，往来商旅，靡不遵行，诚上下之要路，出入之总途也。"[③] 笔者在 2019 年 7 月对平定县娘子关镇逐村走访后，确定了明清时期途经下董寨这条商道的路径为：自西由水峪沿温河向东，先后经过巨城、会里、上董寨、下董寨、坡底、河北村、娘子关，最后抵达河北井陉[④]。古道的便利无疑促进了下董寨商业的发展，"到清中后期，商业日盛。西来的煤炭、砂货、铁器、药材、杂粮；东进的布匹、针纺、烟茶、杂货等，均由骡马、骆驼等负载经此来往通过，络绎不绝，加之周边山村人等的生活需要，这个仅千余人口的小村寨日渐繁华，形成了商业小镇的风貌"。[⑤] 时至今日，村中古道两侧仍留存有五十多处院落，有标识的商铺、客栈二十余家[⑥]，这些商铺是观看"跑马排"表演的最佳场所。而穿村而过进行商贸活动的商人们，经常有在下董寨歇脚的传统。该村特有的"跑马排"习俗自然也受到他们的关注，每到正月十六"跑马排"开始之时，他们也聚集起来做些买卖，久而久之就形成了娘子关地区有名的"跑马会"[⑦]。与会的人群在观看社火和跑马的同时，也进行农具、日用品和牲畜等交易，这无形中扩大了下董寨"跑马排"的影响力。"跑马会"成为下董寨与周边村

---

① 《平定县志》编纂委员会编：《平定县志》，社会科学文献出版社 1992 年版，第 6 页。

② 《平定县志》编纂委员会编：《平定县志》，社会科学文献出版社 1992 年版，第 8 页。

③ 碑刻现存平定县娘子关镇上、上董寨交界处，清代上、下董寨属于一地，合称"董寨"。

④ 见《山西大学历史文化学院环太行山暑期田野调查——阳泉站（总结篇）》，2019 年 7 月 24 日发布于"山大历院"公众号（http：//mp. weixin. qq. com/s? _ _ biz）。

⑤ 阳泉市三晋文化研究会、中共平定县委宣传部编：《中国传统村落（阳泉市平定卷）》，三晋出版社 2016 年版，第 115 页。

⑥ 如经营日用杂货的顺义成、德盛魁；经营粮食的恒兴店、顺义号；经营药品的南药铺；等等。

⑦ 刘朝晖：《上庙的日子 寻访山西古庙会》，山西人民出版社 2016 年版，第 69—76 页。

落进行经济、文化交流的桥梁，“跑马排”也成为娘子关地区最负盛名的民俗活动之一。

从上述时期下董寨村的文化生态变迁看，由险要地形和交通枢纽地位带来的村寨功能演变始终是该村文化生成和发展的关键性因素。同大多数关隘型村落一样，下董寨也经历了防御起源、农耕为本、商贸兴盛的发展历程，“跑马排”也随之经历了从军事生活技能到日常娱乐活动再到祭祀仪式活动的多次嬗变。

二　下董寨村落沉浮与“跑马排”习俗的嬗变

新中国成立以来，“跑马排”春节习俗经历了与下董寨村休戚与共的时代变迁。首先，由于政治和交通优势的逐渐丧失下董寨村也由区域中心村镇降低为一个普通的村镇，“跑马排”影响力也随之收缩。其次，由现代化进程启动带来的乡村社会关系重组、生产方式变革和农村人口流失成为影响“跑马排”组织和展演的三大因素，跑马排随之陷入低谷期；进入21世纪后，受国家政策影响，下董寨村以传统村落和历史文化名村的身份重新崛起，“跑马排”春节习俗也以非物质文化遗产的身份进入国家视野，两者均因此得到市场资本的青睐，逐渐呈现复兴的趋势。

（一）下董寨的衰落与“跑马排”传承低谷期

1. 村落交通优势与经济地位的丧失

上文指出清代以来下董寨村维持了相当长时间的繁华，“跑马排”春节习俗影响力也随之扩大。但随着时间推移，这一情况也在悄然发生变化。光绪三十二年（1906）经山西巡抚胡聘之提议，山西省商务局筹办的正太铁路建成通车，该铁路全线长约250千米，途经娘子关，设有娘子关火车站[①]。此后井陉旧商道受到了一定的冲击，但仍有大量商人从下董寨一线进行贸易往来，该村维持着相当的繁荣。抗日战争时期，正太铁路改轨扩道，取道石家庄，并更名为石太铁路，承担了更多的运送任务，井陉旧道遂逐渐衰落。及至1972年阳井公路竣工，该路直接经过下董寨村北

---

① 朱玉芳、贾振芳、王非生编：《娘子关志》，中华书局2000年版，第103页。

的悬崖之上，此后这条岩崖古道几乎被完全废弃[①]。因为新修的铁路和公路不再经过村子，该村丧失了传统时期的交通优势。不便的交通阻断了下董寨村与外界的物资和人员交流，下董寨村也成为一个默默无闻的小村庄，失去行商和游客宣传的下董寨“跑马排”春节习俗影响力也因此大不如前。

2. 乡村社会关系重组与董氏宗族的衰落

从乡村社会关系来看，我国的近代化是一个“国进民退”的过程，具体表现为：国家权力直接下放到乡村，原有的宗族、乡绅等阶层逐渐衰落，对乡村的控制力逐步下降[②]。下董塞村从单姓村变成多姓村，董氏家族的势力下降。时至今日，村庄有400余户，1024口人，其中三分之二为董姓[③]，董氏原本牢牢掌握的村庄大权也在经历逐步洗牌的过程。与这一过程相对应的是“跑马排”组织能力的退化，传统时期“灯官”多由董氏殷实之家担任，他们负责承担春节期间组织各项祭祖活动和民俗活动的开销。原有阶层衰落后，新兴社会阶层本身属于无产阶级的一员，这就导致即使他们取得了各项事务的主导权，这些人也无力承担由传统势力承担的各项费用，只能将民俗活动的经费寄希望于官方拨款和民众集资[④]。久而久之，村庄自身的建设更多开始依赖于上级拨款和国家援助，这使得民俗体育的组织陷入一定的困境。传承人董虎平不无感叹地说道：“改革开放之前各家各户条件都差不多，灯官每年的开销就是烟钱和酒钱。但即便如此，由于大家都不富裕，也不像以前那样把当选灯官当做光耀门楣的大事了。近几年选灯官的条件已没有以前严格了，只要经济状况允许都可以担任。”[⑤]

3. 农业生产方式变革对跑马排的冲击

如上文所述，历史时期下董寨村素来有养马的传统。马匹在村庄不仅用于日常农业生产，还作为春节期间“跑马排”活动的主要骑乘对象，“跑马”往往全村老少集体参与，十分盛大。改革开放之初，中国的各项

---

① 《平定县志》编纂委员会编：《平定县志》，社会科学文献出版社1992年版，第191页。

② 罗志田：《国进民退：清季兴起的一个持续倾向》，《四川大学学报》2012年第5期。

③ 数据来自下董寨历史文化名村申报材料，内部资料。

④ 孙华：《传统村落的性质与问题——我国乡村文化景观保护与利用刍议之一》，《中国文化遗产》2015年第4期。

⑤ 被访谈人：董虎平，男，45岁，“跑马排”传承人。访谈时间：2019年7月21日；地点：下董寨村董虎平家；访谈人：李善靖。

事业取得巨大进步，在党的领导下，下董寨村的农业生产方式也发生了变革，农业生产活动逐步机械化①。这导致村中养马逐渐变少，每年“跑马排”使用的马匹居然需要去河北省进行租赁。据村民董福祥说：“改革开放后，慢慢的就没人养马了，所以现在跑马用的马都是租来的，每年正月初八前后由经验丰富的李贵宝老人和灯官到河北租马。”② 据笔者了解到，目前租马的价格比改革开放之初翻了十几倍，而且价格还在不断上涨，给村里带来了不小的负担。

4. 城镇化发展与农村人口外流

改革开放后，我国的乡村经历了一次加速发展期，开始从以农业为主的社会向现代化转型。但由于城乡在就业、教育、医疗等方面的巨大差距，人口从乡村向城市流动成为一种普遍现象，成为制约民俗组织和传承的重要因素。近年来下董寨成了典型的空心村，大量村民外出。据村书记李夏云介绍：“本村人原来基本以种地为生，近年来大量青年选择外出打工，这使得很大一部分老年人随同儿女定居城市，每年参与社火和跑马的人也越来越少。”③ 近年来由于乡村教育资源的整合，下董寨村小学撤并，村里的适龄儿童都必须到娘子关镇或平定县城读书，又有部分村民到镇上或县城租房，边打工边照顾小孩，基本上不怎么回村。目前下董寨常住人口基本上是45岁以上的中老年人，面临人口老龄化的问题。人口外迁使“跑马排”春节习俗传承和参与的后备人才出现断层，成为制约其发展的重要因素。

（二）新时期下董寨与“跑马排”的复兴趋势

百多年的东西文化交流中，我们经历了文化自省与文化自觉的争鸣，从文化自卑逐渐向文化自信转变，这一过程已为很多学者阐述④。文化自

---

① 孔毓泽：《集体记忆视角下民俗体育“跑马排”活动的调查研究》，硕士学位论文，山西大学，2019年，第33页。

② 被访谈人：董福祥，男，60岁，下董寨村民。访谈时间：2018年12月30日；地点：官道口小校场；访谈人：李善靖。

③ 被访谈人：李夏云，女，45岁，现任下董寨书记。访谈时间：2019年5月1日；地点：下董寨村跑马大道；访谈人：李善靖。

④ 参见张继焦《从“文化自觉”到“文化自信”：中国文化思想的历史性转向》，《思想战线》2017年第6期。

信的背后是改革开放以来，在中国特色社会主义文化的正确引领下，中国创造了人类历史上前所未有的发展奇迹。我国的生产力、综合国力、人民生活水平得到显著提高，中华民族实现了从站起来到富起来的第二次历史性飞跃①。在新的历史阶段，党和国家日益认识到作为维系民族情怀的传统村落与文化遗产的价值和意义，并将其提升到“维护国家文化安全”“对国家和历史负责”的高度，近年来先后公布了五批中国传统村落名录、七批历史文化名村名录、四批国家非物质文化遗产名录，持续不断开展实质性的抢救和保护工作。下董寨村作为延续千年的古村落，自然而然在这一浪潮中获益，早在 2013 年即被列入第二批中国传统村落名录，成为全国堡寨类传统村落的代表，获得了社会的广泛关注。同年，该村的“跑马排”民俗体育也在历经千余年的曲折变迁后，以非物质文化遗产的身份得到国家和社会的认可，两者呈现优势互补的局面。

1. 国家政策主导下的“身份认定”

新时期民俗体育是以非物质文化遗产的身份进入国家视野的，这种转变体现了民俗体育已经从原来的乡土主导向社会公共文化过渡，国家力量在其中发挥了至关重要的作用。有学者指出：“非物质文化成为公共文化，大致发生在两个层次，一个是在观念上被大众公认，并且得到公众的自愿参与；另一个是在体制上被政府部门正式承认，并且以一定的公共资源加以支持。”② 这个过程中更为重要的是政府的认可。2006 年国务院公布了第一批国家级非物质文化遗产名录，北京市抖空竹、河南省少林功夫、山东省聊城杂技等多项民俗体育活动入选。这拉开了国家层面普查和筛选优秀传统文化的序幕，此后全国陆续建立起国家、省、市、县四级非物质文化遗产名录，对列入名录的项目给予法律和财政支持，这就使得许多被边缘化的民俗体育活动重新进入国家视野，成为各级政府重视、电子媒体争先报道、市场资源先后介入的文化遗产。作为娘子关地区独具特色的体育类民俗活动，“跑马排”春节习俗也受到平定县、娘子关镇政府的高度重视与保护，在村两委及上级领导的努力下，“跑马排”于 2013 年成功入选

① 张建忠：《论中国特色社会主义文化自信生成的历史逻辑及启示》，《社会主义研究》2019 年第 2 期。

② 高丙中、赵萱：《文化自觉地技术路径：非物质文化遗产保护的中国意义》，《中南民族大学学报》2014 年第 5 期。

第四批省级非物质文化遗产，这为“跑马排”的现代传承提供了法律和财政支持。

2. 市场资本运作下的“文化利用”

法国著名社会学家皮埃尔·布迪厄在其“再生产”理论中将社会再生产的关键归结为“占据社会权力的组织成员以制度化和象征性的策略手段，保证其文化特权垄断地位，并且将文化作为一种象征资本提出，认为文化资本、经济资本和社会资本可以相互转换”。① 在此理论指导下，新时期处在社会转型阶段的地方政府往往将“文化搭台，经济唱戏”作为优化经济结构、促进社会发展的一种重要模式。就平定县而言，拥有悠久历史沉淀的“跑马排”春节习俗作为当地居民历史记忆的重要组成部分，正成为一种重要的文化资本，同娘子关丰富的旅游资源结合，成为下董寨村重要的经济支撑，重新被村民重视起来。

在市场主导下，近年来该村引进投资对“跑马排”进行了一系列包装整理，不仅修建了专门的跑马场，还买下五匹马作为专用表演马匹，“跑马排”展演的区域覆盖到整个娘子关镇。2014 年春节期间，下董寨人在娘子关镇开展了民俗展演。2016 年春节，“跑马排”纪录片《猴年马事》在央视记录频道播出，引起了社会的广泛关注，下董寨“跑马排”的影响力大大加强②。为了适应观光旅游的发展，在平定县文化局、旅游局、娘子关镇党委、娘子关旅游景区管委会支持下，2018 年十一黄金周下董寨村成功承办了“跑马排”非物质文化遗产展演活动，吸引了数千人观看。据该村村长袁玉祥介绍：“近年来每年观看跑马的游客达到上万人次，我们村的人抓住商机，除在村里开办饭店和杂货店外，还教人跑马技巧，平均每场跑马表演村里可以获得 50—100 元数额不等的经济收入。民俗文化展演已经成为本村收入的重要来源。”③ 2019 年在平定县文化局和下董寨村委的推动下，村里成立“跑马排民俗传习所”④，老一辈的跑马传承者在传习所里传授跑马技巧，吸引了很多年轻人学习。

---

① 参见高宣扬《布迪厄的社会理论》第五章第四节《资本及其在场域中的转化》，同济大学出版社 2004 年版。

② 郭东升执导：《猴年马事》纪录片，CCTV－9，2016 年 11 月 18 日首播。

③ 被访谈人：袁玉祥，男，59 岁，汉族，下董寨村长。访谈时间：2019 年 7 月 18 日；地点：下董寨村委会；访谈人：李善靖。

④ 以上均来自下董寨历史文化名村申报材料，内部资料。

3. 体育民俗传统力量的"回场"

国家和市场的力量为民俗体育的复兴提供了新的动力，也不可避免地带来一些问题。在非物质文化遗产的四级名录体系下，许多原本依托于乡村社会的非遗拥有了固定传承人，受到社会的尊敬和认可，但更多的民俗传承者被刨除在体系之外，渐趋于边缘化。市场对民俗体育活动本身的影响则更大：在城镇化影响下，城市逐渐成为乡村的效仿对象，民俗体育也不可避免地以来自城市旅游观光者的喜好为导向。如下董寨的"跑马"和社火表演即根据观光需要，增加了游客互动的环节，一些惊险刺激的动作被改良，表演者的穿着打扮也逐步从简。在市场经济的大潮下，下董寨村民俗体育的文化内核向猎奇性、商品性转变。这种功利化导向极大地冲击了历史悠久的"跑马排"春节习俗，传统与现实不可避免地发生碰撞。就"跑马排"千余年的发展史来看，农商文化主导下逐渐形成的"选灯官""查灯行香""祭祀祈福""社火庆祝"等传统仪式与"跑马"这一运动是不可割裂的。传统时期这些仪式在村中年复一年地上演，顽强地植根于乡村、宗族、邻里的互动中，成为下董寨村民深刻的集体记忆。如今每到正月村里依然把选灯官和拜神祭祖视为一件大事，村里甚至对灯官进行一定的补贴。而那些外出的村民也会遵循惯习，回村参与或观看"跑马排"活动。这表明城市对现代性的垄断和农村的虚空化并没有摧毁以往的乡土传统，事实上乡村在按照自身的逻辑延续着，"形散"而"神聚"才是乡村文化的实质①。

从清末以来下董寨村的文化生态变迁看，该村经济环境和社会环境的巨大更迭使"跑马排"春节习俗也经历了从沉寂到复兴的发展趋势。从其文化内核来看，这一阶段的"跑马排"经历了从"传承式民俗"到"开发式民俗"的嬗变。当前民俗体育的传承中既蕴含着文化复兴的希望，又需警惕传统文化内核被市场完全同化的风险。

余　论

上文从长时段审视了下董寨文化生态环境的变迁与"跑马排"体育民

① 孙庆忠:《离土中国与乡村文化的处境》,《江海学刊》2009 年第 4 期。

俗的嬗变历程。当前在国家、市场和传统三重力量的交互作用下，下董寨村和“跑马排”春节习俗逐渐走上了良性发展的道路。近年来国家对非物质文化遗产的保护进入新的阶段，创新性地提出了文化生态保护区的概念，主张以保护非物质文化遗产为核心，对历史文化积淀深厚、存续状态良好、具有重要价值和鲜明特色的文化形态进行整体性保护，并要求坚持保护优先、整体保护、见人见物见生活的理念，既保护非物质文化遗产，也保护孕育发展非物质文化遗产的人文环境和自然环境，实现“遗产丰富、氛围浓厚、特色鲜明、民众受益”的目标①。这要求我们对村落非遗的生存环境和活态传承进行进一步的学理审视。

斯图尔德将文化生态系统分为自然环境、经济环境和社会组织环境三个层次，并且认为这三个层次相互影响，是一个三位一体的复合结构②。“跑马排”春节习俗的未来发展也应该注重三者的有机结合。其中，作为“跑马排”春节习俗存续的场域空间，下董寨村社会组织结构和经济环境结构的持续优化是“跑马排”获得稳定传承的必要前提。因此该村应以旅游开发和体验式观光为主导的经济发展模式、村民自治和全体受益的社会组织管理制度为导向，并以乡土文化保护和“家园遗产”为核心，持续不断地推动民俗体育文化内核挖掘和时代创新，以此重构民众重视体育非遗传统的文化环境，实现其可持续发展。

① 中华人民共和国文化与旅游部令第1号：《国家级文化生态保护区管理办法》，2018年12月10日。

② 冯天瑜、何晓明、周积明：《中国文化史》第2卷，上海人民出版社2005年版，第8—10页。

时代变迁与社会生活

五四婚姻自由思潮及其特征与价值

梁景和

（首都师范大学历史学院）

五四时期是中国历史上一个重要的思想文化的开放时代，这里所谓的开放时代是指与以往相比，思想文化界有些知识人较少受到某些传统思想和政治的束缚和压制，可以不受钳制而自由地思考思想文化问题，形成了自由探索思想文化的新时期。本文所关注的主要问题是在五四这样一个自由表达思想文化的开放时代，形成了一股影响深远的婚姻自由思潮。正如时人所说，"婚姻问题，几乎成了今日社会上一个中心问题了。许多有志的青年男女，有的为此牺牲了性命，有的因此苦恼了终生。一般学者也都很注意这个问题，作学理的研究，就事实上讨论，以求正当解决的方法。于此更可知这个问题在社会上的影响与重要了"。[①] 本文所谓的五四时期是指1915年《青年杂志》的创刊至1925年前后大约十年时间。

一　五四时期的婚姻自由思潮

五四时期形成了一股婚姻自由的思潮。所谓婚姻自由思潮是指这一时期比以往任何时代都更加关注婚姻问题，并在更多的报纸和杂志中发表文章探究婚姻问题，人们谈论婚姻的主题主要是婚姻是否自由，而且比以往任何时代都讨论得广泛和深刻；同时有更多的人走上了婚姻自由的道路，用自己的实际行动践行着婚姻自由的生活。

---

① 泳村：《两个女子的婚姻问题》，《共进》第23期，1922年10月。

（一）更多的报纸刊物深入讨论婚姻问题

五四时期有更多的人以极大的热情关注婚姻问题，并在众多的报纸和杂志中发表文章来探索这一问题。当时参加讨论婚姻问题的报纸，其中比较突出的有上海《民国日报》的副刊《觉悟》，《妇女周报》《妇女评论》，上海《时事新报》的副刊《现代妇女》《学灯》《青光》，《晨报副刊》，《大公报》，《申报》，《盛京时报》，《益世报》，《中华新报》，《妇女日报》，《星火》等。参加讨论婚姻问题的刊物比较突出的有《妇女杂志》《东方杂志》《新青年》《妇女周刊》《解放与改造》《新潮》《女星》《共进》《法律评论》《少年世界》《社会学杂志》《妇女鉴》《广益杂志》《妇女时报》《女学界》《新妇女》《新潮》《少年中国》《礼拜六》等。当然，当时讨论婚姻问题的报纸和杂志，不仅仅是上述提到的这些，当时涉及的报纸和杂志是相当广泛的，以上不过举其要者。

仅以《妇女杂志》和《申报》为例，看一下自1915年至1925年发表过的关于婚姻问题的文章是一个怎样的状况。从《妇女杂志》1915年至1925年中收集的关于婚姻问题的文章共有172篇；从《申报》1915年至1925年中收集的关于婚姻问题的文章共有178篇，可见其数量之大。

这么多的报纸和刊物发表这么多的文章来探讨与人们的生活密切相关的婚姻问题，关注婚姻的内容又如此丰富，而且在各类报刊中有一大批知识分子参与讨论，其中著名的文化精英就包括胡适、鲁迅、沈雁冰、周作人、陈望道、张竞生、周建人、章锡琛、吴虞、邵力子等一批知识人。从这一视角可以说明五四时期出现了一次婚姻自由思潮。

（二）婚姻自由的思想主张

在五四这一思想文化开放的时代，“独身，结婚，离婚，夫死再嫁，或不嫁，可以绝对自由”[①]，婚姻自由思想得以在社会上进行大张旗鼓的阐释和宣扬。这种婚姻自由的新思想主要表现在如下诸多方面，即恋爱自由、婚仪自由、结婚自由、离婚自由、再嫁自由、同姓结婚自由等思想主张，以及与婚姻密切相关的诸如纳妾、试婚（婚前同居）、独身、废婚等

---

① 沈兼士：《儿童公育》，《新青年》第6卷第6号。

也在五四时期得到了讨论，反映了婚姻自由思潮所包罗的诸多面向。所持的婚姻自由思想主要集中于几个方面。第一，关于恋爱自由。强调恋爱与婚姻的统一，把爱情和婚姻视为“光色之与绘画”“节奏之与音乐”的一体关系。[①] 认为“谋妇女的自由，必先提倡恋爱的自由；教育经济政治道德的解放，无非是谋恋爱自由的手段，恋爱真正自由了，妇女问题也便解决了”。[②] 婚姻以爱为基础，恋爱而后成婚姻。主张为了自由恋爱，建议要多建公共娱乐体育和休闲场所，为自由恋爱提供条件和机会。[③] 第二，关于婚仪自由。中国的旧式婚姻“偏重礼仪不注重实际”[④]，“平常的结婚礼节，实在太麻烦”[⑤]，五四时期，有人认为“现在的婚姻，既是出于自己精神的结合，一切事情，都可以直接交涉，自然用不到问名，请期，许多虚文；就是礼帖和致意帖也何必去用他呢!”[⑥] 主张“俗例结婚，前后手续，形同买卖，蔑视人格，非革除不可”[⑦]，一些人认为传统的结婚仪式没有什么必要了。[⑧] 第三，关于结婚自由。把婚姻完全看成个人的事情，是由个人的情感决定的。婚姻不应该受到外力的干涉，他人无权决定当事人的婚姻大事。所以要废除“父母之命，媒妁之言”的传统婚姻文化，在婚姻上要“完全凭着男女两人自由的意志，互相结合”[⑨]。第四，关于离婚自由。男女结合是共同生活的开始，双方的感情能否持久、能否有变化还不能确定。双方一旦失去了往日的爱情，是否还要维持既往的婚姻，有人提出了离婚自由的主张，认为“男女有爱情便可共处，爱情尽了，当然走开”，[⑩] “夫妇间没有爱情，就可离婚，不必要什么别的条件”[⑪]，认为要解救无爱情的夫妇，“离婚”是拯救双方“幸福的神”[⑫]。第五，关于再嫁自由。寡

---

① 陈望道：《自由离婚底考察》，《陈望道文集》第一卷，上海人民出版社 1979 年版，第 157 页。

② 王平陵、章锡琛：《关于恋爱问题的讨论》，《妇女杂志》第 8 卷第 10 号，1922 年 10 月。

③ 林长民：《恋爱与婚姻》，《平民教育》第 46 号。

④ 小岑：《改造途上的婚姻——徐姚结婚记》，《星火》1923 年 4 月 3 日。

⑤ 刘天耳：《婚事漫谈》，《妇女旬刊汇编》1925 年第 1 集。

⑥ 妙然：《婚制改良的研究》（下），《新妇女》第 2 卷，1920 年第 2 期。

⑦ 蒯希圣、莫一飞：《一个结婚的通告》，《觉悟》1922 年 11 月 20 日。

⑧ 参见《妇女杂志》第 10 卷第 12 号的几篇文章，1924 年 12 月。

⑨ 汉胄：《对于一个男女结合宣布式的谈话》，《觉悟》1921 年 6 月 7 日。

⑩ 张崧年：《男女问题》，《新青年》第 6 卷第 3 号，1919 年 3 月 15 日。

⑪ 易家钺：《家庭问题》，商务印书馆 1920 年版，第 109—110 页。

⑫ 崔溥：《救济无爱情的夫妇惟一的方法："离婚"》，《共进》第 26 号。

妇和全社会要破除“褒奖条例”和“贞节牌坊”的迷信，是否再嫁完全是“一个个人问题”[①]，“夫死再嫁或不嫁，可以绝对自由”[②]，不能因为传统舆论而断了再嫁的念头，有了再嫁的意愿，就要“一往直前”[③]。第六，关于同姓结婚自由。中国有同姓不婚的文化习俗，五四时期有人又开始重新研究“同姓不婚”问题，从历史、法例、生理等方面进行探讨，主张抛弃“同姓不婚”的观念，只要没有血缘关系，完全可以“同姓结婚”。第七，关于试婚自由。五四时期有人主张试婚自由，即婚前可以同居。认为通过试婚，考察对方，满意后再结为伴侣，是获得美满婚姻的一个重要途径。[④]

五四时期人们还探讨了与婚姻相关的其他问题，诸如一夫一妻与废妾、情人制、独身、废婚等。关于一夫一妻与废妾：五四时期文化精英主张建立小家庭，实行一夫一妻制，认为“小家庭者，一夫一妻制之精神也”。[⑤] 而实行一夫一妻制就要废除传统的纳妾制度，认为“谋享家庭和平幸福者，尤不可不戒纳妾也”。[⑥] 关于情人制：张竞生认为一切婚姻制度必定逐渐消灭而代为“情人制”。所谓“情人制”，就是以情爱为根本条件的男女结合。在“情人制”下，“它或许男女日日得到一个伴侣而终身不能得到一个固定的爱人。它或许男女终身不曾得到一个伴侣，但时时反能领略真正的情爱”。[⑦] 关于独身：独身者希望在事业上有所成就，不愿为家庭所累，“过个人的生涯，专力在学问上研究和服务社会，发挥固有的志向”[⑧]。认为“要打算做‘女子解放’急先锋的人，最合适的还是抱独身主义的”[⑨]。这类人是抱着“与其留下肉体的子女，毋宁留下事业的功绩”[⑩] 的人生态度的，“持独身主义”的人，“都一任他们的自然。这种人

---

① 胡适：《贞操问题》，《胡适文存》第1集卷4，黄山书社1996年版，第484页。

② 沈兼士：《儿童公育》，《新青年》第6卷第6号，1919年11月1日。

③ 陆秋心：《婚姻问题的三个时期》，《新妇女》第2卷第2号。

④ 金淑英：《我之理想的配偶》，《妇女杂志》第9卷第11号，1923年11月。

⑤ 魏寿镛：《改良家庭问题之研究》，《妇女杂志》第2卷第10号，1916年10月

⑥ 劳人：《戒纳妾》，《东方杂志》第12卷第6号，1915年6月。

⑦ 张竞生：《情人制》，《张竞生文集》（上卷），广州出版社1998年版，第151页。

⑧ 张松云：《婚姻与独身》，《觉悟》1922年11月5日。

⑨ 三六：《“急先锋”的女子》，天津《觉悟》1920年第1期。

⑩ 李宗武：《独身问题之研究》（民国丛书第1编第18册），《中国妇女问题讨论集》第5册，第69页。

性的自然，决不可遏抑”[①]。关于废婚：废婚派对旧式婚姻（专制婚姻）和新式婚姻（自由婚姻）均表厌恶，极力主张废除婚姻。并详细论证自己的废婚主张，阐明废婚的意义。废婚派认为废除婚制“是为世界人类（男女）谋幸福”[②]，人类最大的幸福是每个个体的“自由人格”，而“婚姻制度，是不适合于‘自由的人格’的”，故当废弃之。即便是“自由婚姻”，也是“一种专利的结婚。甚么专利？就是爱情专利和性交专利。我们一个人自己是要有一个‘自由的人格’，不应当属于谁某所有的。我底爱情……为人家所专利，就是表示我没有‘自由的人格’，人家底爱情……为我所专利，就是侮弄人家底‘自由的人格’。总之，我专利人，人专利我，都是很不应该的。于‘自由的人格’有损的”[③]，他们认为废婚的意义就在于“去束缚而取自由”[④]。

五四时期，关于婚姻自由问题，在上述如此多面的婚姻领域里均有讨论，可见，在婚姻几乎不能完全自主的社会环境下，文化精英们大张旗鼓地阐述多种面向婚姻自由的问题，提出了多种婚姻自由的主张，并得以广泛地传播、扩展与蔓延，说明五四时期确已形成了一股婚姻自由思潮。

（三）婚姻自由的践行

五四时期在婚姻自由思潮的影响下，部分在觉醒中的国人已经把自由婚姻与自己的婚姻生活紧密地联系起来。

其一，有人开始抗争没有爱情的婚姻，对父母包办的婚姻发出悲鸣，开始抵抗。典型的抗婚者如李欣淑[⑤]、郭隆真[⑥]、向警予[⑦]等。也有为争取自己的自由婚姻而逃婚的，如唐三郎[⑧]等。还有为反抗强迫的婚姻而自杀

---

① 易家钺：《家庭问题》，商务印书馆 1920 年初版，第 109—110 页。
② 哲民：《废除婚姻问题的讨论（一）》，《觉悟》1920 年 5 月 11 日。
③ 存统：《废除婚制问题》，《觉悟》1920 年 5 月 25 日。
④ 孙祖基：《自由恋爱是什么？》，《觉悟》1920 年 5 月 26 日。
⑤ 热：《长沙第一个积极奋斗的——李欣淑女士》，长沙《大公报》1920 年 2 月 17 日。
⑥ 彭明：《五四运动史》，人民出版社 1998 年版，第 641 页。
⑦ 戴绪恭：《向警予传》，人民出版社 1981 年版，第 35—36 页。
⑧ 《女子临嫁私逃》，《申报》1919 年 2 月 13 日。

身亡的，赵五贞[①]、陈赐端[②]、王淑贞[③]等都是当年该类典型案件。这些抗婚的女性们敢于“积极的和环境奋斗，向光明的人的大路前进”[④]。其二，五四时期因自由恋爱而结成的自由婚姻成为新时代的一道风景，诸如李毅韬与谌小岑[⑤]、瞿秋白与杨之华[⑥]、赵元任与杨步伟[⑦]、姚作宾与徐颖溪[⑧]、刘文端与陆志韦[⑨]等人的自由婚姻堪称典型，“向蔡同盟”和“五四夫妻”[⑩]亦为典范。其三，因恋爱而同居成为“应该有的一回事”，[⑪]成为“天经地义”的事情，[⑫]“班上女同学，多大肚罗汉现身，也无人以为耻”[⑬]。而最为典型的以爱情为基础的同居者莫过于鲁迅与许广平了。其四，五四时期出现了大量的主动离婚和解除婚约的现象。诸如商伯益与黄素玉的离婚[⑭]，傅冠雄与谭永益的离婚[⑮]，赵正平与周文洁的离婚[⑯]，褚松雪与前后两任丈夫张传经和张竞生的离婚[⑰]，这些都是见诸报刊的典型事例。五四时期“离婚的增加，就是向着新社会那条路上快跑”。[⑱]五四时期有些进步青年主张解除父母包办的婚约，“已有婚约的，解除婚约。没有

---

① 参见1919年11月的长沙《大公报》。

② 紫瑚：《两个自杀的处女》，《妇女杂志》第8卷第2号，1922年2月。

③ 高山：《一对少年情人的自杀》，《妇女杂志》第8卷第2号，1922年2月。

④ 香苏：《李欣淑女子出走后所发生的影响》，长沙《大公报》1920年2月29日。

⑤ 李毅韬：《我的婚姻观念的变迁》，《天津女星社》，中共党史资料出版社1985年版，第207—210页。

⑥ 上海《民国日报》1924年11月28日刊载了瞿秋白与杨之华自由结婚的启事。

⑦ 杨步伟：《一个女人的自传》，岳麓书社2017年版，第185—188页。

⑧ 小岑：《改造途上的婚姻——徐姚结婚记》，《天津女星社》，中共党史资料出版社1985年版，第211页。

⑨ 《两起新人物的新式结婚》，《晨报》1921年7月9日。

⑩ “向蔡同盟”指向警予与蔡和森经自由恋爱而缔结的婚姻；“五四夫妻”指上海几对青年男女在学生运动中自由结为夫妻。

⑪ 浪漫：《结婚是否必需相当的仪式三》，《妇女杂志》第10卷第12号，1924年12月。

⑫ 震寰：《结婚是否必需相当的仪式七》，《妇女杂志》第10号第12号，1924年12月。

⑬ 转引自余华林：《女性的“重塑”——民国城市妇女婚姻问题研究》，商务印书馆2009年版，第67页。

⑭ 《一封宣布离婚的信》，《觉悟》1922年10月9日。

⑮ 傅冠雄：《我和谭永益君离婚的宣言》，《觉悟》1924年2月10日。

⑯ 力子：《赵正平周文洁两君底离婚》，《觉悟》1924年2月21日。

⑰ 褚松雪：《我的离婚略史》，《妇女评论》第100期，1923年7月18日。

⑱ 易家钺编译：《家庭问题》，商务印书馆1920年版，第110页。

婚约的，实行不要婚约”。[①] 可见当时一部分青年已经“冲破了封建道德的束缚，解除了家庭包办婚约，实现了婚姻自主”[②]。其五，五四时期还出现了背离传统婚仪的自由婚礼仪式，其中李怀薪的婚礼[③]、徐颖溪和姚作宾的婚礼[④]、杨步伟和赵元任的婚礼[⑤]，均为人们所称道。当时有人决定打破常规，选择空闲的星期日结婚，希望嘉宾“赐下训词，或寄些嘉言，用资警勉”[⑥]，“对于什么礼物，恕不收受，亦不设筵”[⑦]，实行了婚姻礼仪的改革。

五四时期，有一大批人在思想观念上深刻认识到自由婚姻与传统婚姻的利弊得失，所以他们在行动上才勇于践行自由的婚姻，这从另一个侧面说明了当年这股婚姻自由思潮的影响之大，强烈地撞击着人们的精神世界，并直接影响和改变了人们现实的婚姻生活。

二　五四时期婚姻自由思潮的特征与价值

五四时期的婚姻自由思潮显现出如下几个特征。其一，讨论婚姻问题内容的广泛。这一时期不但探讨了恋爱、婚仪、结婚、离婚、再嫁、同姓结婚以及纳妾、试婚（同居）、独身、废婚、“将来的婚姻”“征婚问题”“订婚问题”等，还对某些既存的丑陋婚俗事象及新生的但又难以令人接受的性爱观进行了批判，其中包括租妻、同性恋、条件婚姻、多妻式恋爱、公妻等。认为“租妻”是“婚姻中一件不正当的”[⑧] 和极不道德的婚姻方式；“同性恋”不是“性爱的自然发达，是一种变态心理，是精神的

---

① 《致罗学瓒信》，载中共中央文献研究室、中共湖南省委《毛泽东早期文稿》编辑组编《毛泽东早期文稿（1912 年 6 月—1920 年 11 月）》，湖南人民出版社 2008 年版，第 567 页。

② 隋灵璧等：《五四时期济南女师学生运动片断》，《五四运动回忆录》（下），中国社会科学出版社 1979 年版，第 690 页。

③ 方珍奇：《观婚记》，《电友》第 3 卷第 1 期，1927 年。

④ 小岑：《改造途上的婚姻——徐姚结婚记》，《星火》1923 年 4 月 3、4、7 日。

⑤ 杨步伟：《一个女人的自传》，岳麓山书社 2017 年版，第 185—188 页；黄培云、赵新那：《杂忆赵家》，《书屋》2011 年第 5 期；《胡适的日记》，中华书局 1985 年版，第 73 页；《新人物的新式结婚》，《晨报》1921 年 6 月 6 日。

⑥ 蒯希圣、莫一飞：《一个结婚的通告》，《觉悟》1922 年 11 月 20 日。

⑦ 蒯希圣、莫一飞：《一个结婚的通告》，《觉悟》1922 年 11 月 20 日。

⑧ 晓：《“租妻”底风俗》，《觉悟》1922 年 1 月 8 日。

病的现象"[①]；"条件婚姻"抹杀了"爱"的真正价值，与自由婚姻格格不入，是男女双方那种"暂时欺骗的婚姻"[②]；"多妻式恋爱"，"从恋爱的出发点上说不能成立"[③]，是一夫多妻制的变种；"公妻"是"剥夺劳动者的一个方法，这不是社会主义，恰恰是社会主义的反面"[④]；等等。这里的评述未必都是正确的，但绝大多数是有道理的。其二，不同的婚姻主张相互争辩。在婚姻变革的诸多领域都存在思想论战，如有主张废除"订婚"[⑤]"征婚"[⑥]形式的，也有赞同采用"订婚"[⑦]"征婚"形式的；有主张"自由恋爱"[⑧]"自由结婚"[⑨]的，也有反对"自由恋爱"[⑩]"自由结婚"[⑪]的；有主张"晚婚"的，也有主张"早婚"[⑫]的；有主张"废除婚姻"的，也有反对"废除婚姻"[⑬]的；等等。对于思想文化问题，有争辩是非常正常的现象，不是说有争辩就说明新思想有问题、不正确、应否定。立场不同、视角不同，都可能产生不同的观点和认识，况且有些人是要通过一个相当的过程后才能接受新思想的。而且有争辩才能渐次显现出某些主张的真理性，否则难辨真伪，故争辩的意义重大。其三，思想主张与行动实践相结合。我们在上文讨论了婚姻自由的主张和婚姻自由的践行，反映了五四时期婚姻自由的思想主张与行动实践的有机结合。思想观念的变革恰恰是要达到行为方式的变化这样一个目的。其四，婚姻自由思潮的影响力还有局限。五四时期婚姻习俗发生了一定的变化，不少人已经认同没有爱情的婚姻是不道德的。然而在这个婚俗变革过程中，"纯粹恋爱的结合，总

① 李宗武：《性教育上的一个重大问题——同性爱之讨论》，《觉悟》1922 年 5 月 12 日。

② 施逸霖：《条件婚姻》，上海《民国日报》副刊，《妇女周报》第 42 期。

③ 长青；《〈多妻式恋爱〉的解答》，《妇女周报》第 52 期。

④ 力子：《社会主义与〈公妻〉》，《觉悟》1921 年 10 月 21 日。

⑤ 企留：《废止"订婚"的提议》，《觉悟》1922 年 9 月 3 日。

⑥ 卞焕章：《征婚与自由恋爱》，上海《时事新报》副刊《现代妇女》第 29 期，1923 年 6 月 26 日。

⑦ CCT：《废止订婚的误解》，《觉悟》1922 年 9 月 14 日。

⑧ 《我底恋爱观》，《陈望道文集》第 1 卷，上海人民出版社 1981 年版，第 66 页。

⑨ 徐彦之：《男女交际问题杂感》，《晨报》1919 年 5 月 4 日。

⑩ 刘巧凤：《我的婚制解放谈——自由恋爱》，《解放画报》第 6 期。

⑪ 冰村：《两个女子的婚姻问题》，《共进》第 23 期。

⑫ 纪裕迪：《对于青年早婚的意见》，上海《时事新报》副刊《学灯》1923 年 6 月 15 日。

⑬ 1920 年春夏之交，上海《民国日报》副刊《觉悟》开辟了"废除婚姻制度"的讨论专栏，进而掀起了一场史无前例的"废婚"大论战。

还只是少数人敢去尝试。男女双方即使互相了解，有了结婚的程度，他们总还得要求家庭的同意，另外转托人来作媒，行那请庚定亲的各种手续，至于那纯粹由家庭解决的，更不用说了”。[①] 五四运动以后，在农村，“提倡男女平等，婚姻自主，封建婚姻制度受到一些冲击，但很不彻底，男女双方虽也见见面，说上几句话，而实际上仍是父母包办。男尊女卑的现象，重婚纳妾和童养媳等婚姻陋俗依然存在”。[②] 直至20世纪二三十年代，“有些青年学生争取自由恋爱，婚姻自由，仍受家庭阻挠，成功的甚少，以致抗婚、逃婚、私奔、自杀等婚姻悲剧时有发生”[③]。可见，婚姻自由思潮影响的有限程度。当然，这种有限程度绝不是否定婚姻自由思潮的存在。所谓思潮一般只能是在一部分知识分子中被认同，并通过多种媒介进行传播且影响到某些读者或听者，表现出较强的显示度，这就基本上构成了思潮，当年的思潮还决然不是绝大多数人能认同的某种思想。

五四时期婚姻自由思潮的价值重大。笔者曾经宏观地讨论过这一问题，认为五四时期包括婚姻自由在内的社会文化的变革蕴藏着人的解放的深刻主题和体现着中国文化的精神进化。[④] 那么从新的视阈还可以继续探索这个问题。

所谓婚姻是人类在漫长的历史时期内，绝大多数人通过被社会认可的方式而结成的配偶关系。[⑤] 人类社会婚姻的出现，是因为婚姻具有人类生活所必要的功能。比如，中国传统社会所强调的婚姻所具有的“上以事宗庙、下以继后世”、传宗接代、继承遗产、养儿防老等功能。中国传统婚姻观主要是从家庭和家族世代传承的角度来关注婚姻的功能的，事实上若从个人的角度来关注婚姻，婚姻还具有其独特的满足个体情感的功能，而这个功能在中国传统社会强调得不够，或者更多的时候是在隐匿和回避。中国社会走入近代和五四时期以后，中国文化开始了从人伦文化向个性文化的转变，在这个文化转型的历史进程中，婚姻文化与中国文化一道也迈

① 陈东原:《中国妇女生活史》，上海商务印书馆1928年版，第400页。

② 《许昌县志》，南开大学出版社1993年版，第799页。

③ 《许昌县志》，南开大学出版社1993年版，第799页。

④ 参见梁景和《五四时期社会文化嬗变研究·代序》，人民出版社2010年版，第17—18页。

⑤ 笔者曾经给婚姻下的定义是“人类两性之间通过被社会认同的方式而结成的一种配偶关系”，参见梁景和《近代中国陋俗文化嬗变研究》，首都师范大学出版社2009年版，第29页。

进了这个具有重大历史意义的转型时期。适应家族的婚姻文化开始向适应个体的婚姻文化发生变化。适应家族文化的传统婚姻文化，在五四开放时代，人们用批判的态度逐次批判和否定它。婚姻自由思潮的全部价值在否定传统婚姻文化的同时，为每个个体创造主客观条件，改变传统的观念，把婚姻变为满足个体情感的一种生活方式。中国传统文化讲求“食色，性也”，认为食色是人的本能本性，这是对人性的诠释，具有真理性，但并不完善，更为精准的表述应是“食色情，性也”。情感也是人性的本质之一，它是与“食色”并列的人性反映。婚姻的一个独特功能就是满足情感，由于中国传统婚姻的缔结方式和目的不太容易满足人们的情感，所以中国近代以来，尤其是五四时期，中国传统婚姻文化才被人们否定和批判。五四时期出现的婚姻自由思潮，是与人们关注个体的情感分不开的。所谓婚姻中的情感表现为配偶双方的感情，一般被称作爱情。五四文化人对父母包办的婚姻，觉得夫妻两人“仿佛两个牲口听着主人的命令：‘咄，你们好好的住在一块罢！’”[①] 对如此没有情感的婚姻生活，人们发出了悲鸣，开始了抗争。五四时期人们为什么大谈恋爱，讲求恋爱自由，展开恋爱的大讨论，都是在强调个体人所具有的情欲本能，即爱的本能。“鱼不能绝水而生活，犹之乎人不能绝爱情而生存”[②]，人绝情而不能生存，这就是对人性中情感本能的揭示，“宇宙间除了真诚的恋爱之外，什么都是虚幻的，无意识的，只有真纯的爱情，可以上参天地，下感万物”[③]，真情是宇宙间的唯一，这仍然是对人性中情感本能的揭示。“食色”与“情”比较，情是人更高层次的需求，食色是生理需求，情是心理需求；食色是形而下，情是形而上。应当说五四文化人看中了情在人们生活中的重要价值，他们所谈的婚姻自由是把关注点集中到个体情感的本能上，是在强调个体情感本能在人生中所具有的重要意义，对个体的情感本能绝不能视而不见或者忽略不计，否则就是对人性的否定和践踏。

关注个体情感，也是五四文化人强调个体文化和个性解放的一种反映。我们若从个体人的生存、个体人的生活、个体人的生活质量的角度看，人活着的一个重要目的就是要尽可能地有一个较高水平的生活质量，

---

① 鲁迅：《随感录四十》，《鲁迅全集》第1卷，人民文学出版社1981年版，第321页。
② 冯璘：《两度缔婚的我》，《妇女杂志》第9卷第10—11号，1923年10—11月。
③ 漱琴：《我之理想的配偶》，《妇女杂志》第9卷第11号，1923年11月。

所谓生活质量是指“人们客观生活的实际状况以及对生活的满意程度和幸福感受程度”,[①] 而生活幸福感的一个重要体现就是能否充分满足个体的情欲，满足了就产生幸福感，不满足就没有幸福感。正是从这个视阈，我们认为五四时期婚姻自由思潮是从满足个体的情感需要，满足个体生活幸福感出发，进而达到提高个体生活质量的目的，这是人性的真谛，这是人生的主旨，这是五四时期婚姻自由思潮真正的价值所在。

结　语

五四时期婚姻自由思潮给我们留下诸多影响。只有在一个思想文化开放的时代，才能最大限度地开动人们思想的机器，从而思绪高度运转，并对自身文化和生活进行深刻的反思，辨其优劣。五四时期婚姻自由思潮就是在文化开放时代出现并形成的，人们在这个思潮的激荡下，认识到中国传统婚姻文化存在诸多陋弊之处，需要变革与改造。改造的目的是要满足个体的情感需要，而情感需要是人性的本质之一。五四时期倡导的婚姻自由思潮具有提高个体生活质量、增强个体生活幸福感的功能，故当肯定之。五四时期这股婚姻自由思潮影响深远，对今天的婚姻文化变革仍然具有诸多的启示和借镜。

① 梁景和：《生活质量：社会文化史研究的新维度》，《近代史研究》2014 年第 4 期。

日常生活视域下的民国男子服饰变迁考察*

肖红松
（河北大学历史学院）

李金铮指出，“日常生活是人类尤其是普通民众惯常的经历和感受”，日常生活史“主要强调站在日常生活经历与体验的立场上观察历史、叙述历史”。① 西欧学界20世纪70年代开始兴起专门的日常生活史研究，中国台湾地区在80年代也有了对日常生活史的研究成果，进入21世纪以后大陆开启严格意义上的日常生活史研究。常建华、李长莉等学者呼吁推进日常生活史研究，取得了不少的成绩，② 但遗憾的是多数成果限于日常生活表象的描述，“缺少个人的生活经历和心灵体验”，“没有挖掘出日常生活表象背后的意义”。③

服饰是人们日常生活不可或缺的部分，除了蔽体御寒等功能外，还有修饰身体与象征社会地位等附加作用。在民国动荡、转型的时代背景下，服饰本身的流变与不同阶层之间的着装差异诉说着社会的变迁与民众的生活境况。在衣衫的诸多流变中，不论是男子的长袍马褂到西装革履，还是女子的从上衣下裳到旗袍洋装，都彰显着民国社会置身于传统与现代之间

* 教育部人文社科重点研究基地重大项目“传统向现代的转型：中国近现代日常生活研究”阶段性成果。该文刊于《中国社会历史评论》第24卷，有删节。

① 李金铮：《众生相：民国日常生活史研究》，《安徽史学》2015年第3期。

② 常建华《新时期中国社会史学》（天津人民出版社2018年版），《中国社会生活史上生活的意义》（《历史教学》2012年第4期），李长莉《中国近代生活史研究30年：热点与走向》（《河北学刊》2017年第1期），戴建兵、张志勇《个人生活史：当代中国史研究的重要增长点》（《河北学刊》2015年第1期），胡悦晗、谢永栋《中国日常生活史研究述评》（《史林》2010年第5期），这些论著展示了21世纪以来日常生活史的学术动态及相关成果。

③ 李金铮：《众生相：民国日常生活史研究》，《安徽史学》2015年第3期。

中西交融的时代特色，既有现代的都市摩登新潮，也有传统习惯的延续。而城市底层与乡村社会民众着装的寒酸、“体面”与嬗变，则在缤纷的城市服饰时尚之外展现了民国服饰风尚的另一面相。在富者追逐时尚潮流的同时，贫者在服饰费用上则力求俭省，只能在饥饿与褴褛之间两害相权取其轻。

以往社会生活史、社会史或服饰史的书写，多侧重女子服饰变迁，轻忽男子服饰变迁，在书写路径上或聚焦于服装式样的流变，或突出强调政治变革对服饰的影响，只见服饰、政令，而不见“人”。本文则是以“人”为主体，呈现民国男子对服饰潮流的感受、体验和记忆，从一个个穿衣打扮的故事中搜寻时人对于服饰流变的或迎或拒的心态及其动机，阐释政令、舆论、欲望和财力对服饰潮流的或正或反的规约引领，进而由对民国日常生活的事象、变化、特征及其原因进行全面深入的分析，借以揭示传统日常生活方式的延续与现代日常生活方式的变化以及两者的互动关系，由此呈现民国时期中国社会的转型和时代特质。

一　男子着装之变

“男装的近代史较为平淡。只有一个极短的时期，民国四年至八九年，男人的衣服也讲究花哨，滚上多道的如意头，而且男女的衣料可以通用，然而生当其时的人都认为是天下大乱的怪现状之一。目前中国人的西装，固然是谨严而黯淡，遵守西洋绅士的成规，即是中装也长年地在灰色、咖啡色、深青里面打滚，质地与图案也极单调……”①

这是张爱玲在 1943 年对男子衣装的评说，道出男装流变平淡、中西装并存的情状。在新旧杂陈的民国，长袍马褂与西装革履不仅能够两厢安好地并存于世，而且可以融合成中西合璧的“民国范儿”——一袭长衫混搭西裤、皮鞋与礼帽。这一形象的标签贴在专属于那个时代的历史记忆中。

① 张爱玲：《更衣记》，载王剑冰主编《百年百篇经典散文》，长江文艺出版社 2009 年版，第 91 页。

（一）长袍马褂

长袍马褂是民国男子的常见着装之一，其长盛不衰的流行势头离不开官方的推崇。1912 年 10 月，北京政府颁布《服制条例》，将男子中式常礼服的式样定为蓝长袍、黑马褂、白袜、青（黑）便鞋。1929 年 4 月，南京政府重新颁布《服制条例》，仍将长袍、马褂定为男子礼服之一。次年 3 月，上海特别市市政会议决议："以后凡公务人员，不论男女、不问时令，其有参加祝典大会及长官初见礼、戚友婚丧喜事，俱服国货礼服"，一律着蓝袍马褂。[①] 1933 年 11 月，行政院训令，"公务人员服用国货办法，业经上年通行遵照在案。现值国货宣传周内，各机关职员自应躬为倡导。其荐任以上职员，须置国货绸缎马褂、长衫一套，或国货呢绒西装一套；委任以下，亦当量力购置，并由各该机关剀切劝告"[②]。1935 年年初，上海湖社社员身着长袍马褂表演，宣示他们"提倡以蓝袍玄褂为民国服饰"的立场[③]。次年 5 月，冀察政务委员会"严令所属官员，一律改穿长衫，作为办公时之制服"[④]。1937 年 6 月 20 日，北平市民政局主办首届集团婚礼，规定"结婚时新郎、新妇须着规定色样之常礼服。新郎礼服定为中国常礼服（即蓝袍青马褂）"。[⑤]

清代长袍马褂须配套穿着，民国以后样式、穿搭发生改良。其款式趋于合体、不尚宽大，便服颜色不拘；多数男子单穿长衫、长袍，不再外罩马褂或坎肩。中上等经济条件的男子在穿长衫长袍时大多内穿西装裤，脚穿皮鞋，有的还佩戴西式礼帽。这种中西合璧的穿搭既比传统中装简单，又比西装舒适随性。民国关中地区的商贾、士绅们的服饰仍沿袭长袍马褂的习惯，多为针工比较精细的裤褂、长袍、汗夹。长袍是一般非农民群体的普通着装，可以不套马褂，单独穿用，掌柜与伙计都可以穿。公务员在

---

① 袁良：《公务人员应服国货礼服》，《公安旬刊》第 1 卷第 27 期，1930 年 3 月 11 日，命令第 3—4 页。

② 《行政院训令》（第 3438 号），《内政公报》第 6 卷第 46 期，1933 年 11 月 17 日，第 1494 页。

③ 《最近上海湖社社员提倡以蓝袍玄褂为民国服饰》，《新生周刊》第 1 卷第 49 期，1935 年 1 月 12 日，第 27 页。

④ 《北京官僚须穿长衫》，《外论通讯稿》第 1455 期，1936 年 5 月 1 日，第 2 页。

⑤ 常人春：《老北京的穿戴》，北京燕山出版社 2007 年版，第 21 页。

中山装之外多着长袍。[①] 知识分子穿着长衫最普遍不过。如文坛巨擘鲁迅爱穿长衫，身为大学教授、记者、作家的曹聚仁也爱穿长衫。连自幼接受西方教育的朱博泉也是一年四季皆穿一领长衫。在他看来，“穿长衫吃自助餐最好”，穿长衫不仅舒服，而且长衫还是中国国粹，可以让人不把他混同为日本人[②]。留学日本的李叔同在回国以后不再穿洋装，换上了灰色粗布袍子、黑布马褂和布底鞋子[③]。20 世纪 30 年代的职员阶层往往被称为“长衫阶级”[④]，中国银行的员工有所谓“长衫帮”[⑤]。20 世纪 40 年代以前的北平，“凡是站柜台售货的伙计（店员）都是男性的，一律以长袍作外罩”；汽车司机开车时“要穿上长袍（不允许短装），年轻的在长袍外边要加青坎肩，头上要戴美式礼帽”[⑥]。军人们也穿起了长衫。张鸣戏谑地写道：“这些学军事的武人们，包括昔日日本士官学校的高材生们，倒喜欢起了长衫，只要有机会，一律长袍马褂。……在留下来的军阀照片上，我们看到的都是一个个赳赳戎装的尊容，不过那多半是为了展示官阶和勋章照的，在私下里，他们基本上都是长袍马褂，一副富家翁的样子。”[⑦]

长袍、长衫是官员、士绅、知识分子、商人、职员等中上层人士着装首选，一度被视为身份地位的象征而备受推崇。人们将穿长袍作为彰显身份、讲求体面的工具，“以示自己的身价”，穿长衫是“有礼貌、规矩人、体面人、有钱人，一切的标志，否则就不登大雅之堂了”。[⑧] 这一符号象征甚至使一些人对长衫产生了极端的迷恋。鲁迅在小说《孔乙己》中写到，只有穿长衫的，才能踱进鲁镇酒店店面隔壁的房子里要酒要菜，慢慢地坐着吃喝。咸亨酒店掌柜的认为样子太傻的伙计侍候不了长衫主顾，字里行间道出了穿长衫者的经济条件和社会地位。“孔乙己是站着喝酒而穿长衫的唯一的人”，穷困潦倒的他显然不属于“长衫阶级”，但他身上始终穿着

---

① 刘俊凤：《民国关中社会生活研究》，人民出版社 2011 年版，第 71—72 页。

② 程乃珊：《上海探戈》，学林出版社 2002 年版，第 94—95 页。

③ 苑兴华编：《丰子恺自叙》，团结出版社 1996 年版，第 88 页。

④ 连连：《20 世纪 20—40 年代上海中产阶级消费特性分析》，载忻平主编《历史记忆与近代城市社会生活》，上海大学出版社 2012 年版，第 273 页。

⑤ 程乃珊：《上海先生》，文汇出版社 2008 年版，第 5 页。

⑥ 常人春：《老北京的穿戴》，第 52 页。

⑦ 张鸣：《近代史上的鸡零狗碎》，陕西人民出版社 2008 年版，第 76—77 页。

⑧ 竹铭：《穿长衫的痛苦》，《机联会刊》第 13 期，1930 年 7 月，第 10 页。

那件“又脏又破，似乎十多年没有补，也没有洗”的长衫。[①] 孔乙己所坚守的正是长衫的象征意义。

时至20世纪30年代，战争侵扰、国力不振等时局因素促使官方强调尚武精神，推崇军事化及节俭高效的生活。官方及社会的态度出现反转，长衫长袍渐成“拖沓”“文弱”“慵懒”的象征。1932年，四川军阀杨森“以长袍博带，非但无振作精神，且行动诸多不便”，提倡短衣，“通令防区内人民一律不准再穿长袍”[②]。1936年4月，内政部训令，“自本月起，凡公务人员一律应穿制服。盖政府深信长袍行动既不方便而形式亦嫌拖沓，故决计将此旧式之服装废弃也”。[③] 同年，上海大学曹聚仁教授去一所小学拜访故友时大受白眼。门房看他身着旧长袍，“懒洋洋说校长出去了，盖他以为这穷鬼一定是校长穷亲戚之类来借钱者也。曹先生知道又是蓝布长衫作祟，但也无可如何”。再三恳求后得见故友，却同样引来对方的奚落。[④] 曹的女儿回忆说由于他“爱身着蓝布长衫，常被人当作乡下土佬”。[⑤] 1942年，李昱撰文批评长衫的弊端：不利行走，穿上大袖长袍“不要说跑，只要你放开大步一走，衣服就要裹双腿，一塌糊涂了”；“由于穿肥大衣服的道理，中国的青年男子都成了文‘弱’书生”[⑥]。1944年，华北各城市加强防空训练，要求市民穿着便于应变的短装，长衫再次遭受抨击。时文直言，因为“穿久了长衫的中国士大夫”在行动、思想、意识等方面受到巨大限制，故而应“脱却长衫”“打倒长衫”[⑦]。综之，随着时局流转，长袍长衫在民众日常生活中的地位悄然变化，往日彰显身份、讲求体面的利器逐渐成为被批判、被改造的对象。这是国家与民众诉求发生改变的反映，也是社会变迁的痕迹。

（二）西装

鸦片战争后，洋服出现在国人的视野与日常生活中。着装者主要是外

---

① 鲁迅：《孔乙己》，《新青年》第6卷第4号，1919年4月，第375—378页。

② 《杨森不许人民穿长袍》，《纺织周刊》第2卷第43期，1932年11月4日，第1208页。

③ 《公务人员禁穿长袍》，《英语周刊》第183期，1936年5月16日，第2790—2791页。

④ 《曹聚仁的故事》，《娱乐》第2卷第34期，1936年10月，第674页。

⑤ 曹聚仁：《上海春秋》，生活·读书·新知三联书店2007年版，题记第1页。

⑥ 李昱：《长衫之累》，《吾友》第2卷第35期，1942年4月24日，第8页。

⑦ 《脱却长衫》，《吾友》第4卷第34期，1944年8月27日，第1页。

国侨民，间或有华人买办。19 世纪末，剪辫易服呼声高涨，尝试穿洋服西装者开始增多。1903 年，广西青年穿洋服者渐多，梧州中学总教习胡汉民容许学生们在岁时节令“披洋衣以揖孔孟”①。1912 年南京临时政府“颁布服制令，规定男子礼服为大礼服、常礼服两种：大礼服色黑，有昼用及晚用二式，形同欧美之燕尾礼服”；常礼服亦有甲乙二式，甲式为黑色西装便服，乙式为蓝色长袍加黑色马褂②。官方规制确立了西装在社交礼仪中的地位，促使各地掀起了一阵洋装热。武昌因改西式衣履冠服输出金钱逾 2000 余万两。天津在 1912 年春季仅进口洋服洋帽的价值已达 125 万两。③ 城市男子的时髦配置有西装、大衣、西帽、革履、手杖、花球、夹鼻眼镜等。有首竹枝词曾讽刺时人的崇洋时尚：“洋帽洋衣洋式鞋，短胡两撇口边开，平生第一伤心事，碧眼生成学不来。”④

政界与工商界人士是穿着西装的主要群体。政界中的革命巨子，“多由海外归来，草冠革履，呢服羽衣，已成惯常”⑤。他们的示范使得西装革履成为革命进步的象征，政要纷纷效法，公务员们“头戴外国帽，眼架金丝镜……身着哔叽服，脚踏软皮鞋”⑥。小县城里的县长们也追求西化，“服燕尾服，冠博士冠”⑦。第一次世界大战期间国内资本主义经济获得良好的发展，使实业家们获利甚丰。优渥的条件与丰富的见识使一些工商界上层人士成为实践西化生活方式的领军群体。为适应他们的消费需求，一些高档绸缎店转营华达呢、哔叽呢、法兰绒等进口衣料，西服制作门店亦逐渐兴起。然而，对民初所谓“洋装热”的范围、程度不宜夸大。1912 年 1 月，上海商务总长在《致沪军都督书》中除了肯定在外交场合要穿西服外，又说“如遇庆贺典礼或不需晋接外宾者，仍用绸缎冠服，亦须规定制度，庶昭郑重。至于平时服式，似可悉随其便”⑧。由此推知，即便在西

---

① 胡汉民：《胡汉民自传》，《近代史资料》总第 45 期，2006 年，第 9 页。

② 内政部年鉴编纂委员会：《内政年鉴·礼俗篇》，商务印书馆 1936 年版，（F）第 11—12 页。

③ 转引自严昌洪《中国近代社会风俗史》，浙江人民出版社 1992 年版，第 86 页。

④ 王荣年、何建章：《京师竹枝词》，《总汇新报》1912 年 6 月 26 日，“文苑”。

⑤ 《论维持国货》，《大公报》1912 年 6 月 1 日。

⑥ 《中华民国国务员之衣食住》，《申报》1912 年 5 月 7 日。

⑦ 转引自严昌洪《中国近代社会风俗史》，第 267 页

⑧ 《商务总长致沪军都督书》，《申报》1912 年 1 月 19 日。

化程度较高的上海，西服的“用武之地”也多有限制。舶来物融入民众日常不仅需要发展的契机，更需要时间的沉淀。

作为有权、有钱阶层的衣着打扮，西装革履从革命进步的象征悄然成为财富地位的标志。加之，新文化思潮助推了崇洋心态的发展，20世纪20年代后，追捧洋服、西装者进一步增多。时人评论说，在上海“穿了西装，马上就可以提高你的人格，这种方法比什么教育的效力都来得大”。“西装着在身上，无论走在什么地方（只要是在上海的范围之内），都可以比不穿西装的朋友出风头，少受气。”① 鲁迅谈到，为了获得日常生活中的尊重与便利，“有些人宁可居斗室，喂臭虫，一条洋服裤子却每晚必须压在枕头下，使两面裤腿的折痕天天有棱角”。② 部分人热捧西装，也有部分人士反感西装。1926年，晏阳初告诫顾千里：“你刚从大学毕业可以不必穿西服的。我对于穿西服的中国青年很是不解，不晓得他们是什么意思。至于我呢，我正想把早年在外国所穿的衣服穿破了，以后就做中国棉布长袍穿了。”③ 林语堂撰文抨击西服，批判那些未得工作的留学生、不得志的政客、华侨子弟以及富商们穿西服的“趋俗”行为。④ 但批判之声无法掩盖商家的叫卖。制售西装的公司铺户尽力宣传，报刊上的西服广告及西装的时尚动态比比皆是。西装的流行趋势难以阻挡。至30年代，在上海，劳动大学的学生在毕业时出现了怪异的显著的现象——西服的激增⑤。在天津“欲谈交际，必穿西服；不穿西服，莫谈交际。想增朋友之光彩，大褂万万不行，欲坐女师大客厅，长袍自未免暮气。人谓今日之爱讲交际者，恒以穿西装为第一要务”。⑥ 40年代，穿西服依旧代表身份、阔气。“西装是洋大人的产物，着在身上就显出雄赳赳、狠博博的姿态，尤其一般挺胸凸肚的朋友，只要一套西装……便特别显出他的威严，表示他有相当的来历。”⑦

在相对闭塞的内陆地区，西装是稀罕物。1928年的一篇文章写到，乡

① 阿Q：《西装与人格》，《秋野》第2期，1928年1月，第195页。
② 鲁迅：《上海的少女》，《南腔北调集》，人民文学出版社2006年版，第161页。
③ 顾千里：《穿西服》，《京报副刊》第406期，1926年2月，第39页。
④ 语堂：《我的话——论西装》，《论语》第39期，1934年4月，第706—708页。
⑤ 社子：《毕业与西装》，《新生活》第5期，1931年5月，第4页。
⑥ 蜀云：《西装交际》，《北洋画报》第12卷第584期，1930年2月，第3页。
⑦ 毛可人：《长衫、西装、制服》，《文友》第4卷第3期，1944年12月，第3页。

下人看到穿西服的人总会露出疑惑的神情，“而且几十双大眼睛的视线都集中在你身上，使你感觉到不舒服，走起路来都不自然。……要是不幸碰到乡下的小弟弟小妹妹们那才糟糕呢！你在前头走，他们在后头跟随了一大群，而且（叫着）‘洋鬼子！洋鬼子的，你看！’”① 1934 年，张恨水游历陕甘，看到西北人衣着朴实，皆穿布衣，少有着绸缎者，且多视穿西服者为“老爷之流”，大有侧目而立之势。②

对于穿着西装的感受，清末汪康年曾指出，“有憎向来衣服宽博不便者，遂竞为西装，既服，乃知西人衣服之不便尤甚。冠履之坚硬，衣之窄小而繁琐，而领圈、臂圈尤不便，殆如桎梏。而冬衣不能多，暑必冠，更无论矣”。③ 1928 年 6 月，徐志摩致信陆小曼，抱怨“穿洋服是真不舒服，脖子、腰、脚，全上了镣铐，行动都感到拘束，那有我们的服装合理，西洋就是这件事情欠通，晚上还是中装”。④ 中国人难以适应西装的笔挺、束身，于是采取变通之法，实现了中西妙搭——合体长衫内搭西裤革履，间或配以西式礼帽，既舒适自如又儒雅洋气。20 世纪三四十年代，这种中西融合的装扮成为男子着装时尚，“有身份地位的大人物，一般是绸缎长袍、西服裤（必须是呢子一类的较为考究的料子）；足下生辉，是又黑又亮或黄白相间的皮鞋，头戴礼帽，鼻梁上架着一副金丝边的眼镜。这种服饰，既有民族风采，又增添潇洒英俊之气质，文雅之中显露精干”。一些党政要员、商人、银行家常作这种打扮，上海市市长吴铁城堪称典型代表。⑤ 1937 年，在中央大学艺术系任教的徐悲鸿也是“戴着一顶宽沿的黑呢帽，身穿蓝布长袍、西服裤”。⑥

（三）中山装

民国初年，孙中山在海外组织中华革命党时，常穿流行于南洋华侨中的“企领文装”。回国后，孙中山“请人设计一件像西服那样精神，但不

① 阿 Q：《穿西装也有吃亏的时候》，《秋野》第 5 期，1928 年 10 月，第 485 页。
② 张恨水、李孤帆：《西游小记·西行杂记》，甘肃人民出版社 2003 年版，第 56 页。
③ 汪康年：《汪穰卿笔记》，中华书局 2007 年版，第 189 页。
④ 徐志摩：《爱眉小札》，天津人民出版社 2013 年版，第 66 页。
⑤ 王东霞：《从长袍马褂到西装革履》，四川人民出版社 2003 年版，第 157 页。
⑥ 蒋华强：《啸马苍鸿：徐悲鸿》，民主与建设出版社 2012 年版，第 39 页。

戴领带的中式正装"[1]。早期的中山装由此诞生。作为一种革命符号，中山装随北伐战争的推进日渐流行。1927 年，国民革命军到杭州后，中山装就成了当地的流行服装，衣料多是舶来的毛织品，以致"绸缎店因中山装的流行，销数受到很大的影响"[2]。

政府利用国家权力推广中山装。1928 年 3 月，内政部要求部员一律穿棉布中山装。[3] 次年 4 月，国民政府第 22 次国务会议议决公务员"制服用中山装"，"色冬黑夏白"[4]，将中山装列为法定制服。1936 年 6 月，行政院第 253 次会议决定，公务员"在办公时间均须着用中山服。冬季用黑色或深蓝色，夏季用淡黄色"。同年，外交部规定受军训人员"应一律服用藏青色布质中山装"[5]。在政府的主导下，中山装成为公务员群体的标志性服装。[6]

20 世纪 20 年代后期，标榜革命与三民主义的政界人士以及知识青年多喜穿中山装，中山装与长袍马褂、西服、学生服等成为四种流行服式。公务人员多着中山装，少数着西装、礼帽。[7] 公务员及上层人士的正式穿着中，西装与中装并行，中山装尤为流行。[8] 关中地区，中山装兴起后即成为"当官的"和学生共同的正式着装。公务人员多着中山装、长袍，戴礼帽，穿皮鞋；学生穿中山装和黑色中式对褂裤。[9] 军装也受追捧，军政界人士和富商多喜欢穿仿制马裤。进步人士李敷仁曾身着"中山装马腿裤，一身老粗布的黑色公务员制服"，与强行抓丁拉粮的军人据理力争，一身军政界人士常穿的装扮使得对方因畏惧其"可能"的身份而放人退粮了事。[10]

中山装上衣下裤、笔挺利落的形制能够凸显穿着者精神、干练、正派

---

① 李长莉等：《中国近代社会生活史》，中国社会科学出版社 2015 年版，第 389 页。

② 汤德民：《中山装盛行后》，《野火》第 8 号，1927 年 6 月，第 29 页。

③ 《薛内长的谈话》，《中央日报》1928 年 3 月 28 日。

④ 内政部年鉴编纂委员会编：《内政年鉴 · 礼俗篇》，商务印书馆 1936 年版，（F）第 13 页。

⑤ 《本部应受军训人员一律制备布质中山装》，《外部周刊》第 107 期，1936 年 3 月，第 2—3 页。

⑥ 陈蕴茜：《身体政治：国家权力与民国中山装的流行》，《学术月刊》2007 年第 9 期。

⑦ 郑全红：《中国家庭史》第五卷，人民出版社 2013 年版，第 371 页。

⑧ 谭仲池主编：《长沙通史 · 近代卷》，第 934 页。

⑨ 刘俊凤：《民国关中社会生活研究》，第 71—72 页。

⑩ 李荷丽编：《李敷仁诗文选》，陕西人民出版社 1984 年版，第 44 页。

的气质，所以时人对于中山装的选择不仅是被其象征意义所吸引，也有审美方面的考量。20 世纪 30 年代以后，中山装成为各场合都适宜穿着的男装，不只是官员，平民也喜欢，正所谓“佛要金装，人要中山装”[①]。为了更显体面，着中山装者讲求搭配，“如春、秋、冬三季戴美式礼帽，夏天要戴德国盔；左手拿着文明棍，右手提着大皮包，脚下穿着三接头的皮鞋。只有这样才‘够派儿’”。[②] 小职员们不惜代价也要添置一套中山装来撑撑自家的门面。1948 年杂志《论语》刊登了一篇小说《定做中山装记》，细腻展示了这种体面是多么来之不易。小说主人公曾与同僚争吵，原因是穿美国呢料中山装的同僚比穿长袍的他更神气，立志要置办一身中山装。为此，他在半年时间里东拼西凑，连卖房子、给妻子治病的钱也拿出来，终于购买了一套哔叽中山装，售价 840 万元。最后，当他“在镜子里看到自己穿了中山装的倩影”，觉得自己的确“是个浊世佳公子，想不到自己竟会是这样英俊潇洒的”“不禁深深地爱上自己了”“心里也真是高兴”。[③] 如此腾贵的物价仍然无法阻止小职员置办中山装的执念，或许从侧面可以反映中山装流行的根源之所在。

二　城市底层及乡村男子着装

近代中国民众生活方式的现代化是不平衡的，沿海与内陆、城市与乡村、贫者与富者在衣着服饰方面的差别是这一不平衡性的重要表征之一。近代服饰的流变既包括摩登都市的时尚潮流，又包括偏远乡镇的传统守旧；既包括中上阶层的趋洋趋新，又包括底层社会的衣衫褴褛。城市男女洋装加身，乡村男女多粗布裤褂；富者衣饰奢华，贫者衣不蔽体。在衣饰的传统与现代之间，有观念的新旧之别，更有经济条件的高低之分。贫困是广大内陆地区、乡村及城市底层社会的主基调，在食不果腹的经济条件下，赶时髦、追时尚无异于痴人说梦。20 世纪 30 年代平汉铁路沿线农村调查显示，黄河流域的农民“住的是土墙败屋、草棚、茅舍，湫隘昏黑，

---

① 皇父一：《定做中山装记》，《论语》第 154 期，1948 年 6 月，第 1603 页。

② 常人春：《老北京的穿戴》，第 37 页。

③ 皇父一：《定做中山装记》，《论语》第 154 期，1948 年 6 月，第 1603—1604 页。

无空气光线可言。人畜杂住，不以为怪”。在吃的方面，大米饭是奢侈品，与肉类一样，只有岁时节庆才有，日常因怕费油，则用清水煮白菜萝卜，有时甚至连盐都吃不起。① 在如此恶劣的条件下，他们又如何去效仿都市摩登的穿着呢？恐怕连“时髦”与“摩登”的概念都不曾有过。

（一）粗陋寒酸

据陶孟和1926年对北平手工业家庭的生活费调查，“衣服在五项主要费用（食品费、房租、衣服费、燃料费、杂费）内，占支出总数7%……贫民家庭收入过少，仅住食两项必不可少之费用，已足使彼等受累，故对于衣服等物，惟有力求节省。换言之，衣服费在贫民家庭中，最先受经济困难之影响。彼等虽不能不着衣服，但贫民家庭之主妇，多能应用改制或补缀之方法，使衣服费减至最低限度。例如破旧之棉衣，可以拆洗后，重缝为新衣，大人旧衣可改做为小孩之衣。街市上所售之旧衣旧鞋，亦可购来穿着，比较新制可省一半费用。凡此种方法，皆为贫家主妇所应知而时时实行者也”。该调查得出如下结论：

> 第一，各家庭衣服之缺乏，殊可怜悯。盖仅全人数四分之一有富余单衣，可资换洗，至有棉衣一套以上者，则尚不到全人数之四分之一也。棉衣一套，虽可穿着一季，不必换洗，单衣如不常加换洗，而能穿着累月，殊难置信。贫民之衣服，本不常洗，家中各人之裤褂，可互相换穿。彼等偶尔洗涤，即借着他人衣服。此或为解决此问题之一法也。第二，夹衣一项，似于较贫之家庭，不甚重要。乡间人民，常于脱单衣后，即着棉衣。第三，贫民着棉衣者，多无衬衣，即有单衣多件，亦视衬衣为奢侈品。贫民之生活，朝不谋夕，衣服虽感缺乏，有蔽体者已属至幸。②

北平的棚匠平时“根本穿不上长衣服”，只在上工时才穿大褂，当作进门拜见主人时的“礼服”，等操作时再脱去。人力车夫工作时“一律是

---

① 陈伯庄：《平汉沿线农村经济调查》，交通大学研究所1936年版，附件1，第41—42页。

② 陶孟和：《北平生活费之分析》，商务印书馆2011年版，第73—75页。

短装，而且并不规范”，有的车夫甚至穿着“上了补丁的短装”①。

20 世纪 30 年代的上海，工人“穿西装的很少见，以穿蓝布短衣蓝布裤子的占多数”。一般苦力的衣服“大都是东补西缝的旧布短衣服”②。据 1934 年上海工人家庭支出统计显示，305 户家庭中衣着类支出较低，年均支出 34.01 元，占总支出的 7.5%。布匹费占衣着费的 54%，由此推知，被统计家庭多选购廉价布匹自行缝制衣物。购成衣家庭仅十之一二，多为短衫、卫生衫裤、汗衫之类。另据上海市社会局对其中 24 个 4 人以上家庭进行的抽样调查显示，户均棉袍 1.8 件、棉袄 2 件、棉裤 1.9 条、夹袄 2 件、夹裤 1.9 条、单短衫 8.1 件、单裤 7.8 条③，人均仅 1 件棉衣、2 件短衫、2 条单裤。在这样的条件下，许多家庭不得不养成一家人共穿、互换衣服的习惯，一般工人“衣着不周”也就司空见惯了。④ 北平、上海尚且如此，内地多数地区的百姓着装窘状便可想而知。

传统、省俭、单调、粗陋、破旧是民国乡村服饰样态的几个核心特征。河北阳原“农工阶级一切衣服，仍用定州砖路诸大布，其质料、式样均同前清”；河南安阳“乡村农家，男女均短裳，壮丁往往于衣外系粗布腰带，用蓝布裹头，以示精神健壮”，富户人家的男子多穿长袍马褂，女子多着旗袍或短袄长裙。⑤ 贫者多着粗布短衣，富者则长衣加身，这是乡间居民着装的基本样貌，相对闭塞的社会环境使不同阶层的着装都延续着传统的惯习。据 1936 年调查，遵化卢家寨中等农家的服装种类大致有马褂子、小棉袄、棉裤、夹马褂、夹袄、夹裤、单汗褂、单裤、夹鞋、棉鞋、袜子、帽子、草帽等。⑥ 相对于都市时装而言，这无疑是单调乏味的，但棉、夹、单三种薄厚程度不同的衣裳与应付冷暖两种天气的鞋帽已经是贫农家庭可望而不可即的衣着条件了。贫苦农民衣着概用土布，一件衣服穿了补，补了穿。冬天，夹衣里絮进烂棉套即为棉衣用以御寒，到春天再

---

① 常人春：《老北京的穿戴》，第 53 页。

② 徐国桢：《上海生活》，世界书局 1933 年版，第 32 页。

③ 上海市政府社会局编：《上海市工人生活程度》，中华书局 1934 年版，第 16、83 页。

④ 忻平：《从上海发现历史：现代化进程中的上海人及其社会生活》，上海大学出版社 2009 年版，第 264—265 页。

⑤ 郑全红：《中国家庭史》第五卷，第 370 页。

⑥ 冀东农村实态调查班编：《冀东地区内二十五个农村实态调查报告书》上卷，满洲日日新闻社印刷所 1936 年版，第 372 页。

撕出烂棉套改成夹衣来穿。孩子们在寒冬里没有袜穿，没有帽戴，手脚耳朵冻烂成疮。[①] 迁安农民“恐怕终身穿不着绸缎，就是粗布之衣，有时都难于蔽体。没有余地种棉，更没钱买布，三件破衣，千补万绽，真所谓‘鹑衣百结’了，更有的赤身露肉”。[②] 贫苦农民粗陋、破旧的衣着透露着其生活的艰辛惨淡。

据1927年调查，北平挂甲屯村村民最常用的衣料为粗洋布，较富家庭多用市布。该村被调查的100家之被服费（含被褥费）全年户均13.28元。其中，有男子衣服者平均每家8.9元，有女子衣服者平均每家4.66元，有被褥者平均每家3.74元。村民被服费用之低可见一斑。在这低得近乎“不科学”的数据下，是村民“俭省”“破旧”的衣着样态。黑山扈村村民衣着服饰更窘迫，64家全年被服费户均10.54元，比挂甲屯村还低。[③] 1934年，江苏江宁土山镇农家的衣服费“殊为低下”。286户农家全年衣服费户均10.61元，仅占家庭支出总数的4.41%；而衣服费低于平均水平的农家约占所调查总户数的64%。衣服费用低到令人难以置信，但参看农人饮食状况后可知此项调查并非虚言。穷困农家用以糊口的食品费用尚“常须借贷或典质以弥补”，衣服方面自然竭力俭省，只求蔽体而已。[④]

（二）相对而言的“体面”

底层社会民众的着装呈现贫寒、俭省的共性样态，却也存在些微差异，其中不乏“体面”“气派”者。以吴江县开弦弓村为例，村里的缫丝工业使该地商品经济得到了相当发展，所产丝绸能够为村民换得薪酬，使他们购得外来的亚麻布和棉布。普通家庭每年买衣料的费用约为30元，衣服由妇女缝制。夏天，男人只穿一条短裤，会客或进城时便穿上一条作裙。富裕人家多供男孩读书，少年上学以后服装式样发生变化，中学生开始穿西式长裤和衬衫。在当地，长袍也发挥着昭示地位、凸显体面的象征功用，是有身份者不可缺少的衣服。天气较冷时，普通人只穿短上衣，而

① 郑全红：《中国家庭史》第五卷，第377页。

② 魏宏运主编：《二十世纪三四十年代冀东农村社会调查与研究》，天津人民出版社1996年版，第405页。

③ 李景汉：《北平郊外之乡村家庭》，《民国时期社会调查丛编·乡村社会卷》，福建教育出版社2005年版，第519页。

④ 言心哲：《农村家庭调查》，《民国时期社会调查丛编·乡村社会卷》，第575页。

有身份的男子不干活的时候就穿长袍。村长要离开村子外出时，即使炎日当头，至少手臂上要搭一件绸子长袍。①

婚礼是隆重的人生礼仪场合，新人衣饰往往需耗费重资置办，其质量与式样一般是双方家长尽力所为之“最好”。在陕西凤翔，结婚当天，新郎穿长袍，戴礼帽，插金花，披红绸。新娘“头插枣儿石榴缎花，戴金银簪环，穿红绸缎袄、红绿绣花缎裙，手提红绿丝帕子，戴金银首饰、镯子，脚穿绣花大红缎鞋”。② 不仅有条件的家庭尽力置办华美婚服，相对贫穷的人家也力求婚服体面。新娘的嫁衣或可去繁就简，新郎的长衫却不能缺席。在 1919 年的一篇评论中，作者生动呈现了长衫在村民心中的分量：乡下王阿三在结婚的那天，母亲“勉强着他，把镜光似的蓝洋布长衫披上身去，老三立地头筋暴起来，通身是汗，草草磕完了头，忙忙脱下，换回他的上半臂下半膝的大布衣裳，才得爽快”。③ 从主人公慌乱、不适的身心反应中，读者能够体会长衫与贫苦农民日常生活的距离是如此的殊远。

（三）缓慢流变

贫穷、闭塞在相当程度上维持了传统生活方式的延续，困窘的生活条件或交通不便的地理环境是城市贫民、乡村居民与现代着装时尚之间的巨大阻碍。但是，传统生活方式的延续并不意味着流变的“不发生”：城市的奢靡氛围与中上阶层人士崇洋趋新的生活习尚会通过“媒体”与“消费”等渠道刺激下层民众的感官欲望，引起民众日常生活变化；同时，工业化进程、商品经济的发展与革命运动的发生也推动着乡村社会的移风易俗。

随着北伐战争的进展，1927 年国民政府由广州迁至武汉，不少男青年脱去长衫参加革命，也有女青年脱下了时装艳服，穿上朴素的灰布军装，投身到革命事业之中，正所谓“短发戎装看女兵”④。尽管关中农人的服饰总体变化不大，但服饰细节透露出慕新的气息。比如，传统凤翔男子多在

---

① 费孝通：《江村经济》，商务印书馆 2006 年版，第 115 页。

② 刘俊凤：《民国关中社会生活研究》，第 78 页。

③ 西哲：《长衫的末日（续）》，《兴华》第 16 卷第 47 期，1919 年 12 月，第 21 页。

④ 魏予珍：《第一次国共合作时期武汉纪实诗》，《湖北文史资料》1987 年第 4 辑，第 179 页。

腰间勒配绣花“围肚”，用细布绸缎精工巧作，以示“富贵”，到民国时期就有人在腰间勒配鳄鱼皮制的眼镜盒子，炫耀于人。[①] 1945年，民主人士黄炎培记录了对延安民众的印象：延安五万人口，其中三万多人是公教人员及其家属。这类人员，不论男女都着制服，女子学生装短发，都代表十足的朝气。当地老百姓衣服也都很整洁，衣料是蓝或白的土布。此等士人，是代表朴实和体格的健全，却从没有发现过绅士式的男子和涂脂抹粉、洒香水、着高跟鞋等摩登装束的女子。[②] 商品经济的发展使沿海开埠通商地区的乡村相对富庶、开放，如吴江县开弦弓村有条件的人家多送孩子外出读书，于是村里便有了穿西式长裤和衬衫的青年学生；有机会外出办事的人也能将城里的见闻带回乡里，这些都助推了村民服饰风尚的悄然流变。

结　论

本文从民众日常生活的视角，以“人”为主体，尽量挖掘民国时期男子们对服饰潮流的感受、体验，从一个个的穿着故事中探寻时人对服饰潮流的迎拒心态及其动机，阐释国家法令、公共舆论、私人欲望和家庭财力对服饰潮流的或正或反的规约引领。

经上述研究，似可得出以下结论。

从着装服饰变迁的种类、程度及影响广度而言，男子服饰变迁远不及女子服饰。男子服饰流变相对平缓却不简单，公务员、学生着中山装，系顺应国民政府的强力推荐，接受中山装的规约教化。着西装，从最初的推崇到调试再到长衫与西裤、皮鞋、礼帽的混搭，形成典型“民国范儿”。传统的长袍马褂也被法定为男子制服，其象征意义在民间影响尤为广泛，直至抗战时期渐被抨击诟病。与此同时，城市底层社会及乡村民众着装普遍寒酸粗陋，但其间也存在相对“体面”与缓慢流变。贫富差距与城乡对立仍使衣着发挥着辨识阶层的作用。

民国服饰演变具有趋新崇洋、中西混搭、辨识身份、城乡不均衡等特

① 刘俊凤：《民国关中社会生活研究》，第72页。
② 黄炎培：《八十年来》，文史资料出版社1982年版，第114、125—139页。

点。而男子服饰变迁，如长袍马褂、西服、中山装等的推行与国家强制推动及时人审美观念变化有关，而从本文的若干故事，可以品味出上述高档服饰的象征意义及其在国民心目中的地位。旧的象征被打破，新的权威被树立。男装变迁潮流中，国家权力的因素居于主导，其次是社会的效仿推广。

服饰，从来不仅仅是服饰。服饰，对于政府、社会、男女而言，意义不同。笔者连缀历史碎片，探析男子穿着何种衣衫及何以如此穿着的动机，借此阐释生活方式由传统向现代转型的多种样态及时代特征，尝试得出以上结论，敬请学者指正，以期深化民国日常生活研究。

交游、营生与藏书：杨守敬的生活世界

雷　平　邹俊涛
（湖北大学历史文化学院）

杨守敬（1839—1915），湖北宜都人，被誉为郦学地理学派开创人，在历史地理学、版本目录学、金石学、书学上都有较深造诣。学术界在研究作为学人的杨守敬方面取得了较为丰硕的成就。但是，对于杨守敬在晚清这一历史转折大潮中的日常生活情形，学术界则关注不多。实则，杨守敬出身于寂寂无闻之偏僻小镇，治学出入经史舆地间，得友人资助，又有赴日经历；辛亥革命之后，一度避难上海，其经历可谓丰富。杨守敬的生活世界是晚清历史变动中士人生活境遇的投影，本文于此略加抉发。

一　交游：从“地方士”到“国中士”

杨守敬在同治元年（1862）中举前，主要活动于家乡宜都附近，后因参加科举和谋生辗转于武昌、京城、黄州、上海等地，曾东渡日本任使馆随员达四年。在四处漂泊的同时，杨守敬认识并结交一批文人雅士、达官显贵、社会名流。这些经历使得杨守敬逐步跨越其地方视野，从“地方士”转变为“国中士”。

杨守敬幼年丧父，在读书博取功名与经商从业持家间多有往复。咸丰七年（1857），杨守敬经人介绍始就读于朱景云学馆，前后历时六年。在朱氏门下就读期间，杨守敬“六年如一日，临褉贴，习正书，常以苦楝纸、古墓砖练字”，[①] 并有幸侧听了朱氏与谭大勋等人的学术讨论，开始接触先贤诸儒之学。咸丰八年（1858），杨守敬在朱氏陪同下参加院试。但是造化弄人，杨守敬竟然接连未中。气馁之余，杨守敬放弃了咸丰十一年（1861）的拔贡之试，他深知有违朱氏之意，事后专程登门解释。同治元年（1862）乡试前夕，杨守敬又因“祖父年迈，不忍须臾离开，拟不赴乡试”，朱氏力劝其早日成行，最终杨守敬如期参加考试，并以第八十名中举人。

自同治元年中举后，杨守敬的活动重心逐渐远离家乡宜都，开始转向京城。同治二年（1863）正月，杨守敬同陈一山（乔森）一同赴京参加会试。经陈氏介绍，杨守敬认识了潘孺初。关于这次相识，杨守敬在后来自订年谱中说：“孺初精诣卓识，罕有伦匹。”[②] 此后，杨、潘又先后分别于同治四年（1865）、同治七年（1868）、同治十三年（1874）、光绪五年（1879）四次会面，时间跨度近二十年。同治四年（1865），苏次屏欲出资为杨守敬捐纳官阶较低的主事一职，潘孺初明确予以反对，认为杨守敬才性在于学问，而非为官，任此小吏恐无出头之日不说，可能还将影响学业，误了才华。杨守敬听从建议，此后两人关系日益亲密。同治七年，杨守敬记载常与孺初相往还，“凡学问流别及作文、写字得其措授为多”[③]。杨潘二人合力编辑的《楷法溯源》或许即开始于这一时期。[④] 光绪五年，杨、潘最后一次会面时，潘孺初尝为《水经注疏》初稿题叙，其中有云：“楚北杨君惺吾，博览群籍，好深湛之思，凡所论述，妙语若百诗，笃行若竹汀，博辨若大可。尤精舆地之学。”[⑤] 光绪十八年（1892），潘孺初逝世，杨守敬替其子潘光达代撰《潘孺初先生哀启》，其中有言：“杨惺吾孝廉前随公使出使日本，寄书先君云：东洋人见先生书，仰之如泰山北斗，

---

① 洪江、江畔：《杨守敬与严师朱文敬》，《杨学通讯》1986 年第 1 期，转引自杨世灿《杨守敬学术年谱》，湖北人民出版社 2004 年版，第 24 页。

② 谢承仁主编：《杨守敬集》第 1 册，湖北人民出版社 1988 年版，第 10 页。

③ 谢承仁主编：《杨守敬集》第 1 册，湖北人民出版社 1988 年版，第 13 页。

④ 杨守敬自订年谱虽明确记载此书成于光绪三年（1877），但未直接点明辑录此书始于何时。《楷法溯源》卷首载“是书经始光绪二年四月”，实指潘氏将墨本交于杨守敬后进行编撰的时间，另有记载云“此为杨守敬与潘孺初十年艰辛所得”，可推断《楷法溯源》写作即开始于杨、潘二密切交往之时。

⑤ 吴天任：《杨惺吾先生年谱》，艺文印书馆 1974 年，第 28 页。

非虚语也。”可见，即使在杨守敬赴日期间，也依然与潘孺初保持联系，二人之间的交往并未因远隔重洋而中断。

在京期间，杨守敬结识了陈一山、邓铁香、梁鼎芬、柯逢时、黎庶昌、张之洞等人，不仅扩展了个人交际圈，同时也使得他的声名开始在京城政界、学界流传开。

杨守敬在去往京城的途中偶遇陈一山、于樊城，抵京后一同入住荆州会馆。陈一山极为推崇杨守敬，“所至延誉，于是都中之士，多有知守敬之名者”①，初出乡野的杨守敬这才慢慢为人所知。同治四年（1865），张之洞大会名流于陶然亭，杨守敬与陈氏都在受邀之列，“守敬以为迹近标榜，不赴”②，陈氏则如期赴会。同治十三年（1874），杨守敬在第五次会试不中后，可能与陈氏有过礼节性的接触，“是时，钱塘谭仲修（廷献）、会稽李莼客（慈铭）、桐庐袁爽秋（昶）皆在都，与孺初、铁香、一山文酒往还，极一时之乐。守敬虽急欲归，皆劝过夏而后行”③。

杨守敬家境窘迫，京中亦无亲无故，七次在京参加会试，除短暂住宿会馆外，多数寄宿于友人家中，其中接纳他次数最多的就数邓铁香。

邓铁香（1841—1892），字伯纳，号承修，广东归善人。咸丰十一年（1861）举人，捐郎中，任职刑部，后历任监察御史、鸿胪寺卿、总理各国事务大臣等职。晚年主讲丰湖书院，并创办崇雅书院。杨、邓二人在同治二年（1863）相识。同治四年（1865），杨守敬落第后考取景山官学教习一职，邓氏专程接待其住家中。闲暇之余，两人一同游京城，“是时，铁香亦好金石，每日游市上觅所得，其精者归铁香，其次者守敬收之，缘守敬无力买精者。然饮食之费、租屋之费皆铁香任之。计铁香亦非殷实富人，每年不过得其叔津贴数百金，而以之养吾闲人，其志非寻常好客之比”④。主客关系相当融洽。此后杨守敬又连续三次入住邓氏家中，邓氏无不招待有加。多年后，杨守敬在为邓氏旧藏《褚书雁塔圣教序拓本》作跋中如是写道：“忆余自领乡荐后，每北上必寓鸿胪邸第，昕夕聚谈，摩挲

① 《杨守敬年谱》，大陆书局 1933 年版，第 8 页。按：该书未注明著者，书内题为《邻苏老人年谱》，为杨守敬自订年谱。

② 《杨守敬年谱》，大陆书局 1933 年版，第 12 页。

③ 谢承仁主编：《杨守敬集》第 1 册，湖北人民出版社 1988 年版，第 14 页。

④ 谢承仁主编：《杨守敬集》第 1 册，第 12 页。

金石。”①

杨守敬在京城时，还因缘结识黎庶昌，并充任其使日随员。黎庶昌（1837—1898），字莼斋，贵州遵义人。曾为曾国藩幕僚，后师从曾国藩，与张裕钊、吴汝纶、薛福成并称“曾门四弟子”。光绪六年（1880）黎庶昌赴日任使臣，杨守敬以随员身份跟随黎氏赴日，并在日停留四年之久。旅日期间，杨守敬寻访辑佚，刊刻古籍丛书，并传播和教授书法，堪称多有作为，一系列举动使得杨守敬的交游已不自觉地突破了国家界限。黎庶昌因见杨守敬写有《日本访书缘起条例》，遂萌生刻书念头，后在杨守敬倾力相助之下刻成《古逸丛书》。黎氏本人在书中序言记叙成书缘起时写道：“予使日本至明年，得古书若干种，某次第播行，属杨君惺吾任校刻。”杨守敬还为其中多部书作跋。在杨守敬归国前夕，他将所撰《支那地志摘译》稿一书送呈黎氏，上题“黎老夫子钧鉴，杨守敬呈”。

旅日期间，杨守敬还与诸多日本文人雅士有过密切往来。杨守敬与岩谷一六、日下部鸣鹤、松田雪柯等有过深入接触，其中的笔谈或载于公开杂志，或录入私人日记，杨守敬不仅为他们所作的诗文题词，还教他们学习碑派书法。回国十多年后，杨守敬还一度与日下部鸣鹤有书信往来。在为黎庶昌收集刻书资料过程中，杨守敬曾向森立之购买和借阅过若干书籍，并指出了森立之所编撰书籍的一些错误，森立之则将其与杨守敬的笔谈及其他真迹等文字信息整理成书，取名《清客笔话》。自东瀛归国后，又有水野疏梅慕名而来甘愿为其弟子，杨守敬后在其请求下作《学书迩言》一书。基于杨守敬对日本书道界的历史性影响，其被尊称为“日本近代书法之父”。

在杨守敬的人际圈中，还有一重要人物——张之洞。张氏极为欣赏杨守敬，数次给予杨守敬方便与照顾。同治四年（1865），张氏邀请天下名流于陶然亭，杨守敬本在受邀之列，却“以为迹近标榜，不赴”。光绪二十五年（1899），时任湖广总督的张氏专门电招杨守敬为两湖书院地理教习，又改勤成学堂总教长，并于光绪二十九年（1903）同端方联合保举杨守敬为经济特科第一名。光绪三十四年（1908）调任学部后，张之洞还致电湖北提学高泽畬“杨君系湖北人望，不可令其闲赋，当仍旧奉薪”。特

① 吴天任：《杨惺吾先生年谱》，艺文印书馆1974年版，第75页。

别值得一提的是，光绪二十二年（1896）杨守敬扶柩归乡，便是张之洞派遣小轮船相助。

杨守敬的交游既使他扩展了视界，也为他的治学打下坚实基础。譬如，任驻日使馆随员即以黎庶昌刊刻《古逸丛书》为契机，寻访求得大量善本，回国后乃与柯逢时、徐恕并列武昌三大藏书家，访书藏书的同时，其版本目录学功夫日益提升，惊叹众人；早年与邓铁香往来更是打下了其金石学的基础，与其草绘之《历代舆地沿革险要图》影响延续今日；通过教授日本文人所传播开来的书法更是一改当地古旧之风，堪称“日本近代书法之父”。

二 营生：过渡时代的士人生计

近代以来，在由传统向现代转型的进程中，传统读书仕宦的人生路径逐渐陷入困顿，士人的生计问题日益严峻。

从杨守敬早年行迹来看，仰仗于祖父持家有方，不曾为生计忧愁，故而能一面专心科考，一面拓展学问兴趣。祖父离世后，杨守敬迫于生计开始考虑营生。同治八年（1869），杨在家乡宜都设馆授学，“在家授读，学馆在新街姜姓空屋中，束金仍不及百子”，并解释道：“吾邑为荆州末县，向来读书人少，且贫苦居多。”① 闲暇之余，杨还兼习碑版，为日后卖字鬻书奠定了基础。

光绪十年（1884），杨守敬从驻日使馆随员解职归国，凭借旅日期间收获的众多珍本逸书，鬻书谋利。叶昌炽曾在日记中记载从杨守敬处购书的经历，“翼甫附到《大藏音义》一部十六元”，“□□ 嗜利至于如此，真出意料之外”②。可见，杨守敬溢价倒卖惹恼了叶昌炽。叶径直指斥杨守敬“其所居宜都城砖甚古，皆刻字携之东瀛，善贾而沽”③。

在与友人通信中，杨守敬多次谈及售书事宜。例如，在致华世芳、邹王宾、缪荃孙等人的信中，杨守敬说，“并领到两次给书价四十七串正”

① 杨守敬：《邻苏老人年谱》，同治八年己巳条，《杨守敬集》第1册，第13页。

② 叶昌炽：《缘督庐日记》，光绪十年九月十六日，江苏古籍出版社2002年版，第974页。

③ 叶昌炽：《缘督庐日记》，光绪十年九月十六日，第995页。

“所领购金石丛书（四十余册）全部，原价贰拾元，可即将书价付小儿处”。致缪荃孙的书信则显示，因藏品质量俱佳，杨守敬售书颇得市场，引得位尊权贵者张之洞、端方争相抢购。当然，杨守敬售书坚持自有原则，不因困顿而折价贱卖，却也想出了缓解应付之计，头脑何等精明。

敝处书籍，去冬香帅欲购之，嘱抄目录。因敝处书凌杂之甚，嘱人检理，竟不得端绪，故至今已抄得两分，其中重复缺漏，皆不可用。此非守敬亲自费数月之功，不能清楚。今香帅虽入都，其作罢论否，尚无明谕。昨日午帅信来，亦言及欲购我书，但目录未成，万难议价，唯有宋椠全藏六千余册，是特别庋阁。从前节庵曾转达午帅意，捐廉千金，购以入图书馆。守敬以此书原值三千金，减折太多未允。今春守敬至金陵节署，午帅又言欲购置焦山，而未议价。守敬固不望得原值，私意欲得二千金，未知午帅应诺否？再此书照原目缺六百余卷，其中亦间有钞补，然所据亦是宋本，非从明本出也。①

缘于学术交游之广泛，早在教谕黄州府学期间，杨守敬已开始为他人代售书籍，如为汪康年代售书籍：

穰卿仁兄阁下：日前得手书并收到书箱等件，黄州之地，除府县外，无人购书。现在府考高太尊不得闲购书，而葆初又无闲钱，到处问讯，只有人要廿史一部，而未见书，又不肯先付银，祈将已印成之十九史寄来为妙。

昨日又为售得廿四史股票一张，唯皆欲见书而后兑银，信到时能速将十九史二部寄来，则易寄事，或再能售数部亦未可知。前寄来《振绮堂丛书》多是散页，此地安能售之。②

① 杨守敬：《致筱珊仁兄同年大人阁下》（二），《艺风堂友朋书札》，上海古籍出版社 1981 年版，第 659 页。除引本通书札外，在杨守敬致缪荃孙第七通、第十通信札中，都有提及售书言论，参见《艺风堂友朋书札》，第 661—662 页。

② 杨守敬：《致穰卿仁兄阁下》（二），《汪康年师友书札》，上海古籍出版社 1986 年版，第 2370 页。

从杨守敬数次颇具代表性的鬻书记载看，在归国初任教黄州、武昌等地书院时，有着较为稳定的职业与固定的收入，鬻书之事似乎无关痛痒。但在辛亥革命以前，杨守敬离鄂生活实际已较为困难，辛亥革命之后，“卖字为活”更是成为杨晚年生活的常态。

辛亥革命初起时，杨守敬未能洞察其意义。面对友人忠告，杨氏自叙“吾闻庚子北京之乱，出城者悉被抢劫，在城者多保全，吾书籍尚多，万不能迁出，况民军示文，秋毫不犯”①。出于如此考虑，杨氏放弃了出城避难的打算。尤其是难途遭劫一事，杨氏不止是听闻，其年少时夜行逃难一事当记忆犹新，“粤匪窜宜昌，守敬与祖母避难长阳朱家湾李姓家；母率先三避于汉阳河罗家坪，中途被贼抢去衣物数箱，祖父则在家不出。乱后复归，家中什物皆在”。这年恰巧也是辛亥年。杨守敬对局势的估计显然太过乐观，两天后的二十一日，祸患伴随暮色降临，“及是夕，有携枪三人入屋，声言借盘费，非二百元不可，其时吾孙先楙在侧，吾稍于辨（辩）论，则以枪向先楙以恐吓之，即与五十元，乃掷之地，又加五十元而去，于是阖家恐惧”②，年逾古稀竟受此威胁，想必是“湖北师儒宿学之冠”的杨守敬未曾料想到的，故其旋即颠簸至上海。

抵沪翌年，杨守敬在致友人罗振玉信中毫无遮掩地道出了自己的生计困顿，“守敬在沪卖字为活，倏逾两年。衰老颓唐，眼昏手弱，刻下并字亦不能多作”③。对于梁鼎芬“归鄂之期”的关注，杨守敬更显无助，“守敬自去（年）八月仓黄（皇）出逃，全家星散，陆续来沪，借卖字为活……财产罄尽，欲归不得”④。杨守敬因经济拮据已然归鄂无期，身体亦日渐倾颓。即便如此，出于生活所迫，杨守敬希冀笔墨之事多多益善，“守敬常羁滞沪上，借卖字为活。幸贵邦人夙闻阁下奖借，时以润金济我涸辙……尊处为集有数百件，不日寄来。上海米珠薪桂，全家行给困（难），多多益善”⑤。以至于早已绝少练习的篆隶二书，杨守敬不得不重新拾之，“去年来札，有篆隶之属，守敬以久不习此，未应遵命。辱承贵

① 杨守敬：《邻苏老人年谱》，宣统三年辛亥条，《杨守敬集》第1册，第25页。

② 杨守敬：《邻苏老人年谱》，宣统三年辛亥条，《杨守敬集》第1册，第8、25页。

③ 杨守敬：《寄罗振玉之二》，《杨守敬题跋书信遗稿》，巴蜀书社1996年版，第185页。

④ 杨守敬：《寄梁鼎芬》，《杨守敬题跋书信遗稿》，第206页。

⑤ 杨守敬：《寄鸣鹤之一》，《杨守敬题跋书信遗稿》，第204页。

邦人谬赏，坚欲守敬作之，间为应酬。沪上人见之，亦踵门来求，遂亦不觉手生，重理旧业”①。

其实，卖字润笔之事于杨守敬而言已属惯常。检索其自撰《邻苏老人年谱》可知，杨氏此前曾至少有四次赴沪卖字、题跋，既有主动前往，亦有他人相邀。《年谱》光绪二十三年（1897）丁酉条载，“以资斧罄尽，家用维艰，即赴上海为卖字计，寓洋行街陈源盛栈，以其主人陈雁初（光第）旧友也”②，杨守敬以“资斧罄尽，家用维艰”为由确实不假。凡此所为，莫不为谋得愈多米薪之财。

三 藏书忧虑：变动时代的学者之痛

光绪二十五年（1899），运行十年之久的两湖书院亟须数名地理教习，湖广总督张之洞遂点招地方名士来鄂襄理，杨守敬年谱记载“正月，方修整屋毕，得张文襄电招余充两湖书院教习，二月即赴武昌就馆，任地理一门事”③，同时招为书院地理教习的还有邵阳姚炳奎、新化邹代钧。按照杨氏早年对张之洞雅集天下士子于京郊龙树寺的既有成见，理当回绝之，而光绪二十二年（1896）杨氏得允以火轮运送先妣灵柩回乡一事，或许使得其对张之洞心存感激。

更为直接的原因则是，“友人皆劝余买之以归根计，至十二月始成，而无钱以偿之，乃致书于黄州，着二儿揣资至宜交兑”，家人离世使得杨守敬颇为感伤，徒生早日回乡落叶归根之意，甚至不惜选择在生计较为艰辛之时置产于乡；十年的黄州教谕生涯，亦让杨氏对黄州有了较为彻底的认识，“计守敬莅黄冈教官，其地虽为湖北科名之最，而工时文者多，为朴学者少，伏处江滨，自送考外，绝无同志者，自是又理旧业”④。

未几，两湖书院适时改制为两湖大学堂，并改经心书院为勤成学堂，杨守敬为学堂总教长，随后杨守敬买“破屋”于附近菊湾老街，略加修葺

① 杨守敬：《寄鸣鹤之一》，《杨守敬题跋书信遗稿》，第205页。

② 杨守敬：《邻苏老人年谱》，光绪二十三年丁酉条，《杨守敬集》第1册，第21页。

③ 杨守敬：《邻苏老人年谱》，光绪二十五年己亥条，《杨守敬集》第1册，第21页。按：《张之洞全集》未见电牍原文。

④ 杨守敬：《邻苏老人年谱》，光绪二十五年己亥条，《杨守敬集》第1册，第21页。

后正式移居于此，直至辛亥事起。以“破屋”谓之，确非杨守敬自嘲，杨氏年谱宣统二年（1910）庚戌条载“四月，买得旧材，改作芝麻岭铺屋，八月成。又以旧材尚未用尽，而菊湾老屋朽坏将倾，改作，至十二月成”①，杨宅短短数年便成危房，不得已改建续住。同样，正是以此“破屋”为基础，杨守敬建起了享誉海内外藏书界的“观海堂”，世称“观海堂藏书”，该藏书楼由杨氏本人建于光绪十四年（1888）的黄州“邻苏园”流转而来。乎梁节庵有诗赠杨守敬，“皤然一叟菊湾间，老去精神见要删。定惠院前园再款，头陀寺后户仍关。写经卷赠三唐重，访古书装百宋还。国学倚公同寿考，龙门录副在名山”②。

由于藏书众多，携带不便，辛亥蒙难的杨守敬仓皇逃沪时匆忙将毕生珍藏交由家仆程冬甲管理，待杨氏陷入“财产罄尽，欲归不得”之窘境，数次派人回汉取书却未果。

为此，杨守敬专门致信时任湖北省民政长刘心源，为转运武昌观海堂藏书一事，请求拿办监守自盗者程冬甲：

> 幼丹先生大人阁下：前承函致黎副统，并指小儿见黎公，求其揭封条，当蒙黎公谕允并札示警局。而守屋人程冬甲尤复照要多人，不准揭封，经警局以黎公札示之，始退。次日又迭讧说：守敬将书以外人，运动内务府饬沔阳来查，李君见是老人来看书，始释然。而程冬甲仍引其兄弟及外人，盘踞我家，不准上楼清书，不交用账，并把守书门楼，不许我儿等出入。我本欲控告军政府，奈彼等凶暴，党羽众多，声言若告状便以武力相对付，只得忍之，而仍以每月十元及熊姓佃租十串作零用。前日又有信来上海，一派诬罔，勒索谢钱而不定数目，云一不回信即登报，或请当道理论。守敬答以必要交书交账而后可以议谢，而程冬甲即登报说我愿出捐万元，嘱小儿缴清。窃守敬空手出门，所存之银皆一一支付冬甲，耗去超半。守敬避于沪上，卖字为活，通国皆知。小儿等回家餐飧不继，安有万银出捐。幸于袁大总统通谕，不准勒捐，不然将使小儿等无以自白，今家中银钱供以罄

---

① 杨守敬：《邻苏老人年谱》，光绪二十五年己亥条，《杨守敬集》第1册，第25页。

② 《节庵先生遗诗续编》，引自《杨惺吾先生年谱》，第152—153页。

> 尽，而程冬甲仍迭嚷陷害如此，乃信致左人照军政府，例自去年八月底起，每月以二十元给之，如不允即以熊姓所典屋四百串与之。其所余二千元巨款亦不追问。典屋是程冬甲经手，今废产与之。已是万不得已。闻其尚不允，则无法可以解决矣。只得仰恳尊宿将此情一一呈知黎副统，属小儿递呈。
>
> 但其党羽众多，恐发表时彼知之，即以武力对付，小儿柔弱，恐有性命之忧。此必出其不备，即行拿办，方保无虞。又必属小儿暂住别处，以避凶暴。涕零书此，无任感荷。①

显然，杨守敬为藏书之事已联系过最高当局，此番运作更属杨氏无奈之举。家贼百般刁难，毫无忌惮，肆意勒索，甚至妄图将数十万册珍藏典籍据为己有，杨氏这等文弱老叟倍感孤立无援，倘若得逞势必趋利变卖，杨氏心血将毁于一旦，国家之殇、民族之痛也。无怪乎其年谱最后写道：

> 世之藏书者，大抵席丰履厚，以不甚爱惜之钱财，或值故家零落，以贱值捆载而入；守敬则自少壮入都，日游市上，节衣啬食而得；其在日本，则所携古碑、古钱、古印之属交易之，无一幸获者；归国后，复以卖字增其缺，故有一册竭数日之力始能入厨者。天鉴艰难，当不使同绛云一炬典籍散佚，则非独吾之不幸，亦天下后世之不幸也。②

无论是少壮之岁还是年老体衰，无论身处何地，杨守敬不惜节衣啬食，已然将典藏古籍视为学术志业一部分，后世研究便将其旅日期间访书途径归纳为购买、交换、借抄、馈赠等，尤其借抄一事殊为不易。对比同时期有着相同志趣、被后世并称“近代武昌三大藏书家”的柯逢时，以及为官一任的吴重憙，二人先后延请杨守敬为其校刻、代购书册，杨氏本人何曾闲暇，却为他人代劳刻书，个中究竟有待了解。

转运观海堂藏书的难处不单来自家仆程冬甲的要泼刁难，辛亥事起

① 杨守敬：《寄刘心源之一》，《杨守敬题跋书信遗稿》，第191—193页。

② 杨守敬：《邻苏老人年谱》，宣统三年辛亥条，《杨守敬集》第1册，第27页。

后，避难沪上的杨守敬为滞留武昌的数十万册藏书忧心忡忡，遂陈书黎元洪等人恳求保护藏书，虽得应允，却横生波折。年逾古稀的杨守敬颠沛流离至上海，经济拮据，贫病交加，日常生活困顿不堪，从写给其三女儿杨莲贞的信中可见一斑：

> 湖北数月来时有风潮，我家房租钱尽行不完纳，以致三房月费无所出。大约吾家产业尽行废弃，吾已万不能回鄂城。所幸日本人尚多有求吾写字者，每月可敷火食。但吾已七十五，精力耗减，眼亦昏花，每日不能多写字。每月非二百余元不敷用，若我一旦死去，不堪问矣。前言每年以八十元接汝，此万不能办到，此二十元当作二百元，以后能再有寄汝否，不可必也。①

杨守敬的生计明显处于勉强糊口的状态，甚至最为亲近的子女已是无力接济。在致梁鼎芬的信中，杨守敬表示："守敬因小儿等归鄂，已难以自给，所有书籍欲搬来沪上，择尤而卖，所居颇隘，不能多容，况今日市面旧书者，已如《星凤》，仍置鄂中，即无虞再有扰乱，亦徒饱蠹鱼。刻下正拟移居稍大之屋，尤运来卖之，以为日用之资。而此间人满为患，赁租不易，刻下尚在踌躇，无能自觉。"②

迫于生计，杨守敬已然从此前的倾力藏书沦落到了借力卖书为活的地步，其藏书危机毫无隐藏地凸显出来。作为应允保护观海堂藏书的黎元洪，听闻杨守敬筹备转运观海堂藏书，又加之程冬甲放出"守敬将书以外人"的挑唆之辞，黎元洪在很大程度上并不赞同杨氏的取书之举，"以为既经保护，不可取去售之外人"③，却也未能给予杨守敬其他方面的资助。

杨守敬转运书籍的过程堪称一波三折，在家仆的刻意刁难与当局的有意阻拦下，杨氏曾多次派人取书而未果，但根据年谱记载"将沪上图书次第运京，会贞亦于十二月来京"④，可推断观海堂藏书确由武昌转运至了沪上，其中细节在与罗振玉、"小川宗兄"的通信中亦略有提及。因生计艰

① 杨守敬：《致三女杨莲贞》，《禹贡》半月刊，第3卷第1期。
② 杨守敬：《寄梁鼎芬》，《杨守敬题跋书信遗稿》，第206页。
③ 杨守敬：《寄罗振玉之一》，《杨守敬题跋书信遗稿》，第181页。
④ 杨守敬：《邻苏老人年谱》，民国三年条，《杨守敬集》第1册，第28页。

辛，观海堂藏书转运沪上后如何妥善存放一开始便面临严峻考验。

如上所述，杨守敬在向友人形容自身生活处境时，言“所居颇隘，不能多容”，并不无怨言道，“上海房租奇贵，堆积无坐处”①。可知，杨守敬晚年的沪上生涯步履维艰，即便自己也是在友人的帮助下才得以暂时栖身，遑论数量如此庞大的藏书。为找寻庋藏处所，杨守敬不惜大费周章，亲赴苏州勘查，其与季儒、顾麟士的通信中有详细记载：

季儒先生足下：前日得启者，辛亥之秋，鄂城兵起，守敬仓黄（皇）出城，间关至沪上栖息，儿孙分散，流离失所。满抑乱后归乡，凭宁至今，未闻宁止。产业荡尽，以卖字为活。所遗留者，书数万卷，书板数千，思庋阁无所。颇闻苏城空屋甚多，租经（金）至廉，及到苏查勘，则皆有居人。介绍者引迅华府，则高屋广厦，不敢问价。据介绍者以三万圆为则，已非力之所及。昨承来示，拟以四万余金，尤觉望洋而叹。但既承有上报之举，惟虑不以为唐突，抑邀同友人分析。即请详采平竖两图，转示同人，或有欲购者，惟屋既过大，来此者皆损失之余，恐不一家所就住，过不便宜，亦未敢唐突。②

鹤逸先生足下：……前年辛亥，武昌兵起，仓黄（皇）出城，间关至上海，以卖字为活。家产荡尽，所剩者书数十万卷，书板数千块而已。无处庋阁，卖之亦不能骤尽。颇闻苏城空屋甚多，租购皆至廉。及到苏履勘，则皆有居人。介绍者引入潘旧宅，则高屋广厦，不敢问价。介绍者以三万圆为准，则亦非力所能及，已不复绍是想。而昨潘君来札，以四万五千圆为拟，更觉望洋而叹。缘守敬初与介绍者谋，不过数千圆，未及万圆者，或可担任。潘君屋既过大，何敢唐突。但既蒙潘君不弃，情愿示以详图寄来，行将持示友人，或有愿得者，惟来此者皆损失之余，敢即告潘君，以至少不减之价若干，便转告。至守敬住所，但得有三、四十间广者，惟必要有空地谋置板片。是过大则必俟鄂城果已平定，将住宅售出始可议及也。③

① 杨守敬：《寄罗振玉之二》，《杨守敬题跋书信遗稿》，第 186 页。

② 杨守敬：《寄季儒》，《杨守敬题跋书信遗稿》，第 196 页。

③ 杨守敬：《寄顾麟士》，《杨守敬题跋书信遗稿》，第 197—198 页。

依照刘信芳所言，两信均写于1913年年初，此距武昌首义已一年有余。对比信中文字，并无过多差异，讲杨守敬仍疲于生计，居无定所，已身虽流离沪上，却因无过多资财而不得不考虑在邻近的苏州谋得一藏书之处，最终也未能如愿。至于后续情况，已无从考证，而其致罗振玉的信中再次提及了转运藏书一事，“今吾书托上海道尹经手，尚未搬来”①。

1914年年初杨守敬北上任职民国参政后，已考虑将毕生所藏转运京城，这也是他答应北上任职的交换条件之一，借助当局之力来化解藏书危机。身为参政的杨守敬及其藏书处境并不如意，“学部中人则似视此为无用之物，计寄来书数十部，除送人外，一部不能卖，其教长之程度可知矣”，杨氏藏书处于束之高阁、无人问津之状。

1915年杨氏作古不久，其后人欲将观海堂藏书出售，时任教育总长的傅增湘极力推动当局以七万余金将这些珍宝购为国有，庋藏于政事堂。由于北洋政府的介入，杨氏藏书得以入藏公共图书馆，并得到较好的保存，嘉惠后世。

杨守敬能学有大成，离不开友朋指导、引荐，其交游面的拓展，促进了其学术积累与升华，如任驻日使馆随员期间寻访求得大量善本，回国后乃与柯逢时、徐恕并列武昌三大藏书家，访书藏书经历使得其版本目录学功夫日益提升。杨守敬的生活始终不够宽裕，这也影响了他的学术事业，他为刊刻书籍四处奔波，为了谋生，他甚至将学术转变为营生手段。在社会剧变的时代背景下，如杨守敬一样的传统士人不断地调整生活状态、适应新的时代要求，其经历颇值得关注。

---

① 杨守敬：《寄罗振玉之三》，《杨守敬题跋书信遗稿》，第188—189页。

清末美国人镜头中的打箭炉藏族明正土司及其女儿婚礼*

赵艾东

（四川大学中国藏学研究所）

光绪三十年至三十四年（1904—1908），美国传教士史德文（A. L. Shelton）夫妇在打箭炉（1908 年更名“康定”，俗称“炉城”）[①] 拍摄的照片和记述，是珍贵的地方记忆，成为今天研究清代藏族明正土司和川边风俗的珍稀原始史料。其中，尚未见学界对明正土司女儿婚礼合影及相关史实进行研究。本文从该照片的来源、文字说明及展现的服饰等原始史料切入，结合国内文献，对合影者的身份和服饰、土司家庭及土司死亡进行考察。这一研究有助于从多维度深入认识清代藏族土司、川边社会风俗及满汉藏文化的互动和交融。

一　明正土司女儿婚礼照片来源及在美发表

明代永乐五年（1407），朝廷设“长河西鱼通宁远宣慰使司”；清康熙

* 本文系国家社科基金重大招标项目“美英涉藏档案文献整理与研究”（18ZDA192）阶段性成果，是在《20 世纪早期美国医生镜头下的藏族明正土司及其女儿婚礼》（载段峰《外国语言文学与文化论丛 14》，四川大学出版社 2019 年版，第 153—160 页）一文基础上修改和补充而成。

① 史德文是 20 世纪早期将西医传入川边的重要人物，参见赵艾东《二十世纪初美国传教士史德文在康区打箭炉的医疗活动》，《中国藏学》2008 年第 3 期，第 115—120 页。学界对打箭炉的更名时间有 1907 年或 1908 年两说，本文采后者，原因为：1907 年“巴、里塘改土归流请设道府州县折（光绪三十三年七月）”中称“拟将”打箭炉改为康定府，参见四川省民族研究所《清末川滇边务档案史料》编辑组《清末川滇边务档案史料》（上），中华书局 1989 年版，第 142 页；光绪三十四年（1908）七月，打箭炉升直隶厅为府，改称康定府，参见傅嵩炑《西康建省记 · 西康府厅州县》，中华印刷公司 1932 年版（1911 年初版），第 98 页；吴丰培《赵尔丰川边奏牍》，四川民族出版社 1984 年版，第 10 页；康定县志编纂委员会编《康定县志》，四川辞书出版社 1995 年版，第 12、35 页。

四十年（1701）“复设明正司”，从此“明正”见于史册，该宣慰使司亦称“明正土司”[①]。清代职官体系中，“宣慰使司”的土司职衔为四等。[②]从1407年至1922年末代明正土司死亡，其共有12代，历时515年；且“历代土司一直保持与中央的关系，对西南边疆的巩固，民族团结等作出了一定的贡献”[③]。图1展现的便是末代明正土司甲木参琼珀（汉名甲宜斋）女儿婚礼上的合影，由史德文摄于打箭炉（康定）。1919年史德文从巴塘返美，将与该图相同画面的照片（而非底片）带回国后，赠送了一张给纽华克博物馆，照片说明称其拍摄于“20世纪早期”[④]。但纽华克博物馆所存照片中仅有右边三人，左边两人的画面被剪切了，画面中却仍保留着未剪切的左二妇女的衣袖和裙角。

1921年史德文在美国《国家地理杂志》（*The National Geographic Magazine*）上发表了一篇长文《生活在东部藏区的人们中》，文中配有一些插图，包括与图1画面完全相同的照片，其标题为“甲拉王的女儿及其新郎”（“The Daughter of the King of Jala and Her Bridegroom”）。照片说明称：“她身着新娘长袍，新郎（中间）站在其右侧。甲拉的首府为打箭炉，所辖范围包括巴塘以东的两个省。”[⑤] 由此途径，该照片的画面第一次较广泛地出现在西方公众的视野中。照片说明中的“两个省”即指四川省和当时拟建的西康省。1923年出版的《藏地史德文》（*Shelton of Tibet*）一书为史夫人所撰；书中也将图1照片作为插图，标题为“正在举行婚礼的甲拉王之女儿”（“The King of Chala's Daughter, at Her Wedding”）[⑥]。该照片问世约半世纪后，1972年纽华克博物馆出版了一本关于史德文的画册，其中一张照片即是图1中仅有右边三人的婚礼合影，英文说明称：“婚礼上甲拉王站在女儿的右侧；打箭炉是其所辖省份的首府。甲拉王的公主全身穿着

---

① 参见康定县志编纂委员会《康定县志》，第418页。

② 龚荫：《中国土司制度简史》，四川人民出版社2014年版，第304页。

③ 康定县志编纂委员会编：《康定县志》，第425页；冯有志：《末代明正土司甲宜斋和他的三个儿子》，载中国人民政治协商会议甘孜藏族自治州康定县委员会《康定县文史资料选辑》第一辑，康定政1987年印，第73页。

④ 对2012年纽华克博物馆提供的资料查阅，谨此致谢。

⑤ Albert L. Shelton, “Life among the People of Eastern Tibet”, *The National Geographic Magazine*, Vol. Xl, No. 3, 1921, p. 301.

⑥ F. B. Shelton, *Shelton of Tibet*, New York: George H. Doran Company, 1923, p. 49.

图 1 末代藏族明正土司女儿婚礼上的合影（史德文摄于 20 世纪早期）

资料来源：Aidong Zhao，Xiaoling Zhu，*Far*，*Far Away in Remote Eastern Tibet*：*The Story of the American Doctor Albert Shelton and His Colleagues from the Disciples of Christ* 1903—1950，St. Louis：Lucas Park Books，2014，p. 22；该图片版权属于美国基督会，感谢美国基督会同意在本文中使用。

华丽服饰，是典型的中国美人（或汉族美人）；新郎站在她的左侧，身穿典型的康巴服饰，头戴毛边礼帽。”① 这一介绍有三个问题：一是误认为照片中身穿汉装的唯一妇女是藏族明正土司之女；二是语意含糊不清，英语“Chinese beauty” 可译为“中国美人” 或“汉族美人”，因“Chinese”有“中国的”“汉族的”之意；此妇身穿汉装，编写者据其服饰风格称之为典型的“Chinese beauty”，但问题在于，她究竟是藏族血统的“中国美人”还是“汉族美人”？三是称在明正土司所辖省里，“打箭炉为首府”，这一表述存在时空错乱的问题。清末朝廷拟建西康省，但未果。宣统三年（1911），明正土司缴印，改土归流②。民国时期，西康省的筹建经历了漫

① Valrae Reynolds，“Journey to Tibet：One Man's Experience，1904 – 1922：Photographs from the Dr. Albert L. Shelton Archive”，*The Museum*，Vol. 24，No. 2 & 3，1972，p. 32.

② 傅嵩炑：《西康建省记 · 明正改流记》，中华印刷公司 1932 年版（1911 年初版），第 34 页。

长过程；民国二十八年（1939）元旦省政府才成立，故明正土司并未管辖过西康省。以上错误和语意的模棱两可使西方读者难以了解真实的史事，极易形成种种误解，故有必要对照片中的人物和有关明正土司的史实进行考察。

二　史德文参加土司女儿婚礼及拍照缘由

图 1 中末代明正土司甲宜斋，是史德文认识的第一位藏人。光绪二十九年（1903）秋，史德文来华，次年春在从南京前往打箭炉途中经嘉定府（今四川乐山）时，与结伴从打箭炉到来的内地会（China Inland Mission）传教士徐丽生（T. Sorenson）和明正土司相遇。土司此行是前往佛教圣山峨眉山朝圣①，及至成都史德文记述道："我们在嘉定首次遇到藏人，即'打箭炉王'，他正前往该省首府成都……'打箭炉王'身染微恙，通过徐丽生请我为他治疗。他是我的第一位藏族病人。我俩的友谊始于那时并持续至今。"②

"打箭炉王"即明正土司。乾隆十年（1745），明正土司被准许驻打箭炉城③，故又称"打箭炉土司"。史德文等人在英文记述中将其译称为"打箭炉王"（King of Tachienlu），原因当有二：一是汉语"土司"类似西方的"王"（King）；二是藏语中藏人称其为"王"，尊称"嘉拉甲波"。"嘉拉"为汉语音译，也有"卡拉""甲拉""甲"等音译，意为"汉族"④；这本为其家族名，后"引申为明正土司所辖之区"；"甲波"即藏语"王"的汉语音译。过去，明正土司官高地大，辖咱里古土司、鱼通甲土司及 48 个土百户⑤。据民国十八年（1929）任乃强调查，其原辖境"南抵云南界，西抵雅江，北至道孚，北东包丹巴县大部及孔玉区，鱼通、

① Flora B. Shelton, *Shelton of Tibet*, New York: George H. Doran Company, 1923, p. 57.

② Albert L. Shelton, *Pioneering in Tibet: A Personal Record of Life and Experience in Mission Fields*, New York: Fleming H. Revell Company, 1921, pp. 23 – 24.

③ 参见康定县志编纂委员会编《康定县志》，第 418 页。

④ 格勒编著：《甘孜藏族自治州史话》，四川民族出版社 1984 年版，第 100 页。

⑤ 冯有志：《西康史拾遗》（上），甘孜藏族自治州政协文史资料委员会 1994 年编印，第 6 页。

穆坪、咱里、冷边、沈村各土司皆其附庸，境土万里，为西康第一大'国'"①。改土归流后，明正土司在藏民中"威信犹存，还有一定的潜势力"；"如向藏民提到明正土司，知者还少，如说甲拉阿加，则无人不晓"②。故史德文在炉城期间跟随藏人学藏语，应了解"嘉拉甲波"的称呼。但问题是，他称"甲拉的首府是打箭炉，是巴塘以东的两个省"，虽对"甲拉"一语引申为1911年改土归流前"明正土司所辖之区"的理解正确，但"甲拉"实非"两个省"。

至于史德文与土司的关系，史夫人也记述道：明正土司在嘉定期间经史德文治疗并用药，病情明显好转；后来其夫妇在打箭炉期间和在迁往巴塘后，均得到土司的"种种关照"③。故史德文夫妇与明正土司之间的友谊当为其应邀参加婚礼并拍照的原因。

三 合影者的身份及服饰

五人照和三人照当中的人物及其服饰、明正土司越狱和自尽的过程均涉及鲜为人知的史实，故以下做一考察。

（一）五人照和三人照当中的人物

前文中的照片展现了清末打箭炉或康定地区（乃至川边）最有权势和富贵的藏族家庭中的婚礼。康定藏人的传统婚俗中，"讲排场的正规婚礼"全过程含有多个环节。其中，婚礼举行之前，男方和女方家庭要分别为新郎和新娘准备新衣服和新靴子，并要请银匠打制首饰等饰物④。当预先订

---

① 任乃强：《民国川边游踪之〈西康札记〉》，中国藏学出版社2010年版，第78页；任乃强：《康定县视察报告》，载赵心愚、秦和平《康区藏族社会历史调查资料辑要》，第270页；郑少雄：《汉藏之间的康定土司：清末民初末代明正土司人生史》，生活·读书·新知三联书店2016年版，第71页。

② 也有藏语方言称其为"甲拉阿加"，译为汉文也意为"甲拉国王"，参见冯有志《末代明正土司甲宜斋和他的三个儿子》，载中国人民政治协商会议甘孜藏族自治州康定县委员会《康定县文史资料选辑》第一辑，康定政协1987年印，第77页。

③ 赵艾东：《二十世纪初美国传教士史德文在康区打箭炉的医疗活动》，《中国藏学》2008年第3期，第117页。

④ ［英］孔贝：《藏人言藏：孔贝康藏见闻录》，邓小咏译，四川民族出版社2002年版，第60页。

好结婚仪式的日期临近时，还要请占卜先生挑一个吉日。婚礼的前一天，男方让迎亲的骑士们到女方家去；他们在女方家里举行宴席后，“开始唱歌、跳舞、玩耍，通宵达旦”；“整个婚庆过程中，新娘一直待在闺房里，不见外人”。翌日，按预定的时辰，新娘从闺房中被领出，由几名伴娘相拥相陪，交给迎亲的骑士。新娘的“交接”仪式举行后，迎亲队伍遂开道返回男方家。“新娘进门后，筵席便开始。所有迎亲骑士、亲戚、朋友聚在一起，吃喝谈笑，热闹非凡。”通常，女方的父母若年纪不是太大，会到男方家里参加婚庆。婚礼庆典持续一个礼拜、两个礼拜或者几个月不等[①]。因此，合影照片究竟是在新娘离开明正土司官寨前拍摄的还是被接回男方家里后拍摄的？这一史实有待考察。但据当地婚俗，男方当来自与明正土司处于同一社会阶层或同为贵族的家庭。由此，合影中有三人的身份可以确定：右一为明正土司，左二为新娘，中间为新郎。

那么，余下的左一和右二为何许人？既然合影摄于婚礼上，其最有可能为明正土司的家庭成员。这就产生了一系列有趣的问题：身着华丽汉装的妇人（右二）是谁？从其年龄和坐于土司身旁的位置看，极可能为土司的妻妾或其女儿的生母，但史德文并未说明。那么，他在回避什么？史夫人则记述了其所了解的土司家庭及其小女儿，写道：“明正土司有数个妻妾和众多仆人。由于他本期望此女是个儿子，便从小把她打扮成男孩的模样。这个小女儿出行骑羊，羊载着她跑得疯快。多年后此女在打箭炉城嫁了人，但未曾听说她过得幸福或是悲惨。”[②] 故土司身旁的妇人当为其妻或妾。那么，她究竟是藏人或汉人？今仍不得而知。

上述纽华克博物馆出版的画册中所展现的画面则仅为该照片的右半部，即从原五人合照中剪切掉了左边两人的画面，仅留下右半部三人，即明正土司、身着汉服的中年妇人及藏族新郎。但三人合照的文字说明却称，唯一的妇人（着汉装）是土司的女儿[③]。这一说明有误，理由有三。一是其信息为二手来源，该照片拍摄者史德文在五人合影的说明中已注明“新郎（中间）”站在土司女儿（左二）的“右边”。二是五人合照中两位

---

① ［英］孔贝：《藏人言藏：孔贝康藏见闻录》，第60—62页。

② Flora B. Shelton, *Shelton of Tibet*, p. 57.

③ Valrae Reynolds, “Journey to Tibet: One Man's Experience, 1904 - 1922: Photographs from the Dr. Albert L. Shelton Archive”, p. 32.

妇女的年龄明显有悬殊：三人合照中的唯一妇女为中年人，五人合影中身穿藏族华服的女子（左二）看上去既非中年妇人且身着盛装，显然是新娘。三是据民国文献，川边藏人的结婚年龄，女子大都在18—28岁，男子大多为16—32岁①。从新娘和新郎外貌的年龄般配度看，三人合照中的唯一妇女比新郎明显年长许多。故史德文本人的说明最为可信，身着汉装的妇人是新娘的可能性极微。这同时还产生了另一问题，即纽华克博物馆所存照片究竟原本残缺（史德文赠予时就剪切掉了左边两人的部分），或是馆员因无法确定五人合照中每人的身份而“一剪了之”呢？今仍不得而知。

将中外史料和照片结合起来，产生了更多问题：明正土司究竟有几个妻妾和几个女儿？照片中土司身旁的妇人究竟是身着汉服的藏人，还是兼有汉藏血统的“团结族”，或是汉人？据康定文史资料和传闻，笔者在对民国时期康定城的锅庄考察中发现，城内康化小学旁的包家锅庄，也被当地人称为“水桥子包凤英锅庄”，主人包凤英又称“甲包氏”。该锅庄藏文汉译名为“郎白莎”，藏语原文为“ནང་དཔོན་ཚ།”，意为“内臣院”，所司职责是管理土司的衙内事务，该锅庄主人包凤英与明正土司有亲属关系；但具体是什么关系，当地人也不清楚。有人称，她是土司之女；有人说，她是土司之妾。她后来嫁给李海庭，该锅庄即更名为“李海庭锅庄”②。又据民国中期调查，此李家锅庄的地点在中正街。改土归流前，该片房产为明正土司所有，民国二十二年（1933）前后李海庭从当时的包家锅庄主人包洪银手中购得③。在康定地方档案中，“包凤英”确有其人且拥有土地，但民国十年（1921），她将其名下位于“水桥子”的另一处面积为二十余丈的地亩以银价30余两卖给美国安息会传教士安医生④。民国后期报刊文

① 《西康综览》（正中书局1941年版），载丁世良、赵放《中国地方志民俗资料汇编·西南卷》（上、下），北京图书馆出版社1991年版，第396页。

② 高济昌、来作中：《康定锅庄传闻录》，载政协四川省甘孜藏族自治州委员会《甘孜藏族自治州文史资料选辑》（3），政协四川省甘孜藏族自治州委员会1985年印，第131—132页。

③ 任汉光：《康定锅庄调查（续十一卷六期）》，《西康统计季刊》1948第7期，第29页。

④ 一区团总：《呈报教会购买地亩调查表一份》，《伪西康省康定县（民国十八年四月至十九年四月）》，1930年，甘孜州档案馆藏，资料号：2－20－32，第22—24页。

章亦载："今明正土司绝嗣，仅有孀妇数人，无号召能力。"[①] 传闻与调查大致说明了甲宜斋有数个妻妾，死后留下数位"孀妇"。那么，合照中的中年妇人是哪位妻妾，新娘是否即是史夫人记述中的那个小女儿或是当地传闻中的甲包氏？因史料有限，今仍不得而知。

甲宜斋身亡后留下三子：次子甲联科，民国十五年（1926）在雅安"文官仕学馆"学习期间身染重病，不久后去世；幼子甲联芳，民国十六年（1927）后"去木雅入赘"，次年承袭穆坪（木坪）土司，后为其下属所杀；长子甲联升，曾在德格学过藏医，两弟弟死亡后便回到康定，与甲联芳的遗孀成婚，并署理土司署的事务，后曾被二十四军委任为运输队长[②]。那么，照片中的藏族青年（左一）是明正土司的哪个儿子，或是否为史夫人记述中女扮男装的女儿？虽无更多史料可证明，但从明正土司的家庭成员和婚俗看，该青年很可能为其子女。

（二）合影者的服饰及满汉藏文化的交融

照片中满汉藏三族的服饰和着装以及背景中传统的中式窗格，反映了清末藏族明正土司家族内部生活方式的多元色彩和满汉藏服饰文化的交融[③]。就康巴藏人的传统服饰而言，史籍记载：

> 古时康人之衣惟一羊裘，男女老幼毕生四季，亦仅羊裘。衣长三四尺，袖长大过膝，圆领无钮，旁不开岔（注：原文如此）。腰间束带，提裙及膝，臃衣成囊，放置日常用物。衣袖反卷，右臂常裸，袖口扎于腰带……康人羊裘，不仅日以为衣，夜复为被。贫者面不挂布，生活较优者以獐皮为之，富者始以蓝布为面。边地毛皮低廉，布匹价昂，如此一袭，所值甚贵，非土司、头人无力制备。其最上者则用绸缎，更于领襟、下裾缘嵌獭皮为饰，约值藏洋二百元（折合法币

---

① 朱祖明：《明正土司之过去与现在（附表）》，《康导月刊》1945年第6卷第5—6期，第33页。

② 冯有志：《末代明正土司甲宜斋和他的三个儿子》，载康定县政协《康定县文史资料选辑》第一辑，第75—76页；康定县志编纂委员会编《康定县志》，第424—425页；任乃强：《康区视察报告第二号——康定县》，《边政》1929年第2期，第18页；朱祖明：《明正土司之过去与现在（附表）》，第33页。

③ Albert L. Shelton, *Pioneering in Tibet*, p. 301.

约一百元）。惟大土司始能衣此，视为礼服，于谒见尊长、盛宴大会之时着之。[①]

出生并成长于甘孜藏族自治州甘孜县的藏族学者格勒提供了有关藏袍的更多细节：“藏袍用绸缎、布、氆氇等制成。男袍以黑、绛、红、黄等色为主，女袍以绛红、青、蓝绿等色为主。按季节有单、夹、棉、裘之分，穿时腰间扎各种质地花色的宽长衣带。”[②] 将合影中的服饰与以上文字描述对比，可见清末藏族土司家庭成员的盛装情形。

首先，从照片展现的画面看，仅有新娘新郎身穿传统的藏袍，其服饰十分华丽，但在细节上又体现了藏汉满服饰文化的融合。

一是上文记述中川边“布匹价昂”、贫者“面不挂布”、“最上者则用绸缎”等细节显示了藏族土司和头人等富贵人家的传统服饰藏袍（或羊裘、长袍）的特色，尤其是在隆重场合所穿礼服的式样、面料、质地及价格。合影中新娘新郎的长袍面料富有光泽，新娘夹袍上精美的图纹若隐若现，当由来自内地汉族地区生产的昂贵的绸缎等面料制成；新娘长袍的袖襟宽大且长，阔边镶有图纹，颇似清末满族妇女旗袍的袖襟式样，长袍的下摆则为绲边[③]。总之，新娘、新郎的藏袍面料融合了汉满两族贵族用料的讲究和制衣工艺精美的特点。

二是富有藏袍的传统特色。藏族女袍“近似男装”，贵族、富商及有文化的人，长袍的“下摆一般长过膝盖”[④]。新娘、新郎的长袍均体现了此特点。同时，传统的“藏袍一般以豹皮、虎皮、獭皮镶领襟、袖口、下摆”，这一习俗历史悠久，最初是军功等级的标志，后来演变为“财富的标志”的民俗[⑤]。新郎长袍的领襟和下摆的镶边体现了此特点。

---

① 《西康综览》（正中书局 1941 年版），载丁世良、赵放《中国地方志民俗资料汇编 · 西南卷》（上、下），第 398 页。康人即指过去川边康巴藏族。藏洋为民国时期川边通用的一种货币；法币为民国中后期通行的货币之一。

② 格勒编著：《甘孜藏族自治州史话》，四川民族出版社 1984 年版，第 227 页。

③ 清末旗袍图文参见孔德明《中国服饰造型鉴赏图典》，上海辞书出版社 2007 年版，第 209 页。

④ 《甘孜藏族自治州概况》编写组：《甘孜藏族自治州概况》，四川民族出版社 1986 年版，第 51 页。

⑤ 格勒编著：《甘孜藏族自治州史话》，第 228 页。

三是头饰和项链等配饰华丽。史德文说明了新郎戴华丽的藏式毛边礼帽，但忽略了新娘的礼帽。藏族妇女佩戴头饰的风俗“世代相传”；女性从成年礼顶戴头饰开始“就要佩戴一生”的民俗一直延续着；体现了其审美“以多为美、以贵为美和追求吉祥”的特点①。同时，又据清代凡后妃命妇都以凤冠、霞帔为礼服，而一般汉族家庭的妇女在婚嫁时可以“借穿”凤冠、霞帔等习俗②，并据土司女儿礼帽的形状、图纹及帽顶的毛状饰物，可推测其所戴礼帽类似凤冠，由此反映了清末满汉藏服饰风俗的融合。藏族婚礼服饰中，新娘往往胸前佩戴佛珠、珊瑚项链、金项链等配饰。照片中土司女儿佩戴的粗大项链似为佛珠。

其次，明正土司夫妇及左一青年的着装均为清末流行服饰。清末国内服饰有两种风潮：其一，“很多勇于突破传统的女子纷纷以男装为潮流”；其二，“旗人与汉人的装饰正在逐渐趋向一致，导致很多时候很难分辨她们究竟是汉人还是旗人”，如旗装用上了汉装才有的立领；因此，“路上不仅旗人与汉人难以辨别，连男女都是混淆的”③。上述潮流为考察三人的服饰提供了依据。

一是明正土司身穿开衩长袍、长裤及开口鞋，外罩马甲，体现了清朝官员的身份。清代男子“以满族装束为主，袍褂成为主要常服”；清末一般百姓穿不开衩的长袍（又名“一裹圆”）④，同时马甲“流行开来，为一般官员所着，并成为一种半礼服性质的服装”⑤。有鉴于此，明正土司身着大襟（斜向右边系扣，俗称斜襟）深色马甲、侧面开衩的长袍显示了其官员身份。而左一青年，身着长夹袍（似侧面开衩），马甲为对襟、立领式样，头戴小礼帽，汉、藏、满的族别身份难以辨别，颇为时尚。两人的长袍均为当时流行的窄袖、筒身式样⑥。

二是明正土司之妻（妾）的着装，总体上看为清末流行的汉装。清代

---

① 青梅曲措：《藏族妇女头饰的种类及其特点研究》，载罗桑开珠、周毛卡《红珊瑚与绿松石：藏族服饰论文选集》，中国藏学出版社 2016 年版，第 395—396 页。

② 参见孔德明《中国服饰造型鉴赏图典》，第 210 页。笔者查阅了多种藏族服饰文献，尚未发现与明正土司女儿所戴礼帽相同和类似的图片和记述。

③ 青梅狐狸：《图解中国传统服饰》，江苏凤凰科学技术出版社 2019 年版，第 106—107 页。

④ 参见孔德明《中国服饰造型鉴赏图典》，第 207 页。

⑤ 楼慧珍等：《中国传统服饰文化》，东华大学出版社 2003 年版，第 81 页。

⑥ 清末长袍马甲式样参见孔德明《中国服饰造型鉴赏图典》，第 208 页。

汉族妇女主要的服饰是“上穿衫袄，下着裙裤”；衫袄“较长大，长度在膝盖以下，衣领用斜领或圆领，有的也用高领，有时还在衫袄之外罩一件无领无袖齐膝的长背心。领、袖、下摆多镶滚花边。有单、夹、皮、棉之分，色彩多样”。作为礼服的裙袄的特色是：“裙子穿在衫袄里面，以红色裙最为吉祥，大喜庆日、嫁娶迎春等场合一般都穿红裙。”① 据以上细节描述，土司之妻的着装当为汉装，但融合了满藏两种服饰元素：深色长袍（也似长裙）当为红色，缎面（或布面）上织有象征吉祥喜庆的清代典型的团形纹图案②，衣领为斜领式样（既是汉装，也类似藏装，但有别于满服的衣领式样），袖襟宽大且长过手臂（显示出贵族特点，而非齐手腕的普通长度式样）且镶浅色宽边和深色花边，下摆为绲边，总体看又与藏袍有几分类似。

总之，以上具有藏汉满三族特色的服饰与不同民族服饰文化交融的图景，显示了清末显赫的藏族大土司的女儿婚嫁服饰有别于普通藏族服饰的特点，也显示了川边藏族富贵人家既保留着藏族的传统婚俗又乐意接纳满汉服饰文化的服饰时尚。实际上，从土司及其家庭成员在婚嫁仪式上的着装这一维度也依稀可见明正土司对中央王朝和满汉民族的态度。

（三）1922 年明正土司越狱和自尽过程中鲜为人知的细节

除史德文拍摄的照片外，生活在打箭炉的史夫人据其见闻，记述和收录了有关末代明正土司越狱和自尽过程中鲜为人知的一些细节。

光绪二十八年（1902），明正土司甲木参琼望病故后，乏嗣，清廷令其胞弟甲木参琼珀（甲宜斋）承袭其位；光绪三十一年（1905），甲木参琼珀因出兵泰宁协助清廷剿办阻挠开办金厂的喇嘛有功，被川督锡良奏请赏以总兵衔。宣统三年（1911）改土归流后，明正土司的实权仍存，民国四年（1915）被授以康定总保正之职；民国六年（1917）汉藏冲突中，因其在川边颇有影响，被川边镇守使陈遐龄派作代表参与同西藏地方政府

① 女式汉装图文参见孔德明《中国服饰造型鉴赏图典》，第 210 页。

② 团形纹，参见孔德明《中国服饰造型鉴赏图典》，第 205 页（“慈禧常服像”）；青梅狐狸《图解中国传统服饰》，第 98 页（“图 1－227”）。“清代的织物纹饰继承明代的汉文化特征，其纹样多为吉祥图案”，“其结构形式多以团形纹、适合纹、菱形纹、散点纹为主”，清代花缎上织有团花等团形纹，参见赵晓玲《服饰文化纵览》，山西人民出版社 2007 年版，第 126 页。

人员的谈判。民国十一年（1922），甲宜斋被镇守使署发现有叛意而被捕入狱，因深恐被杀，“遂与其家人策划逃跑”；后在属下协助下越狱，但次日身亡[①]。关于末代明正土司的经历，国内文献记述虽丰，但对西方人的记述和报道有所忽视。近代在中国出版时间最长、发行量最大、最具影响力的外文报纸为《北华捷报》《字林西报》。其中，《北华捷报》（*North China Herald*）创办于1850年（道光三十年），是上海第一家英文报刊；《字林西报》创刊后，《北华捷报》成为《字林西报》的星期附刊，继续出版。该报报道了“甲拉王”的越狱和死讯，其中一些信息可以弥补国内汉文史料和口述史中的不足。

一是甲宜斋的下属助其越狱的日期经过精心挑选。民国十一年（1922）5月31日，即农历五月初五，为中国传统的龙舟节（The Dragon Festival）或端午节，边城康定的汉藏百姓称之为“天中节”。民国时期，该日康定城的“男女大小均相率出游，俗云游山”[②]。据西人报道，按当地习俗，端午节这天，康定汉藏百姓“一般都在过这个汉族节日”，地方官员们也会对监狱放松警惕，百姓都在吃喝玩乐，也会放松警惕，因此，越狱行动便选在当晚启动[③]。

二是越狱的方式是甲本人和助其越狱者分别从狱墙内外两面同时相向挖洞，使之连通，甲便能得逃[④]。这与康地地方文献中的记述有所出入，后者称甲“以重金买通狱卒”并安排好越狱事宜后，“从监狱内掘墙逃出”[⑤]。

三是甲逃出监狱后无人接应的原因及自尽细节。当地人回忆称，外面接应的人听到有枪声，误判了情况，立即策马逃走[⑥]。但据西人报道，无人接应的原因“纯粹是”对内外挖洞的位置和高度的计算失误，即内外配合不当造成：协助者从狱壁外挖洞的位置大大低于狱内地面的水平高度，而要将洞挖通，估计得挖到“伦敦塔的高度”。故次日（6月1日）晚，

---

① 赵艾东：《二十世纪初美国传教士史德文在康区打箭炉的医疗活动》，《中国藏学》2008年第3期，第117页；冯有志：《末代明正土司甲宜斋和他的三个儿子》，第74页。

② 《康定社会概况调查》，《西康统计季刊》1948年第7期，第7页。

③ Flora B. Shelton, *Shelton of Tibet*, New York: George H. Doran Company, 1923, p. 59.

④ Flora B. Shelton, *Shelton of Tibet*, p. 59.

⑤ 冯有志：《末代明正土司甲宜斋和他的三个儿子》，第74页。

⑥ 冯有志：《末代明正土司甲宜斋和他的三个儿子》，第74—75页。

甲自己挖通了壁洞，逃出后发现既无马匹也无友人接应助其远逃，而康定全城“昼夜都在严密的监控之下”。他在绝望中“支走了仆人，让其去转山，自己则走到河边，挖掘了一个浅坑，溺水身亡”。次日晨，人们发现了土司的尸体，其怀里还揣着护身符、佛像、藏语祈祷文[①]。这与当地人的说法可以互为补充：“甲知难逃，取出预藏在‘嘎乌’内的‘仁青日布’吞下，窒息死于北门外雅拉河畔。”[②] 即他吞下了预备在“碗”（嘎乌）中的“名贵藏药”（仁青日布）后，窒息而死。

总之，康定末代明正土司作为川边地方社会的重要人物，其生前的作为及死亡事件对地方社会的变迁均有影响。史夫人评价：“该土司未逃走，对打箭炉及整个川边来讲真是件幸事。”[③] 因而，对该土司的考察对于进一步认识地方社会的变迁具有重要意义。

结　语

综上所述，通过对 20 世纪早期美国医生史德文所拍摄的藏族明正土司女儿婚礼照片进行考察，文章纠正了西方出版物中的几处错误，确定了照片中原明正土司、新娘及新郎的身份，对其余二人的身份做出了初步判断。将照片与中外史料结合起来，还探讨了合影者的服饰及其反映的满汉藏服饰文化的交融、明正土司家庭及土司死亡的细节。本文考察过程中的系列疑问则展现出一个开放性的探索空间，对促进清代藏族土司及其家庭变迁研究、土司制度下川边社会风俗及满汉藏文化互动等研究具有多方面的学术价值。

① Flora B. Shelton, *Shelton of Tibet*, pp. 59 - 60.

② 冯有志：《末代明正土司甲宜斋和他的三个儿子》，第 74 页。

③ Flora B. Shelton, *Shelton of Tibet*, p. 60.

师婆会、秃奶奶传说及民间女巫神化

——以山西上党地区的田野调查、民间文献和口述为中心*

姚春敏

（山西师范大学华北文化中心）

女巫又称师婆、巫女、巫婆，是神界与人界的沟通者，[①] 也是中国传统社会中巫术的主要承担者。从词源角度看，“巫”本就是指女性，《说文解字·巫部》：“巫，祝也。女能事无形，以舞降神者。”早在《周礼》中就规定女巫负责礼法、祭典，特别是向社稷山川求神。“女巫掌岁时祓除、衅浴、旱暵，则舞雩。若王后吊，则与祝前。凡邦之大灾，歌哭而请。”[②] 秦汉时期，女巫不独在官方祭祀和宫廷生活中扮演了重要角色，在民间也占有重要的地位，形成了特定的行业。[③] 唐宋时期，尤其是宋代之后，巫觋（主要是女巫）影响力开始减退，但衰而不竭。中国古代巫觋“从中心到边缘”的过程中，宋代是其彻底边缘化的转折点。[④] 元代普遍存在巫觋信仰，边疆少数民族地区此风更盛。[⑤] 明清时期的女巫民间化趋势加强，呈现出更为复杂的特点。

相较于男巫而言，在传统社会中，女巫分布地域更广、延续时间更

---

* 本文是国家社科基金项目“明清时期山西碑刻题名整理与研究”（编号 14BZS028）、山西省高校人文社科重点研究基地项目“上党地区赛社文化的考察与研究”（编号 2016328）阶段性成果。

① 关于女巫的名号还有“仙”“师娘”“看香头”“神姐”等，详见小田《论江南乡村女巫的近代境遇》，《近代史研究》2014 年第 5 期。

② 先秦时期的女巫研究，可见王贵元《女巫与巫术》，河北人民出版社 1991 年版。

③ 详见王子今《古史性别研究丛稿》第二章《战国秦汉时期的女巫》，社会科学文献出版社 2004 年版。

④ 详见李小红《宋代社会中的巫觋研究》，光明日报出版社 2010 年版；方燕《巫文化视域下的宋代女性》，中华书局 2008 年版。

⑤ 详见陈高华《元代的巫觋与巫术》，《浙江社会科学》2000 年第 2 期。

长、从业人数更多，也更深入百姓的生活。女巫与尼姑、产婆等妇女角色一样，都是跨越内外藩篱，出入公私领域的人物。① 彭慕兰认为："地域崇拜的社会组织，可能显示出了在华北贫穷的乡村地区非常规的真正结构。那里国家和儒家绅士的势力都不强，有影响的是村里的老者、衙役、巫医、媒婆等。"② 明清女巫是一个特殊的女性群体，在明清小说、戏剧以及文人笔记中有大量的文字记录。在传统社会中，随着儒学渐为正统，巫术被认为是淫祀，上层阶层认为巫觋不利于统治，巫觋不再被统治者认同，甚至被严厉禁止。

明清时期的各类法律条文均对女巫有所限制。《大明律》有"禁止师巫邪说"规定："凡师巫假降邪神，书符咒水，扶鸾祷圣，自号端公、太保、师婆，及妄称弥勒佛、白莲社、明尊教、白云宗等会，一应左道乱正之术，或隐藏图像，烧香集众，夜聚晓散，佯修善事，煽惑人民，为首者绞；为从者，各杖一百，流三千里。若军民装扮神像，鸣锣击鼓，迎神赛会者，杖一百，罪坐为首之人。里长知而不首者，各笞四十。其民间春秋义社，不在禁限。"③

《大清律例》也有："凡师巫假降邪神，书符咒水，扶鸾祷圣，自号端公、太保、师婆及妄称弥勒佛、白莲社、明尊教、白云宗等会，一应左道异端之术，或隐藏图像，烧香集众，夜聚晓散，佯修善事，煽惑人民，为首者，绞。为从者，各杖一百，流三千里。若军民装扮神像，鸣锣击鼓，迎神赛会者，杖一百，罪坐为首之人。里长知而不首者，各笞四十。其民间春秋义社，不在此限。"④ 该条几乎全部抄自《大明律》。师婆为女巫。这里意指巫能自命端公、太保及师婆等称号，作为异端法书，如用圆光画符等以致死者，照斗杀律，拟斩监候；未致死者，杖一百，流三千，为从者，各减一等。⑤

---

① 李贞德：《最近中国宗教史研究中的女性问题》，载李玉珍、林美玫主编《妇女与宗教》，台北里仁书局 2004 年版。

② 彭慕兰：《泰山女神信仰中的性别、权力与多元文化》，载［美］韦思谛编《中国大众宗教》，陈仲丹译，江苏人民出版社 2006 年版，第 123 页。

③ 怀效锋点校：《大明律》，法律出版社 1999 年版，第 89 页。

④ 田涛、郑秦点校：《大清律例》，法律出版社 1999 年版，第 277 页。

⑤ 李鹏年、刘子扬、陈锵仪编著：《清代六部成语词典》，天津人民出版社 1990 年版，第 393 页。

明清实录中也频频出现对女巫约束与控制的记载。如《道光朝实录》中有：

如该御史所奏，苏州府城西十里楞伽山。土人立五通祠，前于康熙年间，毁祠踣象，日久禁弛，赛飨如故。及女巫假托神语，按簿还愿，陋习相沿。不独苏州一府为然。不可不严行饬禁。著孙玉庭、韩文绮，即饬所属州县、将境内五通等淫祠，概行撤毁。毋任愚民赛飨结会。其女巫等，并著地方官出示晓谕。责令该家长等，严加管束。其一切创立邪说，哄诱愚民，烧香敛钱等事，随时访拿，严加惩治，以维风俗而正人心。①

其余实录胪列如下：

谕凡僧道巫瞽之流，止宜礼神推命，不许妄行法术、蛊惑愚众。②

朕实有见于天人感应之至理，而断不惑于鬼神巫祷之俗习，故不惜反复明晰言之。内外臣工黎庶，其共体朕意。③

严禁师巫，勿令蛊惑，亦保民之一端也。凡此皆不用严峻迫切。④

民间情况则完全相反，女巫是“与民生相依而不可离者”⑤。尽管官方对巫觋及其活动十分鄙夷，但巫觋文化和华北的地域文化相契合，在民间找到了更为广阔的生存发展空间，女巫在民间极为常见。不独在明清以及民国时期，即使在今天的乡村社会中，女巫几乎村村都有，只不过她们有了更多的地方性的命名，有巫之实，而无巫之名，其实质是换汤不换药的。

① 《宣宗成皇帝实录（二）》，《清实录》第三十四册，中华书局1986年版。
② 《世祖章皇帝实录》，《清实录》第三册，中华书局1985年版，第357页。
③ 《世宗宪皇帝实录（一）》，《清实录》第七册，中华书局1985年版，第516页。
④ 《高宗纯皇帝实录（一）》，《清实录》第九册，中华书局1985年版，第470页。
⑤ 瞿兑之：《释巫》，《燕京学报》1930年第7期。

相较于欧洲以及日本等国家对女巫研究而言，目前国内学界对女巫的研究还处在起步阶段，成果寥寥，尚无专文对此类人群进行专项研究。[①] 此类现象出现的主要原因在于：在传统社会中，女巫被大传统所鄙弃；而文献的书写权基本掌握在士绅手中，她们或者被污名化，或者湮而不彰，成为大量存在却说不得的一群人。笔者在十余年的田野调查中，接触了大量的民间女巫，此文便是以在山西上党[②]地区多年的田野调查为基础，辅以民间传说、碑刻、方志、文人笔记以及口述等，尝试解读明清以降民间社会中女巫集会、传说以及女巫神化。不足之处，请方家斧正。

师婆会与民间女巫兴盛

上党民间社会的师婆即是女巫的别称，师婆会即女巫集会。笔者在数年的田野调查中，常于寺庙中偶遇女巫集会，少者三两人，多者二三十人不等。通过查阅地方文献发现，在明清至民国时期的河北、山西、陕西等地，女巫集会已成为民间社会的常态。

例如，河北《武安县志》有：女巫代传神语，名为“师婆”，各乡皆有，城北尤甚。每岁而二三月，师婆群集，婆娑跳舞，男女聚观，俗称为“师婆会”。[③]

《唐县志》也载：在民国时期，这些跳大神的巫婆在这一地区的寺庙中是很普遍的，她们按照八字形跳舞，并且边跳边唱。“文化大革命”期间完全禁止跳大神的活动，而到了1983年，巫婆的活动又复兴了。[④]

其中以山西上党女巫集会记载尤甚。清代山西泽州高平一带祈雨，每

① 学界对先秦、两汉、唐宋以及近代女巫研究成果颇丰，而明清时期的女巫仅见许军《论明人小说中的造反女巫》，《民族文学研究》2012年第5期；庄恒恺《晚清民国时期福建的女巫“问亡”活动》，《黑龙江史志》2015年第5期。

② “上党”古代指山西东南部的泽州和潞州，即今天的晋城市和长治市。顾祖禹《读史方舆纪要》卷四十二论“郡地极高，与天为党，故曰上党”。

③ 参见丁世良、赵放《中国地方志民俗资料汇编·华北卷》，书目文献出版社1989年版，第472页。

④ 河北省唐县地方志编纂委员会编：《唐县志》，河北人民出版社1999年版，第631页。

到一村，首先都是由该村的师婆会接驾。[①] 清代至民国，山西长治屯留的西莲村一直流行着另一种民间艺术——师婆跪音乐。是村或者社举办的表演大聚会，其形式就是朝山进香，也叫摆香会。香会的主角就是从各村赶来的师婆。[②]

长治县荫城镇师婆会在三月三桃花女诞辰和九月九周公诞辰举行，一般在各自院内活动，还另请同行四五人到会，有男有女，男叫“神君”，女为“师婆”。他们有时也走上街头游串，围观者甚多，起着宣传、交流技艺和比试法力的作用。有一年就有二十多个男女巫师上街。他们手持扇鼓[③]，又跳又唱。师婆头戴“箍子”[④]，有的还插花戴柳。张奔子说：“其母李翠只就是师婆，系桑梓村王小海的徒弟。师婆的干儿干女很多，常常多至二三十人。每年师婆会大祭，干儿干女各带供品前来。师婆口唱歌词，带领干儿干女在院内‘跑五方’‘过刀门’。‘过刀门’是在院内用四张桌子垛成两个高台，每个高台上各竖一把铡刀，再把一把铡刀在两个高台竖起的铡刀上横绑起来，形成一座高高的‘刀门’。人从下面走过，就叫做‘过刀门’，以示辟邪祟。王小海还能口衔铡刀，在铡刀上放两碗水表演。”[⑤]

上党壶关二仙庙庙会时候，师婆们会自发地聚集在一起，手里拿着羊皮鼓，脖子上系着红布条，排成一个小队伍，每个人都会说着自己擅长的唱词，边唱边跳。如果香客不是很多，师婆们还会在庙内的空地上围成一个小圈，然后不停地走动。当地人称这种活动为“师婆会”。[⑥]

上见，清代与民国时期上党村落神庙迎神赛社期间总有大量女巫集会，远道而来的女巫吃住大都在庙里。如山西长治市潞城微子镇三仁祠，民国时候曾经有一二百师婆聚集在神庙中，诵经之声彻夜不停。师婆们之间都以姐妹相称。祠后有专门供女巫歇脚的临时铺位。潞城贾村碧霞元君

① 秦喜明主编：《陈庄村志》（内部资料），陈庄村志编纂委员会 2014 年版，第 273—274 页。

② 山西省屯留县麟绛镇西莲村委会编纂：《西莲村史》（内部资料），第 59—60 页。

③ 用铁架擎起的单皮鼓，鼓柄上有“九连环”，摇动时刷刷声响。

④ 布制，妇女头饰物，似帽，无顶，上有绣花，并缀有银器，如佛像、凤凰等。

⑤ 寒声主编：《上党傩文化与祭祀戏剧》，中国戏剧出版社 1999 年版，第 646 页。

⑥ 申轶群：《山西壶关二仙崇拜与赛社演剧研究》，硕士学位论文，山西师范大学，2015 年，第 48 页。

庙赛社时也提供七八个临时床铺。

女巫大型集会主要目的是宣传自己的法术，类似于一种广告。师婆会中女巫集会，动辄数百人云集斗法。民国年间的长治微子镇女巫集会，除了同行交流之外，为彰显被神灵附体的能力，还会进行比赛。她们会以爬树、爬山等活动来决出哪个神灵更快更强。[①]“在张马崖上，女巫们拐着禹步（大禹治水时，涉山川，使关节变形，病足，故行跛也。禹为圣人，俗巫们多效禹步，以借神力），几近狂颠，达到了上马的程度，有些小脚妇女，踏一脚能飞上丈余高的崖顶，忽上忽下，似飞如窜。有些女巫作出为天神献身的动作，为求雨露，动作大胆而夸张，披头散发，呻吟连连，如有天神招唤（召唤）即可与其同眠。”[②]

在此类活动中，女巫之间往往会产生一些纠纷，因此她们便会互相斗法，如陕西榆林于家沟玉泉寺，寺内有清泉，甘甜可口，止渴生津，健身除病，故招来了一个外地巫婆。外地巫婆屡次作法盗取水源都被本地一位著名女巫拦截。相传双方因为斗法过于猛烈，震塌了玉泉寺，因此该寺便改名为塌寺塬。[③]大型女巫集会有时候还会引起地方政府的恐慌，如明代高平有一县令姓毛，祖籍江苏镇江，将高平治理得还算可以，但这个县令某一天突发奇想，要组织一次高平境内的“巫婆大赛”（实际上是为了取缔这些巫婆）。于是，高平境内的巫婆就集中到了县衙之内，在毛县令的政治高压之下，许多巫婆原形毕露，丑态百出，难以发挥出传说中的功力和风采，但良户的一个巫婆上知天文，下知地理，穷推义理，详察人事，居然令毛县令理屈词穷，窘困不已。毛县令一怒之下，命令这名巫婆赤脚踩油锅鏊子，她顺利完成，毫发无伤，并责备毛县令治县无方，令他早日离开高平，否则将以法术伺候。毛县令十分惶恐，百般求饶，巫婆仍不理他。后来这个毛县令调往瓜州上任。良户村每年上演毛县令调往瓜州的情景，就是从这个传说而来，一直流传到现在，已经有几百年的历史了。[④]

女巫们频频参加集会，也形成了一些女巫团伙，她们大都以姐妹相称。笔者在乡村经常碰到两三个女巫聚集在一起，很多时候她们甚至吃住

---

① 口述：赵小红，65岁，微子镇居民。采访者：朱文广，2012年7月20日。

② 王方：《乡宁巫文化面面观》（未刊），第81页。

③ 榆林市民族宗教事务局编：《榆林庙宇传说》，三秦出版社2008年版，第250—251页。

④ 张建军主编：《良户村志》，良户村志编委会2012年版，第325—326页。

在一起。在田野调查中发现，上党很多地方存在姐妹庙，比如，当地非常流行的二仙庙，就是冲淑、冲惠姐妹俩的神祠，《良户村志》与《陈庄村志》中都提到，距离上董峰和陈庄不远的良户村，有座白爷宫，据说是马仙姑的弟弟。大姐在泽州县巴公镇的甘润村，二姐在高平县壶南岭的一座寺庙，三姐就是上董峰圣姑庙的马仙姑。①

女巫集会除了展示巫术为自己做广告以外，在一定程度上起到了一种妇女互助会的作用，她们努力争取独立、获得自我身份，逃脱父权意识形态对她们以及求助者的限制。相较于欧洲中世纪有组织的女巫集会而言，华北乡村的女巫集会多为自发和无序的，一般在一个大型庙宇迎神赛社活动期间，不同区域的女巫之间相互交流甚少，某种程度上她们彼此还有点竞争关系。女巫们各自顶着不同的神灵，彼此不允许越界，笔者 2014 年曾与一高平女巫相谈甚欢，2016 年再一次找寻她时，她已经患病去世，庙内的其他女巫借神灵话语言道：她顶错了神，在别人的神庙内私自占领地盘，因此被惩罚。

一部分居住较远的女巫会在寺庙的女神殿内临时住宿，另外一些则随会而来，会散而走。有些女巫极具表演才能，往往会公开在大众面前上神，大部分女巫则穿梭在人群中察言观色寻找受众。欧洲女巫集会经常举行性启蒙和嘲弄教会仪式的活动，以笔者对上党女巫集会的实际观察来看，她们一般不会有此类行为，有些女巫甚至上神后会高歌主神和政府。频繁的女巫集会有力地说明了民间社会的巫风颇浓，巫业兴盛。河北的《易县志》表明，清末民初，此地共有三百多个巫婆神汉。② 从集会规模上看，上党地区在清末民初时期女巫的数量应该远胜于此。

笔者曾有幸多次在赛社集会中看到这些师婆们“通灵”的技艺。他们一般有十几个人，年龄在 40 岁左右，以女性居多，也有个别男性，男女比例大致为一比五。赛社活动开始后，他们往往集中在正殿前，开始唱或者说，基本上独立完成，个别师婆会互相配合，但是比较鲜见。说唱语调与当地的上党梆子和上党说书类似，简单重复。如二仙③庙会，师婆唱曰：“大家都进来，大家都高兴，真泽宫奶奶你快来庙听，我们大伙跟奶奶都

① 张建军主编：《良户村志》，第 295 页。

② 河北省易县志编纂委员会：《易县志》，中央编译出版社 2000 年版，第 1100 页。

③ 二仙即为“乐氏二女”，是晋东南地区特有的地方性神灵。

说一声，奶奶在里面也高兴，不是奶奶分的清，不是老奶奶会通灵，老奶奶怎能把你引进宫。给老奶奶送仙灯，给老奶奶做新衣，让老奶奶快显灵，二仙奶奶你听一听，二仙奶奶她一定听得清……"① 招徕信众。一旦第一个女巫开口，其余每个人都会在殿前说一段，大致意思也是夸赞二仙奶奶神通广大、显灵造福的话语。他们农历四月十一下午来到殿前聚集，一是大家团聚练练说词，更重要的是，他们认为这是前来向二仙奶奶报到，让二仙奶奶赐予他们通灵的权利。稍晚的时候师婆们就在庙内的献殿居住，因为他们每年都会来，所以真泽宫的看管人员也都认识他们。②

秃奶奶传说与丑女成神

秃奶奶传说③是上党地区非常流行的一种地方女巫神化母题，据口述统计所流传村庄不下百座，它的广泛流传与当地女巫兴盛息息相关。除了大量的口述表达外，一些村落甚至把它作为文本整理出来，下文是山西省晋城市辛壁村的记载：

> 相传，在上古时，本村上冯街，姓冯家有个闺女，名叫爱花，长相虽不俊俏，但也说得过去，唯乌黑头发没有一根，是个光头，人称二十有几，仍没有嫁出去。有一年从沁水县蒲池李庄，来了一个少年，名叫李小三，先是给富户人家放牛牧羊，逐渐长大成人便给富户当长工了。后经人撮合，小三和爱花结为夫妻，男耕女织，苦渡时光。村的东南方有条大沟，叫大寨沟。沟内树茂林深，杂草丛生，宽旷外有两池水，很安静，人到此甚少。辛壁历来是个搞黑行④的地方，农闲时多有做煤窑、打矿洞和炼铁的，冬季李小三就到大寨沟打起洞来，开采铁矿。每天小三打洞，爱花给他送饭。爱花把饭送到洞口，

---

① 学生整理。

② 申铁群：《山西壶关二仙崇拜与赛社演剧研究》，硕士学位论文，山西师范大学，2015 年，第 46—47 页。

③ 秃奶奶即丑姑娘。一些地方把成神的女性统称为"奶奶"，也有些地方叫"老姑姑"。

④ 当地人对采矿、炼铁、挖煤的普遍称呼。

朝洞口叫喊一声，小三便出来，从来不让爱花进洞。日复一日，小三还未完工。家中已升合无粮，没米下锅。爱花只好挨户借粮，给丈夫做饭送饭，村中各户几乎借遍。一天，爱花到最后一户家借了粮，做好饭和往常一样，把饭送到洞口。她再三喊叫，却不见丈夫出来取饭。爱花猜想一定是打累了，在洞里睡着了。于是提饭进洞亲自送去，刚一入洞，看见一条大蟒蛇盘卧洞中，爱花见状惊魂失魄，大叫一声，气绝身亡。据说也变成了一条蟒蛇。

是年，夏季亢旱，田野一片干枯景象。村民心急火燎，社首们焦虑不安。某夜，社首连作三梦：第一梦，刚入睡，只见一条白龙在大庙的上空往返盘旋，醒来原是一梦。午夜时辰，社首又作第二梦，见一人站在他床前说："我乃天上一龙神，因遭劫数下凡到大寨沟打洞。辛壁人帮俺度过了劫数，我当永世相报。"话音刚落，形影不见。天快亮时，又作第三梦，见一俊俏秀丽女子，对社首说："我是冯爱花，天这么亢旱，何不快到大寨沟向龙神求雨?"眨眼不见。一早领事社首急速集合全村各闾邻长，向他们讲说了一夜三梦之事。即日率村民到大寨沟向龙神祈雨。众人到深沟处，只见绿树成荫，灌木丛生，野草铺地，山花点缀，两池清水倒映成景，真乃神仙安静的地方。社首村民们在洞前设下香案，摆上祭品，恭敬地在洞前行了三拜九叩大礼。祭礼毕，众人刚回到村边，东南方向天空渐渐升起了朵朵白云，不时乌云密布，霎时下起雨来。全村人喜在心里，笑在眉梢，无不深感老姑夫之神灵。事后，村民们在洞前修了两个水池。为了表达对龙神的尊敬，将青水池尊称"黑龙池"，将黄水池尊称"黄龙池"。那年风调雨顺，秋天庄稼获得丰收。秋后，九月初九，请戏班唱戏，设香案摆祭品，举行盛大祭祀，以表示对龙神——老姑夫的感恩之恩。此后，每年九月初九都要举行祭祀，天长地久，人们就把这天定为老姑父的生日。自此以后，每年到用雨季节，总是五日一风，十日一雨，辛壁村不现旱象。

老姑夫和老姑姑，在大寨沟这个幽静地方不知住了多久。时间长了，每到夏日，一些孩子就到池中洗澡耍水，随便撒尿拉屎，池水弄得浑浊不堪，更有甚者，牛羊粪便遍地都是。村民修房起石头把两个水池也破坏了。把一个安闲幽静的地方弄得不成样子，老姑夫也曾显过圣但无济于事。因此二老决定离开大寨沟，到他处栖身，他俩出大寨沟，顺长河南下，先是在长河岸边的东村圪套停休过。后沿长河再下，又在十庄头长河瀑布形成的地方停休过，再沿长河西去经石堂、黄河，都觉不中意。最后在两山狭窄处长河水由穴洞旋转而出的龟山脚下停休了。这里群山骤起、山山环绕，山峰的形状有的像锥直插天空，有的陡峭似刀切。龟山上松柏成林，野草丛生，山花烂漫，它像个大乌龟爬在河边饮水。老姑夫和老姑姑栖住此地，人们把这个地方称作“栖龙”。

老姑夫长栖龟山脚下，不时常显圣于本土。一夜章训社首作一梦见一个龙神打扮，对他说：“我乃龟山脚下一龙神，由辛壁而来，长居龟山脚下。明日辛壁人来，你们要亲戚相待，莫负我望。”是夜辛壁社首亦作一梦：“因大寨沟不能再住，今已顺长河到别处去了，你们要找我，可顺着路旁左右栽有铺草的线索来找，当铺草不见了，便是我住的。”社首醒来，即日率闾邻长，从大寨沟出发，顺长铺草的路沿河向南找去，途经下李庄、河村、李焉、重上，来到章训的村边，铺草不见了。章训的社首，却在村外相迎。两村社首相会，诉说了各自的梦。遂率众到栖龙祭祀了老姑姑。两村社首商议了集资修庙之事，当即决定：由章训都十二里和辛壁集资，在龟山上修建龙王庙，在章训庙又给老姑夫修建了行宫。从此，两村正式形成亲戚关系。每年的九月初九，辛壁村人到章训下栖龙，给老姑夫上供祭祀。由栖龙返章训，还要到西坡给老姑夫的大儿子祭奠。辛壁来人夜宿章训，由章训人招待。次日，早饭后起程返辛壁前，要将饭菜钱如数付清。两村亲戚关系源远流长。

自老姑夫离大寨沟到栖龙，辛壁又沦入了十年九旱的地方。每逢亢旱之年，辛壁人也和其他十里八乡的村民一样，到应设坛求雨的神灵像前烧香祈祷，但终多无效。辛壁人求雨，先是分片设坛：西沟片在龙王泉庙内，西街、南街片在后庙龙王殿，后街、当街片在自衣阁，东阁道、人和片在东阁上，东盛余片在大寨沟。三天内不下雨，全村求雨者进大寨沟，又三天不见雨，全村求雨者到汤帝殿向成汤求雨，再不见雨，全村求雨者到水帘洞，三天内再无雨，就要下栖龙，辛壁人到栖龙求雨是有求必应的。有谚云：“东咚咚、西咚咚，不如

> 辛壁下栖龙。”辛壁人到栖龙求雨，因为是娘舅家人，气粗，先用石头砸黑龙池，喊声“老姑夫退后”，石头就砸入水池内，然后才设坛祭祀。老姑夫显圣，不过三日必降普雨。①

传说里出现的地名经实地考证，均为当地的村落名称，此村直到20世纪中叶还保留着到栖龙祈雨的传统。② 除了村志里的记载以外，村内汤帝庙中亦有民国十七年（1928）碑刻《龙王殿金妆神像油画全殿碑》记载秃奶奶显灵的后续故事：

> 龙王殿原本栖龙行宫，相传栖龙奶奶系辛壁娘家。每年重阳，辛壁社亲到栖龙并吾庙龙王殿祭祀，在庙住一晚。天时亢旱祈雨还功皆如此，已属旧规。不意于本年五月十七，某村人郭某往东沟公干，火急迈步赶路，见一老妪身穿破衣端坐路旁，问郭某曰：汝往东沟？郭某曰：然。妪问曰：汝路过辛壁否？郭应曰：然。妪曰：汝路过辛壁时，汝与我带一信，我本辛壁娘家，出嫁栖龙，就说我有生活，叫他们下来看看怎么做。郭某问曰：此信捎与何人？妪曰：辛壁与栖龙亲戚唯我一人，汝至村口一问皆知。言毕忽然不见。郭某遂至辛壁询问，村人曰：唯有栖龙奶奶是我辛壁娘家，莫非吾老姑娘神像损坏，要我等修补。遂向社首禀报。时值亢旱，一社等遂到龙王庙焚香祝祷，五日内降下透雨，即至章训栖龙验视，果有损坏，定筹资购物，邀请工匠修葺，二十日亲至栖龙宫验视，神像大殿全无破损。返至吾庙验视，惟有龙王奶奶像背后，因房顶后坡漏水冲毁破烂。辛壁、章训两社议定，共同筹资金妆龙王殿神像，油画全殿。初七日功竣。③

以丑女嫁龙王为母题的传说在上党地区非常流行，此传说在同处泽州的沁水县交口村也同样流行，村内光绪九年（1883）的《娘娘神语传来碑记》载：本村张姓女子（丑女）浣纱时突然失踪，后显灵托梦给外甥言自

---

① 选自冯树声主编《辛壁村志》，辛壁村志编纂委员会2002年版。笔者略有改动。

② 详见拙文《从泽州民间文本看清代华北乡村的跨村社祈雨》，《满族研究》2012年第4期。

③ 原文见民国十七年（1928）《龙王殿金桩神像油画全殿碑》，现存山西省晋城市泽州县大东沟镇辛壁村。

己已经嫁给了外村的黑龙王，自称黑龙娘娘。[①] 此类本村丑姑娘嫁给他村龙王的村落在当地不胜枚举。丑姑姑嫁给龙王后，两村神庙正式联盟，定期举行互访。[②] 丑姑娘嫁龙王母题类同于远古时期河伯娶亲的牺牲祈雨，也契合了当地浇旱魃龙母，虐待丑妇的传统，也许是这两类传说的结合变异。

当然，这种神亲传说不独在泽州，在晋陕的很多地方也很普遍流行，比如山西省临汾城东有个埝下村，村南有家薛户，家里有个秃女，从小就有法术，会在坟地纺线，后来在狂风雷雨中离开家门，一路朝向东南，秃女哥哥前去寻亲，发现她已成了姑姑庵的主神，主导降雨。从前为俗人仅仅是因为触犯了天庭。[③]

再比如，陕西省榆林清涧境内，黄河和无定河交汇处的河神庙的传说也是当地一个牛姓家族的女儿，从小没有头发，被称为秃姑娘，秃姑娘从小就显现出来灵异。比如，吐出的饭粒落地生金，以手帕为船救嫂子过河等。后来，秃姑娘和嫂子离家出走，过了黄河到了陕西境内，坐化为神。[④]

笔者在刚刚结束的田野调查中，在山西省晋城市晋庙铺镇附近做口述调查时，当地村民总是提到一个“丑女庙”，据说非常灵验。笔者在一位女性村民的带领下，找到该庙，惊讶地发现其大殿实际上是儒释道三教堂[⑤]，后来在不远处的废弃水库边发现了该庙的残碑，经辨认确实为三教堂。但是，这位 68 岁的车峪村老太太指出大殿角落里一尊非常小、模糊不可辨认的神像认定就是丑女，老太太坚持说，这就是刘姓丑女庙，当地人确实大都记得刘丑女的故事，基本模板如上文，基本内容为，她本为刘姓，相貌丑，年长未嫁，少有神灵，借其神力帮助村里修庙，庙成神走；等等。

---

① 原文见光绪九年（1883）《娘娘神语传来碑记》，现存山西省晋城市沁水县土沃乡交口村。

② “且夫古事传于耆，美言汸于神灵。交口村先时，有一女张氏，时维夏日，薄浣我衣黄风飘飘不见其迹，可知神女相降，托骨非凡，年数月藐不见传第，见庙宇长桥之下，双履而留于水波之上，闻声想口之下洽有一甥率男，其姑配为黑龙君，为黑龙娘娘之神灵，其甥封为开路军，成小龙王之尊神，所凭依于西大河之福地，梆字石之贵社。”（清）李奉家：光绪九年（1883）《娘娘神语传来碑记》，现存于沁水县土沃乡交口村。

③ 王自立主编：《临汾市民间故事集成》，临汾市民间文学集成编委会 1989 年版，第 137 页。

④ 榆林市民族宗教事务局编：《榆林庙宇传说》，三秦出版社 2008 年版，第 194—196 页。

⑤ 三教堂是晋东南地区典型的庙宇，其中释迦牟尼居中，老子居左，孔子居右。

从一定意义上讲，神话往往是一个地区民俗信仰形成的前奏，而民俗又是神话赖以产生和流传的温床。[①] 上党地区秃奶奶即丑姑娘，故事的母题均强调了丑女的神异，这些丑女无一例外应该是乡村社会的女巫。故事中的女性大部分处于未婚状态，丑或者秃是其成为处女神的前提。这些未婚成神的女性，未曾受到性和分娩的污染，符合传统社会对女性洁净与贞节的要求。桑高仁（Sangren）曾研究观音、妈祖、无生老母，指出这三位女神均克服与超越月经、性行为、死亡与分娩等有关女性的污染，代表一种理想化的女性。[②]“类似未婚或年轻未生产的女性，通常被认为较具有灵异力，因为在中国社会以男性为后嗣的传统下，凡未嫁、未生产及无后嗣的女性，其灵魂的凭依就需要有人为之立祠。”[③]

秃女缺少的头发恰恰是女性非常重要的特征，有些地方的女巫甚至是石女[④]。

马林诺夫斯基认为：“巫术亦常是妇女的特权，尤其是那些特殊状态中的妇女，如丑婆、处女、孕妇等，所举行的巫术效力更大。”[⑤] 巫是人神之间的使者，从女性成巫，首先需要天生异禀、人格异常，她们“不同于一般人，而是经历了传奇的、神秘的精神、心理和幻觉与蜕变的过程”[⑥]，与人们在头脑里所形成的妖艳女巫成鲜明对比。笔者在田野调查中接触的女巫大部分其貌不扬，甚至比常人丑陋。总体而言，唐宋之前的女神容貌大体姣好，而宋代之后民间传说中的女神逐渐从美女向丑女过渡，唐宋之前女神以恪守生殖为其主要神格，之后则过渡到救灾等全能神格。

---

① 冯俊杰：《戏剧与考古》，文化艺术出版社 2002 年版，第 459 页。

② 观音的前身妙善公主由于违背父意而拒婚，故能保持洁净之身；妈祖因年轻未婚而亡，不必经过妻子的污染，无生老母亦是未受分娩污染的处女，没有俗世化身。P. Steven Sangren, *Female Gender in Chinese Religious Symbols: Kuan Yin, Ma Tsu, and "Eternal Mother"*, pp. 11 - 14, Signs, 1983, 9 (1): 4 - 25.

③ 李丰楙：《从成人之道到成神之道——一个台湾民间信仰的结构性思考》，《东方宗教研究（新）》1994 年第 4 期。

④ 也称为石芯子，民间一般用这个词来称呼先天无法进行性行为的女性。

⑤ ［英］马林诺夫斯基：《文化论》，费孝通等译，中国民间文艺出版社 1987 年版，第 69 页。

⑥ 富育光：《萨满论》，辽宁人民出版社 2000 年版，第 73 页。

地方女巫的神化

普遍流行的秃奶奶成神其实是女巫的神化过程，地方女巫神化的研究多见于华南地区，比如著名的妈祖，就是湄州林氏女，本为巫，能知人祸福，死后被神化。再如，清代屈大均的《广东新语》有“广州多有金花夫人祠。夫人字金花，少为女巫，不嫁，善能调媚鬼神。其后溺毙湖中，数日不坏，有异香，即有一黄沉女像容颜绝类夫人者浮出，人以为仙，取祀之。因名其地曰仙湖，祈子往往有验。妇女有谣：祈子金花，多得白花，三年两朵，离离成果”。金花娘娘也是一个女巫神化的典范。清代梁绍壬在《两般秋雨庵随笔》卷二云：“金花者，神之讳也。本巫女，五月观竞渡，溺于湖。尸旁有香木偶，宛肖神像，因祀之月泉侧，名其湖月仙湖。”① 后来金花娘娘成为女巫的行业神。

华北的女巫神化也不鲜见，如上党的贾村靳门张氏老奶奶，大名石花，神号秃奶奶，成名称宝石花。生于1872年二月十七，卒于1944年正月二十四，享年72岁，她就是一个现实版的女巫神化案例。贾村村头有秃奶奶庙，庙中有碑：

> 靳门张氏，娘家崇道村。父亲去世后，母亲改嫁富村。老奶奶一生在碧霞宫奉神，为民消灾治病，从不贪财，无私无畏，终身修炼，公载千秋。一九四四年端月辛亥日在碧霞宫蝗黄殿南侧立坐升天。原先安放在村西北吕祖庵北侧洞内。同年仲秋由本村李忠库主持，在村东南做坟建庙，故葬地更名庙岸地，是一风水宝地。②

高平的马仙姑，从碑刻记载看，应该是一个女巫，“孰意仙姑有灵，知我社囊羞涩，知人营谋艰难。忽道光丁未，浑迷善男，像其灵真，像其言说……每逢朔旦，每于望月，大施仙药，大广仙术，看病医疗”。③

---

① （清）屈大均撰：《广东新语》，上海古籍出版社1982年版。

② 《张氏老奶奶生平》见于山西省长治市潞城贾村秃奶奶庙。落款为甲申年，可以判断此庙修于秃奶奶去世的1944年。

③ 现存高平市上董峰村马仙姑庙。

华北女巫神化首先倚重于大量的女性信众。与华南相较，华北女性“迷信甚深，尤以妇女为最”[①]，当地非常著名的二仙庙在泽州修建与女性的推动息息相关，泽州最早的二仙庙陵川西溪二仙庙，传说在唐乾宁年间（894—898），当地人张志的母亲秦氏在西溪洗衣时遇到二仙，夜里又被托梦告知，为二仙盖一座宫可保子孙富贵。于是秦氏与其子就在这里盖起了一座庙以保子孙富贵。[②]

高平上董峰村万寿宫《七佛祖师天公玉皇庙院仙姑祠宇下常住土田壁记》[③] 明确记载马仙姑祠堂修成后，女信士韩贵志、陈守秒等，在本乡陈庄村置到分院，庙基土田四至开明。几乎在董峰万寿宫同期，陈庄万寿宫也在女信众的支持下建成。另外，元代当地行政长官的妻子力推复原马仙姑庙，“初，仙姑之来也，时则有前州牧夫人，聆其善言，炙其善行，故命男军千户段绍先董治其祠宇，事功垂成……”[④] 庙里的“前州牧”和“段公”都是指金元之际的泽州世侯段直，而夫人指的是段直的小夫人李氏。[⑤] 道光二十七年至咸丰二年（1847—1852）的整修规模宏大，这次整修起源于信众崔凤阁被仙姑附体，看病施药，驱动众人捐资，最后在住持女道士赵元枝师徒的推动下完成。[⑥]

中国妇女对女神的崇拜，很大一部分原因是为了赎罪，因为生育是不可避免的，但行经、生子的污血又被打上了污染的烙印。而拜菩萨、修庙捐资积阴就成了中国妇女生活中的大事。另外作为妻子和母亲，求子、保佑子女健康成长也是她们不断投资女神庙的主要原因。

由于长期被封闭在家庭圈子里，她们也利用兴庙来扩大自己的人脉。

---

① 路联逵等修：《万全县志》，民国二十三年（1934）铅印本。

② “先是百年前，陵川县岭西庄张志母亲秦氏，因浣衣于东南涧，见二女人服纯红，衣凤冠，俨然至涧南弗见。夜见梦曰：‘汝前所见红衣者，乃我姊妹二仙也。汝家立庙于化现处，令汝子孙蕃富。’秦氏因与子志，创建庙于涧南，春秋享祀不怠。”金大定五年（1165）《重修真泽二仙庙碑记》，现存陵川县崇文镇岭常村西溪二仙庙。

③ 此碑现存陕西省晋城市高平市上董峰村马仙庙内。关于马仙姑的研究可见曹飞《万寿宫历史渊源考》，《山西师大学报》2004 年第 1 期；赵世瑜《圣姑庙：金元明变迁中的异教命运与晋东南社会的多样性》，《清华大学学报》2009 年第 4 期。

④ 元至元二十一年（1284）《仙姑祠堂记》，现存山西省晋城市高平市上董峰村圣姑庙内。

⑤ 参见赵世瑜《圣姑庙：金元明变迁中的异教命运与晋东南社会的多样性》，《清华大学学报》2009 年第 4 期。

⑥ 原文见清咸丰二年（1852）《整修万寿宫记》，现存山西省晋城市高平上董峰圣姑庙内。

宗族和地方望族是女巫成神的重要推手。根据大卫·乔丹（David Jordan）和丁仁杰在台湾南部某村落的田野调查，发现当地郭姓望族有一夭折女，三十年后村神乩示其已晋升为“小娘”，故雕刻金身在家供养。约二十年后，村神又乩示“小娘”已升格为“郭娘娘”。“郭娘娘”本在宗族内被低调地祭祀，后来同宗有人当村长，便联合宗族扩大举办“神明生”活动，并建立“掷炉主”制度。2004年村神又指示“郭娘娘”已升格为“郭府娘娘”，郭村长并特别为此花莲胜安宫领取玉皇大帝的敕封，今该神虽保留郭姓，但保佑对象已不限同宗族内的人，一般信众有需要也可以来问事。[①]“郭府娘娘”从最初的夭折女孩子到家族神灵，再到公共祭祀的女神，这些过程虽然表面上看是村神伏乩的结果，实际上背后隐藏着强大的宗族力量。

上文中的秃（丑）姑娘成神，或者丑姑娘嫁龙王的故事强调了三方面的内容，传说中基本都有一个特定姓氏的女性，如辛壁村的冯姑娘、柳树口的赵家姑娘、李家沟的董姓姑娘、车峪的赵姓女子、晋中的田姓女子、临汾的薛姑娘、榆林的牛氏女子等。在特定的神事活动中，这些丑女成神的家族一定是活动的中心。如在辛壁祈雨中“冯”氏一定是祈雨活动的中心人物，没有冯氏的参与，祈雨将无法完成。

作为女巫的灵媒们，她们是女神与信众之间的重要使者，女神庙通常为他们的保护神发起修庙的活动。许多寺庙中有常驻的灵媒，他们可以为信徒提供各种信息的咨询。灵媒通常不住在庙中，而是住在离庙不远的家里。灵媒能够在家中或者寺庙中进行驱魔活动，而当有求于他们的人不能拜访他们的时候，灵媒也能够到这些有困难的人家中去举行仪式。当一个神灵占据一个灵媒的时候，这个神灵及其寺庙的名声好坏全在于这个灵媒的名声。比较受欢迎的灵媒能够给寺庙带来更多的贡品，而一个灵媒的退休或者死亡则意味着这个寺庙的衰落，除非另外一个灵媒很快被神灵选中，但这种情况可能好几年都不会发生。有些灵媒借助附在其身上的神灵而成为远近闻名的治疗疾病的人或预言家，从而使得这个灵媒及附身在其身上的神灵能够得到当地村民的敬仰和爱戴。通常判断一个灵媒是否受欢

---

① 丁仁杰：《重访保安村：汉人民间信仰的社会学研究》，联经出版公司2013年版，第151—153页。

迎的标准在于他或者她的“咨询服务”的拥挤程度，人们从多远的地方赶来求助（尤其是陕北以外的地区），以及有多少辆小车排在门外等待帮助（小车代表了寻求帮助的人的富有程度及官阶）。[①]

在一个村中，女性灵媒，往往是老年妇女，能够通过神力治病，同时她能为人针灸。佐佐木曾经观察到：“一个女性灵媒在一个贫穷四口之家中举行仪式。这家人并不需要支付金钱，但是需要向神供奉祭品，如鸡、鱼、肉、水果以及米糠。而那些被治愈的人会在新年的第一个月给这些灵媒表示感谢的钱。”[②]

相较于欧洲和日本等地的女巫研究，国内的女巫研究比较薄弱，女巫的法器与法术，女巫与神社庙宇之间的关系，女巫与当地村民的关系都有待于拓展，鉴于女巫记载的缺失，这些都需要大量的田野调查和口述研究进行补缺。

① 范丽珠、［美］欧大年：《中国北方农村社会的民间信仰》，上海人民出版社 2013 年版，第 111 页。

② 范丽珠、［美］欧大年：《中国北方农村社会的民间信仰》，第 109 页。

民国时期京津京剧票友考察（1912—1937）

王兴昀
（天津市艺术研究所）

近代以来，京剧成为京津地区最具影响力的娱乐形式，许多人将观看京剧演出作为闲暇生活的唯一消遣。而单纯的听歌赏曲渐渐不能满足人们的休闲需求，不少京剧爱好者开始热衷于亲身实践京剧艺术，京剧票友群体和票房组织由之形成。票友业余清唱或彩唱①京剧被称为“玩票”。进入民国后，随着京剧成为流行文化，玩票成为一种具有时尚示范性质的活动。玩票也不再是属于士大夫文人、八旗子弟的“雅乐”，而是成为社会各阶层均有参与的大众娱乐。而在欧风美雨不断浸淫的时代背景下，京剧同中国传统文化的相连接，又使得玩票具有了文化修养展示的意味。于是许多票友也不甘于私下玩票休闲，而是力图通过公开化玩票，展示出自己追崇时尚和传统文化的形象。但是某些票友的行为又让玩票不断被染上逐利的色彩，票友群体的分化日益明显。

一 京剧票友与票房的普及

（一）清末票友及票房概况

“票友”一词起源于清代八旗子弟业余演唱八角鼓。“八角鼓为清代旗营之一种雅曲，未入关前每遇战胜即奏斯唱，迨清室定鼎，传流尤盛，凡消遣此者，皆票友是也。”② 业余演唱八角鼓的八旗子弟“都领过皇家特许

---

① 票友勾画脸谱，身着行头（即戏装）被称为“彩唱”或“彩排”。

② 《票友源流考》，《顺天时报》1922 年 9 月 14 日第 5 版。

的龙票”[①] 以为执照，“故称票友，票者，即龙票之谓也”[②]。据称民国时“八角鼓及二黄清音局灯屏桌前有请帖一纸，上书子弟票友赏音等字样”，该帖所放之处即为“当年置龙票处也”[③]。而后“票友”便成为业余从事曲艺、戏曲演唱人们的代称。

京剧在清末的京津地区早已是一种较为普遍的娱乐方式，也吸引众多爱好者在观看之余亲身实践。加之“一般家私富裕者，不乐于仕，亦不愿作逐什一之计，于是辄喜作周郎顾客，而好自潜研，咬腔嚼字。无聊之时，常借票房消遣，清音自娱。日聚益多，积久成为一部”[④]。但是毕竟当时京剧属于“下九流”所从事的行业，故而票友“玩票”时刻意显示出同职业演员的区别。“有清之季，其所以必须判别者，盖以伶人至贱，于是外界人而唱戏，虽欲不自命为票友，势有不能。”[⑤]

票友为了避免“下海”之嫌，多以票房为依托进行活动。“非伶人演戏者称票友，其聚集排演处称票房。”[⑥] 票房发起之初，“票房之首领称‘把儿头’（即票首），主任办事人称‘治事底’，一应规矩，颇与‘内行’相仿佛。发起组织票房例由把儿头出名，假地饭局，名曰：‘祭神。’被邀者人携高香一束，行礼毕，入座大嚼。把儿头例有景仰，借重之表示。凡出席者，即为入‘把儿’，以后无论‘走局’，‘过排’均应亲到”[⑦]。

“过排”是指票友在票房内定期排演，“走局”是指票友被邀在票房以外演出。因走局形同京剧演员演出，所以更需一些具有仪式感的行为，彰显出票友的身份。想要邀请票友出外演出，“请‘局’者先期具帖票房，票房治事底书日时，地点于牙笏。凡本把儿人，均需到场。局有午局、灯局之分。前者仅为昼间，后者则为灯晚。若夫‘午局带灯’则卜昼兼事卜夜，本家儿例备晚餐”。走局演出之时，“场面桌上例置玻璃灯一对，玻璃屏若干。灯上书明票房名称，即为票房标识。票友例于屏唱，不肯轻以色相示人，所以崇‘客串’之身份也。桌上铺以红毡，此为‘客串’与

---

① 《票友》，《京报》1924 年 12 月 18 日第 7 版。
② 《票友源流考》（续），《顺天时报》1922 年 9 月 15 日第 5 版。
③ 《票友源流考》（续），《顺天时报》1922 年 9 月 15 日第 5 版。
④ 听梨外史：《论票友之下海》，《大公报》1922 年 7 月 8 日第 11 版。
⑤ 镜清：《票友与内行》，《京报》1934 年 5 月 13 日第 10 版。
⑥ 《红毹纪梦诗注》，张伯驹：《春游纪梦》，辽宁教育出版社 1998 年版，第 253 页。
⑦ 《票房》，《晨报》1926 年 10 月 31 日第 6 版。

‘内行’之区别要点，灯前置请局人之请帖。开场时，本家主人例向场南面桌前表示敬礼。开客席时，并须请暂停演。盖客串不能供贺客吃饭时之清赏也”。[①]

（二）民国票房组织新变化

进入民国，随着社会的变革，各界对于京剧，乃至京剧演员的看法有所松动。京剧逐步不再被单纯地视为“贱业”，其文化休闲以及社会教育功能得到较为明确的认识。票友群体也因之不断扩大，突破了以往以士大夫文人、八旗子弟、富商巨贾为主，形成了社会各个阶层广泛参与的局面。“上自政客官僚，下至商子贩夫，莫不借走票之名，消磨时日。”[②] 随着票友玩票的普遍化，票房组织也呈现出新的变化。

第一，票房设立愈加普遍。一些单位“为了同人免得去其他不正当的娱乐起见”[③]，纷纷组织票房，丰富职工业余生活。一些政府部门中多创办“公余雅集”供职工休闲。工商企业也往往组织企业票房吸纳职工参加。开滦矿局、北宁路局、天津电报局、久大精盐公司和永利制碱公司等大型企业的票房实力雄厚，企业对票房的资金支持为票房活动能够持续有序展开提供了保障。不但戏箱、行头、锣鼓乐器等一应俱全，而且有专属的排练场地和剧场。甚至监狱中为安抚犯人情绪，也组织了票房。河北第三监狱各囚犯曾迭次交涉要求改良待遇，狱方“准各犯在内组织票房”。并利用阳历新年，“准各犯搭台串戏，俾各囚犯乘机娱乐，以解苦闷”[④]。

第二，女性参与票房活动。随着女性逐步走出家门进入社会，民国时期许多票房也打破以往的男女隔阂，吸收女票友。女票友不但积极参与票房活动，更是“抛头露面”参与票房彩排，乃至公开演出。以票友为主体的堂会和义务戏演出中，经常能见到女票友的身影。1929 年 6 月，“津埠太太们为慈惠女学附设之嘉惠学校筹款”，春和戏院“牺牲色相”登场演唱。“是夕座客有八成以上，掌声不绝，捧场者极多，王太太之《玉堂春》登场时，台上并陈列鲜花篮六七只”，其声势与名伶登台无二。《大公报》

---

① 《票房》，《晨报》1926 年 10 月 31 日第 6 版。

② 听梨外史：《论票友之下海》，《大公报》1922 年 7 月 8 日第 11 版。

③ 《北宁国剧社》，《益世报》1935 年 3 月 6 日第 14 版。

④ 《囚徒苦闷中之娱乐》，《益世报》1930 年 12 月 28 日第 6 版。

评论道，“诸位太太提倡教育，牺牲色相，热心毅力，自大可钦佩也”①。

第三，票房演出公开售票。部分票房在进行排演，特别是带妆彩唱时，公开售票，其形式与京剧班社和职业演员的演出并无二致。有些票房甚至招徕职业演员助阵，以求带动售票。春阳友会便被人认为“名为票房而专恃内行卖钱，颇失票房性质”②。实际上，票房演出售票也是为弥补财务上的困境。

按照票房一般的运营模式来说，票房经费多来自票房成员的会费，遇有经费不足时主要由票房主持人——把儿头出资弥补不足，所以票房的主持人需要具备相当的财力。民国时期伴随着票房的普遍化，一时间票房林立。但是有些人在组成票房之时，可能没有充分考虑到自身的经济条件，或是遭遇变故财力受损，使得难以支撑票房的正常运营，只能以售票来维持票房。以北京畅怀春票房为例。该票房创设于1914年，由姜桂题的二公子姜鑫泉等人合办，至1924年难以维持，遂于1925年4月，转手胡显庭。“畅怀春之空气为之一震，自是遂蒸蒸日上。”票友演出时以收取茶钱变相收费，“其最初之茶资为三大枚，后增至五大枚、二十大枚”，后期“因经济日高，故增至一角五分”③。胡显庭经营有方，一是他“交游极广，凡九城著名票友，均乐于前往消遣，人才之盛，为京师诸票房冠”；二是票房“场面家伙，异常齐整，有时梨园行不能及”；三是“每日排演戏码，搭配悉当，均能使座客极端满意”；四是“茶役伺候至为周到，座客莅彼，确有宾至如归之乐”④。故而接办之初“颇能获利”，北京“尚称首都，一般有闲阶级多赴该处消遣”。在鼎盛时期“每日能上座百余人，星期六日上座二百余人”⑤。而后政府南迁，北京“市面景象顿起萧条，故坐客亦因之减少。每日上座前往者亦不过二十余人，星期日只七八十余人，但该处每日开销必需七元五角”。胡显庭“以开销过大，不符甚距。且自开办至今，除所获之微利外，竟垫入洋一千余元”⑥。他深感前途益难维持，不得不停办票房。

① 《女客串登场记》，《大公报》1929年6月20日第9版。
② 非禅：《票友杂记》，《晨钟报》1917年12月7日第7版。
③ 《畅怀春一页沿革史》，《京报》1935年6月10日第6版。
④ 亦我：《畅怀春票房之特点》，《顺天时报》1926年11月24日第5版。
⑤ 《畅怀春一页沿革史》，《京报》1935年6月10日第6版。
⑥ 《畅怀春一页沿革史》，《京报》1935年6月10日第6版。

二 京剧票友演出的公开化

（一）票友登台的普遍化

票友玩票演出视为正当娱乐、高等休闲，票友玩票不再拘泥于之间的同好相聚和低吟清唱，而是更加热衷于粉墨登场“彩排”“彩唱”。民初票友多借堂会之机，一展身手。遇有堂会之时，票友纷纷向堂会组织者依托要求参演。“故每有堂会极力运动，上台歌舞，以达其目的。”① 以致堂会时因前面票友加演过多，影响了后面名角的演出效果。在民初堂会中多以约请梅兰芳出演为荣，“即以票友为基本之堂会戏亦当延梅加入以赠色彩”。而梅兰芳必以大轴在最后出演，所以“夜深漏尽始见梅郎登场，座客对此不免缺望”。在北京当业商会张宅堂会中，“梅郎之《葬花》至夜三时许始演，人皆欲垂头而睡矣”②。

义务戏也是票友登台的重要场合。民国时期，京津地区的义务戏演出蔚然成风，票友更是积极参与或是组织义务戏演出。遇有水旱灾害、学校及社会组织、慈善机构资金缺乏等事，票友便应邀或主动筹措开演义务戏募集经费和赈灾款。例如，天津电报局国剧社“历年借座春和、北洋等院，独力举办冬赈、黄灾、水灾等募捐义务戏，每次成绩均在千元左右，颇著声誉。并曾膺模范、树德等学校之请，在青年会、国泰等处表演筹款义务戏，热心教育，尤有足多者焉”③。从社会公益的层面来说，“这都是于玩票之中，隐然有服务社会的意思，在原则上，自然是极应该赞助，毫无疑义的”④。而就票友而言，这也是为自己创造登台机会。

当然对于民国时期一些票友来说，“玩票”不过是一种休闲娱乐，“其目的本为消遣，至于优劣固非所及计也”⑤。所以许多票友虽然乐于登台演出，但是在技艺上并没有太高的追求，“往往务期速成不求甚解，学习不

---

① 听花：《余为票友惜》，《顺天时报》1919 年 12 月 12 日第 5 版。

② 《票友排挤梅兰芳》，《晨钟》1917 年 4 月 23 日第 5 版。

③ 声：《津电国剧社概况》，《北洋画报》第 1454 期，1936 年 9 月 19 日第 3 版。

④ 工：《天津杂话——票友们的义务戏》，《大公报》1932 年 10 月 31 日第 11 版。

⑤ 陈片石：《介绍票友王仲亭》，《京报》1934 年 3 月 13 日第 8 版。

及一年即欲登场，一试根底"①。甚至"凡是会哼几句戏词，便想登台彩唱露脸"。但是"戏曲虽是小道，须要有多年训练，切实功夫，才能胜任愉快。票友学戏不专，平日供自己消遣则可，使众人观赏则尚不足"。而一些票友"昧于此理，冒然登场扮演，结果闹得一塌糊涂，露脸反倒现眼，大闹无趣"②。

（二）票友身份的标榜性

玩票从私下逐渐走向公开，票友不再甘于被视为玩乐之徒，并试图通过参与慈善义演来彰显自身的社会价值。而玩票行为在当时社会语境中与流行文化和传统文化的交织联系，使得票友也具有一定的标榜意义。票友也试图从演出公开，走向身份公开。

从晚清开始，票友因京剧被视为"贱业"，加之玩票多被目为有"玩物丧志"之嫌，使得许多票友在玩票之时，隐去本名，改用别名或别号，以免被人指摘。民国时期此种情况虽有所改观，但并没有完全消失。而《票友题名录》的发起编纂体现出了票友群体中，希望票友身份得到正视的一种趋势。

民国时期，京剧爱好者为其追捧的演员编撰、出版文集以及画册的行为十分流行，这也成为艺人可称为"名伶"的必备条件。票友与京剧界关系密切，对于此项文集画册的作用自然明了。1922 年，北京票友乔荩臣、纪文屏发起编辑出版《票友题名录》，"以广吾人眼界"③。该文集"将南北研究斯道者，摘记姓氏、年岁、籍贯及能戏小照印成一书，留作他日之纪念，洵为票界之破天荒"④。文艺编印组织者多次集会商谈编辑方针和步骤。一是"一面分途向各票会接洽，并备有表式，由同志诸君填写，及便装或戏装相片一并送《实事白话报》交何卓然君代收"。二是材料收集完毕后，"再开一特别会以定去留。盖此题名录虽属消遣性质，限制不得不严，凡已入梨园或鬻明售艺者，均在否认之列"。三是"除昆乱票友外，文武场面亦表欢迎"。四是"将来拟定次序，不按生旦净末丑及名望，系

① 禅：《票友杂谈》，《晨钟》1917 年 12 月 1 日第 7 版。
② 《票友登场大丢脸》，《大公报》1932 年 10 月 11 日第 11 版。
③ 听花：《南北票友题名录》，《顺天时报》1922 年 7 月 7 日第 5 版。
④ 《票友集萃》，《顺天时报》1922 年 7 月 8 日第 5 版。

按姓氏之笔画规定以示大公，藉免烦言”。五是对于采取自愿原则，“至有他种关系之票友不愿印影或不愿露名者，概不强求，自由乐为”①。

7月30日，《顺天时报》刊载了《票友题名录简章》，助推票友报名。

1. 凡京津沪汉之票友，无论文武昆乱及场面皆得刊入是书，以垂久远，刊资由发起人担任，概不募捐。

2. 凡欲登是书者，须将姓名、别号、年岁、籍贯、住址、职业以及走票年分，向唱何工，详细开来。并将本人四寸相片一张送通信处，以便制版，化装者尤妙。惟必须将最擅长之戏注明，另有格式，函索即寄。

3. 所有票友能戏及技能均由自己开来，或由相知友人代开，一切纠葛，同人等概不负责。

4. 票界同人有不能宣布真名姓者，宜嘱友人勿送，既送之后，本同人概不负责。

5. 本录后附人名录，专备票友之不能宣布真名姓、像片而宣布别号者刊入之用（但本录须得知其真姓名，否则不刊）②。

6. 是书对于列名诸君，不论资格，以姓名笔画分别先后以免参差。

7. 曾经下山之票友在本录中另列一门。

8. 已故票友恐同人知之不详，极盼其家族或至友代为通知，庶免遗漏。

9. 凡赞成此举之同志诸君一经登入，概无花费，俟出书时愿购取者只按工资原价购取，如多要者，预先订定。

10. 付刊时，另约票界各名宿开审查会。

11. 一俟稿件集有成数，即登报声明，由某月日起开始刊印。

12. 暂以宣外铁老鹤庙《实事白话报》为通信处所，有赞成函件亦由该报代收，所有应行接洽事件由何卓然君暂为代理

13. 由登报日起三个月截止，如至必要时或可展限。

① 《票友题名录之进行手续》，《顺天时报》1922年7月15日第5版。

② 《票友题名录简章》，《顺天时报》1922年7月30日第5版。

14. 本简章如有不妥，随时由同人议决修改。[①]

三 京剧票友趋利性的显现

（一）票友趋利性的表征

旧时票友走票以“不沾分文”相标榜，且“自带跟包、场面、胡琴等类，偶唱一戏，非十余金不可”。借此以示“并非藉鬻戏以为生活者”[②]。又以品行高洁所自诩，故而又被称为“清客（串）”。“平心论之，彼辈品格既超，复不以技艺为金钱之媒介，于此二字，尤足当之无愧。”[③] 票友玩票多要倒贴钱财，“因为学戏要用脑筋，听戏要费时间，票戏要耗财力，可是结果，花钱买罪受是唯一的收获，实际上不过为了兴趣”[④]。同时，为求演出之际能够“露脸”，票友非到一定水平，不轻易登台演出。正所谓“耗财买脸，大爷高乐”。

民国时期的一些票友在票戏时的种种行为脱离了以往社会对票友的印象，逐利性日益显现。某些票友演出堂会戏及义务戏时，“表面所谓断不拿钱，乃口头禅耳，其实必须拿钱，愈多愈好，若不拿钱或钱额太少，绝不上台”。除了要求演出报酬，“对于酒饭种种请求不知所饱”。个别票友甚至在出演堂会之时，有鸡鸣狗盗之举，“屋内若有古董品或蜡烛杯箸则随意窃取”[⑤]。当然碍于“票友”的身份，这些所谓的“票友”多不便公开取酬，“而不拿钱势又不能”[⑥]。只得借各种名目秘密拿钱。如声称“又别需场面费，或车马费，而此所谓场面费其一半，为票友所攫取”[⑦]。有些剧场经营者和演出中间人，更鉴于票友演出的实际费用远低于职业京剧演员，借机支付报酬邀约票友演出，以求获利。由此“黑票友”“浑票友”“半下海票友”等称号也油然而生。

另有某些票友，借“票友”身份结交京剧界人士，从而为自己的商业

---

① 《票友题名录简章（续）》，《顺天时报》1922年8月1日第5版。
② 涤秋：《论客串》，《北洋画报》第182期，1928年4月25日第5版。
③ 《票友两字之出处》，《京报》1919年4月28日第6版。
④ 黄：《票戏漫谈》，《北洋画报》第1454期，1936年9月19日第3版。
⑤ 听花：《余为票友惜》，《顺天时报》1919年12月12日第5版。
⑥ 镜清：《票友与内行》，《京报》1934年5月13日第10版。
⑦ 听花：《剧界之腐败》，《顺天时报》1923年6月7日第5版。

活动提供便利。名票叶庸方1933年在上海随同张啸林、杜月笙等人创办长城唱片公司，凭借多年来同京剧界的深厚关系，负责接洽、策划了众多知名畅销京剧唱片的发行。而刘叔度、刘髯公、孟少臣等人更是曾涉足剧场经营，承接、承办京剧演出。

（二）票友趋利性的内因

部分票友身体上出现了趋利性的特征，不能单纯地归结为其个人素质和修养的欠佳，综合考量的话，其背后的因素其实较为多样。直接原因是受困于经济拮据。票友耗财买脸的“习俗”起源于清末的王公贵族、官宦人家、富商家庭、八旗子弟之间。对于他们而言，可以有较为充沛的财源支持其玩票活动。但是这种“大爷高乐”的玩票方式，花销较大，若不加节制，可能会从“阔派走票”沦为“穷派走票”。光绪年间有人评论道：“缘何玩票异江湖，车笼当年自备储。为问近来诸子弟，轻财还似昔时无?”[①] 民国时期，玩票成为社会各个阶层均有不同程度参与的大众娱乐，票友之间经济程度不一。一些经济上并不宽裕的票友因财力难以支持其持续的玩票活动，他们也就难免借走票之机开辟财源。即便如名票清宗室红豆馆主溥侗，到20世纪二三十年代演出时，也会收取一定的费用，普通票友也就更在所难免了。

更为深层次的原因是部分票友对于是否下海从艺摇摆不定。自晚清便有不少技艺精湛的票友下海成为职业演员，刘赶三、孙菊仙、龚云甫等人更是成为一代宗师。及至民国，职业京剧演员，特别知名演员的报酬日见高涨，对很多票友产生了较强的吸引力。抱有下海之心，“跃跃欲试以达发财之奢望者，大有人在”[②]。使这些人多求技艺上的精进，以期有朝一日能赚取包银。但是此时票友下海之途却愈显艰难。

首先，伶票分流日益显著。清末开始职业京剧演员的技艺训练日益精细，票友即便在演唱方面能与职业演员相媲美，但在身段、动作方面却多难企及。“彼内行辈自幼坐科竭一生之力，尚不敢必其有成，而欲以一年半载之世间从事戏曲，则非特登堂入室万弗能望，即略窥门径亦已难能

① （清）李虹若著，杨华整理点校：《朝市丛载》，北京古籍出版社1995年版，第158页。
② 禅：《票友杂话》，《晨钟报》1918年4月19日第7版。

矣。"[①] 技艺上的缺陷使得下海票友难以成为主演，更难言挑班组团，也就无法奢言收入稳定。其次，内行排挤日益凸显。总体上京剧演员与票友间关系融洽，属于亦师亦友的关系。可票友一旦下海，双方即变为同行，势必同行相轧。"领你下海的师傅，便是百般勒索，一切内行，也都给你小鞋穿。跟你玩票时代，便是两种待遇了。"[②] 而票友更因技艺上的缺陷，在双方的竞争中处于劣势。而京剧演员长期被社会边缘化后，内部形成了复杂的血缘、师徒关系网，故而下海票友在演员群体中处于了孤立状态。"陶畏初以势单每唱必赔，松介眉搭班向外拿钱，王华甫不准入（梨园公）会"可为例证。"此数君之技艺，若较内行之二三级角色总有过无不及处，所以然者，非内行深恐外行出身者之势力侵入，碍及己身之营业耶。"[③] 票友在面对内行的排挤之时，难有回击之法。最后，行业歧视依然存在。民国时期虽然京剧演员的社会地位有所提升，特别是知名和走红的演员也被看成社会名流，但社会对艺人行业的刻板印象依旧盛行，票友下海被视为自甘堕落。一旦无法成名，票友不但有可能失去原有的社会地位和社会关系，更在新的职业群体中倍感压力。

现实的阻碍让那些有下海念头的票友望而却步，使得他们似乎有些进退无据。既想凭借京剧获得收入，又不想因下海失去票友身份，受到伶界的排挤和社会的歧视。于是他们不得不处于一种半伶半票的状态，其行为失范也在所难免。

三　结语

票友和他们的玩票活动，"原属一种消遣法，歌舞升平亦属盛世元音"。[④] 民国时期，票友以及票房活动得到新的发展，玩票从"大爷高乐"成为大众娱乐，为传统的"玩票"注入了新的生机。可以说玩票随着社会的发展变化，在不断更新自我，并试图与现代城市文化融合共生。一方面，票友身上展现出了对京剧艺术的珍视，票友"由于真挚的情感，使生

---

① 禅：《票友杂谈》，《晨钟报》1917 年 12 月 1 日第 7 版。

② 《票友与内行》，《大公报》1922 年 6 月 23 日第 11 版。

③ 芝香：《已下海半下海之票友其速猛省》，《顺天时报》1928 年 8 月 29 日第 5 版。

④ 《票友进步与社会退步》，《顺天时报》1921 年 12 月 10 日第 7 版。

活上成为艺术化，并对于戏曲有正确之认识，使国剧成为艺术化”[1]。票房也被赋予了“使旧的艺术进至完美，增加它在民众心灵中旧剧之感应价值”[2]的责任。另一方面，票友群体中又表现出不同程度的趋利性，使得票友、票房的活动浮现出商业色彩。从京剧票友群体的变化中，可窥见近代以来社会对娱乐休闲活动态度的变迁，为我们观察民国社会娱乐休闲提供了一个新视角。

---

① 董金鹤：《“知识的票友”之基本观念》，《京报》1933年5月28日第10版。
② 吴家盛：《负有改造发展责任之团体——票房》，《大公报》1928年6月27日第9版。

自由的窘境："后五四"时期青年婚姻与职业问题探微

王　康
（中国社会科学院近代史研究所）

引　言

五四运动前后，青年群体作为新兴社会力量登上历史舞台。在新文化和新思想的影响下，青年的权利意识觉醒，主张争取个人独立和自由。他们结成群体，致力于社会革新。因此，青年的作用和价值被社会所重视。然而，对于青年个体而言，他们正处于人生成长的重要转折期，难免遇到各式各样的困难，于是就有所谓青年问题的产生。

当时，教育学界对青年问题有较为准确的界定，业已形成学术共识。杨贤江认为"所谓青年问题，就是在青年的生活上所发生的困难或变态"①。张文昌指出，"青年问题就是遇特殊环境或特殊刺激，平日生活习惯不能适应当时所发生的困难"。他进一步解释：青年人"遇有问题，就集中力量以求解决，故心态往往反常，发生变态或病态的现象。如求学是正常生活，然因经济困难，或家庭变故，不满意而辍学，或不及格而退学，皆反常现象也"。② 至于青年问题为何产生，五四运动之后，研究者们认为，除了青春期特殊的生理和心理因素外，社会、家庭、学校教育也都会引发青年问题。在此，他们能够以青年为主体定义青年问题，而非将青年视为一种社会问题。

---

① 杨贤江：《中等教育与青年问题》，《教育杂志》第 17 卷第 9 卷，1925 年 9 月 20 日，第 4 页。

② 张文昌：《青年问题研究——杭市五百七十七高中学生调查表统计结果》，《教育杂志》第 26 卷第 1 期，1936 年 1 月 10 日，第 87 页。

为进一步了解青年，后五四时代的知识分子展开对中学生和大学生等青年群体的社会调查，尝试对青年问题进行归类。杨贤江认为，婚姻、求学、职业问题被认为是近代中国青年的三大问题。陈鹤琴又将这三大问题简化成两类：一是择业；二是择偶。根据当时的社会调查结果，青年人普遍存在的问题集中在婚姻和择业两项。[①] 在以自由和独立为价值追求的后五四时代，何以婚姻与职业问题成为困扰青年人的最主要难题？这两类问题之间是否存在某种联系？本文依托社会调查、报刊等资料，对青年婚姻和职业问题进行梳理和分析，在理想和现实之间捕捉一代青年人的价值观念、纠结与抗争。

一　青年婚姻问题

五四运动前后，随着欧风美雨渐渐东来，新思潮日益高涨，西方婚姻自由观念传入中国，"自由结婚""自由恋爱""社交公开""男女同学""小家庭制"，这类新名词目不暇接，震荡耳鼓，旧式婚制大有破产之势。但是，新式婚姻的价值体系尚未确立，青年在遇到具体问题时依然彷徨迷茫。当时有学者针对青年问题提出，择偶比择业更为重要。择业不当可以改业，如果择偶不得其人，恐怕终身受苦。[②] 受新文化运动的影响，青年人在择偶方面有自己的选择，但家中长辈却照旧行事，导致家庭矛盾的产生。而青年不知如何应对，有的表面上遵从父辈意愿，实际上对妻子也十分冷漠，有的甚至会采取激烈的行动，如出家、自杀等。[③] 青年的婚姻选择进而演化成一个社会问题，引起了学术界的关注。因此，研究青年婚姻问题的意义，不仅关乎青年自身，而且有助于维护家庭和社会的稳定。首先，家庭婚姻幸福美满，能够减少娼妓现象，避免流浪之人成为社会的不安定因素；其次，婚姻问题常常引发旧式家庭中的冲突和矛盾，应该通过解决婚姻问题来解决家庭问题；再次，婚姻问题还关系着两性关系和种族

---

① 王康：《20 世纪早期青年问题社会调查与青年研究的科学化》，《中国青年社会科学》2018 年第 6 期。

② 陈鹤琴：《学生婚姻问题之研究》，《东方杂志》第 18 卷第 4、5、6 号，1921 年 2 月—3 月。

③ 旦清：《怎样对付旧式婚姻问题》，《妇女杂志》第 9 卷第 6 期，1923 年 6 月 1 日。

繁衍等问题。最后，新旧之争引起崇拜旧婚制和崇尚新式婚制两种意见的辩论，使婚姻问题成为近代最难解决的问题。[①]

为了探究中国青年婚姻的实际情形，社会学者尝试以社会调查为方法开展研究。这一时期有代表性的调查报告包括陈鹤琴《学生婚姻问题之研究》[②]、梁议生《燕京大学60女生之婚姻调查》[③]、葛家栋《燕大男生对于婚姻态度之调查》[④]、楼兆馗《婚姻调查》[⑤]、甘南引《中国青年婚姻问题调查》[⑥]、陈利兰《中国女子对于婚姻的态度之研究》[⑦] 等。这些调查以科学的态度进行，力求得出客观的结论。他们普遍的做法是选定一个或几个学校学生作为调查对象，列出各种问题，用表格的形式排好，再将这份表格分发给各校的主任或教员，请他们让学生填写。这种方法存在一定的局限性，调查对象也过于集中和同质化，只限于学校内的青年，那些没有上学或者已经毕业的青年就不会被调查到。其中，甘南引的调查采用在报刊上发表问题以征集答案的方法。他首先在北京《晨报副镌》刊登问题，后来又在《京报副刊》《社会新刊》登过，上海《民国日报》、《觉悟周刊》及湖南《湘江日报》还分别加以转载。这种方法不仅扩大了调查范围，还照顾到调查对象的地域性，而且回答者出于自愿，答案相对真实准确，更能反映中国青年婚姻问题的实际情形。甘南引的调查开始于1922年12月，至1923年9月结束。调查对象分布于直隶、黑龙江、吉林、甘肃、广西、陕西、奉天，京兆、福建、湖北、河南、四川、湖南、浙江、广东、江苏、安徽、山西、云南、绥远、新疆、江西、山东等省。调查对象的年龄分布在18—26岁，其中22岁的最多。考虑到这一年龄段的青年处于不同的婚姻状态，他设计了三种问卷——已婚者问卷、未婚者问卷和已订但未婚者问卷。接下来，我们将以甘南引的调查报告为主体资料，考察青年普遍关心的婚姻问题及解决方案。

---

① 甘南引：《中国青年婚姻问题调查》，《社会学杂志》第2卷第2、3期，1924年6月。

② 陈鹤琴：《学生婚姻问题之研究》，《东方杂志》第18卷第4、5、6号，1921年2月—3月。

③ 梁议生：《燕京大学60女生之婚姻调查》，《社会问题》第1卷第2、3期，1930年10月。

④ 葛家栋：《燕大男生对于婚姻态度之调查》，《社会学界》第4卷，1930年6月

⑤ 楼兆馗：《婚姻调查》，《国立中央大学半月刊》第1卷第14期，1930年5月16日。

⑥ 甘南引：《中国青年婚姻问题调查》，《社会学杂志》第2卷第2、3期，1924年6月。

⑦ 陈利兰：《中国女子对于婚姻的态度之研究》，《社会学界》第3卷，1929年6月。

（一）婚姻自主

在传统中国社会，婚姻缔结是两个家族的事情，"父母之命、媒妁之言"是传统婚姻的既定准则。新文化运动前后，受西方现代婚姻观念影响，自由婚姻成为青年学生的理想追求。然而，在实际生活中，婚姻自由是一条坎坷的路。有位安徽青年与心仪的女子，两情相悦，愿意成婚，但因女方家庭专制，不允许她嫁给南方人，难以达成愿望。① 调查中关于"你愿自己订亲么，由旁人（即父母叔伯等）代订呢?"的问题，大多数未订未婚者表示更愿意自订，这反映了青年人追求婚姻自主的强烈意愿。而在婚约缔结的实际过程中，已婚者和已订未婚者能够自订婚姻的案例极少，大多数由父母叔伯等代订。调查显示，旁人代订的亲事，多半夫妻爱情冷淡，而自订和合订的，夫妻间的感情更和睦。由旁人代订的已订未婚者，多数有退婚和解除婚约的想法。②

的确，婚姻自主是青年人的理想，问题是如何将其变为现实？对于未订婚者，他们首先希望社交公开。社交公开是自由结婚的先决问题；社交不公开，无法互相结识，更谈不上自由结婚。譬如，一位家道小康的男青年，情路坎坷，在北京求学时，因参加女高师的活动，观看青年会的演出，喜欢上一名演出话剧的女高师附中学生，但因社交不公开，无法相识，非常苦闷。③ 无疑，社交公开能够增加自由恋爱的机会。其次，自由恋爱被认为是达成婚姻自由愿望的第二条路。有研究者建议青年不必讳言恋爱，应该郑重考虑，留心选择。自由恋爱也是青年成长过程中的必修课。《学生杂志》曾专门出版一期"青年与恋爱专号"，与青年们讨论"什么叫做恋爱？恋爱何以成为问题？有什么方法来解决这个问题?"正如编者指出，现代中国青年生活上的恋爱，已经明明白白成为一个急待解决的问题。④ 该专号发表一系列文章，包括汪汝干《中等学生对恋爱应取何种态度》、杨贤江《恋爱神圣论者的两难》《告青年之有婚姻问题者》、谢远定《青年恋爱问题》、沈雁冰《青年与恋爱》、张友仁《青年与婚姻问

① 甘南引：《中国青年婚姻问题调查》，《社会学杂志》第 2 卷第 2、3 期，1924 年 6 月。
② 甘南引：《中国青年婚姻问题调查》，《社会学杂志》第 2 卷第 2、3 期，1924 年 6 月。
③ 甘南引：《中国青年婚姻问题调查》，《社会学杂志》第 2 卷第 2、3 期，1924 年 6 月。
④ 《我们为什么出这本号》，《学生杂志》第 11 卷第 1 号，1924 年 1 月 5 日。

题》、张企留《中等学生该不该谈恋爱》、徐学文《现社会制度下面的青年与恋爱》、恽代英的《青年的恋爱问题》等。与强调自由恋爱而反对婚姻制度的无政府主义观点不同，“青年与恋爱专号”文章认为，经由恋爱而结婚是缔结婚姻的理想状态。最后，不少青年择偶时倾向于通过熟人、师友、亲戚介绍，最终自己做决定，实现自己订婚的愿望。这种方式类似于“合订”的方式，父母长辈多方参与、商量，最终自主权在自己。在甘南引的调查对象中，有十分之一的青年，不知以何种方式自由结婚。①

（二）理想妻子

甘南引调查中涉及伴侣满意度的问题，带有强烈的男性视角。“你现在对你妻子所最满意的是下列哪几样事?”“你对你妻子所最不满意的是哪几样?”男青年更看重妻子的性情、学问智识、身体，才论、容貌、聪明与否次之，满意妻子擅理家事的人也很多。如果对妻子不满意，有些青年选择冷淡对待妻子，也有少部分选择离婚、另外纳妾或希望她早死。大多数青年未做回答，也有人表示不愿意使用上述四种手段，除了感情尚好的情况外，很多青年因人道主义和良心不忍而不愿做。还有不少青年表示愿意补救，设法对妻子进行教导。可见，面对妻子的不完美，青年人的心态比较积极。这也代表社会流行的新观点，已婚的青年想要补救婚姻，应该视妻子为朋友，如果遇到学问不好或品性古怪的，要帮助她们，离婚、厌弃，使她像孤孀一般，都不是很好的选择。青年人对伴侣的期许，很大程度上受到外界环境的影响。有位青年吐露心声称，妻子十分理解和顺从他，甚至愿意他与自己所爱的有学识、天足的女子结婚。他坦言自己对妻子的不满意，都是受到报纸杂志或他人婚姻影响而产生的态度。②

甘南引的调查对象大多为青年男子，反映更多的是青年男子对于婚姻问题的看法。在答卷上，有人提出，希望了解女子对于婚姻的态度和心理。在他们看来，“婚姻问题，是男女两方面的问题；那我们想圆满地解决这问题时，必须男女两方兼顾”③。五四之后，男女同校、公开交际的呼声依旧，但青年男女之间仍缺乏了解和沟通。当时，调查青年女子颇为困

① 甘南引：《中国青年婚姻问题调查》，《社会学杂志》第2卷第2、3期，1924年6月。
② 旦清：《怎样对付旧式婚姻问题》，《妇女杂志》第9卷第6期，1923年6月1日。
③ 甘南引：《中国青年婚姻问题调查》，《社会学杂志》第2卷第2、3期，1924年6月。

难，有勇气吐露心声的女子尚在少数。即便是受过新式教育的女子，面对触及内心的敏感问题，也羞于照实作答。[①] 虽然困难重重，这一时期仍有学者完成了针对女学生的婚姻调查。陈利兰的调查对象是北京女中学生，分别来自燕京大学女校、燕大女附中、京大女子部、培华女子中学、贝满中学校、崇兹中学校等。她收回 200 份问卷，形成报告《中国女子对于婚姻的态度之研究》，能够反映一般女青年的心理。调查显示，青年女子对于理想伴侣的期待，更看重丈夫的身体健康，是否富有学识和品貌端庄。至于最不满意丈夫（已婚或已订婚）的部分，因为回答的人过少，无法统计。这从侧面亦可证明调查研究不易获取女子的真实想法。在婚姻自主方面，女青年与男青年一样，也希望通过自由恋爱、社交公开、朋友介绍等方式，实现自己订婚的目标。

二　青年职业问题

1925 年 9 月，一位打算到上海谋生的年轻人写信给《学生杂志》：

> 我有几个朋友和我都是中学毕业生，现在既无能力升学，而又不能寻著一个相当的职业，终日都沉沦在愁闷的生活中。但就目下经济压迫已成普遍状况的中国社会，我不过是无量数不幸的青年中一个代表啊？！[②]

这段文字反映出一位失学青年无法就业的苦闷心态。20 世纪 20 年代，青年人四处寻找自己的出路。继续求学当然是理想选择之一，但现实情形是失学的情况更为普遍。如果不考虑经济因素，仅从升学率来看，大多数青年不能获得继续求学的机会。根据教育部第五次统计，每 100 名中学生里，就有 55 名不能升学。[③] 同样，据"中华教育改进社"统计，中等学生的升学率仅有 19% 左右。据北京"高等教育访问社"的调查，1924 年，

① 甘南引：《中国青年婚姻问题调查》，《社会学杂志》第 2 卷第 2、3 期，1924 年 6 月。
② 端木阳：《该怎样解决生活问题》，《学生杂志》第 12 卷第 11 号，1925 年 11 月。
③ 王鉴：《求学与择业》，《学生杂志》第 12 卷第 7 号，1925 年 7 月。

全国24所大学举行入学测试，投考者共16000余人，录取者共3300余人，除去重报及重取者外，以60%计，投考者总数算是10000人，尚有6600余人落第。[①] 这意味着一半以上的中学生将在毕业后离开学校，涌向社会。但社会又无法吸纳如此多的毕业生。接受新式教育洗礼的年轻人，并不愿意回到乡间帮助父兄劳作。因此有不少中学生、大学生变成了游民。据说山东某地的土匪知识丰富，中西皆通，原来是某大学的毕业生。[②] 军队里、匪巢里，非法职业里，私娼或至公娼都可能有男女学生。[③] 如此一来，青年的择业问题就不单单是青年个人的问题，还演化成重要的社会问题。

针对青年择业问题，中华职业教育社开展了职业指导运动。他们请学生填写《职业指导表》，了解学生对于职业的困惑，并且兴建了一批专门的职业学校，以改善中国教育所学非所用的状况。有的学校也设立了职业指导部来指导学生就业。如清华学校1923年设立职业指导部，编辑《关于择业各种参考图表》，为学生提供参考[④]。中等学校也开始设置职业指导课程，解答青年对于职业理论方面的疑问，如青年择业时应注意什么，职业界的类别、性质及现状，如何选定职业，等等。职业指导者告诫青年选择职业的前提是要对自己的兴趣和能力有所了解，要认真考量："每人之性质不同而职业之适否"，"须根据自己的才能选择职业"。青年通过学习，不仅要具备职业技能方面的知识，在个人品德方面也要能吃苦。[⑤] 同时，选择职业，本质上是服务社会，是对社会尽自己的义务。因此，青年选择职业，应该考虑到社会的需要。

然而，这类职业指导运动的开展，似乎并没有改善青年人的择业现状。杨贤江专门撰文指出，中国青年职业问题的成因很复杂，包括"择业难""得业难""执业难"。第一，择业应根据自己的个性、兴趣、志愿，但这不易把握，西方引进的职业测验也无法准确定位每个青年应从事何种职业。在职业选择方面，青年向来没有自主权，完全凭家长独断和遗传继承。第二，中国传统观念对择业存有偏见，认为读书的目的是研究学问或

---

① 杨贤江：《现在中国青年的生活难》，《学生杂志》第12卷第7号，1925年7月。
② 刘湛恩讲、赵习恒记：《青年与择业》，《学生杂志》第12卷第7号，1925年7月。
③ 肖楚女：《教育与革命》，《新建设》第1卷第5期，1924年5月。
④ 职业指导部编：《关于择业各种参考图表》，《清华周刊》1924年第10期。
⑤ 王鉴：《求学与择业》，《学生杂志》第12卷第7号，1925年7月。

是做官、治天下，而"职业"是下等人做的。所以学生不屑择业谋生。而社会上职业服务的机会与报酬不能满足青年的要求。在这种情况之下，单靠学校开设的职业指导，不足以引起他们对于职业的兴趣。第三，青年找工作的心理预期与社会现实差距太大。他们以为只要有学问、有本领，不愁没饭吃，而社会上的规则是"有靠山、有手段、能敷衍、能拉拢"，所以疏于世故的青年学生得业更难。第四，从社会环境来看，造成青年择业困难的原因是劳动力市场供大于求，职位需求少，但求职的人多。学校教授的内容难以应用于社会。尤其是很多留学生回国之后，所学的新知识、新方法与中国社会的实际需求严重脱节，造成用非所学的现象。①

1925 年 7 月，针对青年职业问题，《学生杂志》专门出版"择业问题号"加以讨论，其目的是给在校青年提供参考，"以权当本年暑假毕业青年的临时顾问"。② 该期发表的文章，既注重考察中国青年谋生困难的实际情形，又能从理论层面教育青年，使其知晓择业的重要性、现代职业的性质以及择业的原理与方法等。值得注意的是，该专号设立"在职青年的心得与经验"专题，为讨论提供更多真实的案例。有位青年，高小毕业后就在书店里做店员，他以其自身经验总结职业生活与学校生活的最大区别是，学校生活是自由性质，而职业生活却是服从性质。这种认识并非来自书本，而是来自生活的真知灼见。他劝诫青年学生要想在职业界求职，"必须将种种不良嚣张习气丢得一干二净方才可以"。③

青年人选择适合自己职业的前提是，不仅要了解自己的兴趣和能力，更要对各种职业的工作内容有所认识。然而，传统士农工商的"四民"分类，不能适应社会的发展。随着近代社会的转型，许多新兴职业出现，而青年学生在择业时却茫然不知所措。对此，"择业问题专号"特别邀请专业人士普及职业知识，告诉青年人从事某些行业所必备的知识和技能，发表系列文章如《告有志从事农业者》《告有志于做"工程师"者》《告有志于从事商业者》《告有志于做医生者》《告有志于报业者》《告有志于研究社会科学者》《告有志研究文学者》《告有志于体育事业者》等。

职业对于青年而言，意味着生活的主要经济来源。青年择业难，导致

---

① 杨贤江：《现在中国青年的生活难》，《学生杂志》第 12 卷第 7 号，1925 年 7 月。

② 《"择业问题号"征文启事》，《学生杂志》第 12 卷第 3 号，1925 年 3 月。

③ 《在职青年的心得与经验》，《学生杂志》第 12 卷第 7 号，1925 年 7 月。

他们生活难。生计问题不仅困扰青年人，还阻碍他们实现经济独立。青年人并非无法在社会生存，但由于物价飞涨和消费欲望增多致使他们的生活入不敷出。这一时期都市青年对生活品质的要求都要胜过前人，有些青年在旅行、电影、书报及日常衣食住用方面开销不小，而经济能力却无法支撑。于是，由青年择业导致的生活困难就出现了。①

三　理想生活与经济独立：重塑家庭关系

后五四时代的婚姻问题和择业问题揭示了青年在人生成长过程中所遭遇的困境，即自主性追求与经济独立之间的矛盾。大多数青年向往自由的婚姻，希望自主选择人生伴侣。根据甘南引《中国青年婚姻问题调查》，未订未婚者愿意自订婚姻的人数占总人数的86%；而当时缔结婚姻的实际情形是，旁人代订的情况更为普遍。已婚者问卷显示，自订者仅占总人数的5%，而旁人代订者占总人数的86%；已订未婚者，自订者占总人数的15%，旁人代订占总人数的70%。② 可见，青年追求自由婚姻的理想与现实之间存在巨大落差。而旁人代订更多反映了大家庭中父兄家长的意愿，若与青年的意愿不相符，就会造成青年与家庭之间关系的紧张。

追求自主婚姻，本质上反映了青年对新型家庭关系的期待。婚姻问题当由男女双方自由选择，两方满意后订婚。但实际上，多数旧家庭不能照办，他们抱着陈规旧念，由家中长辈为晚辈订婚，若晚辈忤逆长辈的意愿，就会被视为不孝，这种违反儒家道德规范的行为的确难以让家长接受。在传统家庭内部，男性家长对各项事务拥有支配权，男女婚事也由长辈做主。因此，缔结婚姻应由谁做主，这一问题的提出，本身就在挑战传统父权制的权威。面对长辈为其订婚并强迫其结婚的情况，有人建议青年应该鼓起勇气，竭力反抗。要坚持“不甘屈服”的精神，即使失败也没关系。③ 这种试图从精神上改变青年对家庭的依附状态，是一场华丽的冒险，有的青年选择离家出走，有的青年甚至使用自杀等激烈手段进行反抗。然

① 杨贤江：《现在中国青年的生活难》，《学生杂志》第12卷第7号，1925年7月。

② 甘南引：《中国青年婚姻问题调查》，《社会学杂志》第2卷第2、3期，1924年6月。

③ 杨贤江：《告青年之有婚姻问题者》，《学生杂志》第11卷第1号，1924年1月5日。

而，这两种方式既不能改变旧式观念，也不能改造家庭关系。因此有人建议青年用缓和的手段与家中长辈沟通，以恳切的态度把理由告诉父兄，进而使他们渐渐接受婚姻自主的观念。社会方面也应当组织青年团体，用演讲等方法启蒙大众，使他们觉悟。①

虽然"婚姻自由"已成为时髦的价值观，但后五四时代青年通往自由婚姻之路上的最大阻碍，在于不能找到适合之职业，以实现经济独立。这一时期，觉醒的青年认识到，理想婚姻的基础是经济独立。1921 年，杭州《心声周刊·妇女旬刊》上发表《到自由结婚的途径》一文，作者真诚地表达了对"自由结婚"的向往，同时提出实现"自由婚姻"的前提条件和实现途径，即男女双方都必须有谋生技能，要经济独立。文章称：

> 我们要达到自由结婚的目的，必须先有预备，我以为男女都要充分的智识程度，必需的谋生技能，要到相当年龄，要有相当的经验阅历，才有谈结婚问题的资格。
>
> 结婚时间的最重要条件，男女经济要独立，要都能自谋生活，不依赖父母，不依赖任何人；否则不免"徒作自由结婚的梦"。②

自谋生活意味着在经济上不依赖父母和旧家庭，这是实现自由婚姻的重要条件。在传统父权制家庭内部，家庭财产归家长管理，年轻人在经济上对双亲有较强的依附性。青年经济上不独立，婚姻自主的追求只能停留在价值观念层面，无法变成现实。而经济独立要求青年人掌握谋生技能，那么，选择何种职业谋生就显得极为重要。而后五四时期的青年所面临的困境是，自主择偶的意愿强烈，但择业困难，婚姻问题和职业问题成为青年人生的两大难题。

在青年追求自主婚姻的过程中，旧式家庭被认为是青年实现理想生活的绊脚石。婚姻决定权的争夺，酿成年轻一代与家长的矛盾，在一定程度上瓦解了旧式家庭关系。然而，青年只要在经济上仍然依赖家庭支持，就不会与旧家庭彻底决裂。根据甘南引调查，大多数青年，包括已婚、已订

① 旦清：《怎样对付旧式婚姻问题》，《妇女杂志》第 9 卷第 6 期，1923 年 6 月 1 日。
② 甘南引：《中国青年婚姻问题调查》，《社会学杂志》第 2 卷第 2、3 期，1924 年 6 月。

未婚以及未订未婚者都喜欢与父母同住，其中的一个重要原因就是“无独持门户之能力”“生活未能独立以前喜同住”。有人坦言自己喜欢小家庭，但经济不能独立。可见，经济原因造成了青年对家庭的半依附状态。有的青年以离家的方式争取婚姻自主，最终迫于经济压力而回家，他们在理想生活和经济独立之间犹疑、徘徊、寻找出路。有位青年因婚事失败，本打算赴德留学，“可是为婚事所害，竟失了经济上的援助”。为了避免烦恼，他藏身在离家三四千里的大名古刹中，诵经度日，家里知道后来信催促第三次婚事，但他本人宁愿独身，但他又“恐怕实行独身，或竟惹起意外之危机”。他很困惑，不知以何种方式应对第三次订婚。[①] 这位青年的境遇颇具代表性。青年在实现经济独立之前，对于家庭的态度是矛盾的。他们一方面希望拥有更多的自由权利，另一方面又受制于家庭的经济约束，只能努力在二者间寻求平衡。

结　语

后五四时代，青年对父母、家庭压制的反抗，在婚姻、职业、日常生活等各个方面都有体现，其中，围绕婚姻决定权的冲突最为激烈。青年不仅为选择自己的人生伴侣而反抗，对于中国既存的封建家长制也持排斥态度，最终指向社会制度和儒家道德规范。然而，这一时期，大多数青年自谋生路困难，在经济上无法割裂与家庭的联系，因此，他们对于家庭的情感是复杂的，这也是造成青年“烦闷”的成因之一。青年人争取婚姻的自主权，谋求经济生活的独立，其目的在于从情感、伦理、经济等维度重塑家庭关系。但在实践过程中，青年对自主性的追求不仅引发家庭代际冲突，甚至成为青年激进化的源泉和社会革命的导火索。

① 甘南引：《中国青年婚姻问题调查》，《社会学杂志》第2卷第2、3期，1924年6月。

经济生活与文化发展

孤岛时期虞洽卿调节民食述论

陶水木
（杭州师范大学人文学院）

孤岛时期特别是1939年3月以后，上海的米价持续快速上涨，严重影响了租界的社会秩序和治安，民食成为一般贫民生死攸关的问题，调节民食、稳定米市成为租界社会治安与社会稳定的重要问题。于是，上海租界当局、上海市商会、上海米粮业各同业公会等都积极参与民食调节，虞洽卿则发起成立上海民食调节协会、上海市平粜委员会，主持民食调节。自20世纪40年代迄今，对虞氏参与孤岛时期上海民食调节虽不乏议论，但缺乏专门深入的研究①，很有继续探讨的必要与空间。

一

上海本属产米区，开埠以前，米粮供应自给无虞。近代以来，随着上海城市的迅速发展，人口急速增长，1865—1935年的71年间，总人口从69.19万人增加到370.19万人②，粮食需求相应成倍增长，但上海的米粮供应依然无虞，粮价虽然遇战争或灾荒也间有波动，但总体平稳③。因为上海是长江产米集散区，有江、浙、皖、湘、赣等产米省区米粮可资供应，遇灾歉和战争等特殊时期并有洋米（主要是越南、泰国、缅甸米粮）

---

① 涉及孤岛时期虞洽卿民食调节的专论主要有汪仁泽的《抗战初期虞洽卿上海粜米记》，《档案与史学》2000年第5期。刘彬彬的《虞洽卿慈善公益活动研究》（硕士学位论文，湖南师范大学，2016年）、冯筱才的《政商时代》（社会科学文献出版社2013年版）等也有所涉及。

② 邹依仁：《旧上海人口变迁研究》，上海人民出版社1980年版，第90—91页。

③ 据徐正元研究，从1912年到1936年，上海粳米价格从每市石7.92元，涨至每市石10.43元，24年间上涨31.69%，《上海近代稻米市场价格变动之分析》，《中国经济史研究》1996年第2期。

资以挹注[①]。

“八一三”战争爆发后，上海闸北、虹口、杨浦、南市等地市民“争先恐后迁入租界”，租界人口骤增[②]，到1937年9月中旬，租界人口已增至300万人[③]，比1936年增长近1倍[④]。受战事影响，少数米商又操纵抬价，上海的粮价明显上涨，1937年1—7月，上海中等粳米价格在每市石11.60—11.85元小幅波动，8月价格即涨至每市石13.40元，9月达到每市石14.30元（见附表1）[⑤]，一度引起恐慌，抢米风潮时有发生。上海市社会局为维持民食，勒令各米店不准借口停业，并限米价每市石最高不得超过15元。社会局还与市公安局、英法两租界当局，以及上海豆米业公会暨米号业公会组织上海市民食调节委员会，疏通米粮来源，管理米粮统制分配，对于米麦粉豆存额及储藏地点进行调查登记，以通盘筹划，设立售米处、粮食市场，逐日分配米粮送交各售米处门市零粜[⑥]。因该年收获丰稔，当时南北米粮运沪也并未受多大影响，加以民食调节会的有效工作，上海米市即趋稳定，粳米10月均价即从9月的每市石14.30元回落至每市石13.50元。11月中旬国民党军队撤离上海后，租界成为孤岛，上海米粮运沪一度阻断，而避难租界的人口却持续增加，米价再次上涨，至1938年1月，中等粳米价格涨至每市石18.25元。租界当局动用存米投放市场，并协助豆米业公会订购西贡洋米15万包，分批分派各米号零粜，华南米业公司也在短期内订购西贡洋米17万包由豆米业公会分派各米店及部分工厂、商号[⑦]，加以租界与内地产米区交通渐有疏通，米价至1938年2月起回落，直至1939年2月，上海米价基本稳定在每市石13元左右。但1939年3月始，上海米价又呈脱缰野马之势持续快速上涨，每石中等粳米价格1939年3月为14元，5月为17.3元，7月为19.9元，9月为

① 冯柳堂：《上海之粮食供应》，《申报》1939年1月7日第9版。

② 《后援会宣委会告全市民众四事》，《申报》1937年9月1日第1版。

③ 张景岳：《上海租界的人口与经济变迁》，《社会科学》2001年第6期。

④ 1936年上海租界人口见邹依仁《旧上海人口变迁研究》，上海人民出版社1980年版，第90—91页。

⑤ 《历年上海中等粳米市价表》，载朱斯煌编《民国经济史》，银行周报社1948年1月，第543页。

⑥ 汪润品：《一年来之米市》，《申报》1938年10月10日第30版。

⑦ 汪润品：《一年来之米市》，《申报》1938年10月10日第30版。

42.5 元，1940 年 2 月为 56 元，6 月为 66 元，9 月为 80 元，12 月为达 108 元，1941 年 3 月达到 117.25 元（见表 1）。

表 1　　1937—1941 年上海中等粳米市价

（粳米单位：市石；米价单位：法币元）

月份	1937 年均价	1938 年均价	1939 年均价	1940 年均价	1941 年均价
1	11.60	18.25	12.70	40.00	107.50
2	11.75	15.15	13.20	56.00	102.00
3	11.25	13.50	14.00	48.50	117.25
4	11.70	13.75	14.00	46.00	120.50
5	11.85	12.95	17.30	54.30	148.75
6	11.05	13.15	19.55	66.00	134.50
7	11.83	13.80	19.90	70.00	136.50
8	13.40	14.00	29.00	66.50	150.00
9	14.30	13.40	42.50	80.00	155.00
10	13.50	12.88	28.00	87.00	154.00
11	14.00	12.23	32.00	93.00	194.33
12	14.84	11.95	42.50	108.00	238.00
★年均价	12.59	13.75	23.72	67.94	146.53

资料来源：《历年上海中等粳米市价表》，载朱斯煌编《民国经济史》，银行周报社 1948 年 1 月，第 543 页。带★号的年均价系根据各月均价计算得出，原表无此栏内容。

米价持续上涨，引发诸多社会问题。生活无以为继的贫苦市民铤而走险抢米，且愈演愈烈，至 1939 年 12 月形成高潮，计达数十起①，仅 12 月 15、16 日两天，就发生 54 起。《申报》《新闻报》等不时有各地抢米风潮的报道。12 月 17 日的《申报》报道："连日抢米风潮日趋炽烈……（公共租界）开封路 100 号、成都路 125 号、大沽路 66 号 191 号、山海关路 323 号及 345 号等处，均有抢米事件发生。（法租界）以浦担路鼎泰米店损失最巨，被抢白米一百数十包之多，其他辣斐德路菜市路口义隆米店

① 《函请当局保护米商》，《申报》1939 年 12 月 17 日第 10 版。

等，均被抢去白米多少不等，总计昨日抢米案约十八起，抢去八百担左右，被捕五十余人，而前日（十五）所发生之抢米案件确数共计为三十六起，有六十二人被拘，共抢去一千三百担，统计两日共发生五十四起，被抢去两千一百担，拘捕一百十二人。”① 米价高涨也使劳资纠纷频发，罢工运动汹涌。1939 年，上海发生罢工事件 121 起，关系厂号 433 家，关系职工 33433 人；发生未酿成罢工停业的劳资争议 59 起，关系厂号 788 家，关系职工 31073 人②。

二

米价上涨严重影响了租界的社会秩序和治安，虞洽卿及社会各界纷纷筹议对策，采取措施，解决民食问题。1939 年 8 月 23 日，上海各重要团体负责人集议维持上海民食办法，虞洽卿向各重要团体建议集团订购洋米：“近日米价之腾贵，为有史以来所创见，市人奔走警告，米价已四十元矣。人心惶惶，不可终日。”米价腾涨的主因是存底不足、交通阻滞、来源稀少，“揆之现状，默揣将来，米价五六十元，亦意中事，我人若不速筹善策，则后果不堪设想”，解决的办法是大量订购洋米，原价出粜③，“以资压平米价”。为此，他与蒉延芳、郭顺、张继光等发起成立上海民食维持会，办理集团订购洋米。民食维持会章程规定：该会专以维持沪市民食为宗旨，由上海市商会、银钱业、米业各公会发起，召集各团体各业公会及地方士绅组织之；为从速订购洋米应急市场，拟先行筹集基金，以备贴补购米之损失，并向银钱业接洽垫款；各业应需食米，由各同业公会代向该会委托代购；凡委托该会代购之米，如因市价低落，延不出货者，除将定银充公外，如有不足，应行补偿，并由保证人负连带清偿之责④。

---

① 《抢米风潮蔓延》，《申报》1939 年 12 月 17 日第 10 版。仅 12 月，关于上海抢米风潮的报道还有：《抢米风潮蔓延小店遭殃》，《申报》1939 年 12 月 16 日第 13 版；《沪西平民纷起枪米》，《申报》1939 年 12 月 16 日第 9 版；《抢米应即遏止法院剀切晓谕抢米犯》，《申报》1939 年 12 月 19 日第 9 版；《工部局筑路工人要求津贴米资》，《申报》1939 年 12 月 24 日第 11 版。

② 沙洲：《近年来的上海劳资纠纷》，《申报》1940 年 12 月 16 日第 8 版。

③ 《虞洽卿氏建议集团订购洋米 使市场供过于求米价自跌》，《申报》1939 年 8 月 24 日第 10 版。

④ 《筹组织民食维持会》，《申报》1939 年 8 月 24 日第 10 版。

为了从速、有效推进集团购米，虞洽卿与蒉延芳等致函上海市商会，请其分函各同业公会转知各会会员，一致行动，前往上海市会计师公会登记订购，并自行垫款 30 万元作为订购洋米资金①。同时，虞洽卿与李馥荪、徐寄庼等联电国民政府行政院长孔祥熙，要求按照中国银行挂牌价格购买英镑一万镑，由沪上各团体联合订购西贡米两万石运沪济急，并特予免税进口，即获孔祥熙电复同意②。9 月上旬，虞洽卿利用该笔外汇订购的首批洋米 1.8 万余包（每包 1.25 市石）已运到沪，其中 1 万包由难民救济协会分发各难民收容所，其余 8000 余包由米号业公会分区进行平粜。虞洽卿发起的集团购米，至 9 月中旬订户已达 60 余家，计 1.1 万包以上③。上海外商怡和洋行、太古轮船公司也纷纷订购洋米接济米市，加以工部局与日方交涉疏通后，一度开禁内地米粮运沪通道，江浙等内地米粮运沪也有所增加④，上海米价即行回落，10 月均价自 9 月份的 42 元回落至 28 元。

1939 年 12 月起，上海米价又呈凌厉上涨之势。上海豆米业公会于 12 月 9 日召开执监委员会紧急会议，分析米市形势，筹商标本兼治之策。治标方面包括接受工部局意旨，重行规定限价。治本方面包括：其一，“建议租界当局、市商会及虞洽卿，召集各公团会商集团订购洋米，庶可增厚力量，加添来源”；其二，“请市商会、虞洽卿援照前例转呈财政部，申请法定外汇，至少订洋米五万包，以办平粜而济贫民”⑤。豆米业公会随后将议决的治标治本办法函告两租界当局，并函上海市商会，请市商会会同当局及虞洽卿议定集团购米办法，购办洋米平抑米价。“为求民食之充足，仍宜订购洋米，现虽有少数米业行号之订购，尚觉力薄而效微，拟请钧会会同两租界当局暨虞先生，邀集各公团代表商议分别集团订购办法，务期各公团各就所属公司、行号、工厂以及自由职业者，各计其所需，分别集合，大量订购，如是则力宏而效巨，民食既充，米价不患不平矣。”⑥ 该公函还请市商会及虞洽卿再办平粜，救济平民。“前虞先生曾请准法定外汇，

---

① 《籼米昨已跌价　虞洽卿垫卅万元订洋米》，《申报》1939 年 8 月 27 日第 9 版。
② 《照中交挂牌结汇订米准购英金一万磅》，《申报》1939 年 8 月 30 日第 9 版。
③ 《洋米订购继续登记》，《申报》1939 年 9 月 14 日第 9 版。
④ 《洋米陆续运沪 内地亦已开禁》，《申报》1939 年 9 月 14 日第 9 版。
⑤ 《豆米公会紧急集议》，《申报》1939 年 12 月 10 日第 9 版。
⑥ 《建议商会集团购米》，《申报》1939 年 12 月 12 日第 10 版。

订购洋米，举办平粜，虽为数不多，而贫民受惠已非浅。今拟请钧会会同虞先生援照前例，再度呈请财政部，准予拨给法定外汇若干，约可订购洋米五万包之数……再行举办平粜，救济贫民。”豆米业公会同时还直接致函虞洽卿，请依照前次申请外汇办理平粜先例，再行救济平民及抑平米价[①]。

根据上海豆米业标本兼治上海民食问题的公开建议，12 月 15 日，上海市商会、华商纱厂联合会及上海银行业、钱业、轮船业、保险业、绸缎业等 30 余同业公会，并邀请工部局华董虞洽卿、江一平、郭顺等集议民食问题，会议推定虞洽卿、徐寄庼、蒉延芳、郭顺等 11 人，发起筹组上海市民食调节协会，共商集资订购洋米等问题[②]。民食调节协会简章规定：该会“以集资购米救济本市米荒为初步目标，筹划方法，解决民食问题为最大鹄的”；协会由会员大会推选 27—35 人为理事组织理事会，由理事会推选 5—7 人组成常务理事会，由常务理事互选主席 1 人，为对外之代表，并为理事会主席；协会设顾问委员会、采购委员会、基金保管委员会，执掌相关事务。[③] 12 月 20 日，该会首次理事会推选虞洽卿、徐寄庼、郭顺等 6 人为常务理事，并推虞洽卿为常务理事会主席[④]。

虞洽卿认为：上海米价上涨的原因是交通阻滞、来源减少、存底日薄，解决的最好办法是筹集资金举办各团体工厂行号集团购米，增厚市场存底，原价出粜本集团内需要的职工成员；但米价既已“创亘古未有之记录”，一般贫民已难以度日，所以必须募集捐款开展针对城市贫民的平粜。虞洽卿的主张得到租界当局和各业的广泛认同与支持。上海公共租界工部局在回复上海第一特区即公共租界市民联合会建议两租界购米储粮函时说：“本局在现在之情形下，未能从事储米计划，顷闻已有私人机关购粜洋米，本局深表满意，而敢告贵会者，则本局对于购办洋米者，当给予可能之策励与便利。”[⑤] 上海豆米业、米号业、杂粮油饼业公会在致上海平粜委员会函中明确表示：“窃自沪地民食发生恐慌以来，救济之策，要不外

---

① 《供应委员会昨商议再度压低米价》，《申报》1939 年 12 月 12 日第 10 版。
② 《各业筹组民食调节协会》，《申报》1939 年 12 月 16 日第 9 版。
③ 《公布简章》，《申报》1939 年 12 月 25 日第 9 版。
④ 《民食调节协会理事会》，《申报》1939 年 12 月 21 日第 9 版。
⑤ 《豆米业建议全沪米粮登记》，《申报》1939 年 12 月 27 日第 7 版。

乎举办平粜与集团购米，此为敝会等所一再主张，而亦为各界人士所共同赞许。"[①] 租界其他各业公会也认为"欲抑低米价，唯有办理平粜及集团购米"。[②]《申报》还就平粜委员会的平粜与集团购米专门发表社评，指出"平粜本质为慈善，集团购米本质为消费合作，二者各有其意义。孤岛居民久已如失怙恃，今乃对于粮食问题若此苦心孤诣，惨淡经营，是中华民族活力与本能之表现，弥足称道矣"。[③] 这一社评反映了舆论对于平粜与集团购米的态度。

上海民食调节协会应市场需要和社会各界呼声而产生，成立之后，虞洽卿积极采取措施推进集团购米和平粜，双管齐下调节民食。

在集团购米方面，12 月 22 日，上海民食调节协会邀集面粉业、米行业、米号业、纱业、棉花业、绸缎业、棉布业等 20 多个行业代表商议筹集基金订购洋米，调节民食。会议追认通过了民食调节协会筹集基金办法、代订洋米办法。民食调节协会筹集基金办法规定：为集资购米，救济本市米慌起见，筹集基金国币 100 万元，由协会发起人向各工商团体、社会团体和有资力的各界人士筹集之，用于垫购洋米、调剂市面；基金由协会基金保管委员会保管，由协会理事会决议通知保管委员会支拨[④]。代订洋米办法规定：各团体、机关、公司、厂号愿订购洋米者，应向协会填写申请单并将每包 20 元的定金一并提交指定的收款机关，订购数额每户每次以 50 包为最低限额，订购人不得取消或减少其已订购的数额，协会积至相当数量后，即查照洋米市价及水脚费用，由协会电外洋订购洋米，俟洋米运到上海，即通知订购人，如数付清余款后即可出货[⑤]。从 12 月 27 日起，民食调节协会开始接受各业订购洋米，次年 1 月上旬，协会订购的首批西贡洋米 6000 包已运抵上海。至 1940 年 11 月上旬，上海民食调节协会为各工商团体公司行号代为订购的洋米已达 610 余单位，共 27 批计 6.1

---

① 《米业团体建议办法》，《申报》1940 年 1 月 18 日第 9 版。

② 《洋米两万余包抵沪 平粜准期开办》，《申报》1940 年 1 月 19 日第 9 版。

③ 社评：《平粜与集团购米》，《申报》1940 年 1 月 10 日第 4 版。

④ 《订购洋米基金预定筹集百万元》，《申报》1939 年 12 月 23 日第 9 版。一周后即 12 月 29 日，各业认筹基金已达 82 万元，因各业认缴踊跃，民食调节协会将基金增为二百万元。《申报》1939 年 12 月 30 日第 9 版。

⑤ 《调节协会订米办法》，《申报》1939 年 12 月 24 日第 9 版。

万余包，间接推动各界自行订购洋米，也达数十万包①。到1941年3月虞洽卿离沪前，民食调节协会代为订购的最后一批洋米2000包运抵上海，该会总计代购西贡等地洋米达30批约6.8万包②。

民食调节协会组织的集团购米虽“颇着成效”③，但上海米价依然居高不下，1940年12月“创亘古未有之记录”，且大有续涨之势。虞洽卿对此深表忧虑，而社会人士和新闻舆论对米业界“无不加以指摘，似乎米价之涨，胥为业米者应负其咎”。虞洽卿认为，应该由负责市政责任的租界当局利用行政力量，组织更大规模的集团购米，以抑米价。他于12月5日致函公共租界工部局，“请会同法租界公董局，即日召集市商会暨银钱两业与米业及纱厂等各业团体代表共同筹商垫款，购办贡米二十万包，以作基本，随时售出若干，补购若干，川流不息。有此仓存，庶可杜绝恐慌，安定市面”，希望租界当局采择施行④。

虞洽卿建议租界当局设立公仓，购米20万包、川流不息应市的建议是极富建设性的。这样不但可以借助租界行政调动各业力量，集中资金，进行大规模米粮购储，增厚并稳定米市存底，也便于租界当局统制米粮，打击囤积投机，终使米市趋稳。

公共租界工部局此前曾对上海第一特区市民联合会关于购米储积的建议不予采纳⑤。但这次对名浮望重的虞洽卿的建设却极为重视。12月8日，公共租界工部局、法租界公董局即按照虞洽卿的建议邀请虞洽卿暨米业各团体代表召开会议讨论公仓储米问题。虞洽卿在会上说明了设置公仓、储米20包计划，并希望米业认购公仓洋米6万包，银钱业5万包，其他各业

---

① 《调节协会敬告各界参加集团购米》，《申报》1940年11月6日第10版。

② 《采储着着进行》，《申报》1941年2月11日第7版。虞洽卿主持的民食调节协会为集团代购洋米总数，笔者暂未查到，但至1940年11月6日，已达27批计6.1万包，《申报》1940年11月6日第10版。1941年2月10日，民食调节协会第30批即最后一批集团购米计2000包运抵上海，这样就仅缺第28、29两批订购洋米的确切数量，如果以前27批的平均订购量来计算这两批的订购数，那么30批总计6.8万包。

③ 《民食调节协会修正代购洋米办法》，《新闻报》1940年7月7日第8版。

④ 《虞洽卿昨建议工部局集资购贡米二十万包　川流不息供应市场以安市面》，《新闻报》1940年12月6日第10版。12月6日的上海《前线日版》也以《沪民食前途日臻严重　虞洽卿创立公仓建议囤米二十万包应市》作了报道：“公仓之议，创自虞洽卿，他向公共租界当局建议设立公仓，囤米二十万包，供应市场，以安人心。”见当日该报第2版。

⑤ 《当局函复储粮建议》，《申报》1939年12月27日第7版。

4 万包，社会热心人士 5 万包，作为公仓之常备储粮。会议一致赞同虞氏主张，议决由豆米业、杂粮油饼业各推代表 2 人，与虞洽卿拟定切实可行的细则①。虞洽卿的立公仓储米建议，立即得到各业响应。实力雄厚的银钱业表示，“设仓储粮，确为当务之急”，除赞同虞氏建议外，“慨允储粮五万包”②。米业界除认储 5 万包外，还即成立了由陈子彝、邢志刚、朱子香等 29 人组成的米业公仓储粮委员会③。

但虞氏关于公仓储米、川流不息应市建议的实施，却进展缓慢，成效不著。12 月 24 日，公共租界工部局再次召集各业代表集议公仓储米办法。会议议决订购洋米 20 万包设立公仓，其中虞洽卿认购 3 万包，米业杂粮业 6 万包，银钱业 5 万包，纱厂业 2 万包，面粉业 1 万包，其他煤业、新药及制药业、棉花棉布等业 16500 包④，其余 13500 包由卷烟业及百货公司等酌量分认，不足之数，由虞洽卿包购。会议还议决成立公仓管理委员会，“综理其事”，委员由建议人虞洽卿及徐寄庼、王禹卿和公共租界副总办何德奎暨银钱业代表 2 人、米业代表 2 人、纱厂业代表 1 人共 9 人组成，两租界再各推派 1 人对委员会进行监督⑤。1941 年 1 月 7 日，上海食米公仓管理委员会举行首次会议，虞洽卿、徐寄庼及何德奎等 9 委员出席，并有工部局粮食委员会主席马歇尔、法公董局粮食委员会主席杜培等参加，推定公共租界副总办何德奎为该会主席，徐寄庼为副主席。会议议决委员会下设采购、保管、销售、运输 4 个组分掌事务，虞洽卿同时任采购、运输组成员；会议决定聘请奚玉书会计师任公仓司库，聘华籍会计师徐永祚、外籍会计师汤姆生担任查账，并决定在该月 15 日前，各业照认定数量先缴足五成，以每包价 85 元为标准⑥。该会全权掌握在何德奎之手。章程规定：该会会议由主席、副主席共同或单独召集；会议议决时如可否同数，决于主席；公共租界工部局暨法租界公董局推举的监督委员得出席委

---

① 《昨日稳定米市会议一致赞同设立公仓》，《申报》1940 年 12 月 10 日第 9 版。

② 《各方自动捐输民食》，《 申报》1940 年 12 月 8 日第 10 版。

③ 《米业组织公仓委会》，《申报》1940 年 12 月 19 日第 9 版。

④ 即煤业 5000 包，新药业及制药业 2500 包，棉花业 2000 包，棉布业 2000 包，糖业 1500 包，五金业 1500 包，呢绒业 1000 包，营造业 500 包，木业 500 包。《公仓储米议案昨已决定》，《申报》1940 年 12 月 25 日第 7 版。

⑤ 《公仓储米议案昨已决定》，《申报》1940 年 12 月 25 日第 7 版。

⑥ 《公仓组织已议决》，《申报》1941 年 1 月 8 日第 9 版。

员会会议，并有纠正、制止之权①。但公仓储米工作进展缓慢，委员会首次会议确定的缴款认购工作，至1941年2月初即超过规定缴足时间半个月后，总计才收到310万余元②，还不到应收数之半。其中米业认购6万包，应缴款255万元，实际才缴18.06万元。当时舆论就说："公仓储粮善举，米号参加者颇不踊跃，深盼明了大体，该业领袖从速提倡。"③ 至2月18日，公仓委员会也才收到认购仓米款445万余元，且迟迟未予订米。所示《申报》指出"公仓储米二十万包稳定米市之计划，应从速促其实施，可尽先将各业已缴付之款项购办储米，照来价出售，俾使囤户无法操纵居奇，若迁徙时日，则非特米价涨势难遏，且将影响来价而妨碍公仓储米之购储"。④ 直至3月底，公仓委员会才向达孚洋行订购首批仓米8万包，原预计5月初可运抵上海，但因"船期推迟"，直到7月5日才到达⑤，距虞洽卿提出公仓储米建议已7个月之久，其效率与虞洽卿主持办理集团购米和平粜相比真是相形见绌，而上海米价也已从工部局召集各业会议议决设立公仓时的每市石108元涨至每市石136.5元。

在积极推进集团购米的同时，虞洽卿组织设立了上海市平粜委员会，积极募捐筹集资金，购米举办平粜。虞洽卿认为：集团购米对于增厚市场存底、平抑米价固然具有根本性作用，但米价既已迭创新高，连中上之家都难以负担，一般贫民已无以度日，所以必须开展针对城市贫民的平粜活动。1940年1月4日，上海民食调节协会邀集各业集议调节民食办法，议决设立上海市平粜委员会，"全权办理筹款及平粜事宜"，推举虞洽卿、王禹卿、陈子彝、郭顺、朱吟江等16人为委员，虞洽卿为委员会主席，暂定平粜捐款一百万元，向各业劝募，以上海金城银行及福源、同润等钱庄

---

① 《食米公仓管理委员会简章》，《银行周报》1941年第25卷第4期。

② 《公仓已收米款逾三百万》，《申报》1941年2月2日第9版。据1941年2月11日《申报》报道，虞洽卿"所认三万包，半数（一万五千包）日内可抵埠"。另据上海食米公仓管理委员会第一期收支表（1941年1月1日至3月31日），虞洽卿缴清了认购的3万包（每包85元）半数之款127.5万元，见《上海食米公仓管理委员会公告》（第1号），《新闻报》1941年4月28日第5版。

③ 《售清囤米限期已届 密查存粮》，《申报》1941年2月28日第9版。

④ 《米评会今日开会研讨抑低限价》，《申报》1941年3月2日第9版。

⑤ 《公仓催款》，《申报》1941年3月30日7版；《五外轮昨进口到米十六万包 公仓米亦由格兰轮运到》，《申报》1941年7月6日第8版。7月7日，公仓委员会议决续购第2批仓米3万包，见《公仓米续购三万包》，《申报》1941年7月8日第7版。

为收款机关。[①] 虞氏创设平粜委员会进行针对贫民的平粜，受到舆论一致赞扬。《新闻报》表示："很希望平粜早早实现，嘉惠贫民，更希望大家尽力输将，共成盛举。"[②] 《中国商报》也刊文向平粜委员会诸委员表示敬意，并希望他们"一本勇往直前的精神，为贫苦的同胞造福，使平粜的进行，顺利迅连，早日实现"[③]。《总汇报》"社论"指出：抑低米价是最急切而刻不容缓的救济贫民办法，希望"全市法团和市民，给予平粜会全力的合作与支持"，本"有力者出力，有钱者出钱"的原则，挺身负起社会责任，"这对于国家民族前途也有莫大的助力"[④]。

为尽早举办平粜，虞洽卿主持的平粜委员会立即订购西贡洋米 1.5 万包。鉴于办理平粜刻不容缓，而所订西贡米抵沪尚需时日，平粜委员会即向上海市场购进西贡碎米 1.6 万包，以尽早办理平粜[⑤]。1 月 21 日，平粜委员会举办的首期平粜便在公共租界和法租界同时进行，平粜委员会委托米号业公会 100 家米号办理，每处每天限粜 50 包，法币每元购米 6.5 市斤，每人限购 1 元[⑥]，相当于每市石 25 元，比市场正常米价低 5.13 元。虞洽卿在平粜开始前日接受新生社记者采访时表示：本市米慌以来，"最苦者为一般每日以升斗度日之贫民，此为本会积极办理平粜，以期救济之本意"[⑦]。虞洽卿并对米号业义务办理平粜、各业及个人踊跃输将捐款及租界当局派警维持平粜秩序"深表感谢"。首期平粜于 2 月 5 日结束，共粜米 34070 包，嘉惠贫民 80 余万人。

募集捐款是举办平粜的基础和保障，只有尽可能多募到捐款，才能弥补平粜亏耗而使平粜持续进行。以平粜委员会第 1 期平粜法币每元购米 6.5 市斤计算，每石 160 斤约合 25 元，即每包售价 30.7 元，而平粜委员

---

① 《民食协会昨议决设立平粜委员会　筹募平粜捐款壹百万元 已订妥三万包办理平粜》，《中国商报》1940 年 1 月 5 日第 3 版。《设立平粜委员会筹募平粜捐款》，《申报》1940 年 1 月 5 日第 9 版。

② 吉羊：《关于平粜》，《新闻报》1940 年 1 月 5 日第 21 版。

③ 栽森：《说于平粜实行前》，《中国商报》1940 年 1 月 9 日第 5 版。

④ 社论：《平粜救济贫民》，《总汇报》1940 年 1 月 9 日第 2 版。

⑤ 《设立平粜委员会　筹募平粜捐款》，《申报》1940 年 1 月 5 日第 9 版；《平粜会筹款订米委托米号业办平粜》，《中国商报》1940 年 1 月 7 日第 3 版。

⑥ 《劝募平粜捐款　定额百万元尚缺五十万》，《申报》1940 年 1 月 18 日第 9 版。

⑦ 《平粜今日开始　虞洽卿发表重要谈话》，《中国商报》1940 年 1 月 21 日第 3 版。

会第一批购进的平粜米每包成本在37元左右，每包亏损6.1元[①]。所以，虞洽卿及平粜委员会“为持久办理平粜起见，积极向各业劝募平粜捐款”。平粜会成立不到半个月，各业认定的捐款达60余万元，但实缴只有3万多元[②]。到2月中旬，平粜委员会购进用于平粜的西贡碎米已达8万包，平粜捐款虽已实缴567459元，但远不敷购米成本，难以周转。虞洽卿除自己捐款1万元[③]，并要求各常委“继续劝募，务使达到百万元目标，使平粜得以持久”外[④]，还把自己价值150万元的地产向银行押款百万元用于上海及故乡三北的平粜[⑤]。

随着平粜持续进行，亏损也日益扩大，维持益艰。至1940年4月7日前3期平粜结束，平粜委员会亏损已达79万余元（见表2），虽然平粜捐款至4月4日也已实收76.88万余元，但仍不足以弥补平粜亏损，且采购平粜洋米，无论是现买还是订货，都需现款付清，而平粜委员会按期按日平粜后才能回收部分米款，周转十分困难，其中的资金缺口，全靠捐款划抵和平粜会各常委垫款。至4月4日，平粜会已购米11.1万余包，用款430万余元，平粜会各常委的垫款已达百万元[⑥]。因此，上海平粜委员会曾于第3期平粜结束前和第6期平粜开始初两次议决并函告租界当局停止平粜。其第2次函件说：“办理平粜，所以救济平民，固为人类互助大职，考诸既往，胥为一时权宜之计，端无经年累月长期举办者。敝会同人勉负巨责……劝募捐款，垫借米本，时至今日，已声嘶力竭，愧难为继。爰经集议，决定于此项余米粜罄，即行停办。”[⑦] 租界当局除对平粜表示肯定外，希望该会继续办理平粜[⑧]。上海市豆米业等团体也一再陈请平粜应继续进行。豆米、杂粮油饼两业公会在致上海平粜委员会函中指出：平粜会

---

① 《平粜米每石价二十五元 照来价每包亏损六元余》，《申报》1940年1月21日第9版。

② 《积极劝募 持久办理》，《申报》1940年1月20日第9版。

③ 《上海平粜委员会收款汇报第十八号》，《申报》1941年1月5日第6版。

④ 《继续劝募持久平粜》，《申报》1040年2月19日第9版；《平粜捐款续募一百万元》，《申报》1940年4月14日第9版。

⑤ 《虞洽卿氏见义勇为抵押私产倡导平粜》，《申报》1940年4月13日第10版。

⑥ 《平粜委员会昨开会议决继续办理平粜》，《总汇报》1940年4月7日第3版。

⑦ 《平粜明日起续办 米价昨始下降 平粜余米售声卽告结束》，《申报》1940年9月18日第7版。

⑧ 《平粜委员会昨议决续募捐款念万元定一月二日起办理八期平粜》，《中国商报》1940年12月11日第3版。

开办平粜以来，贫民受惠，实非浅鲜。现在“米价及各种物价犹未平落，而春熟收获为期尚远，贫民生活恐慌迄未解除，其有待于救济，仍极殷切。若骤于此时停办平粜，窃期以为未可，为再备函陈请贵委员会，迅予再度召集全沪各公团，无论前已认捐者或未认捐者，作第二次之扩大劝募运动，集成巨款，继续举办”，并表示“敝会等同业，仍愿忝附骥尾，勉竭输将”①。虞洽卿及平粜委员会遂极力维持。到1941年1月下旬，平粜委员会在一年之中已举办平粜8期，所粜洋米达194696包（见表2），嘉惠贫民达千万人次②，平粜亏损百万元以上③。

表2　　　　**虞洽卿主持上海平粜委员会平粜洋米情况**

平粜期数	平粜时间	平粜办法	平粜米数(包)	资料来源	备注
第1期	1940年1月21日至2月6日	法币1元购米6.5斤，每人限购1元	34070	《申报》1940年1月18日第9版；《总汇报》1940年4月7日第3版	本期亏损243813.6元，《总汇报》1940年4月7日第3版
第2期	1940年2月23至3月13日	法币1元购米5.5斤，每人限购1元	39400	《申报》1940年2月17日第9版；《总汇报》1940年4月7日第3版	本期亏损245460.82元，《总汇报》1940年4月7日第3版
第3期	1940年3月19日至4月7日	法币1元购米5.5斤，每人限购1元	28226	《申报》1940年3月20日第10版；《总汇报》1940年4月7日第3版	本期亏损305541.2元，《总汇报》1940年4月7日第3版
第4期	1940年7月16日至8月5日	法币1元购米4斤，每人限购1元		《中国商报》1940年7月16日第3版；1940年8月6日第3版	
第5期	1940年8月20日至9月8日	法币1元购米4斤，每人限购1元		《申报》1940年8月13日第8版；9月5日第7版	第4、第5两期粜米2万包，亏损15.7万元。《中国商报》1940年9月18日第3版

① 《豆米业杂粮业两公会主张募款继续办平粜》，《申报》1940年4月1日第9版。
② 《各方纷请续办第九期平粜》，《中国商报》1941年2月12日第3版。
③ 《当局对取缔物价表示决心》，《申报》1941年1月19日第9版。

续表

平粜期数	平粜时间	平粜办法	平粜米数(包)	资料来源	备注
第6期	1940年9月19日至10月1日	法币1元购米4斤，每人限购1元	25200	《申报》1940年9月19日第8版；10月2日第7版；10月15日第10版	
第7期	1940年11月1—9日	法币1元购米4斤，每人限购1元	28000	《申报》1940年11月1日第10版；11月9日第9版	
第8期	1941年1月7—19日	法币1元购米2升，每人限购2元	20000	《中国商报》1941年1月7日第3版；《申报》1941年1月20日第9版	

三

虞洽卿主持上海民食调节协会、上海平粜委员会参与上海民食调节一年多，1941年3月17日，在上海米价持续上涨之中，在社会对虞氏调节民食颇多议论声，日伪对其极力“争取”使其处境日益“恶化”之际，他毅然离开上海赴香港转赴西南抗战大后方①。

如何认识和评价虞洽卿的民食调节活动，本文上述研究已表明：调节

① 关于日伪对虞洽卿的拉拢及虞氏的政治态度，参见冯筱才《政商中国：虞洽卿与他的时代》（社会科学文献出版社2013年版，第220—223页）。根据冯筱才的研究，虞洽卿的留、离上海，与蒋介石、重庆国民政府密切相关。另香港《大公报》2篇报道也道出了虞洽卿在孤岛坚守的艰难与离沪原因。“按虞氏自沪市沦陷后，仍税居孤岛，与恶劣环境搏斗，且如旧经营航业及米业，以利民行及民食，所入甚丰。但绝不受日汪之威吓利诱，此次突然离沪，谅系环境关系。”《大公报》（香港版）1941年3月21日第6版。“虞洽卿氏传已秘密离沪来港。自国军西撤后，虞氏始终留处孤岛，致力于社会事业，排难解纷，救济灾黎，对于维持租界秩序，其功确不可没。近年虽因若干事件，为一部分人士所不谅，拥积年声名，处非常之会，而能不拘大节，履险如夷，非有定见卓识，巧于肆应，曷克凑此？现在，连他在上海都站不住了，孤岛魅影之猖獗，可想而知。”《大公报》（香港版）1941年3月20日第4版。

民食为当时上海米粮市场发展情势和上海社会治安与稳定所必要，也是政、商、学各界和社会公众的一致呼声；采取集团购米和平粜措施以调节民食，也是上海米粮业公会等各业团体和社会人士的共识。虞洽卿发起成立上海民食调节协会和上海平粜委员会办理集团购米与平粜，顺应了上海米粮市场发展的需要和社会各界的呼声。他的民食调节活动既受到租界当局的肯定与支持，也受到重庆国民政府的支持。当时舆论也给予广泛赞誉和肯定评价，如“上海民食调节协会自经成立已还，迭次办理集团订购洋米，成绩卓著”①。“上海平粜委员会，自开始举办西贡碎米平粜以来，嘉惠平民匪浅，对于本市整个民食问题，颇多裨益。”②

虞洽卿主持民食调节协会、平粜委员会先后垫款千万元，在短时期内办理集团购米 6.8 万包，间接推动各界自行订购洋米达数十万包，平粜洋米近 20 万包，受惠贫民达千万人次，对于保障孤岛上海米粮供应，维持贫民民食生计，抑制米价快速上涨，维护社会秩序与治安，无疑起了极重要的作用。但上海的米价却在虞洽卿等各方力量的调节中依然快速上涨，本文表 1 显示，从 1939 年 12 月虞洽卿发起成立民食调节协会到 1941 年 2 月虞氏离沪前，上海中等粳米月平均价从每市石 42.50 元上涨至每市石 102 元，上涨达 140%。为什么米价在各方调节中依然上涨？当时不少认为，米价上涨的主因不是因为存底不足、供需失衡，而是“投机米蠹操纵垄断所致”③，“主因”是“囤积居奇”④。因对米业中人多有指责，并有认为上海米价之高，虞洽卿应负部分责任。这就很有必要对孤岛上海米价上涨的原因略作分析。

1939 年春以后上海米价持续快速上涨的原因是极其复杂的，是多种原因“共振”的结果，而其“症结”或者说最主要的原因，是日伪对沦陷区米粮的统制。如前所述，上海的米粮供应向来依赖外围市县及长江中下游产米区，自 1938 年 10 月日军制定《华中方面军占领地域内一般商品出入境取缔规定》后，日军逐渐加强对米粮的统制，1940 年起又把长江流域产米区划为军粮收买区，使上海市场上国米来源锐减，甚至几乎断绝。1940

---

① 《民食调节协会续订洋米》，《新闻报》1940 年 10 月 28 日第 11 版。

② 《平粜续办》，《申报》1941 年 2 月 7 日第 7 版。

③ 《米蠹危害民食限令密查拘办》，《申报》1941 年 2 月 24 日第 7 版。

④ 沈雷春：《物价高涨的秘密》，《申报》1941 年 3 月 3 日第 9 版。

年2月的《申报》社评就说“单论米粮，常锡之米，久已绝迹于沪上。最近搜刮愈周，苏同青角之米，亦在捆载以去，而由虹口转入租界区内之杜米能有几何，非特寥寥，几乎绝迹”。[①] 这样，洋米成了上海“市民唯一养命之源”[②]。拥有四百多万人口的上海租界民食，失去传统米源区国米之依托，而主要依赖越南等东南亚国家洋米进口，使上海米市因失去根基，国际局势、战争形势稍有变化就会导致米市恐慌，助长奸商投机和普通市民“盲从囤购”。1940年秋天后上海米价持续快速上涨的重要“推手”就是因为太平洋战争风声日紧，美日关系日趋紧张，“大家担心日美发生战争后上海的米价”[③] 而“群趋囤积”所致[④]。

法币贬值、汇率下跌也是这时上海米价上涨极其重要的原因。全面抗战爆发后，法币发行量猛增，购买力持续下降。如以1937年第二季度法币发行额为基准期，到虞洽卿旅沪的1941年3月，法币的发行额增长达12.25倍[⑤]，增长率远高于同期上海米价的上涨。与法币发行额猛增相应的是其购买力的急速下跌。如以1936年的法币购买力指数为100，则1937年为84.3，1939年为43.1，1940年为19.8，1941年为9.1，已不及1936年的十分之一了[⑥]。“战时货币价值既狂跌，则相反方面，物价当然上涨。”[⑦] 币值狂跌还助长投机商囤积，也引起普通市民担心货币进一步贬值而囤购米粮，这自然助涨米价。正如时论所分析，“上海人口称四百万，假如富户占百分之一，而每人囤购十包，其总数即达四十万包，试问市上突遇巨量需要，市价安有不涨之理”[⑧]。供应上海市场的主要是购自东南亚

---

① 社评：《日用生活品调整之进行》，《申报》1940年2月24日第4版。

② 《洋米已成为市民唯一养命之源》《申报》1940年12月20日第8版。

③ 《看到听到想到》，《申报》1941年3月3日第9版。

④ 当时《申报》指出：“最近上海米价，已受洋米所支配。”洋米来源“虽在形势紧张之下，亦并不断绝，涨价之主要原因，实以投机家利用时局，故意放送民食不足之消息，使民众群趋囤积之一途”。《申报》1940年12月6日7版。

⑤ 交通银行总行、中国第二历史档案馆编：《交通银行史料》第1卷，中国金融出版社1995年12月，第963页。其中拥有法币发行权的四大行发行额增长情况是：中央银行增长19倍，中国银行增长10倍，交通银行增长9倍，农民银行增长11倍。

⑥ 《上海批发物价指数表》，载朱斯煌编《民国经济史》，银行周报社1948年1月，第455页。

⑦ 《物价何以高涨?》，《申报》经济专刊“平衡物价问题座谈纪录之一”，王海波发言，《申报》1939年4月24日第13版。

⑧ 《两租界当局暨各界应合作抑平米价》，《申报》1940年12月6日第7版。

的洋米，都以外汇结算，其先用英镑，1939 年 5 月起多用美金，因此汇率变化直接影响米价，而法币的汇价在不断急速跌落。1939 年 4 月，法币与美金的比价为一美元合法币 6.189 元，1941 年 3 月虞洽卿离沪前一美元合法币 18.465 元[①]，不到两年法币汇价下跌达三分之二。当时即有专家分析物价上涨原因时说："通货方面的原因，最重要的当为法币汇价的跌落，使洋货价格突趋增高。"[②] 此外，上海米价的上涨还与运费、燃料费、保险费等的上涨有重要关系，因为上海米粮主要靠海运洋米供应。"八一三"战争，特别是欧战大规模爆发后，货运船只锐减，船位日益紧缺，使水脚费用猛涨。轮船货运价格指数如以 1937 年上半年平均为 100，则 1939 年平均为 361.1，1941 年平均为 1020.51，上涨达 9 倍[③]，快于包括米粮的实物类价格指数的上涨[④]。洋米运输所需要的燃料也因属战争物资而价格猛涨，如以 1936 年的燃料价格指数为 100，则 1937 年为 118.8；1941 年为 1241.4，上涨达 11 倍[⑤]，更高于同期食物类价格指数的上涨。

笔者之所以要对这一时期上海米价上涨原因作上述简略分析，其意当然不是为囤积投机、推波助澜上海米价的奸商开脱，而在于通过这样的分析，使我们更好地理解：为什么虞洽卿等各方力量参与民食调节后上海米价仍快速上涨？为什么米价仍在快速上涨而租界当局、社会各界、报刊舆论对虞洽卿的民食调节多给予积极、肯定的评价——称其"颇着成效""成绩卓著""厥功匪浅"？从而加深我们对虞洽卿民食调节活动作用和影响的认识。

评论虞洽卿的民食调节工作，还有一个不容回避的问题是关于虞氏"囤积""渔利"问题。关于虞氏在民食调节中囤积、渔利的说法，从现

---

① 《历年上海外币市价表（二）》，载朱斯煌编《民国经济史》，银行周报社 1948 年 1 月，第 524 页。根据该表当月最高、最低价计算出该月均价。

② 《物价何以高涨?》，《申报》经济专刊"平衡物价问题座谈纪录之二"，《申报》1939 年 5 月 1 日第 17 版。

③ 轮船货运价格分月指数，见四川联合大学经济研究所、中国第二历史档案馆编《中国抗日战争时期物价史料汇编》，四川大学出版社 1998 年版，第 318—322 页，年均价格指数系笔者根据分月指数计算得出。

④ 包括米粮在内的食物类价格指数如以 1936 年为 100，则 1941 年为 818.2，见《上海批发物价指数表》，载朱斯煌编《民国经济史》，银行周报社 1948 年 1 月，第 548 页。

⑤ 《上海一般物价指数表》（上），载朱斯煌编《民国经济史》，银行周报社 1948 年 1 月，第 445 页。

在能检索到的资料看，最初还是出自虞氏本人。1940年12月上旬，虞洽卿在建议公共租界工部局召集各业垫款购米20万包设立公仓、川流不息应市以抑米价的函中，同时希望租界当局派员切实调查其有无囤积、渔利问题①，这说明坊间已颇有这样的议论。虞氏离沪3天后，《申报》又刊发大幅《虞洽卿启示》，当时舆论指出，“其所以刊登此项启示者，乃因沪市谣言盛行，谓虞氏囤积米粮，且谓上海米价之高，虞氏应负部分责任”。②虞洽卿在启示中详细开列了其经办的21笔计240594包米粮详细购销情况③，以说明自己并无囤积。但虞氏刊发这样的启示，不但不能消弭流言，只会使流言随着继续高涨的米价更大范围地流播。虞洽卿离沪半个月后，一名向导女（即低级妓女）在其自述中就有“正如社会上举行平粜的就是囤积的米蛀虫一样”④ 的文字，说明主持平粜的虞洽卿就是囤积米蛀的“谣言”，几乎是家喻户晓了。

虞洽卿究竟有无囤积？当时没有团体或个人明确检举，租界当局接虞氏致函后也没有应虞氏要求予以调查，我们现在更难以研究考证。不过，考诸近世以来中外历史，每遇通货膨胀、物价飞涨之时，必有囤积居奇、牟取暴利者，也总有群情义愤、误责正常经营者为囤积牟利者。从现有资料来看，虞洽卿或许属于后者。虞氏离沪两年后，长期在上海从事中共地下工作的恽逸群曾化名发表《虞洽卿论》一文，其中谈到虞氏离沪前“运米发财的传说”，认为虞氏赚的是“运费”，“获得额外报酬，也是情理中事”⑤。这是公允之论。虞洽卿作为航运商，在战时环境、海运水脚猛涨情况下，承冒巨大风险，赚取米粮运费；或者因吨位不足，自己带购些洋米和沪地紧缺舶来品“凑满船位”进口，在途中或到埠后“如数售去”，沪地出航时带运土特产等商品出口，都是无可厚非的“情理中事”。其实，我们甚至都没有必要去纠结虞洽卿是否囤积渔利，因为正如《虞洽卿启示》刊出第2天有评论所指出的：这件事已“成为陈迹了”，虞氏在短时

① 《虞洽卿昨建议工部局集资购米二十万包川流不息供应市场以安市面》，《新闻报》1940年12月6日第10版。

② 《虞洽卿因米价问题离沪》，《大公报》（桂林版）1941年3月27日第4版。

③ 《虞洽卿启示》，《申报》1941年3月20日第5版。

④ 黄莺：《在电话机里——一个向导女的自述》，《申报》1941年4月2日第10版。

⑤ 方腾：《虞洽卿论》（中），《杂志》第12卷第3期，1943年12月10日。该文连载《杂志》第12卷第2、3、4期，刊出日期分别为1943年11月10日、12月10日、1944年1月10日。

期内购米至20万担之多，先后垫款1000万元以上，确是“于沪市粮食问题当有涓埃之助”，其“功过也可以不辩自明了”[①]。该评论希望后起者能出而负为社会、国家谋福利的重任，源源接济民食。然而，虞洽卿既已离去，上海再也没有像虞氏这样兼具地位、影响和能力者续期举办平粜，并有效办理集团购米，上海民食问题自然“不因虞氏之行而得到解决”，“反而愈形严重”了。米价似脱线风筝，扶摇直上。自虞氏离沪到孤岛陷落9个月间，上海米价又上涨1.03倍，而虞氏离沪前9个月，米价仅上涨77.65%（根据表1计算）。这一客观事实有力回应了虞氏囤积米粮、上海米价之高虞氏应负部分责任的流言，也佐证了虞氏调节上海民食的积极作用。

---

① 齐为德：《读虞氏〈启事〉有感》，《申报》1941年3月21日第11版。

从 Society 到“社会”：一个近代概念的早期轮廓

李恭忠

（南京大学历史学院暨学衡研究院）

从 society 到汉字“社会”的语词转换和概念传播，是近代中国和东亚知识史、思想史和文化史上的一个重要问题，颇受学术界关注。语言学专家陈力卫认为，中文古籍里“社会”偶尔作为一个独立单词使用，这对后来日本采用“社会”一词对译西方 society 概念起到了决定作用；罗存德《英华字典》将 society 译作“会、结社”，也可能是促成明治时期日语中“社会”与 society 对译的原因之一。[①] 其他学者基于思想史和观念史角度的研究表明，甲午战争之后数年里作为 society 概念之译语的“群”字曾经在汉语中风靡一时[②]，但在 19 世纪末 20 世纪初，日语中的“社会”这一新词传入中国以后，迅速流行开来，很快成为 society 概念在汉语中的主导译语。[③]

值得注意的是，近代中国新兴的“社会”概念，呈现出了含义模糊、观感暧昧的特征。比如，赫美玲（Karl Hemeling）编纂于清末、正式出版于 1916 年的《英华官话辞典》，对 society 一词给出的释义和用例，可谓五

---

① 陈力卫：《词源二则：社会》，载孙江、刘建辉主编《亚洲概念史研究》第一辑，生活·读书·新知三联书店 2013 年版，第 194、198 页。

② 陈旭麓：《戊戌时期维新派的社会观——群学》，《近代史研究》1984 年第 2 期。

③ 李博：《汉语中的马克思主义术语的起源与作用》，赵倩、王草、葛平竹译，中国社会科学出版社 2003 年版，第 113—117 页；金观涛、刘青峰：《观念史研究：中国现代重要政治术语的形成》，法律出版社 2010 年版，第 180—214 页；黄克武：《晚清社会学的翻译——以严复与章炳麟的译作为例》，载孙江、刘建辉主编《亚洲概念史研究》第一辑，第 3—45 页；冯凯：《中国“社会”：一个扰人概念的历史》，载孙江、陈力卫主编《亚洲概念史研究》第二辑，生活·读书·新知三联书店 2014 年版，第 99—137 页。

花八门，乍一看令人难以捉摸。就连“社会”一词的流行，也跟其他新名词一道，曾经遭到非议，被认为“庸恶浅近，拾东人之唾余”。① 作为“社会”概念之具象体现的一些新式社团，特别是政治类的社团，在官方眼里则往往被视为秩序的潜在威胁。

为何会出现这种情况？这就涉及西方外来概念在华传播过程中如何与中国本土语境契合的问题。本文尝试在学术界先行研究的基础上，结合社会史、文化史、辞典史和新闻传播史多个维度，进一步探讨 society 与“社会”的早期相遇过程，尤其是传统本土经验如何影响了近代西方 society 概念在中国的传播、理解和接受。

一 旧式“社会”及其观感

“社会”一词在古汉语中早已有之，指的是“社”日的迎神祭拜集会。所谓“社”，古义为土地神、祭祀土地之所，延伸为春秋两季祭祀土地神的节日，具体日期原为立春、立秋之后的第五个“戊”日。② 根据儒家经典《礼记》中的构想，立“社”是统治集团的专利，自天子、诸侯、大夫以次，各有区别。③ 官府努力将“社会”置于自己的有效控制之下。宋朝著名儒学家程颢担任晋城令，“俗始甚野，不知为学，先生择子弟之秀者，聚而教之。去邑才十余年，而服儒服者，盖数百人矣。乡民为社会，为立科条。旌别善恶，使有劝有耻。邑几万室，三年之间，无强盗及斗死者”。④ 此处所说的“社会”，显然也还是土地神祭拜集会，而非近代以来意义上的“社会”。程颢为其“立科条”，显然体现了官府的控制意图。

值得注意的是，“社会”逐渐突破了官方设定的土地神祭拜形式，与更加宽泛的民间信仰习俗结合在一起，发展为更加复杂的酬神赛会，同时也逸出了官府的控制范围，由此招致官绅阶层的鄙夷乃至不安。北宋末年

① 《论近日学者喜用新名词之谬》，《申报》1903 年 9 月 9 日第 3 版。

② 《康熙字典》午集下，康熙五十五年内府刊本，第 29—30 页。

③ 《礼记注疏》卷 46《祭法第二十三》，哈佛燕京图书馆藏明嘉靖李元阳刻、隆庆二年重修刊本，第 16 页。

④ 《明道先生行状》，载程颢、程颐撰《二程文集》，中华书局 1985 年版，第 149 页。这段文字收入《宋史·程颢传》时，被删减为“择子弟之秀者，聚而教之。乡民为社会，为立科条。旌别善恶，使有劝有耻”。

有一本写给官员们的著名指南，其中记录了两份政府官员用来教训普通老百姓的公开告示的范本。这两份告示都批评说，普通人认为自己拿出钱财，积极参加“社会”，就可以避免灾祸、带来好运，但这是愚蠢的做法，只会带来相反的后果。① 在官方看来，“社会”的活跃甚至隐然构成了对秩序的威胁。公元1010年，皇帝下令严格约束法门寺的“社会”，因为游手好闲的参与者日夜“行乐”，甚至有诈骗、杀人的事情发生。1176年、1181年也有类似的命令，因为“社会”的参与者拥有武器，直接威胁到了统治秩序。②

明清时期，民间的社祭、赛社活动不断见诸史籍记载，源于社祭的庙会活动则更加兴盛。③ 步入近代以后，直至19世纪末20世纪初新的“社会”一词从日本回流中国之前，旧式“社会”一词更加频繁地出现在新式中文媒体，并且往往跟奢靡、色情、赌博、盗窃、抢劫乃至“邪教”等众多负面意象相连。作为近代中国新式媒体之代表，1872年创刊、在上海出版的《申报》，提供了不少这方面的信息。宁波地区的“社会”之风尤盛，1879年、1883年、1887年、1895年，地方官员接连发布通告，对“社会”加以约束，不允许雇请青年女性、妓女参与，亦不得聚赌、酗酒滋事。④ 针对“社会”之弊病，也有人倡议将“社会”所筹集资金移用于赈济自然灾害。1878年，浙江省的一位官员批评杭州人太过相信神、佛，劝告杭州人将用于“社会”的钱财，转用于赈济华北地区的灾民。⑤ 1889年秋浙江发生水灾，绍兴府绅士们发起捐款活动，劝告各城镇将举办“社会”的资金拿出一半用于救灾。⑥ 还有人提出更加激烈的建议，要求官方直接把“社会”的所有资金，以及人们用来举行生日宴会的资金，全都拿

---

① 李元弼：《作邑自箴》，《四部丛刊续编（四八）》，上海书店影印版1984年，第31、46页。

② 《宋会要辑稿·刑法二》，刘琳、刁忠民、舒大刚、尹波等点校，上海古籍出版社2014年版，第8287、8347、8348—8349页。

③ 参见陈宝良《中国的社与会》（增订版），中国人民大学出版社2011年版；赵世瑜《狂欢与日常：明清以来的庙会与民间社会》，生活·读书·新知三联书店2002年版。

④ 《申报》，1879年4月17日第3版，1883年5月14日第2版，1887年5月14日第12版，1895年4月30日第2版。

⑤ 《拟募捐晋豫赈银赈米疏》，《申报》1878年11月4日第3版。

⑥ 《筹办山、会、萧三县赈捐绅董公启》，《申报》1889年11月3日第2—3版。

走，用于救灾。[1]

总之，从中古时期直至 19 世纪晚期，旧式“社会”一词主要不是用来指称一般意义上的人群组合、人际互动形态，而是具有特定的内涵，即专指民间的各种迎神赛会。这种结社集会摆脱了官府的支配，通过民间的机制自主运行，呈现出与官府极力维持的伦理秩序隐然对立的格局。因此，在主流官绅阶层的经验中，旧的“社会”不仅劳民伤财，而且有碍治安，需要加以治理、管制，甚至暂时禁止。至于三合会、哥老会之类的“秘密社会”，由于往往涉及刑事犯罪乃至政治反叛，在官府看来更是左道异端，有清一代一直遭到严厉惩处乃至全力镇压。[2] 旧式“社会”一词背后牵连的这种官府与民间隐然两立格局，以及官方或者精英居高临下的视角和轻蔑贬抑的态度，构成了近代 society 概念在中国传播时的本土语境。

二 用“会”“社”翻译 society

英文 society 根源于拉丁文 socius，后者原意为“同伙”。到了 18 世纪末 19 世纪初，society 已经成为一个具有公共认知度的概念。1771 年初版的《不列颠百科全书》这样解释说：“society，一般来说，是指一些人为了相互帮助、相互保障、相互利益或者相互娱乐而团结在一起。”[3] 1797 年的第 4 版以后，则将抽象的 society 和实体性的 societies 区分开来。辞条作者将 society 简洁地定义为“一些理性的、有道德的人出于共存和幸福而结合在一起”，用了长达上万字的篇幅，结合不同理论家们的说法，勾勒了人类社会从粗鲁（rudeness）到精致（refinement）再到衰朽（decay）的普遍历程及其原因，由此标示出“野蛮与精致之间的尺度”。作者自居于“文明开化社会（civilized and enlightened society）之成员”，认为与“周围的野兽”或者“处于更早、更粗鲁的社会生活阶段的野蛮人（savages）”

---

① 《浙赈求己议》，《申报》1889 年 12 月 9 日第 3 版。

② 秦宝琦：《清律中有关惩处秘密会党的条款及其演变》，《历史档案》2009 年第 1 期。

③ *Encyclopaedia Britannica*; *or*, *A Dictionary of Arts and Sciences*, *Compiled Upon a New Plan*, First Edition, Vol. 3, Edinburgh: A. Bell and C. Macfarquhar, 1771, p. 614.

相比，自己所处的状况更加高级、更加优越。①

英语世界形成的这种 society 概念，特别是其中的实体性结社的意涵，通过来华西人特别是传教士的中介作用，逐渐在中国人的日常生活世界找到了落脚点。由于直至 1860 年第二次鸦片战争结束，天主教、基督教在中国的传播一直受到清朝政府的限制，传教士主要在东南亚及华南地区的华人下层群体中开展活动。在此过程中，他们对于普通中国人日常生活中的具体结社现象，包括在官绅眼里不无负面观感乃至异端色彩的结社，也逐渐有了经验层面的了解。传教士们编纂的一系列英汉双语辞典，则提供了这方面的具体证据。

1822 年，英国来华传教士马礼逊编纂的首部英华字典，对于 society 给出如下中英文举例释义：（1） of persons who voluntarily unite their names and subscribe money for some public concern 联名签题会；（2） committee of management 值事的各人；（3） treasurer 司库；（4） recording secretary 书记。② 马礼逊在这里特意点明了 society 与“会”之间的相通之处，即它们都是出于某些共同目的的自愿结合。这体现了他对于当时欧洲 society 和中国传统“社会”的基本构成机制的认知。Social、association 两词均尚未收录，不过收录了动词 associate，释义为“相交，与人家有往来”。与此同时，词典中还有 Brotherhood 这个词条，并且解释说，在中国有许多“秘密结社”（secret associations）的人形成“兄弟结拜”（brotherhood），其中有天地会、三合会、天理会等名目；他们“发誓相互帮助、相互防御坏官员的压迫”，有的也为了“系统的抢劫和叛乱”而结拜。③ 这表明，马礼逊已经注意到了华人当中的异端结社，并且对此有一定的了解。

罗存德在 1866—1869 年出版的《英华字典》，集中反映了来华西人有关华人结社知识的近半个世纪的积累。这部辞典被认为代表了 19 世纪西

---

① *Encyclopaedia Britannica*: *or*, *A Dictionary of Arts*, *Sciences*, *and Miscellaneous Literature*, 3rd edition, Vol. 17, Edinburgh: A. Bell and C. Macfarquhar, 1797, pp. 568, 575.

② *A Dictionary of the Chinese Language*, *Part III*, *English and Chinese*, by Robert Morrison, Macao: East Indi a Company's Press, 1822, p. 398.

③ Robert Morrison, *A Dictionary of the Chinese Language*, *Part* 3, *English and Chinese*, pp. 31, 54.

方人汉英辞典编纂的最高成就，在日本也产生了极大影响。[①] society 一词被解释为“会”“结社”，并且列举了很多具体的事例，比如生三合会、白莲会、福音会、福汉会，等等。此外，还提到了“入会”“拜会”。[②] Association 被解释为“会合、相投、投合、聚会、聚首、畅聚”，同样列举了一些具体事例，比如银会、长生会、文会、保良会、规矩会，等等。尤其值得注意的是，还提到了几个不同的说法来表示“入会”。其中一个说法“拜会”，还附有一条英文脚注：“这个术语仅适用于加入一个出于革命或者其他不合法目的而形成的社团，它的一丁点声音都会吓着中国官员，因而即便在交谈中使用起来也应该极为慎重。”[③] 由此可见，罗存德的处理方式与二十年前麦都思的做法类似，均未涉及 society 的抽象内涵，只是举出了更多的具体用例来加以说明。

从罗存德的举例释义来看，society 在华人当中大体对应着三种结社：一是日常普通结社；二是宗教结社；三是反叛性的会党。这显然跟辞典编纂者本人的经历和认知密切相关。学术界已有的研究表明，罗存德来自德语地区，曾经长期在香港及附近地区传教，从事文化教育和出版活动。他一开始担任的助手，后来又担任过福汉会的负责人。[④] 罗存德编纂这部辞典时，采用美国的韦伯斯特英语辞典作为底本（很可能是 1847 年版）。[⑤] 但与此同时，作为长期在华工作生活、对中国语言和文化颇有研究的传教士，罗存德也记录下了中国人日常生活中的人际交往和具体结社形态，并且援引它们来解释 society 一词。特别是对“拜会”的注释，表明他很清楚这种结社在中国官方视野中的异端形象。

传教士编纂的双语词典中对 society 的处理方式和具体释义，对 19 世纪中后期的中西知识和文化沟通起到了基础性、工具性的作用，产生了深

---

① 沈国威：《近代中日词汇交流研究：汉字新词的创制、容受与共享》，中华书局 2010 年版，第 125、131 页。

② *English and Chinese Dictionary*, *Part IV*, by W. Lobscheid, Hong Kong: The “Daily Press” Office, 1869, p. 1628.

③ *English and Chinese Dictionary*, *Part I*, by W. Lobscheid, Hong Kong: The “Daily Press” Office, 1866, p. 102.

④ 沈国威：《近代中日词汇交流研究：汉字新词的创制、容受与共享》，中华书局 2010 年版，第 128—129 页。

⑤ 熊英：《罗存德及其〈英华字典〉研究》，博士学位论文，北京外国语大学，2014 年，第 56—58 页。

远的影响。这方面的一个典型例子，就是傅兰雅和应祖锡合作翻译的《佐治刍言》一书。孙青仔细比对该书英文底本和中文译本对原文一些核心概念的处理情况，发现译本“采用傅兰雅惯用的‘会’一词来对应 society”，却有意淡化了这一概念的抽象内涵及与 individual、regulation、law 等概念之间的逻辑联系，结果导致“原文所述在一个社会中个人要让度自由，这样一种个人、社会、自由的递进关系，在译本中简化为一个特定组织‘会’中的和睦之道”。[①] 而傅兰雅这种译法，显然不是他自己的发明，只是沿袭马礼逊以来的习惯而已。

如果说传教士编纂的双语辞典主要出自外国人之手、服务于外国人学习中文的话，那么稍后出版的邝其照编纂的英汉双语《字典集成》（1868）及其修订版《华英字典集成》（1887），则是出自中国人之手，出版以后也在中国人当中产生了广泛而深远的影响。[②] 这部字典中关于 association 和 society 的词条和释义，体现了马礼逊和罗存德的影响。甚至是 1908 出版的颜惠庆等人编辑的《英华大辞典》，也还是跟罗存德一样，通过列举具体的人际结合形态来解释 society，提到的经验知识既包括各种正面色彩的“会”，也包括不无另类色彩的“secret society 私会”。

总的来看，从马礼逊到罗存德，来华传教士们在双语语言研究方面堪称专家，对于中西语言、词汇乃至概念之间的沟通起到了重要的中介角色。但他们毕竟不是政治思想、社会理论方面的专家，在翻译 society 一词的时候，重心不在于完整、准确地传播这一概念的思想内涵，而在于了解和理解中国人日常生活层面直接的、具体的人际交往形态。由此，他们所呈现出来的 society 概念，体现出明显的日常生活视角、民间路径和异端色彩，与汉语中旧式的“社会”一词正好有着异曲同工之处。

三 新式“社会”概念的确立

19 世纪中期，第一次工业革命的完成和工业社会的到来，欧洲的 soci-

① 孙青：《晚清之“西政”东渐及本土回应》，上海书店出版社 2009 年版，第 172—181 页。
② 司佳：《近代中英语言接触与文化交涉》，上海三联书店 2016 年版，第 107—114 页。

ety 概念出现了新的变化。[①] 一方面，社会学开始起步，继孔德正式提出 sociology 这一名称之后，马克思、斯宾塞分别构筑了各具特色的理论体系，推动 society 作为一个基石性的抽象概念范畴，进入了日益精细复杂的政治和社会理论领域的中心地带，而且逐渐产生越来越大的国际性影响。另一方面，作为实体现象的 society 更加常见，与普通人日常生活的关系变得更加密切。当时英国另一部著名的大型工具书《英语百科全书》，在 societies 和 associations 这一并列辞条下说："身在欧洲和居留在世界其他地方的欧洲人，目前都有一个特点，即出于各种目的之 societies 或者 associations 的大幅增加……一般而言，在这个国度（country）里，可以说任何数量的个人均可获准拿出自己的金钱和个人热情，用于任何未被法令明确禁止的，或者是该社团的合法性问题一旦提交给法庭时不会被宣布为非法的目标。"这段文字体现了一种明显的兴奋、自信和自豪感，同时难掩文明优越感，或者说欧洲中心论。[②]

19 世纪 60 年代以后，日本一批改革派精英开始主动关注西方的 society，学习、翻译有关的政治、社会理论著作，促成了这一外来概念在东亚语境中的真正落地。到了 19 世纪 80 年代，从古汉语借用的汉字"社会"与 society 的对译关系逐步确立下来。[③] 日语中的"社会"一词，变成了一个全新的基石概念，嵌入了一套从西方传来而且逐渐变得体制化的近代政治和社会理论话语，成为现代性的标志性符码，向人们提示着时代变革的方向。当然，"脱亚入欧"过程中确立的新式"社会"概念，既承载着鲜明的文明进步观念，也有着西方中心论和文明优越论的深层内涵。

甲午战争之后，中国知识人也开始从学理层面开展对于 society 概念的自觉探讨。最有名的例子就是严复，把斯宾塞等人的重要著作翻译成中文

① 近代"社会"概念在欧洲的形成过程颇为复杂，简要的论述可以参见［英］威廉斯《关键词：文化与社会的词汇》，刘建基译，生活·读书·新知三联书店 2016 年版，第 492—499 页；Manfred Riedel，"Gesellschaft - Gemeinschaft"，Otto Brunner，Werner Conze，Reinhart Koselleck（hg.），*Geschichtliche Grundbegriffe*：*Historisches Lexikon zur politisch - sozialen Sprache in Deutschland*，Bd. 2，Stuttgart：Klett - Cotta，1975，pp. 801 - 862。

② *The English Cyclopaedia*：*A New Dictionary of Universal Knowledge*，*Arts and Sciences - Vol. VII*，by Charles Knight，London：Bradbury and Evans，1861，p. 641.

③ 陈力卫：《词源二则：社会》，载孙江、刘建辉主编《亚洲概念史研究》第一辑，生活·读书·新知三联书店 2013 年版，第 195—198 页。

出版。然而，彼时中国人学习仿效的主要对象已经从欧洲变成了日本。在此情况下，严复经过深思熟虑选定用来对译 society 概念的“群”，虽然曾经流行过一时，但其风头不久即被从日语传入的新式“社会”一词超过。对此，本文前言中提及的先行研究已有充分的揭示，此不赘述，仅就新式“社会”概念传入中国之初的概貌和基本特征作一大致勾勒。

从日语传入中国的新式“社会”，其内涵既指个别意义上的具体社团组织，也指总体意义上、更具抽象色彩的人群结合形态。不过值得注意的是，“群”和“社会”，都是充满正面色彩的概念，表达了新知识人在新旧秩序转变之际所构想和追求的一种“根本和终极的原则”“根本性的社会团结”。[①] 可是中文里新的“社会”概念，却没有摆脱旧式“社会”一词背后那种官方或者精英的居高临下视角和轻蔑贬抑态度，也没有摆脱罗存德英华字典里体现的另类意象，在内涵和观感上都不无暧昧之处。

首先，新的“社会”概念所指向的新型人群结合形态，被视为代表着时代变革的方向、承载着国运兴衰的重任。新的知识人认识到，“社会者国家之母也，则社会改良，国家自能变易面目”[②]；“健全之国家，必无萎败之社会；而萎败之社会，决不能造健全之国家”[③]；“国家者社会之集合体也，故有新社会斯有新国家，有爱群之公德斯有社会”[④]。更有人提出：“从来国运之升降，恒视社会之变迁以为标准。盖积人民而成社会，积社会而成国家。国家之文明，实萌芽于社会。”[⑤] 沿着这样的思路，“社会”自然是应该大力提倡、正面建设的目标。

其次，新知识人用“社会”这个新概念去指涉中国实际状况的时候，又延续了传统时代官方或者精英居高临下的视角，同时自觉不自觉地受到了社会进化论和文明进步史观的影响，把自古以来的中国“社会”描述为无德无能、腐败落后的形象。由此，这个新的概念往往指向过去的旧包袱，增添了负面的意涵。官绅阶层和一些新式知识人以“上流社会”“上等社会”自居，对于占人口大多数的所谓“下流社会”“下等社会”多有

---

① 冯凯：《中国“社会”：一个扰人概念的历史》，载孙江、陈力卫主编《亚洲概念史研究》第二辑，生活·读书·新知三联书店 2014 年版，第 113 页。

② 飞生：《近时二大学说之评论》，《浙江潮》第 8 期，1903 年 10 月，第 28 页。

③ 大我：《新社会之理论》，《浙江潮》第 8 期，1903 年 10 月，第 10 页。

④ 觉佛：《墨翟之学说》，《觉民》第 7 期，1904 年，第 9 页。

⑤《论中国社会之缺点》，《东方杂志》第 4 卷第 8 期，1907 年，第 151 页。

鄙夷、责难。有人批评“我国中等社会以下之风俗，本已习为卑恶陋劣”[①]；有人指责“下等社会”“惟利是图，甘为奴隶牛马而不惜”[②]。也有人担心“下流社会易于酿事”[③]。整体的中国“社会”，在不少人看来也极其糟糕。正在崛起的公众刊物《东方杂志》，也频繁转载其他报刊发表的评论文章，指出“今日之社会，就是以往极其腐败之社会”[④]；“我中国之社会，无公德、无实力、无学问、无思想，其凌杂污下，早就不足以值得当世界去评价”[⑤]。“改良社会”于是成为一种颇具影响的论调。

最后，值得注意的是，新的“社会”概念还指向一种新的变革方向，即以“社会”分层为基础的集体冲突——“革命”，以及关于这种冲突的高级理论形态——“社会主义”。激进的知识人认为“下流社会，实为支那动力之原”，只不过还处于“酣然未醒”的状态。[⑥] 他们借用日本人之口说：“下等社会者，革命事业之中坚也；中等社会者，革命事业之前列也。”[⑦] 与此同时，社会主义思想也开始传入，“社会主义”“社会革命”这些术语屡见于中文媒体。“社会主义”对于当时绝大多数中国人而言虽然还很陌生，但这种新的“社会”意象，也就是“社会”与“主义”的结合，用德国概念史专家科塞勒克的话来说，已经为中国人勾勒出了“未来的地平线”，若干年后将成为主导性的意识形态。

含义多歧的“社会”，在官方眼里可能对统治秩序构成潜在威胁，因而需要时刻予以关注和防范。特别是清政府宣布预备立宪之后，各地结社集会非常活跃，这种情况引起了高层统治者的担忧。1908 年，清朝政府制订了《结社集会律》三十五条，并颁布实施。这部法律一方面承认“社会”具有正面意义，可以促进文化，有益于国家治理；另一方面，又担心“社会”没办法约束。因此，其中具体规定：（1）各省“会党”均属秘密结社，仍照以往的刑法严厉惩办；（2）跟政治有关的结社集会，必须向政

① 《观模范运动会》，《申报》1905 年 11 月 10 日第 2 版。

② 《论吾国人无爱国思想》，《申报》1905 年 3 月 9 日第 2 版。

③ 《镇江商人胡鎔等致曾少卿函（为抵制禁约事）》，《申报》1905 年 7 月 14 日第 2 版。

④ 《论社会冲突之为害》，《东方杂志》第 1 卷第 8 期，1904 年 9 月，第 173—174 页。

⑤ 《论现时社会之所谓进步》，《东方杂志》第 1 卷第 12 期，1905 年 1 月，第 287 页。

⑥ 《论中国宜注意下流社会（录上海中外日报）》，《选报》第 33 期，1902 年 11 月，论说第 9 页。

⑦ 《民族主义之教育》，《游学译编》第 10 期，1903 年 9 月，第 7 页。

府部门登记备案，才可以设立；（3）跟其他公事有关的结社集会，不必一一登记，但如果官吏下令登记的，也应当遵照办理。所有的结社集会，如果“宗旨不正，违犯规则”，或者有可能“滋生事端、妨害风俗”，一律由当地政府部门认真稽查，轻则解散，重则惩罚。[①] 由此可见，统治阶级一方面认识到并且另一方面仍然延续了传统时代对于“社会”特别是政治类结社集会之潜在威胁的担忧、防范和管制。这种担忧、防范和管制，并且上升到全局高度，以近代法律条文的形式明确下来。

进入民国以后，政府对于“社会”特别是实体社团的防范基调依然延续下来。1914 年 3 月，民国政府公布实施《治安警察条例》，明确赋予各级行政机关对当地“社会”的治安警察权，举凡政治和公共事务方面的各种结社集会、屋外集合，以及公众运动游戏，均需向所在地之警方呈报，行政机关如果认为其有可能“扰乱安宁秩序或妨害善良风俗”，以及对于秘密结社，均可命令解散；举行活动时，警方可以派出穿着制服的警察官吏到现场监督。[②] 这样的“社会”管制，在南京国民政府建政以后依然没有实质性的变化。直至 1931 年 12 月，国民党召开四届一中全会，李烈钧等十一名中央执行委员仍然联名郑重提出“切实保障人民实行集会、结社、言论、出版、居住、信仰之自由权”。[③] 这条提案虽然得到大会通过，但实施起来仍然是一个漫长的、充满阻力的过程。

结　语

总的来看，“社会”这一近代概念在中国的确立，经历了中西日之间、古今之间的知识互动过程，既体现了外来近代性的辗转输入，也体现了 19 世纪西方文明居高临下视角与中国传统官方控制视角的结合。一方面，“社会”两个字虽然古已有之，直至 19 世纪晚期仍然见诸日常生活，但它主要指脱离官府支配、不无异端色彩的民间酬神赛会，并且往往与官方或

① 《宪政编查馆会同民政部奏拟订结社集会律折》，《东方杂志》第 5 卷第 4 期，1908 年 5 月，第 228—230 页。

② 《治安警察条例》，《内务公报》第 7 期，1914 年，第 1—10 页。

③ 《训令各分局奉令切实保障人民实行集会、结社、言论、出版、居住、信仰之自由权仰遵照由》，《公安月刊》第 7 期，1932 年，第 82—85 页。

者精英阶层居高临下的管控立场和轻蔑贬抑态度联系在一起。另一方面，西方的 society 概念，在 19 世纪以后逐渐成为政治和社会理论的基石之一，在不同理论流派中扎下根，并随着欧洲文明的扩展而在世界其他地区传播开来，日益成为一种具有普遍意味的新知识，乃至新常识。

在这一全球知识互动过程中，19 世纪前期来华的西方传教士率先将 society 与中国本土的“会”“社”对接起来，但他们的工作，不仅没能完整、准确地传达 society 概念的抽象内涵，而且体现出明显的居高临下视角、民间路径和异端色彩，这与汉语中旧式的“社会”一词正好有着异曲同工之处。19 世纪中后期，日本“脱亚入欧”，引入 society 概念以及相关的理论体系，以此为依据进行共同体的改造。在此过程中，借用古汉语字形的“社会”，逐渐成为日语中一个新的基本概念。它既承载着鲜明的文明进步观念，也有西方中心论和文明优越论的深层烙印。19 世纪末 20 世纪初，中国也开始进行大规模的共同体再造，主要通过日本途径引入了新的“社会”概念。在此过程中，西方近代文明和中国传统官方双重居高临下视角相互杂糅，最终在中国落地的近代“社会”概念，内涵变得相当复杂暧昧。从理论上说，它与“国运”升降的宏大追求紧密相连，承载着文明进步的近代意涵，指向时代变革的新方向。但在经验和实践层面，它又与古汉语“社会”一词关联的经验、体验相互混杂，仍旧带有令人不屑、不满的特征，而且仍被官方视为对政治秩序的潜在威胁。这种“社会”认知，也隐约提示着后来“国家—社会”关系以及“政治—社会”关系的构建方向。

“乡粹”与“国粹”：民国时期温州地区的地方文献整理活动（1912—1937）

徐佳贵
（上海社会科学院历史研究所）

关于民国时期的地方文献整理与出版，现今已有许多基于文献学或图书馆学视野的研究。[①] 其中多属介绍性质，连带阐发其对传扬“乡邦文化”的重要意义，更细致的探讨，则多聚焦于这些文献的版本及其流传问题。其实，关乎地方文献的活动本身尚可被纳入时代语境中，予以更全面的考察。在近代史（或民国史）学界，此种从“版本学”到“文化史”的思路拓展，多见于对偏“新”或西学书刊的探讨，涉及相关人事、制度环境及书刊生产传播所折射的文化观念等问题。相应地，当前的近代思想文化史书写亦多呈现一路趋“新”的主线索，其他书籍出版与文化生产或被视为“逆流而动”，或仅被视为“主流”以外的边缘化行为，尤其是京、沪及中东部省会等中心城市以外一般“地方”的此类活动，似乎更加不受重视。

本文以浙南温州地区为中心[②]，意在通过较为立体的个案考察，分析民国地方性的文献整理出版活动如何开展的问题。这些问题综合起来，又

① 学界对于“地方文献”有多种定义，本文据所涉史料反映的倾向，大致定义为：（1）主要指该地方人民所编撰的文献（或因“文献”一词的一种解释便是“文”为“典籍”，“献”指“先贤”）；（2）偶尔包括非该地人民编撰、但主要内容关乎该地或该地人民的文献。

② 所谓“温州地区”，指原清代温州府，1914 年与其西部的处州府并为瓯海道，但原温府辖境仍冠以“旧温属”之名，1927 年废道制，1932 年后在行政督察区制下数字序号几经变更，但除泰顺县曾短暂划离，在全面抗战爆发前，“温州”所指地域范围大致稳定（即永嘉、瑞安、平阳、乐清、泰顺、玉环六县）。

将涉及从当时“地方”自身的角度看，此期“乡”与“国”的文化联系究竟如何调整变化的问题。显然，此番书写偏向于“外史”，“内史”今人所论已详，故相对从略。而全面抗战时期因浙北文教机构纷纷南迁，温州的文教格局发生重大变化，为免牵涉的变量过多，本文主论民初至抗战爆发以前的时段（1912—1937，个别材料会超出这一时段范围）。

一 政与学

严格来说，民国温州的地方文献整理活动一直在进行，其中参与者较众、文献规模较大的三次，为《永嘉诗人祠堂丛刻》《敬乡楼丛书》和永嘉区征辑乡先哲遗著委员会的文献整理活动。本节以此三次活动为主线索，首先讨论活动的组织主体（即人事）问题。

首论《永嘉诗人祠堂丛刻》（1914—1915，冒广生主持）。冒广生（鹤亭、疚斋，1873—1959），祖籍江苏如皋，生于广州，明末清初著名“遗民”冒辟疆之后。1912年末，他受袁克定推荐，至浙南永嘉出任瓯海关监督。辛亥革命后，署湖北武昌盐法道并代理湖北提学使的冒氏岳父黄绍第（叔颂、缦庵，1855—1914）归里，“颇搜讨乡邦文献”[①]，冒氏抵瓯后，与之时有往来[②]。不久，冒氏出私款将瓯海关署东偏的明永嘉人王叔杲之玉介园故址修葺一新，冠名“瓯隐园”，“以为瓯海关治官文书之所”，复在园中设永嘉诗人祠堂，以祀唐宋以降温州人之能诗者。[③] 冒氏且牵头成立“瓯隐园社”，并曾油印《瓯隐园社集》，社友作者大体是在温州的外省籍官员（包括现任与前清官员）与老辈士绅的组合[④]。也正是在这一组合基础上，冒氏主持刊成《永嘉诗人祠堂丛刻》，收录从唐代僧人玄觉到晚清民初黄绍箕、黄绍第等温州乡贤的诗文集（涵盖唐、宋、元、

---

① 冒广生：《〈二黄先生集〉跋》，《永嘉诗人祠堂丛刻·鲜庵遗稿 缦庵遗稿》，1914年刻本；孙延钊：《瑞安五黄先生系年合谱》，载徐和雍、周立人编《孙延钊集》，上海社会科学院出版社2006年版，第340页。

② 冒怀苏：《冒鹤亭先生年谱》，学林出版社1998年版，第178、183页。

③ 冒广生：《永嘉诗人祠堂碑记》《瓯隐园碑记》，载金柏东主编《温州历代碑刻集》，上海社会科学院出版社2002年版，第413—416页。

④ 《瓯隐园社集》，年份不详，油印本，温州市图书馆藏。

清），计 14 种 22 卷[①]。

与全国其他许多地区类似，位处浙南的温州虽经鼎革，但地方的政治运作仍主要依赖传统的官—绅交谊网络。1905 年科举废后，地方的这一运作方式实际并未崩毁，遂致地方人士赢得或维系声名权势的途径，直至鼎革前后仍可表现出明确的“连续性”。而此种交谊与运作也非仅关乎政治，且可关乎“文”或“学”。如瓯海关监督的本职与地方文教并无多少关联，但冒广生在“文”或“学”上广泛联络士绅并整理刊刻温州乡邦文献，仍可成为其居官期间的一大“实绩”。

除却对老辈士绅，冒广生且有提携乡里后进之意。1917 年，他邀瑞安人薛钟斗（储石，1892—1920）、宋慈抱（墨庵，1895—1958）等人入其瓯隐园中读书并考校文献。薛钟斗于宣统二年（1910）毕业于瑞安县中学堂，后入读浙江省法政专门学校，但因“膏伙不继”而不得不回乡“跧伏里间”[②]；宋慈抱民初就读于永嘉进士徐定超所设的东瓯私立法政学校，之后亦伏处乡里。二人的身份显然都是“学生”，但与身为官员兼“名士”的冒氏交游，以跻身“士绅”之列，仍是此期二人谋求的主要上升途径。由此便形成了一个地方青年读书人的“圈子”，冒广生曾将其中的薛钟斗、宋慈抱、陈闳慧（仲陶，1895—1953，永嘉人，陈寿宸子）、夏承焘（瞿禅，一作瞿禅，1900—1986，永嘉人）、李骧（仲骞，1897—1972，永嘉人）、李笠（雩臣，一作鹤臣，又字雁晴，1894—1962，瑞安人）、李翘（孟楚，1896—1970，瑞安人）诸人合称为“永嘉七子”，予以表彰提携[③]。在冒氏离瓯后，这个“圈子”里的人便成为联合老辈名流、从事乡邦文献整理活动的“新生代”力量。1917 年左右，原先在东瓯私立法政学校就读、之后与宋慈抱一样未能离乡深造的永嘉人梅雨清（冷生，1895—1976）与同人议建“瓯社”，与薛钟斗联络，薛在回信中便提出了类似瓯隐园社的、“文社”与“学社”并办的设想。

薛钟斗系“南社”中人。在民初一些人看来，南社正是一个“致身通

---

① 1931 年左右，刘景晨、黄群等又对《丛刻》作了补刻，见刘景晨《〈永嘉诗人祠堂丛刻〉跋》，载卢礼阳、李康化编注《刘景晨集》，上海社会科学院出版社 2006 年版，第 69—70 页。

② 薛钟斗：《寄瓯寄笔序》《送如皋冒先生诗序》，收入氏著《寄瓯寄笔》卷一，1918 年油印本，温州市图书馆藏。

③ 冒怀苏：《冒鹤亭先生年谱》，第 195 页。

显之域，奔走权势之门”的平台，社中的不少温州籍人士，在民初也均活跃于“政界”。而除以南社为榜样外，薛钟斗复称自己早先在杭时曾与友人（多为温州人）建一“晦鸣社”，该社“于学术言之，以从前海上国学保存会之事业为楷模”。此番因系在温州乡里结社，且以“瓯”命名，故学社保“一郡之粹”，尤应急于“一国之粹”。薛氏且建议“瓯社”改称“慎社”（因瓯江一名蜃江，亦作慎江），为梅雨清所采纳[①]。1920 年 5 月，慎社正式成立于永嘉县城内。其基本采用“文社”的活动方式，以官绅诗文唱酬后汇编文集的活动为主，1921 年，部分慎社中人又组织一名为“瓯社”的词社[②]。但据第 3 集《慎社》汇刊（1921 年春）刊首启事所示，该社确曾“拟搜罗瓯、括两郡（即瓯海道所辖原温州、处州二府——引者注）先哲遗著，仿丛书例，择要付刊，以彰文献”。只是最初倡议此事的薛钟斗，已于前一年猝逝，此后征文考献之事似乎进展缓慢。1923 年 2 月，永嘉举人吕渭英（文起，1857—1924）等经与瓯海道尹协商，改慎社为“东瓯文献保存会”，将该会事属严文虎（琴隐，名一作文鼺，1893—1996，永嘉人）、陈闳慧二位乡里后进，并“议先将书籍移储”[③]。然而同年 10 月，慎社牵头人梅雨清等与保存会发生龃龉，此后该会的活动便陷于沉寂。[④]

1928—1935 年，平阳县人黄群又陆续整理出版《敬乡楼丛书》1—4 辑。黄群（溯初，一作旭初，1883—1945），原籍平阳，父辈迁居永嘉城内朔门。其父以经商发家，在黄群一辈，黄家亦以豪富称名永嘉[⑤]，之后黄又任上海通易信托公司董事长兼总经理。而黄群在 1904 年自费留学日本，归国后黄群也逐渐成长为著名的政界人物，在民初为国会众议员，属进步党—研究系，为梁启超手下干将。一战结束后，梁启超立志转向“思想界”，黄群也减少政界活动（但与梁一样，实未完全脱离政治），将主要精力用于经商与社会事业。总的来看，黄群与《四明丛书》的主持者鄞县

---

① 薛钟斗：《答瓯社同人书》。

② 永嘉慎社编《慎社》第 1—4 集，1920—1922 年版；《瓯社词钞》，温州同文印书馆 1921 年版，均为温州市图书馆藏。

③ 陈光熙点校：《符璋日记》中册，中华书局 2018 年版，第 831、833、835、842 页。

④ 陈光熙点校：《符璋日记》中册，第 868 页。

⑤ 刘绍宽：《厚庄日记》1926 年 3 月 8 日（丙寅正月廿四日），温州市图书馆藏；陈光熙点校：《符璋日记》下册，第 974 页。

人张寿镛类似，属于政、商、学三栖人物，且在此三方面他的立场倾向与张寿镛一样均不甚“旧”，但由于民国时期“士绅”的定义亦有泛化与延展，他在从事乡里活动时，其乡人与地方舆论仍往往以“绅”视之①。

显然，黄氏的家财是《敬乡楼丛书》整理印行的主要支撑。黄群的搜书购册活动，自其在乡读书时即已开始；1919 年修葺永嘉朔门旧居，藏书之所得名“敬乡楼”。1927 年 11 月朔门横街失火，黄家老宅、店面遭焚，幸其藏书已悉数移存其上海青海路的新居，该沪上藏书处遂沿用了“敬乡楼”之名。《敬乡楼丛书》第 1、2、4 辑的编校者为刘景晨（冠三，1881—1960），其在永嘉朔门与黄群是邻居，并系私塾同学，私交甚笃；第 3 辑编校者为刘绍宽（次饶、厚庄，1867—1942），平阳前清拔贡，曾两度出任温州中学校长，二人正是受邀前往上海的黄群居所着手编校工作。四辑分别于 1928 年、1929 年、1931 年、1935 年印成行世，分 78 册，收录由宋迄清乡贤著述，计 38 种 289 卷。但 1936 年 6 月，上海通易信托公司倒闭，黄群一度避至日本，受此影响，《敬乡楼丛书》的续辑便再无下文②。

总的来看，在民国初年，颇多在晚清从事教育学术活动的温州读书人踊跃投身“政坛”，且由于回避制度事实上的瓦解，在地方内外以亲谊、乡谊相互援引，也变得更无挂碍，如刘绍宽所云：“当世求闻之途广矣。前清求闻于科举，今世求闻于选举、于征辟、于保荐。”③ 然而，民国政派旋起旋落，政坛风云变幻较晚清更甚，越来越多温州读书人在彷徨失望之余，陆续选择回归乡里。因此，虽然地方老成日渐凋零，但不时有人自外返乡，故居乡的中老年知识精英在量上尚可持续得到“补充”。相应地，投身于地方文化事业，在一些乡居者看来也比复出谋职要来得更有吸引力。如 1931 年，刘绍宽受邀从乡里至上海校订《敬乡楼丛书》，上海的“歌舞剧场”他“未一涉足”，而因黄氏所藏文献关乎“国粹”，在年迈的

① 如至 20 世纪 40 年代，温州地方报纸仍多称之为“黄绅”，或在开列的地方“绅士”名单中列出黄群。

② 以上对于敬乡楼的介绍，见卢礼阳《永嘉敬乡楼考述》，《图书馆工作与研究》2010 年第 7 期；刘景晨《〈敬乡楼丛书〉第一辑跋》，刘景晨《〈敬乡楼丛书〉第二辑跋》，刘绍宽《〈敬乡楼丛书〉第三辑跋》，刘景晨《〈敬乡楼丛书〉第四辑跋》，载卢礼阳、李康化编注《刘景晨集》，第 60—61、65—68、76、77 页。

③ 刘绍宽：《无闻社序》，《厚庄文钞》卷 3，1919 年版。

他看来尚值得为此付出巨大的精力[①]。

至20世纪30年代，有意于地方文献事业的温州知识精英，仍可维持一可观的规模。就地方自身的原因来讲，民初一批有志于此的温州青年学子（如“永嘉七子”中的健在者），此时也才步入或接近中年，其中在外活动者仍会不时返乡，而其对于乡里施加的影响，也往往兼及“政”“学”两面。就外加于地方的原因来说，此时的国民政府且明令组织一系列地方机构，以表彰乡贤、倡言整理乡邦文献。1931年6月底，国府发布《市县文献委员会组织大纲》，中称“文献委员会由市县政府组织，以教育局长、各区区长、各学校校长、各图书馆馆长、各教育馆馆长为当然委员，并得延聘本地方之硕学通儒及熟习地方掌故者为委员”[②]。

1934年6月25日，温州地区召开征辑乡贤遗著大会，决议孙诒让《经微室遗著》等若干乡贤著述的刊刻事宜[③]。至1935年春，时在永嘉乡里的梅雨清与刘绍宽、刘景晨等人会面，得知区专员许蟠云筹设“征辑乡先哲遗著委员会于官斋，属约共事”。梅氏忆起1920年前后与薛钟斗商榷刊行乡哲遗著之事，叹惜“薛君物故，社中人亦多外游，余复于役杭州（指到杭州就任浙江省议员——引者注），抗尘走俗，社事云散，刊书之议遂罢”。其箧“尚藏写本数十种，皆当日之留遗也”。今“行年且四十矣”，幸有“许君以地方长官出任提倡”，梅氏以为“必可观成”，遂“欣然从之”。[④]

浙省永嘉区征辑乡先哲遗著委员会（以下简称“乡著会”），于1935年4月5日在区专员公署成立。主任许蟠云，副主任刘绍宽（因许蟠云北上杭州，成立会实际由刘主持），总务兼印行股股长梅雨清，保管兼整理股股长孙延钊（孟晋，1893—1983，瑞安人，孙诒让子，时任温州籀园图书馆馆长），征集股股长高谊（性朴，1868—1959，乐清人），黄群、刘景晨等其时身居外地的温籍名流亦在委员之列。之后，征辑工作很快推及温

① 刘绍宽：《校刊〈敬乡楼丛书〉第三辑毕桀将归留别溯初》，载卢礼阳辑《黄群集》，上海社会科学院出版社2003年版，第219页。

② 《市县文献委员会组织大纲》，1931年6月27日，《浙江省政府公报》第1259期（1931）。

③ 胡珠生：《温州近代史》，辽宁人民出版社2000年版，第424页。

④ 梅冷生：《郡斋征书记》，载潘国存编《梅冷生集》，上海社会科学院出版社2006年版，第11页。

属各县。中如瑞安孙延钊家玉海楼所藏，为众人视线的焦点，其藏书“向为珍秘之本，假以岁月，从容写录，尽获其全，从此郡邑多一副本，善读者益形便利矣”。然而“非假衙斋森严之地，充缥缃插架之藏，则引盗致灾，事所恒有，孙君必不愿为之”，此次借重官员与官衙抄校文献，正可令同人放心与事。[①]

另如乐清高谊，对于文献征辑甚为积极，“每值集会，虽风雨必渡江而至”，乐清乡贤遗著“皆其征录”，未到1936年，“已得三十余种”。泰顺、玉环两地通常被认为属于温州文风较逊的地区，可县分会征送的该县未刊遗著亦“积册盈尺”[②]。各处征集工作多较顺利，至1937年乡著会结束，据今人统计，留存抄本有357种1165卷570册，之后所抄书稿全部移交温州籀园图书馆。唯刊印工作进展迟滞，仅印成明姜准《岐海琐谈》一种。[③] 整体来看，前列文献委员会的“当然委员”如教育局局长、各区区长、各学校校长等起到的作用，似反而弱于另外“延聘”的“地方之硕学通儒”。不过，这些“硕学通儒”参与整理活动的方式，仍以环绕于地方行政长官周围为关键性的环节。

综上，通过对相关组织主体的考察，可见民国温州地方文献整理活动，包括地方读书人集体性行动的形式，也包括单个经济资本丰厚者牵头发起的形式，但这些活动均不能被单纯理解为学术或文化领域的行为。尽管民国时期与“官”对应的“绅”的含义有了新的变化，但“绅”乃至“官”的“政”“学”两栖性质承自晚清，这一性质在全面抗战爆发前也几乎一直延续。甚至在国民政府成立后的20世纪30年代中期，基于官绅、绅绅之政学交往的文献整理活动仍能走向新的高峰。鉴于此，今人强调的、当时多在中心城市高校及研究机构中传播的“学术独立”以至“为学术而学术”之类的近代“学术”观念，在此期的地方文献整理活动中几乎未见相似的表述，也就可以先从人事问题上得一理解。而除却组织主体，还有文献的保藏与传播，对此下一节将予专论。

---

① 梅冷生:《郡斋征书记》，载潘国存编《梅冷生集》，第11页。

② 梅冷生:《郡斋征书记》，载潘国存编《梅冷生集》，第11—14页。

③ 赵丹:《民国温州乡邦文献汇抄三种述略》，《图书馆研究与工作》2016年第3期。

二 藏与播

保藏与传播，其一是涉及所整理之文献的来源，即文献在整理之前的保藏传播情形，其二是整理出版之成果的保藏传播情况。上节所述主要的三次地方文献整理活动中，《永嘉诗人祠堂丛刻》与《敬乡楼丛书》之成均是与事者在各地搜罗关乎温州的历史文献，第三次乡著会则主要是从温州本地获取文献。底本、参校本的具体来源，现今各书的版本学研究已有罗列，以下仅是概述一些其间共通的问题，尤其是地方图书馆在文献"藏"与"播"中所承担的角色。

除学堂图书藏所外，温州地区新旧兼收的地方图书馆，设立于民国以后。1919 年 5 月 9 日正式开放的籀园图书馆，是民国时期温州地区居于全区中心地位的一座图书馆。[①] 然而，该馆的藏储却长期未如人意。初创之时，郭凤诰曾向省里请得浙省图书馆"所有出板之书赠送一部"，"此外则征集各县志书，所得无多"。永嘉人王毓英（隽顾，1852—1924，廪贡）出任首任馆长，"稍稍购求故家藏书"，并争取到永嘉举人吕渭英的藏书"寄存"馆中，但馆中常年经费，"自学款分拨后并无增加，戏捐千金，改由县署收发，更见短少"[②]。籀园图书馆尚且如此，温属县级图书馆的情形更为困窘。如平阳县图书馆于 1914 年开办，旋因经费停办，至 1928 年方由县党部议决拨款 500 元重新开办，之后常年购书费仅 200 余元，杂志报章之费"已占太半"[③]。至 1933 年，浙省图书馆馆长陈训慈基于省属各县统计数字，判断"本省图书馆事业""衡以藏书册数与经费，犹极低微"，以调查所得 33 所单设图书馆计之，平均每馆仅有经费 824 元，统计 134 个省内图书馆（省立图书馆除外）的图书册数，平均每馆亦仅约 6500 册[④]。经费支绌，地方图书馆只能希望郡邑人士多有"捐赠"。如 1915 年成立的

① 之后该馆名称几经变更，1935 年命名为旧温属六县联立籀园图书馆，参见孙延钊《二十年来之籀园图书馆》，《浙江省立图书馆馆刊》第 4 卷第 3 期（1935 年）。下文均称"籀园图书馆"。

② 厚庄（刘绍宽）：《籀园笔记》，《瓯风杂志》第 5 期（1934 年 5 月 20 日）。

③ 《报告书》，《平阳县立中山图书馆汇刊》1929 年 10 月，温州市图书馆藏。

④ 陈训慈：《弁言》，载《浙江全省图书馆概览》，1933 年版。

瑞安县公立图书馆，“岁入不满二百金”，遂“为文征诸四方，而近邑间友人以书寄存者，旬日间达一万五千卷，自此略有可读之书，规模粗具矣”①。

问题在于，“免费”征得的多是寻常书籍，而当时地方读书人（尤其是老辈）对于图书馆，普遍看重的依然是秘籍善本的储藏量。1920年，瑞安张棡至籀园图书馆一游，取阅该馆书目，便对“所藏者新旧皆寻常之书，无精刊罕见本”甚为失望②。至瑞安黄绍箕家蔘绥阁原藏拨入，籀园图书馆才“有贫儿暴富之概”③；但蔘绥阁原有的珍本仍属黄家私藏④，后送至浙江省图书馆。1922年，符璋至籀园图书馆翻阅书目，同样表达了对于馆中“无多旧籍，宋、元、明本竟无一焉”的不满。⑤

相应地，地方读书人的期许，很大程度上是图书馆能收纳地方私家藏书楼中的珍本善本，从而具有比藏书楼更强的“共享”秘籍善本的功能。其时温州私家藏书楼中声名最著者，即为瑞安孙氏玉海楼。1915年，玉海楼将3600册藏书捐给瑞安县公立图书馆作为“基本庋藏”，是为玉海楼第一次大规模捐书。但这些大体为“古籍通行本”，及“近代各种刊本及杂志报章等读物”⑥，孙家不以为重要，外界读书人亦不以为重要，其视线焦点仍未从楼中所藏珍本上移开⑦。也是在1924年，甫过而立之年的瑞安李笠牵头在乡筹设“籀廎学会”，该会主旨其一即在整理孙诒让遗书，其二在开放玉海楼藏书，以此专设“籀廎图书馆”，“以供研究国学者之稽讨”。在此李笠对于图书馆之“公共性”的理解，亦集中于公开“秘藏”，如其在致孙诒让子孙延钊的信中所云，在瑞安黄氏向省图捐出珍藏之后，“本邑所恃者，厥惟尊府藏书而已”⑧。可或是由于某些孙家子弟不愿公开，或是李笠的计划未获广泛认可，延至20世纪30年代中期的乡著会时期，

① 薛钟斗：《瑞安公立图书馆记》，《慎社》第1集（1920年春）。

② 张棡：《杜隐园日记》1920年10月28日（庚申九月十七日），温州市图书馆藏。

③ 《宋慈抱与梅冷生书》，载潘国存编《梅冷生集》，第384页。

④ 张棡：《杜隐园日记》1921年3月13日（辛酉二月初四日）。

⑤ 陈光熙点校：《符璋日记》中册，第825页。

⑥ 张宪文：《瑞安孙氏玉海楼书藏考》，《文献》1988年第3期。

⑦ 张棡：《杜隐园日记》1919年5月17日（己未四月十八日）、1924年4月21日（甲子三月十八日）。

⑧ 李笠：《发起籀廎学生宣言书》《李雁晴至孙孟晋书》，载潘国存编《梅冷生集》，第265—268页。

孙延钊才刊布玉海楼所藏乡贤书目并供抄录；至1947年，经夏承焘等人联络，才将楼中包括宋、元、明本在内的一批珍藏捐给浙江大学文学院。[①]

此次将玉海楼大量善本捐往省城，引起了时任温州籀园图书馆馆长梅雨清的极大不满。[②] 籀园图书馆于1947年收受了经历两次焚劫后的黄群敬乡楼藏书[③]，但受赠玉海楼剩余藏书（善本已然不多），则要到1951年与1974年（此时该馆已更名温州市图书馆）[④]。实际在民国时期，非中心城市的私家藏书楼即便尽出所藏，其中的珍善本也多到不了"本地"（通常是道县级或行政督察区级及以下）图书馆，而只能集萃于省城、中央或其他中心城市。由此可见所谓从"藏书楼"到"图书馆"的"近代化"进程对于"地方"的意义[⑤]：一方面，地方藏书楼与图书馆不时围绕秘籍善本的归藏问题展开拉锯，而在此问题上后者因其"地方"属性，竞争力并不甚强，两类机构于是长期并存，故可以说，此一"近代化"在地方实践中比在各种宣言理念中的进展远为缓慢。[⑥] 另一方面，此种"近代化"虽然缓慢，但其最终结果仍是珍善文献依据区划层级向上集中，这与以私家藏书楼为主的时代不甚依循行政层级的文献资源分布情形，便有了明显的不同。

据此，即可推见出民国地方文献整理刊印的一大意义：通过批量制造"副本"的方式，私家藏书所可减轻因公立图书馆建立所带来的珍善文献持续"公共化"的压力；虽然就全国而言，私家藏书本来也不尽在边缘之地，但这在客观上也应有助于减缓珍善文献从某些边缘地方"脱离"的大趋势。在内容上（而非直接在物质形态上）部分地"公其所藏"，即是协调关乎保藏传播之"公""私"矛盾的一种有效的方式。

上述三次温州地方文献整理活动之成果，向外传播成效最显著的应是

---

① 《玉海楼藏书将分赠浙大籀园》，《地方新闻》1947年12月15日，第1版，温州市档案馆藏，资料号：Z01-8-17。

② 夏承焘：《天风阁学词日记》（1947年11月6日），载《夏承焘集》第6册，浙江教育出版社、浙江古籍出版社1997年版，第734页。

③ 梅冷生：《为捐赠敬乡楼藏书函复致谢黄达权先生》，载潘国存编《梅冷生集》，第34页。

④ 张宪文：《瑞安孙氏玉海楼书藏考》。

⑤ 左玉河：《从藏书楼到图书馆：中国近代图书馆制度之建立》，《史林》2007年第4期。

⑥ 参见凌一鸣《近代地方文化权力格局变迁中的纪念性图书馆——以温州籀园图书馆为例》，《图书馆论坛》2016年第12期。但该文为说明所谓的士绅权力消长问题，较多过度诠释。

《敬乡楼丛书》。该丛书成于上海，便可直接从上海向各地推广，加以黄群在政商学界的较广人脉，该书推广情况较佳，除温州本地人士外，如梁启超亦曾为之撰文宣传，黄侃、蔡元培（储于“中央研究院”图书馆）、胡适等人亦曾受赠此书[①]。此外还有捐向各地图书馆，这一行为或与传统上的各级“官学”藏书有相通之处，在此意义上，文献的“藏”与“播”便几乎是同义语。广而言之，其时各处郡邑丛书的传播亦多依赖图书馆系统，《敬乡楼丛书》等入藏其他地区的图书馆，而温州籀园图书馆亦屡次收受省图与别地图书馆或个人所捐的郡邑丛书，如张寿镛《四明丛书》、金华胡氏《金华丛书》、杭州《武林往哲遗书》等。这些丛书“卷帙繁富，价值巨大”，但均“不费公款”；其成书除省图以外，通常亦无须地方图书馆破费，因此将成套出版的乡邦文献“免费”互赠，即是财务一贯捉襟见肘的各地图书馆充实庋藏的一条重要途径。[②]

综上所述，关乎地方文献整理活动的保藏与传播问题，与地方藏书机构的演变密切相关，而该演变过程在地方实践层面，或较外界某些宣言理念的递进过程远为滞缓。于是地方文献整理刊行的传统功用，尚可在其间持续得以发挥，而印刷技术的进步、地方图书馆的兴起，尚可起到加强此类传统功用之发挥的作用。

当然，珍善文献依托行政层级向上集中，乃是大的趋势，此类整理出版活动只是减缓而非能完全阻止这一趋势。而将据有珍善文献视为从事上佳之学问的前提，乃是传统既有的观念；这一在民国阶段仍得长期延续的“传统”观念[③]与珍善文献资源上移的“近代”大趋势相结合，便造成了行政层级偏低之“地方”的“学术”能力渐遭削弱，甚而终被某些久居中心城市的论者近乎自然而然地排摈于所谓的“学术界”之外。[④] 再进一步

---

① 参见卢礼阳《永嘉敬乡楼考述》。

② 《籀园图书馆新到〈金华丛书〉》，《浙瓯日报》1937 年 3 月 28 日，第 7 版；《浙江图捐赠籀园图武林往哲遗著》，《浙瓯日报》1937 年 4 月 1 日，第 10 版。

③ 如 1947 年夏承焘日记称，该年浙大已购得嘉业堂善本，同在文学院的任铭善（心叔，1913—1967，夏承焘弟子）称如能再得玉海楼书，“则文学院办研究所，不患无设备矣”。见夏承焘《天风阁学词日记》（1947 年 10 月 19 日），载《夏承焘集》第 6 册，第 728 页。

④ 自 20 世纪 20 年代以至今日，似乎论者谈起所谓民国“学术界”，均是聚焦于中心城市的高等院校与研究机构，一般没有大学与“近代”研究机构的边缘地方，则在不论不议之列。这与民国以前的情形有别，如晚清孙诒让一般，虽在中老年阶段久居乡里但仍能维系学林之声名的情形，在民国阶段已难得见。

讲，与事者关乎文献与学术的观念新旧问题，亦颇值得探讨，将集中于下节进行。

三 新与旧

今人往往强调，自清季废科举、兴学堂后，单有科举功名的"士人"与出自新式学堂的"学生"之间的新旧分野便日益突出。但如上文述及，至1910年代末，类于传统"士绅"的身份认同与行为逻辑，在地方仍可能有显见的传承能力。老辈官绅与"永嘉七子"之类的地方青年学子在"文""学"上尚颇有共同语言；直至1919年夏五四运动之后，更"新"的思想文化潮流才在温州地方扩散开来。

与此前对于晚清以降新学的态度有异，对于此番"新文化"，地方老辈在了解大致内容以后多表现出较为强烈的反感。至20世纪20年代前中期，地方的"新文化"才主要依托学校系统，逐渐成长为一股不容忽视的力量。原先参与永嘉慎社的一些青年学子亦对新潮有了更多的接触，只是这并未促使他们彻底倒向新文化一边。此后，温州地方的"新旧"隔阂日渐凸显。

以图书馆事务为例。地方图书馆时常被认为属于"老辈"读书人的事业[①]；且整体而言，民国时期籀园图书馆馆长之职亦多由老辈或与老辈关系素佳的中青年担任。与此相应，至迟在1920年后籀园图书馆已有白话文的馆藏[②]，但馆中所受新潮的影响不宜高估，在地方老辈担任馆长期间更是如此[③]。虽然入馆的一般读者对旧书渐失兴趣[④]，但这一点在一些老辈士人看来实属天经地义，至于搜辑乡邦文献之类真正的地方"文化"事业，则理应较此更为"高端"[⑤]。

总之，地方图书馆及各修志局等，民国时期多在较老辈读书人的掌控

① 梅冷生：《我与籀园图书馆》，载潘国存编《梅冷生集》，第28页；张棡：《杜隐园日记》，1924年8月13日（甲子七月十三日）。

② 张棡：《杜隐园日记》，1920年10月28日（庚申九月十七日）。

③ 参见厚庄（刘绍宽）《籀园笔记》，《瓯风杂志》第7期（1934年7月20日）。

④ 《报告书》，《平阳县立中山图书馆汇刊》；刘绍宽：《厚庄日记》，1933年5月7日（癸酉四月十三日）。

⑤ 刘绍宽：《厚庄日记》，1936年9月23日（丙子八月初八日）。

之下，“后五四”时代之学生鲜有介入。而这些机构与地方文献事业有莫大的相关性，故此类文献整理活动在“五四”以后仍多为观念偏旧的“中老年人”所主导，也就不足为怪。不过，这些“旧人”也并非只能自外于外界的一切文教趋势；至少在当时人看来，外界除一意趋新之外尚有“整理国故”之风潮，而地方文献的整理出版活动，正是该风潮在“地方”的题中应有之义。

现今关于“整理国故”运动的研究，多强调此四字中“整理”二字的科学主义意向及其与新文化人的联系，凸显此番运动与之前“国故”“国粹”之倡议相异的旨趣。问题在于，地方上的一般读者所见的“题眼”也不一定是“整理”二字，而可能仍是“国故”二字，故此番运动尚可被理解为晚清以降“国粹”运动的一个延续（晚清“国粹”“国故”等词之间的区别他们通常也没有多少概念）。具体到温州，1924 年瑞安李笠发起“籀庼学会”，亦是强调“近来国学之呼声渐高”，对当前风潮的理解，似也并未以新文化人强调的“科学方法”为重点。[①] 五四运动之前已有的保“乡粹”（即“一郡之粹”）进而保“国粹”的动议，经由此种对于“整理国故”的解读便有了后续的实践动力，以至在 20 世纪 30 年代发展成大规模的乡邦文献整理活动。而在 20 世纪二三十年代，各地标榜“国学”的报纸杂志依然层出不穷。通过近代报刊媒介宣扬“国学”“国粹”的做法向已有之，晚清的《国粹学报》，即被时人认作此方面的一个早期的“模板”。1933 年 11 月，瑞安人陈谧（字睦庵，一作木厂，1890—1970，陈黻宸侄孙，陈怀子）及陈谧妹夫林志甄（1905—1946）等在瑞安县城利济医院求志堂发起“瓯风社”，次年起刊行《瓯风杂志》，历时两年，共出 24 期（第 15—16 期起改双月合刊）。参与编撰者有刘绍宽、高谊、宋慈抱、孙延钊、李翘、梅雨清、夏承焘、陈闳慧等人。为首的“通论”栏，旨在“献可替否，陈善闭邪，期以裕国计、厚民生，期以张礼教、维学统”；而当前的温州乡邦文献，“虽长篇之著述已彰，而短什之沉埋不鲜”，故该杂志以刊发篇幅较短的遗献为主，即所谓“阐扬先贤遗著，昌明故有永嘉学术，正俗解蔽，而止于至善”。所刊前辈遗著，可由读者自行分类

① 李笠：《发起籀庼学会宣言书》，载潘国存编《梅冷生集》，第 266 页。

装订，“仿旧《国粹学报》例也”①。之后《浙江省立图书馆馆刊》在第3卷第2期“书报提要”栏内登出对《瓯风杂志》的评介，指出该杂志“字用仿宋，纸用连史，线装磁青面，尤为古雅可爱”；不仅“全无语体之作”，甚且“全志各文，不标句读”。对于“不标句读”，省图馆刊建议“为今日一般人国文程度大非昔比着想，则应以加圈点为是。即引前人语，亦应酌用引号，盖新文学中之新标点，惟此颇有用也”②。不过，此后《瓯风杂志》并未采纳这一意见。该杂志由瑞安县城内的中国仿古印刷分局印刷，印量似乎不大，但据称首期五百部行世不久即已售罄。③ 之后除赠送私人及外人订购外，杂志还曾向外界公私立图书馆、藏书楼与学校发放优待券，以利销售传播。

而此期各省及一些省属地方的图书馆（后来还有省通志馆）也纷纷办起“馆刊”，此类馆刊的一大功能，亦是登载所辖地域内的乡邦文献。在温州，乡著会活动结束同年（1937年），孙延钊主持下的籀园图书馆即办《蔘绥年刊》，登出不少《永嘉诗人祠堂丛刻》《敬乡楼丛书》的相关篇章及晚清以来的方志序跋等地方文献，进而通过馆刊的馆际互换与销售向地方以外推广。

由是观之，温州地区的乡邦文献整理活动，固曾援引某些近代的物质与媒介手段，但主旨仍在于“新瓶装旧酒”。所刊布的文献，诚然不是绝无晚清以降的“新学”内容（如孙诒让、黄绍箕、宋恕等晚清人物的著述均包含一定的西学内容），但比例甚低，与五四运动后更“新”的新潮更是存在明确的隔阂。④ 相应地，在某些地方读书人眼中“国学”专指“旧学”，与外来之“科学”越发打成两橛。⑤ 而乡邦文献整理，可被认为是保“国粹”的一个前提或是整理“国故”运动的组成部分，可见在这些与事者看来，在“旧学”一面，“乡”与“国”才会具有确凿的一体性。如1935年梅雨清归结乡著会活动的意义时所云：

---

① 《〈瓯风杂志〉发刊词》《〈瓯风杂志〉凡例》，《瓯风杂志》第1期，1934年1月20日。

② 《书报提要·〈瓯风杂志〉》，《浙江省立图书馆馆刊》第3卷第2期，1934年；《本社纪事》，《瓯风杂志》第7期，1934年7月20日。

③ 《本社纪事》，《瓯风杂志》第2期，1934年2月20日。

④ 这主要是指价值取向、活动方式与文献内容上的隔阂，而非指与新文化人从无交往，或对新文化书籍从无接触。

⑤ 刘绍宽：《〈国学丛选〉序》，收入氏著《厚庄诗文续集》文集卷2，1937年版。

或谓时方多故，国将为墟，遘艰屯之会，谋不急之务，非所宜也。不知明耻教战，端在正人心而定国本。我先民精神所留贻皆在典籍，其中嘉言懿行，有一贯之传统，任百变而不离，即论一隅之书，亦有可资观感者。任其沦亡，罹于五厄，后悔噬脐，嗟何及矣。……及时缀辑，为先民留精神，即为国家留元气也。萧敬孚（又称萧穆，1835—1904，安徽桐城人——引者注）言："一国有一国之魂，文章学术者，中国之魂也。中国之大，苟一郡一丛书，一县一丛书，推之一家一丛书，合之为一省之丛书，再合之为一国之丛书，则国魂之归来，不待招矣。"斯言也，余取以答客难。①

也即通过将乡邦丛书编纂活动从郡邑呈涟漪状扩大到国家层级，便可令"国魂"自然而然地"归来"。然而，具体如何借助这些一般读者越来越不愿看的"旧学"文献应对当前"国将为墟"的危机，答案似乎仍旧不甚清楚。至全面抗战爆发，梅氏（于 1941 年接任籀园图书馆馆长）的见解开始有了一些变化，转而强调："图书馆的功用，善藏还要多读；图书馆的概括，守旧还要谋新。"故应收入"新兴文艺作家"的"抗战文艺"作品，还有"日新月异的各种科学书籍""各地方抗战史料及建设进行的整编零本"，"似乎这几宗出版品，比较那些高文典册尤其重要"②。与"五四新文化"渊源较深的新出版物，在抗日救国的洪流中，似才终于获得了这些地方文献工作者较高程度的重视。

结　语

上文从组织主体、文献流传、观念新旧三个层面探讨了全面抗战爆发前民国温州地方文献整理活动如何展开的问题。在组织主体上，兼具"政""学"之功能的官绅交谊网络依然是此类活动得以开展的基础与保障。在文献流传上，地方文献的整理出版，在一定程度上起到了维系地方图书馆与私家藏书楼之互补并存局面的作用。在观念新旧问题上，与事者

① 梅冷生：《郡斋征书记》，载潘国存编《梅冷生集》，第 15—16 页。
② 梅冷生：《我与籀园图书馆》，载潘国存编《梅冷生集》，第 27 页。

多将五四运动后的“整理国故”风潮视为晚清以降保“国粹”之倡议的延续，整理乡邦文献，即是由“乡”及“国”、参与这一风潮的表现。概言之，此期的乡邦文献整理，固然确有一些“近代”要素（如图书馆、报刊、新式印刷等）介入其间，但总体上仍属于以“新瓶”装“旧酒”，而与今人基于宏观层面梳理的相关理念之变（如从旧式士绅到新式学者、从“藏书楼”到“图书馆”、从传统的征文考献到近代学术研究）有相当大的距离。“五四新文化”在20世纪20年代以降向温州地方的传播尚较迅速，可见该地虽处“边缘”，本身却并不十分“闭塞”，此种地方实践相对于外界理念的“滞后性”，便不能仅以某些纯客观性的因素作解。某些实践层面的“传统”，在地方尚可表现出较强的韧性，由此“乡”与“国”尚可建构出明确的一体性，而内容偏“旧”的地方文献，亦得以在其间继续作为“乡”与“国”之间维持精神或文化联系的关键纽带。

五四运动之后，在温州地方，这一偏旧的“世界”与成长中的“新世界”长期共存；而在乡的中老年人尽管屡屡称言“旧学”陵夷、世风日下，但他们在地方文教场域中实际的权力地位，仍有较强的延续性，在此类新旧竞争中也不至必然落于下风。问题在于，整理文献的成果，诚然可为中心城市的“学术界”所用，但“地方”本身可否跻身“学术界”，则逐渐成为问题。同时由此建构的乡邦“文化”，与“新文化”风潮亦存在明确的隔阂，于是反过来讲，乡里地方对于“新文化”精英而言多是一个可以“在”但却“不属于”的场所，其倾向于（并非事实上一定）脱离地方、流向少数中心城市的“外向性”长期存续，便也无足深怪了①。

当然，基于今人视角，民国时关乎“地方”标签的文化活动，也并非只有文献整理。如乡土教科书的编撰印行，及民间歌谣收集、宗教民俗调查等，与此文献整理活动有何关系，亦是有待深入的论题，当俟另文探讨。

---

① 参见季剑青《地方精英、学生与新文化的再生产——以“五四”前后的山东为例》，《现代中国文化与文学》2009年第2期。

民国前期《捐资兴学褒奖条例》述论

曾桂林
（湖南师范大学历史文化学院）

捐赠是慈善救助最重要的经济来源，也是慈善事业赖以存在与发展的基石。中华民国肇建后，北京政府颁布了《捐资兴学褒奖条例》《义赈奖劝章程》《褒扬条例》等多部褒奖慈善捐赠行为的法律法规。尤其是1913年颁行的《捐资兴学褒奖条例》，作为近代中国第一部有关慈善捐赠方面的专门法规，经北京政府数次修订完善，成为民国时期社会救济、卫生、水利等领域同类法规的蓝本。该条例不仅在立法学上极具蓝本意义，而且在民国教育史、慈善史上也占有举足轻重的地位。近年来，学术界对民国时期捐资兴学情形有所关注，但多从教育史方面立论，而着眼于立法史、社会史的探究仍然薄弱。① 本文拟从法律社会史视角对《捐资兴学褒奖条例》的立法动因、主要内容及其实施效果进行深入考察。

一　立法动因

中国慈善事业有着悠久历史，至明清时期已臻于兴盛，乐善好施濡化为各地的善风良俗，成为中华慈善文化的重要内容。官绅商民慷慨捐资兴

① 相关论著有苏云峰：《中国新教育的萌芽与成长（1860—1928）》，北京大学出版社2007年版，第70—82页；阎广芬：《近代商人捐资兴学的方式及其办学特色》，《当代教育论坛》2002年第1期；吴榕青、黄挺：《1949年以前海外潮人在本土捐资兴学概述》，《汕头大学学报》2003年第6期；李爱慧：《海外华侨捐资兴学与近代中山侨乡教育事业的发展》，《历史教学》2008年第16期；邓达宏：《近代闽南华侨捐资兴学及其办学理念》，《福建广播电视大学学报》2013年第5期；等等。曾桂林从慈善史角度对民国捐资兴学法规的施行情形有所关注，但仍有进一步探究的余地（参见氏著《民国时期慈善法制研究》，人民出版社2013年版，第426—430页）。

学、助赈济贫之类的善举义行，不绝于史志。虽然明清两朝对捐赠者已有奖给匾额或恩准建坊之例，但恩典赏赐的意味较浓，并不是已制定具体条文的成文法。及至清末，随着新学制的颁行与科举制的废除，各地纷纷改设或新建中小学堂，新式教育呈方兴未艾之势。为推广学务，1906 年学部颁布《奏定劝学所章程》，责成各地劝学员于辖区内调查筹款兴学事项，“遇绅商之家，劝其捐助兴学，裨益地方”，或有“绅富出资建学”，由劝学所总董“禀请地方官奖励”，重申捐助褒奖之例。① 然此时清王朝已日薄西山，大厦将倾，攸关朝纲大政、国计民生的刑、民、商诸律的创制乃是新政要务，而对捐资褒奖似未遑顾及。鼎革易代之后，近代意义上的慈善捐赠法规才被提上国家的立法日程，遂有 1913 年《捐资兴学褒奖条例》之颁布。这一专门法规的出台，细究其动因，主要有以下两方面。

一是促进新式教育发展的需要。近代中国的新式教育萌发于洋务时期，中经维新变法的推动，在清末新政期间渐成勃兴之势。1904 年 1 月，清廷颁行《奏定学堂章程》，开始推行“癸卯学制”。但此时科举尚未废止，老树难以接新枝，中国社会陷入科举与学堂并存的两难抉择。科举不废，兴学阻力犹存，新式学务势必难以推进。② 1905 年清廷宣布停罢科举后，新式学堂始得到较快发展。不过，由于学制初创，学堂初建，师资、校舍、教学设备等都匮缺，成为新式教育进一步发展的制约因素。1911 年辛亥革命爆发，这一历史性巨变给新式教育带来了前所未有的发展机遇。诚如有学者所言，孙中山领导的辛亥革命，“其精神实质在于革故鼎新，推进中国的现代化进程”，“主要任务除了创建民主政治、发展民族资本主义经济，还包括发展新式教育”。③ 正因如此，孙中山在早年创设兴中会时就提出：“本会拟办之事，务须利国益民者方能行之，如设报馆以开风气，立学校以育人才，兴大利以厚民生。”④ 缘此，孙中山十分重视教育事业，

---

① 上海商务印书馆编译馆编纂：《大清新法令》第 3 卷，商务印书馆 2011 年版，第 519—520 页。

② 参见关晓红《科举停废与近代中国社会》，社会科学文献出版社 2017 年版，第 92—96、131—135 页。

③ 虞和平：《辛亥革命对教育变革的影响——以民国前中期商人捐办大学为中心》，《史学月刊》2015 年第 6 期。

④ 广东省社会科学院历史研究室等合编：《孙中山全集》第 1 卷，中华书局 1981 年版，第 22 页。

不仅将发展新式教育视为资产阶级革命的主要任务之一，而且把“立学校以育人才”作为实现振兴中华宏图伟业的重要路径。故而中华民国刚建立，南京临时政府、北京政府就先后进行了一系列适应资产阶级需要的教育改革，颁行了“壬子癸丑学制”，建起一个更加完整的学制系统，这就为民国初年全国教育事业发展创造了有利条件。

据北京政府教育部统计，1912—1913 年，全国各类学校总数从 87272 所增至 108448 所，学生从 2933387 人增至 3643206 人。[①] 在短短两年内，全国学校数量和学生人数增长迅猛，一方面反映出新式教育蓬勃发展的态势，另一方面也表明它亟须新政府投入更多的教育经费，以保持其良性发展。然而共和肇基之初，“政府草创，军书旁午”，“中央财政时有变迁，初恃外资以图存，继借内债以补苴”[②]，国家财政十分困窘，教育经费尤为支绌。就中央财政而言，1913 年度教育费预算为 6908850 元，而 1914 年度预算仅为 3276904 元，1916 年度预算为 12837307 元。其中，还有相当比重是教育行政事业费，用于中学以上的经费较为有限，至于县市乡所立学校及私立学校的经费并不在内。[③] 而兴学育人又须臾不可延缓，民国北京政府有鉴于此，遂考虑利用社会资源、借助民间财力来发展教育事业，开始酝酿制订褒奖捐资兴学法案，并明确立法旨趣为“奖劝人民捐私财襄公益，借补国家财力之不逮”[④]。

二是完善教育法律体系的需要。民国初年，北京政府教育部很快制定颁布了《普通教育暂行办法》《小学校令》《中学校令》《大学令》《专门学校令》《师范教育令》等一系列教育政策法规，这“有力地促进了中国传统教育体制向现代教育体制的转型，保障了现代教育制度的确立，推进了教育改革与发展”[⑤]。但推进教育事业发展不能局限于教育领域立法，还关涉社会、经济、文化多个领域，亦需要制定相应的法律法规，以期共同营造良好的法治社会环境。如果缺乏有关法律法规相衔接、相配合，或是不同的法律条文相抵牾，也将影响教育事业健康蓬勃发展。

---

① 陈景磐：《中国近代教育史》，人民教育出版社 1983 年版，第 305 页。

② 贾士毅：《民国财政史》上册，商务印书馆 1928 年版，第 45 页。

③ 贾士毅：《民国财政史》下册，商务印书馆 1928 年版，第 136 页。

④ 《教育部呈修正〈捐资兴学褒奖条例〉期臻完备而便推行文并批令》，《政府公报分类汇编：教育》（下），上海扫叶山房北号 1915 年刊印，第 157 页。

⑤ 李露：《中国近代教育立法研究》，广西师范大学出版社 2001 年版，第 279 页。

实际上，民国初年就已遭遇这样的瓶颈。南京临时政府成立后，因各项法律未及制订颁行，曾规定所有前清施行的法律，除与国体相抵触者外，都得以暂行援用。与此同时，各省为兴学捐赠者频频向中央呈请援例旌奖。例如，1912 年 6 月，署直隶都督张锡銮就先后为门缙荣、杨荫棠等绅民捐资兴学褒奖事上呈大总统，拟请援例准予建坊或奖给匾额。呈文称："此慨捐巨资襄办地方公益者，无不享社会荣名、受国家特典，诚世界之通例也……查捐助学费银两，向准援照乐善好施建坊例奏请建坊，亦准案照赈捐新章核奖衔封。"① 然而此时国体已改，寓含封建纲常伦理意味的建牌坊、封名衔等褒奖方式，与民国法律不无抵牾。地方政府一方面称"前项奖章既不适用，民国新章未奉颁发，而捐款兴学关系学务进行，未便漫无奖励"②，亦未便中止；另一方面又言，"况当民国初步，学款支绌，全赖地方有力绅商踊跃捐助，借资振兴，且此项兴学建坊事宜系属名誉奖励，核与民国政体并无抵触，似可暂行援用，以资遵守"。③ 地方政府由此心存观望，尚有犹豫不决、依违两可之意。随后，教育部在核复各省咨请捐资兴学案的过程中，通令明示："民国更新，旧章不尽适用。近来各省以捐资兴学咨部核办者，或请开复原官，或请援例建坊，均经本部分别驳覆及暂准给予匾额。"此刻，北京政府已猛然意识到，"表彰虽不容缓，而办法不宜两歧"，遂令教育部尽快拟订褒奖章程，"一俟订妥，即当公布实行"；教育部给各省的咨文亦称，"其在章程未经公布之前各省遇有人民捐资兴学之案，应由本省教育司先予纪录，俟章程公布后再行查案核办，以归划一"。④ 由此，在各省为地方绅民捐资兴学请奖之案不断呈报中央的情形下，民国北京政府及教育部迅即启动了相关的立法活动。

---

① 《署直隶都督张锡銮呈请将平泉州绅士门缙荣捐资兴学援例准予建坊文并批》，《政府公报分类汇编：教育》（上），上海扫叶山房北号 1915 年刊印，第 20—21 页。

② 《署直隶都督张锡銮呈大总统建平县绅民杨荫棠等捐资兴学请奖给匾额文并批》，《政府公报分类汇编：教育》（上），第 22 页。

③ 《署直隶都督张锡銮呈请将平泉州绅士门缙荣捐资兴学援例准予建坊文并批》，《政府公报分类汇编：教育》（上），第 21 页。

④ 《教育部通咨各省都督凡人民捐资兴学应由本省教育司先予纪录文》，《政府公报分类汇编：教育》（上），第 20 页。

二 立法情形及内容

（一）《捐资兴学褒奖条例》的制定及其修订

经过近一年时间的酝酿，1913 年 7 月，北京政府教育部制定公布了第一部《捐资兴学褒奖条例》，后来又于 1914 年、1918 年和 1925 年根据当时的社会状况与现实需要进行了三次修订完善。

众所周知，民初鼎革之际，因政权更迭，战事频仍，以致经济凋敝，财源支绌。而教育为百年大计，即便百废待举、百业待兴，它也不宜迁延。不得已，北京政府教育部乃寄望于“奖劝人民捐私财襄公益，借补国家财力之不逮”[①]，着手起草褒奖捐资兴学法案。经征求多方意见，教育部拟订了草案，呈请国务会议议决后，1913 年 7 月 17 日以 32 号部令正式公布《捐资兴学褒奖条例》。该条例共 9 条，涉及捐资兴学的范围、褒奖等级、给奖方式等，另有附则对褒章及执照图式进行说明。[②] 因系初创，条例内容还较简略，但它首次以国家法律形式明确规定对捐资兴学者给予褒奖，这对激发社会各界的捐赠积极性及慈善公益参与度，却是显见的。

《捐资兴学褒奖条例》实施一年有余，其“窒碍漏略之处”逐渐暴露出来，教育部将之归结为五点：“一、现行勋章令无金质之规定，部定奖章不应特异；二、团体捐资兴学，例应给奖，不能专限个人；三、华侨捐资兴学，应一律由部给奖，以示优异；四、遗命捐资兴学，或捐资者未得褒奖而身故时，应予特定奖法；五、捐资请奖期限应改由民国元年起，以示限制。”于是将前颁条例“酌按现办情形逐条修订，俾臻完善而便推行”。[③] 1914 年 10 月 31 日，《修正捐资兴学褒奖条例》在呈请国务卿及大总统核准后颁布实施。该修正条例共 13 条，补充了华侨、团体、遗嘱捐

---

① 《教育部呈修正〈捐资兴学褒奖条例〉期臻完备而便推行请鉴核示准文并批令》，中国第二历史档案馆整理编辑：《政府公报》影印本第 43 册，第 897 号（1914 年 10 月 31 日），上海书店 1988 年版，第 103 页。

② 商务印书馆编译所编：《中华民国教育新法令》第五册，商务印书馆 1913 年版，第 14—18 页。

③ 《教育部呈修正〈捐资兴学褒奖条例〉期臻完备而便推行请鉴核示准文并批令》，《政府公报》影印本第 43 册，第 897 号（1914 年 10 月 31 日），上海书店 1988 年版，第 103—104 页。

资亦可呈请褒奖的条文，并将请奖调整为自民国元年起。[①] 它颁行后，“人民捐助私财襄办公益之热诚日有增益”[②]，各省援例呈报至教育部的请奖之案，每年都有数百起，法律实施效果逐渐显著。

不过，在法律适用实践中，该修正条例仍凸显出若干条款不尽完善、内容不尽周全等缺憾。1918 年夏，教育部根据历年捐资兴学褒奖案的情形，针对原条例之缺失，又提出三点修订意见。一是内务部《修正褒扬条例》暨施行细则规定，凡办理公益事业捐助财产满二千元以上者，经内务部审核后可据其事实呈请题给匾额，并声明创办教育事业亦属于公益范围，而现行《捐资兴学褒奖条例》与之不合，自宜再次修正，以归一律；二是“私人团体及遗嘱捐资按照原条例之规定，其数逾一千元者始分别奖给褒状，其捐款在一千元以下者未免向隅，似应量予给奖”；三是“捐资在二千元以上者既呈请给予匾额，原条例第二条第七项之规定，应即废止”。[③] 随即，教育总长傅增湘将前述相抵牾之处应行修正事项，酌拟条文，经国务会议议决通过《重修捐资兴学褒奖条例》。1918 年 7 月 3 日，它由大总统鉴核批准，予以公布。[④] 此次修订，统一和规范了褒奖捐资兴学者的范围、等级及方式，是对慈善捐赠法律法规的进一步补充与完善。

随着民国前期社会经济的发展，1918 年《重修捐资兴学褒奖条例》亦有些待臻美善之处。如教育部呈文所述，“惟本条例第一条规定捐立学校与图书馆、博物馆、美术馆、宣讲所并举，盖专以学校教育与社会教育同时发达为旨。其第二、三、四、五条分定等级，凡万余元以内者，由部分别酌给褒章、褒状、匾额；二万元以上者，呈请特定，计历年呈请特奖之案，计廿余起。大约五万元以内者，均经给予四等勋章；十万元以内者，均经给予三等勋章”[⑤]。然而，对于捐资十万元以上者，条例却无明文

---

① 《补登教育部呈准〈修正捐资兴学褒奖条例〉》，《政府公报》影印本第 44 册，第 913 号（1914 年 11 月 19 日），上海书店 1988 年版，第 144—148 页。

② 《教育部呈送〈重修捐资兴学褒奖条例〉请鉴核呈》（1918 年 7 月），中国第二历史档案馆藏，北洋政府教育部档案，档号：1057—96。

③ 《教育部呈送〈重修捐资兴学褒奖条例〉请鉴核呈》（1918 年 7 月），中国第二历史档案馆藏，北洋政府教育部档案，档号：1057—96。

④ 《教育总长傅增湘呈大总统重行修正捐资兴学褒奖条例呈候核示文（附件）》，《政府公报》影印本第 130 册，第 881 号（1918 年 7 月 7 日），上海书店 1988 年版，第 169—171 页。

⑤ 《教育部制定〈捐资兴学褒奖条例〉及拟定特奖巨资兴学办法》，中国第二历史档案馆藏，北洋政府教育部档案，档号：1057—96。

规定，由此导致法律不适用的问题。1925 年，教育部鉴于“现时风气渐开，捐输固已日见发达，教育尤宜日谋扩展，亟请酌定特别优奖办法，以昭激劝”，提出拟定特奖巨资兴学办法案。该提案建议：“凡个人捐资兴学在十万元以上者，酌给一、二等勋章；二十万元以上者，酌给勋位。似此捐助巨资，有功教育，核与《勋章勋位令》第一条有勋劳于国家或社会之规定资格相符，当无冒滥之弊。”① 教育部据此对《捐资兴学褒奖条例》进行再次修改，增订为 18 条，经国务会议核准后于 1925 年 7 月 18 日公布。② 这是北京政府第四次颁行该条例，至此各项内容已颇为完备，后来成为南京国民政府同类法令的蓝本。

（二）《捐资兴学褒奖条例》的主要内容

《捐资兴学褒奖条例》的条文并不繁复，其言简而意赅，主要内容涵括法规调整规范对象、捐资兴学褒奖标准、给奖办法、褒章执照图式等方面。后经三次修订，大抵为相关条款的变更与完善。

1. 调整规范对象

1913 年《捐资兴学褒奖条例》第一条明确规定：“人民以私财创立学校或捐入学校，准由地方长官开列事实，呈请褒奖。其以私财创办或捐助图书馆、博物馆、美术馆、宣讲所诸有关教育事业者，准照前项办理。”③ 由此而知，捐赠主体为国民，受赠对象除学校之外，还可为图书馆、博物馆、美术馆、宣讲所等相关教育机构。不过，该条例将捐赠者仅限于自然人，既未涵括社团法人，也没虑及遗嘱捐赠以及浙闽粤等地侨胞归国捐资兴学的情形，以致多有窒碍、漏缺之处。为使之“臻完善而便推行”，1914 年，教育部提出三点修正建议：“团体捐资兴学例应给奖，不能专限个人”；“华侨捐资兴学应一律由部给奖，以示优异”；“遗命捐资兴学或捐资者未得褒奖而身故时，应予特定奖法”。④ 在吸纳前述建议的基础上，

---

① 《教育部制定〈捐资兴学褒奖条例〉及拟定特奖巨资兴学办法》，中国第二历史档案馆藏，北洋政府教育部档案，档号：1057—96。

② 《教部修改〈捐资兴学褒奖条例〉》，《新闻报》1925 年 7 月 25 日第 3 张第 1 版；《教育部提倡捐资兴学》，《申报》1925 年 7 月 25 日第 9 版。

③ 商务印书馆编译所编：《中华民国教育新法令》第五册，商务印书馆 1913 年版，第 14—15 页。

④ 《教育部呈修正〈捐资兴学褒奖条例〉期臻完备而便推行请鉴核示准文并批令》，《政府公报》影印本第 43 册，第 897 号（1914 年 10 月 31 日），上海书店 1988 年版，第 104 页。

同年10月公布了修正条例。第一条增列一款："华侨在国外以私财创立学校或捐入学校，培育本国子弟，准由各驻在领事开列事实表册，详请褒奖。"第三、四条则规定私人结合之团体、遗嘱捐资或捐资者未得褒奖而身故时，"其款逾千元者，分别奖给一、二、三等褒状；至一万元以上者，得奖给匾额"①。这样，作为法规调整规范对象的捐赠者，其内涵更完备、外延更周全，不再局限于定居国内的公民，也包括旅居国外的华侨，且由自然人扩大到法人。值得注意的是，此条款修订的背景之一，乃是1912年11月参议院颁行《中华民国国籍法》，规定固有国籍以血统主义为原则。② 相关条款的修订，即从法律上保障了华侨的相关权益。此后，1918年、1925年两次修订《捐资兴学褒奖条例》，均沿用上述界定，仅在褒奖等次上对捐资款额有所调整。

至于受赠客体，北京政府四次颁行的条例都相同，不论大、中、小学等学校教育机构，抑或图书馆、博物馆、美术馆、宣讲所等社会教育场所，均可接受捐赠款物；由捐赠人以私财创办上述文化教育机构或场所，亦准呈请褒奖。

2. 捐资数额褒奖标准

1913年《捐资兴学褒奖条例》对捐资数额分为七等，分别给予不同的褒奖。具体言之，"一、捐资至一百元者，奖给银质三等褒章；二、捐资至三百元者，奖给银质二等褒章；三、捐资至五百元者，奖给银质一等褒章；四、捐资至一千元者，奖给金质三等褒章；五、捐资至三千元者，奖给金质二等褒章；六、捐资至五千元者，奖给金质一等褒章；七、捐资至一万元者，奖给匾额并金质一等褒章"③。该条在1914年修正条例中基本沿袭，仅将金质、银质褒章改为金色、银色，④ 以便与此前颁布的《褒扬条例》规定相符，而1918年、1925年条例则删去其中第七款。由于民国前期社会经济形势总体趋好，物价平稳，《捐资兴学褒奖条例》所定的褒奖等第及其相应的捐资数额标准相对稳定，大致相同。

---

① 《补登教育部呈准〈修正捐资兴学褒奖条例〉》，《政府公报》影印本第44册，第913号（1914年11月19日），上海书店1988年版，第144页。

② 谢振民编著：《中华民国立法史》下册，中国政法大学出版社2000年版，第504页。

③ 商务印书馆编译所编：《中华民国教育新法令》第五册，商务印书馆1913年版，第15页。

④ 《补登教育部呈准〈修正捐资兴学褒奖条例〉》，《政府公报》影印本第44册，第913号（1914年11月19日），上海书店1988年版，第144页。

3. 给奖办法

最初，条例对捐赠者的褒奖按其捐资数额多寡分为褒章、褒状和匾额三种，而私人结合之团体以及遗嘱捐资或捐资者未得褒奖而身故者，则只授予褒状、匾额。褒章材质原有金、银两种，1914 年修正案将其改作外观色泽为金、银两色，亦按捐资多寡分为三等授予。大体而言，“应给银色褒章者，由各道、县行政长官详请省行政长官授与；应给金色褒章或匾额者，由省行政长官咨陈教育总长授与。华侨应得之褒奖，由各驻在领事报部核定授与”①。而条例迭次修订，主要涉及一般褒奖、特别褒奖、团体捐资与遗嘱捐资等方面内容。由于捐赠主体不同、捐资数额多寡以及应授褒奖等第的差别，各条例所订褒奖办法在程序、内容上亦有所异，详见表 1。

表 1　**北京政府时期历次《捐资兴学褒奖条例》所订给奖办法比较**

<table>
<tr><th>办法　时期
项目</th><th>1913 年</th><th>1914 年</th><th>1918 年</th><th>1925 年</th></tr>
<tr><td>一般褒奖</td><td>一等为金质褒章并匾额，由大总统授予；二至四等为金质一、二、三等褒章，由教育总长授予；五至七等为银质一、二、三等褒章，由省行政长官授予</td><td>一等为金色褒章并匾额，二至四等为金色一、二、三等褒章，一至四等由教育总长授予；五至七等为银色一、二、三等褒章，由省行政长官授予</td><td colspan="2">褒章分金色、银色两种，各分三等，共六等次。另规定一至六等褒状。银色褒章及四等以下褒状由省行政长官授予，金色褒章及三等以上褒状，由教育总长授予</td></tr>
<tr><td>特予褒奖</td><td>捐资逾 1 万元者，其褒奖由大总统特定</td><td>捐资逾 2 万元者，其褒奖由教育总长呈请大总统特定</td><td>捐资 2000 元以上者，汇案呈明给予匾额。给予金色三等以上褒章及三等以上褒状者，汇案查明备案。捐资 1 万元以上者，再由教育总长呈明加给褒辞。捐资逾 2 万元者，其褒奖由教育总长呈请大总统特定</td><td>捐资至 1 万元以上者，除分别奖给褒章、褒状、匾额外，由教育总长呈明加给褒辞；捐资至 2 万元以上 10 万元未满者，除奖褒章、褒状、褒辞外，并于年终由教育总长汇案呈请明令嘉奖；捐资至 10 万元以上者，除奖给褒章、褒状、褒辞外，由教育总长专案呈请明令嘉奖</td></tr>
</table>

① 《补登教育部呈准〈修正捐资兴学褒奖条例〉》，《政府公报》影印本第 44 册，第 913 号（1914 年 11 月 19 日），上海书店 1988 年版，第 145 页。

续表

办法 时期 项目	1913 年	1914 年	1918 年	1925 年
团体捐资	—	捐资逾 1000 元，分别给一、二、三等褒状，一万元以上奖给匾额	在 100 元以上者，给一至六等褒状	
遗嘱捐资（或捐资者身故）	—	捐资逾 1000 元，分别给一、二、三等褒状，1 万元以上奖给匾额	在 100 元以上者，给一至六等褒状	
华侨捐资	—	华侨捐资由各驻在领事报部请奖	—	
捐资请奖适用范围	自条例公布前三年起	自民国元年起	—	

资料来源：1.《最新编订民国法令大全》，商务印书馆 1924 年版，第 1585—1587 页。

2.《教育部制定〈捐资兴学褒奖条例〉及拟定特奖巨资兴学办法案》，中国第二历史档案馆藏，北洋政府教育部档案，档号：1057—96。

4. 褒章及执照图式说明

《捐资兴学褒奖条例》在 1913 年首次公布施行时，其附则规定了褒章名称及执照图式。褒章谓之“嘉祥章”，“中列篆文‘羊’字，周环嘉禾”。其释义为“兴学，固国之祥也，故取羊。又，羊为慈爱之动物，故凡善、义、美、养等字，皆从羊，兹取之以喻兴学之士。周环嘉禾，标国徽也”①。同时标示了三种不同等次褒章的直径分寸大小，并规定褒章绶带颜色及佩用仪式，即绶带由红、白二色相间，共五列组成，褒章应佩带于上衣左襟。另附有褒章、匾额执照和褒状格式，执照或褒状先填写捐资者姓名，随后在空白处记其捐资兴学事实。②

① 《教育部公布捐资兴学褒奖条例令》，《教育杂志》第 5 卷第 6 号，1913 年，第 52 页。

② 《教育部公布捐资兴学褒奖条例令》，《教育杂志》第 5 卷第 6 号，1913 年，第 52—53 页。

三 实施效果

《捐资兴学褒奖条例》于1913年颁行后，又经三度修订，尽管褒奖等次、给奖方式有所更改，但其“奖劝人民捐私财襄公益”的立法旨趣始终未变。为将该条例顺利付诸实施，中央和地方政府都采取了一些相应的举措。

首先，确立行政执法主体资格，由专门机构及职员负责办理褒奖事宜。从法理上讲，《捐资兴学褒奖条例》属于行政立法，主要通过行政机关执法来保障其实施，而它的执法主体大致包括捐资兴学褒奖案的受理部门、审核和授予部门。具体来说，地方行政机关和地方长官负责褒奖案的登记受理，教育部为核准、颁发机构。在中央层级上，行政执法主体较为明确和稳定，最初由教育部总务厅执掌褒奖及统计等庶务，1918年因机构职能调整改归总务厅秘书负责。[①] 在地方层级上，依该条例第一条规定，“人民以私财创立学校或捐入学校，准由地方长官开列事实，呈请褒奖”[②]，即各省、县的捐资兴学褒奖案，均先由地方长官受理，再行呈请或授予。详细言之，民初的地方长官在省为民政长（后改为巡按使），道为观察使（后改称道尹），县为知事。其呈文一般包括捐资人姓名、年岁、籍贯及其捐资事实、兴学业绩等内容。1914年条例修订后，各驻外领事负责华侨的褒奖事宜，开列其在国内外捐资兴学培养本国子弟等事实，向教育部呈请褒奖。后来，道制废除，褒奖等次亦屡有修订，然省、县行政长官负责受理及给奖的职权终未变。

其次，出台实施具体办法，进一步规范与完善执法程序。1913年《捐资兴学褒奖条例》颁行后，教育部作为中央行政执法机关就下发咨文，要求各省呈请褒奖案时应遵照条例第一条规定，即由地方长官开列捐资事实清册，“诚以捐资给奖，惟核实而后足以资观感，故地方长官开列事实之手续必不可从略也”。[③] 然而，一些省民政长在咨部请奖案中，起初并不依

---

① 宋恩荣、章咸选编：《中华民国教育法规选编》（修订版），江苏教育出版社2005年版，第54、58页。

② 《教育部公布捐资兴学褒奖条例令》，《教育杂志》第5卷第6号，1913年，第51页。

③ 《教育部咨各省民政长捐资兴学请奖应造具事实表册报部，其捐资在前清宣统二年七月以前者不得牵合请奖文》，《政府公报分类汇编：教育》（下），上海扫叶山房北号1913年刊印，第31页。

条例规定办理，往往仅于案内声叙捐资者姓名及其捐款数目，以致教育部咨覆旷日废时，案牍滋繁。为此，同年 10 月教育部又援引条例，明定办法，以期划一而资遵守。该办法规定："嗣后各省人民捐资请奖之案，凡须由部给奖者，应由各该地方长官于呈文之外，造具表册二份，一存该省行政公署，一由该省长官咨达本部。其表册格式由部拟定，务须查照开列，不可遗漏。"同时重申法律溯及力，"惟捐资在前清宣统二年七月以后者，方得适用；其捐资在前清宣统二年七月以前者，即不得牵合请奖，致违反条例之规定"。① 继而，教育部公布了事实表册的格式，包括捐资人姓名、年岁、籍贯及其捐资事实、兴学业绩等项，并进一步规范了捐资兴学褒奖给予褒章、匾额及奖状的执照图式。此后，教育部核准各省行政长官呈报的褒奖案，一律遵行该办法。至 1925 年修正案颁行，北京政府在执法程序上又有些变化，要求呈请核给褒章、褒状及匾额、褒辞者，应随文预缴一定费用。

北京政府《捐资兴学褒奖条例》的立法宗旨在于鼓励民众捐资兴学，发展文化教育事业，纵观该条例的颁行、数次修订及其十余年的实施情形，应该说已达到其立法初衷，为民国文化教育事业、慈善事业发展发挥了推进与保障作用。接下来，将结合相关史实从两个方面加以阐析。

其一，激发了民众的慈善捐赠热情，捐资人数和款额总体呈增长趋向。

《捐资兴学褒奖条例》自 1913 年"公布以来，各省报部援例请奖之案历有多起"②。据教育部统计，仅条例实施的当年，全国各省捐资兴学在千元以上者有 250 人，捐资总额为 784622 元。③ 由于该条例附则有法律溯及力方面的规定，即捐资在条例公布前三年内者亦适用之，各省呈请褒奖捐资兴学之案甚为踊跃。其中，1910—1912 年捐资逾千元者计 605 人，教育

---

① 《教育部咨各省民政长捐资兴学请奖应造具事实表册报部，其捐资在前清宣统二年七月以前者不得牵合请奖文》《政府公报分类汇编：教育》（下），第 31 页。

② 《教育部呈修正〈捐资兴学褒奖条例〉期臻完备而便推行请鉴核示准文并批令》，《政府公报》影印本第 43 册，第 897 号（1914 年 10 月 31 日），上海书店 1988 年版，第 103 页。

③ 教育部编：《第一次中国教育年鉴》，戊编"教育杂录"，开明书店 1934 年版，第 358—362 页。

部分别授予金质一至三等褒章。① 这表明，民国政府刚刚肇建即以立法形式褒奖捐资兴学者，此举深得人心，“资鼓励而昭激劝”② 之效很快彰显出来，产生了良好的示范效应。慷慨解囊、襄助教育之举在民初地方社会蔚成风习。

条例施行之初，教育部认为“捐资兴学者之多寡，可以觇社会习俗之趋向，即于教育统计至有关系”③，遂向各省民政长发出咨文，凡捐资兴学由各省授予银质或银色褒章之案，每届年终依式汇造成册咨报教育部，以便统计。基于这些褒奖案牍，教育部后来将历年汇总统计数据编成《捐资兴学一览》，载录了捐赠千元以上者的姓名、籍贯、捐款数额、捐赠时期、捐助学校（或其他教育文化机构）、褒奖等次等项内容，并列有全国各省市历年捐资兴学人数及经费统计表。④ 有了这份文献资料，我们方可对民国前期《捐资兴学褒奖条例》实施情形作进一步分析。表 2、表 3 即据教育部编制的两个统计表改制而成，从中不难看出民国前期《捐资兴学褒奖条例》实施的大致情形。

表 2　　民国前期全国历年捐资兴学褒奖情形

年份	捐款人数（人）	捐款数额（元）	年份	捐款人数（人）	捐款数额（元）
1910—1911	117	621129	1920	104	264438
1912	488	2253712	1921	97	317326
1913	250	784622	1922	36	93478
1914	140	413343	1923	27	232545
1915	117	590210	1924	12	136732
1916	93	294109	1925	7	110126

① 教育部编：《第一次中国教育年鉴》，戊编“教育杂录”，开明书店 1934 年版，第 358—360 页。

② 《署直隶都督张锡銮呈请将平泉州绅士门缙荣捐资兴学援例准予建坊文并批》，《政府公报分类汇编：教育》（上），上海扫叶山房北号 1915 年刊印，第 21 页。

③ 《教育部咨各省民政长人民捐资兴学由各省给奖者应年终汇报本部以资统计文》，《政府公报分类汇编：教育》（下），上海扫叶山房北号 1915 年刊印，第 31 页。

④ 参见教育部编《第一次中国教育年鉴》，戊编“教育杂录”，开明书店 1934 年版，第 292—362 页。

续表

年份	捐款人数（人）	捐款数额（元）	年份	捐款人数（人）	捐款数额（元）
1917	135	462637	1926	8	178405
1918	128	361128	1927	11	731780
1919	127	282839	不详	319	3257146
总　计				2216	11385705

表 3　民国前期全国各省市捐资兴学褒奖情形统计（至 1927 年年底）

省市	捐资人数（人）	捐资款额（元）	省市	捐资人数（人）	捐资款额（元）
江苏	331	2391985	山西	42	92841
浙江	247	2166026	甘肃	21	67798
直隶	181	770479	四川	17	62045
山东	247	625675	云南	16	53024
安徽	96	526580	黑龙江	17	41993
湖南	97	476303	陕西	16	32549
奉天	98	433836	广西	10	30945
广东	147	426626	北京	18	28479
福建	142	347072	热河	5	24450
吉林	24	325592	蒙古	2	10733
上海	24	319361	贵州	4	5755
湖北	82	312762	新疆	3	4440
江西	101	234143	华侨及外国人	62	244896
河南	50	199114	不详	110	471623
总　计				2210	10727215

资料来源：《第一次中国教育年鉴》，戊编“教育杂录”，开明书店 1934 年版，第 358—362 页。

注：（1）原表统计不包括捐款在千元以下者，因此实际捐资人数及数额较之更多。（2）本表已剔除原表 1928—1932 年各省数据，仍将不详年份包括在内；（3）1914 年将原直隶省、山西省长城以北各县划归热河、察哈尔两个特别区域。

尽管表2、表3的统计数据不包括捐资千元以上者，原载的初始资料也不是所有捐资兴学者的全记录，然也足以察悉民国前期全国各省捐资兴学人数、经费数额的大概情形。先从捐资人数上看，江苏、浙江、山东、直隶、广东、福建、江西、奉天、湖南、安徽居全国前十位，其中苏、浙两省最多，分别为331人、247人；就捐资金额来论，江苏、浙江、直隶、山东、安徽、湖南、奉天、广东、福建、吉林居前十位，苏、浙两省亦遥遥领先，均超过200万元。究其因，江南地区自明清以来就是中国慈善事业最兴盛、最发达的地区，它“不仅经济发达，而且文化昌盛，在此基础上，慈善氛围浓厚，乐善好施之人众多，慈善团体机构广泛涌现”，并在数百年的慈善事业发展过程中，存在一个明显的系谱，其“前后相继，一脉相承”。[①] 及至近代，随着上海、宁波等商埠的开辟，江浙绅商逐渐成为中国社会经济领域里一支重要的力量，他们不单在商海叱咤风云，亦在清末民初的教育、灾荒救济等慈善公益领域贡献颇多。[②] 经年累世的善风浸濡以及法令激励的导向，苏浙两省以江南一带为核心区域的捐赠者人数之众、捐资款额之巨，亦在情理之中。

民国时期，不乏捐赠慷慨的富商巨贾，他们捐资兴学动辄成千上万元，固然是慈善教育事业发展的重要力量；而普通民众资财有限，捐献款物也许并不算多，但其素受乐善好施风习浸染，常怀积德行善之心，所蕴藏的捐赠热情与能量却不应忽视，集腋成裘，积沙成塔，这些小额捐赠积聚起来，犹如一股股涓涓细流汇成的滔滔善源，它同样有助于推动民国教育事业的兴盛与发展。有研究表明，民国前期，全国每笔捐款额平均为5044元，超过此平均数的仅苏、浙、皖、沪、湘、豫6省市，一般捐款数额并不太高。[③] 正缘于普通民众涓涓细流般的捐赠，慈善教育事业才会可持续地发展。事实上，众多捐资兴学者家境并不殷富，却富有仁心善念，乐善好施。据载，至1915年4月，湖南省已有6县23人捐资兴学获得教育部褒奖。其中捐赠万元以上者2人，各奖给匾额1块、金色一等褒章1

① 王卫平：《清代江南地区慈善事业系谱研究》，中国社会科学出版社2017年版，第315、318页。

② 参见王春霞、刘慧新《近代浙商与慈善公益事业研究》，中国社会科学出版社2009年版；陶水木《上海商界与民国灾荒救济研究》，浙江大学出版社2020年版。

③ 苏云峰：《中国新教育的萌芽与成长（1860—1928）》，北京大学出版社2007年版，第80页。

座；捐赠三千元以上者 3 人，各奖金色二等褒章 1 座；捐赠千元以上者 18 人，金色三等褒章 18 座。从县域上看，新化 14 人，湘乡 3 人，凤凰、慈利各 2 人，捐赠者相对集中。① 1920—1921 年，安徽省受褒奖者有 22 人，其中歙县有 5 人，太平有 4 人，绩溪、合肥、颍上各 2 人，婺源、当涂、休宁、庐江、泗县、宿县、泾县各 1 人。② 由此而见，民国前期捐资兴学在一些地方社会已成风尚，不仅有殷商富绅的慷慨解囊，也有普通百姓的踊跃捐输。

再从时序上分析，1913 年《捐资兴学褒奖条例》明确了法律适用的溯及力，因而民元前后受褒奖者人数众多，捐资数额形成井喷之势。据北京政府教育部统计，因清末宣统二、三年捐资兴学而受褒奖者累计 117 人次，捐赠额为 62 万余元；1912 年骤增至 488 人次，高达 225 万余元，为民国前期捐资兴学褒奖情形的峰值。显然，这是该条例规定的法律溯及力所致，后来条款修订改自民国元年起，1914—1921 年，全国捐资兴学便呈现出稳步发展的常态，每年捐资受褒奖者大约在百人，捐资额为 20 万—60 万元。而在 1922 年以后，捐资款额、受褒人数双双迅速下滑。这种局面的出现，主要与国内政局及经济形势紧密相关。众所周知，1914—1922 年适逢中国民族资本主义发展的黄金时期，社会经济相对繁荣，绅商以及公司、商号等团体是大额捐赠的主体。此后，经济衰退、社会动荡等因素也影响了该条例的实施成效，捐款随之减少。

其二，改善了基础教育的办学条件，在一定程度上促进了民国教育事业的发展。

《捐资兴学褒奖条例》颁布后，各省捐资兴学的善举频频，或以私财创办学校，或捐赠款物充当办学经费，“于振兴教育颇多效力”③。如江苏东台人蔡映辰，在清光绪、宣统年间曾捐资创办或倡办启秀藏书社、栟茶市公立启秀初高两等小学、私立蔡氏女学、公立康庄初等小学等多所学校，以惠乡民族人。民国以后，他又陆续创办私立蔡氏幼志初等小学、栟

---

① 《纪录：教育界略闻——部奖湘人捐资兴学名单》，《湖南教育杂志》第 4 卷第 4 期，1915 年，第 11 页。

② 此据《安徽教育行政周刊》1920—1921 年各期综合，而按教育部编《第一次中国教育年鉴》戊编“捐资兴学一览表”所列，安徽这两年捐资兴学褒奖人数尚有数人。

③ 《教育部制定〈捐资兴学褒奖条例〉及拟定特奖巨资兴学办法》，中国第二历史档案馆藏，北洋政府教育部档案，档号：1057—96。

茶市公立西区初等小学、公立浒陵初等小学，并接办公立南区初等小学，还在启秀小学内特设师范传习所及蚕桑传习所，“先后成就甚众”，历年毕业生及在校生近700人。蔡映辰身兼各校校长，极力经营，捐助筹垫经费，1913年病笃弥留之际，遗嘱家人，将以前垫款及自置田产、股票等捐入各校，作为永远基本产业，并捐出广生油厂股本银500两的岁息，用作当地贫苦学生出外求学的津贴补助费。综上各项，蔡氏在民国初年捐赠总额合银3万余元。① 蔡氏屡捐资财，广设小学，不仅改善了地方社会的办学设施，且对启蒙幼童及兴学重教风尚也有倡率之功。1913年，上海绅商吴馨捐地基创建县立第一女子高等小学校舍，并捐赠图书、器具，合银91301元；四川乐池周陈氏亦襄助本县乐秀两等女学12000元办学经费；在辽宁，海龙县郑殿卿、法库县梁树萱皆以地基、园田、房舍等资产捐办私立小学。② 除捐资直接办学外，向图书馆、博物馆、宣讲所等捐赠也属于捐资兴学褒奖范围之列。1915年3月，中华书局向湖南教育会附属通俗图书馆捐赠《幼稚识字》《中华实业界》《初等修身教科书》《中华童话》等书刊233种（部）；3—4月，商务印书馆也捐赠图书800余册，涉及政治、经济、法律、教育等学科的学术著作、普通读物及初高等教科书。同年，还有群益图书公司、中国图书公司、楚益图书社、翰墨山房书局、宏文书社、通俗教育报社等文化企业及团体纷纷捐助图书。③ 民国前期，许多中小学校尚属草创，经费支绌，这些捐赠犹如雪中送炭，纾解了它们的燃眉之急，有助于改善教学条件，维系教学运转或扩大办学规模。

此外，《捐资兴学褒奖条例》在1914年修订后，对华侨捐资兴学一律由教育部给奖，华侨捐资兴学热情逐渐高涨，他们在国内创办起各级各类学校，如雨后春笋般涌现，尤以闽粤两省最多。据不完全统计，福建省在民国前期华侨创办小学约110所。“1925—1927年，晋江县120所学校中，侨办和侨助的学校有53所，占46%。”④ 陈嘉庚自民国初年起先后创办集美小学、师范及中学及同安县属男女小学，并设立集美基金，捐资数十万

① 《教育部呈江苏故绅蔡映辰慨捐巨资广设小学遵例请给特奖以昭激劝文并批令》，《政府公报》影印本第56册，第1077号（1915年5月8日），上海书店1988年版，第315—317页。

② 教育部编：《第一次中国教育年鉴》，戊编“教育杂录”，开明书店1934年版，第294页。

③ 《湖南教育会附设通俗图书馆接收捐赠图书》，《湖南教育杂志》第4卷第3期，1915年，附录第1—12页；第4期，附录第1—10页。

④ 杨辉主编：《福建华侨华人捐资办学史》，福建教育出版社2007年版，第14页。

元。1920年他又与林文庆、陈敬贤等人捐资筹建厦门大学，并慨捐400万元作为开办费和常年经费，校舍规模斐然可观。[①] 仅仅是民国前期华侨捐资兴学之一斑，其时华侨捐资兴学范围已从中小学逐步扩展到师范、中专、职业学校，乃至大学及教育基金，成为侨乡教育事业发展最重要的推动力量。华侨慨捐兴学在一定程度上弥补了地方教育经费的不足，促进了侨乡教育事业的发展。

结　语

《捐资兴学褒奖条例》是近代中国最早的慈善捐赠法规，它率先以法律形式对慈善捐赠予以褒奖，其进步性毋庸置疑，囿于当时的历史条件，也存在一些局限，主要体现在法理、法的运用两方面。

从法理上看，条文内容不够严密周详，在一定程度上制约与影响了法律实施。晚清以来，随着社会经济的转型与发展，商会、公司、同业公会、同乡会等新型社会团体纷纷涌现，积聚起雄厚的社会资源，已成为民国社会慈善捐赠的重要力量。但1913年《捐资兴学褒奖条例》最初仅规定个人捐赠由地方长官呈请褒奖，却没有规定团体和海外华侨捐资以及遗赠等情形，这些“窒碍漏略之处”使得法规刚颁行没多久又要修订。另一缺陷是该条例仅限于对捐赠者予以精神层面的奖励，授予褒章、褒状和匾额，或者予以明令嘉奖，而没有从物质利益层面给予实惠，如对企业、个人予以税收优惠，于逐利为目的的商人而言，其激励作用难免有限。

在法的运用方面，由于民国前期政局变幻，兵燹频仍，社会动荡不靖，慈善捐赠法规的施行难免受多方面因素限制或掣肘，实施效果未能获得最大化。自1913年起，二次革命、护国战争、护法战争、直皖战争、直奉战争等国内战事接踵而至，战火由局部波及全国，不仅破坏了社会经济发展，而且影响了捐资兴学褒奖法规施行的社会氛围。毕竟，慈善捐赠需要一定的经济基础，没有裕如财力，兴学也就无资可捐，相关法规自然无从落地。

① 黄炎培：《陈嘉庚毁家兴学记》，载舒新城编《近代中国教育史料》第3册，中国人民大学出版社2012年版，第482—484页。

综而论之，民国前期社会各界的捐资兴学较为活跃，教育行政部门的褒奖工作也一直在稳定有序进行，基本保证了《捐资兴学褒奖条例》的顺利施行。尽管它还有些缺陷或不足，经修正颁行后，社会效应总体上还算可观，民众的慈善捐赠热情被激发，捐资人数和款额稳步上升，地方社会的办学条件得到改善，民国教育事业也因之有所发展。依个人之见，《捐资兴学褒奖条例》是民国慈善法律法规中实施最长久且成效最显著的一部法规，这应是客观公允的。

中国共产党树立劳模弘扬劳模的早期历史考察*

游海华
（浙江工商大学马克思主义学院）

劳模是劳动模范的简称，包括劳动模范和先进工作者。其中，“劳动模范”授予企业职工、农民和其他社会主义建设者，“先进工作者”授予机关和事业单位职工。这是当前关于劳模的通常说法。苏区革命时期，没有劳模的说法，劳模当时称为模范，即各项工作中评选或表彰的先进和标兵。关于苏区革命时期树立劳模的历史，早期研究大多集中于劳动竞赛、革命精神等方面①，后来逐渐聚焦于树立劳模本身。关于劳模起源的时间，有 1932 年 3 月和 9 月、1933 年 5 月和 8 月等多种说法；关于劳模起源的依据，有以某一次劳动竞赛或革命竞赛活动、某一次劳模颁奖大会、党的某一个革命竞赛文件等多种判定方法；已有劳模研究的共识，时间上认同产生于土地革命即苏区革命时期，地点上认同在中央苏区树立，内容上认同产生于劳动竞赛或革命竞赛中。② 然而，全面梳理苏区革命时期党的文献和革命报刊，其反映的中国共产党局部执政时期树立劳模、弘扬劳模的早期历史，可能是另一番面貌。本文拟在已有研究的基础上，对此加以重新梳理，并探究新（革命）价值观构建和引领，模范再生产机制和苏区革命环境、革命目的、革命动员之间的关系，以推进学界对于劳模创设这一问题的认识。

---

* 基金项目：国家社科基金重点课题“中国共产党树立劳模弘扬劳模精神的历程和经验研究”（20ADJ007）。

① 王礼琦、李炳俊：《第二次国内革命战争时期中央革命根据地的劳动竞赛》，《经济研究》1979 年第 4 期；蒋自饶、刘仲英：《中央苏区的劳动竞赛》，《江西社会科学》1991 年第 6 期。

② 游海华：《中国共产党创设劳模时间考》，《中国井冈山干部学院学报》2020 年第 2 期。

一 应需而生：革命大潮初起时最早形态的模范和劳模

中国共产党为什么要树立模范和弘扬模范，到底何时树立的呢？这个问题必须回到中国共产党开展土地革命的历史场景中才有可能弄清楚。

大革命失败以后，中国共产党开辟农村包围城市道路、开创农村革命根据地的过程中，面临着两个最大的挑战和困难。一是国民党持续的军事"围剿"，二是因敌人封锁和战乱烧杀等造成的根据地经济困窘。显然，面对挑战、克服困难，既要通过反"围剿"战争打破敌人的军事和经济封锁，也要自力更生大力发展苏区经济、保障自身的军需民用。为此，中国共产党除军事上奋力反"围剿"外，经济上致力于自力更生，发展壮大根据地经济实力。

在中央，1927 年 11 月制定的《中国共产党土地问题党纲草案》，规定苏维埃国家应"奖励农村手艺"；1928 年 2 月制定的《中国土地问题与土地革命》，规定苏区政府对"一切的手工工艺，应设法奖励，手工品不征收赋税"，"奖励农民种植有实利的植物——如棉花、桑、茶、豆、瓜"。[①]在地方，1928 年，宁冈县第三区第八乡工农兵政府颁发了"红军帮我工农，瓜分地主粮田，属乡均已分好，务遂耕耘在前，倘有自由抛荒，查觉重责难免，刻下稻熟之期，不准鹅鸭放田"的布告。[②] 1929 年 11 月，中共闽西特委提出"将田耕坏或荒芜者，由政府收回其耕地以示惩戒，其田收回由政府自耕或交与耕田进步者领去""耕地改良生产品增加者，由政府酌予奖励""各级政府应时常开农业展览会"等防止农业衰落的办法。[③]同年，湖南省委提出"奖励生产，奖励小商人经商"的对策。[④] 1930 年，赣西南苏区实行了"强迫劳动""奖励生产"，政府给收成增加者以优奖

---

① 中国社会科学院经济研究所中国现代经济史组：《革命根据地经济史料选编》（上），江西人民出版社 1986 年版，第 5、17、18 页。

② 许毅主编：《中央革命根据地财政经济史长编》上册，人民出版社 1982 年版，第 373 页。

③ 江西省档案馆、中共江西省委党校党史教研室编：《中央革命根据地史料选编》下册，江西人民出版社 1982 年版，第 375 页。

④ 《湘鄂赣革命根据地文献资料》第 1 辑，人民出版社 1985 年版，第 65 页。

证、给荒芜和减产者以警告等政策。[①] 1931 年春，中共赣东北特委把“实行奖励生产”作为恢复苏区经济的措施之一。[②]

随着上述系列奖励和督促工农业生产发展政策的出台与实施，在实际工作中得到过苏维埃政府奖励或表彰的工农业生产者和商人等，其实是中国共产党最早树立的模范暨劳模。不难看出，中国共产党树立模范的初衷是为了解决苏区的经济困窘和物资短缺问题。模范的创设，应该是源于中共中央和各苏区颁布的奖励和督促工农业生产发展的政策。

除依据政策奖励和表彰的个体模范外，还有集体模范。实行共耕制度的模范农场（俗称集体农场）最为典型，它在当时被视为一种先进的生产形式。建立模范农场的目的，同样是引领农业生产，发展壮大苏区经济。

1928 年年底，中国共产党第一个土地法《井冈山土地法》规定，应该“由苏维埃政府组织模范农场耕种”；1930 年，中国革命军事委员会制定的《苏维埃土地法》又规定：“在某种情形之下，得将分配不完的部分，建设模范农场。”[③] 同年 4 月，中共江西省委巡视员张怀万（又名江汉波），在他的巡视报告中提及，“过去苏维埃有提出一部分土地作公产，建设模范农场”。[④] 可见，在土地革命初期，提出组织或建立模范农场，进行集体生产，是当时风行的想法。

这些规定或决议，有些苏区进行了尝试。据研究，集体农场建立的地方“主要是湘鄂赣、鄂豫边和赣西南”。其中，“湘鄂赣苏区的湘东平江、浏阳，是中国苏区内推行和放弃共耕制度较早的苏区，大体在 1928 年实行并在次年最终放弃”；1929—1930 年的“鄂豫皖苏区的黄安等地”，“开办‘共产村’和集体农场”，1930 年年底到 1931 年年初“被取消了”；而在赣西南苏区，集体农场虽有提倡，“最终并未实施”。集体农场的开办或提倡，既有战争环境下农民十室九空生活难以为继，因而不得不“共同生产共同消费”以共渡难关的现实考量，又有部分领导者犯了“小资产阶级

① 江西省档案馆、中共江西省委党校党史教研室编：《中央革命根据地史料选编》上册，江西人民出版社 1982 年版，第 353 页。

② 江西财经学院经济研究所、江西省档案馆、福建省档案馆合编：《闽浙赣革命根据地财政经济史料选编》，厦门大学出版社 1988 年版，第 82 页。

③ 《中央革命根据地史料选编》下册，第 361、417 页。

④ 《中央革命根据地史料选编》上册，第 199 页。

的空想社会主义”的“左”倾错误因素。[①] 不过，作为倡导“共耕制度”，被视为“社会主义经济的前途”的模范农场，虽超越了时代、环境和条件并以失败而告终，但它作为榜样和模范引领农业生产的初衷是不能被否认的。

为了打破国民党的军事“围剿”，凝聚各方力量做好各项工作，中国共产党还在基层党、团、群组织上尝试创新，通过创建模范队、模范支部等，并力图把它们树立为实际工作的榜样和模范。例如，1929 年 6 月，中共德安县委“通知各区将全区较好的支部建立模范支部”。同月，中共江西省委决议规定，“必须注重产业支部的建立，并须在产业支部中建立中心支部（模范支部）工作，以创造健全的支部生活。在农村中，亦须以重要农村及手工业工人较多的支部做模范支部，特别注意这些支部工作的建立”。[②] 7 月，中共德安县委把“选择重要农村或手工业工人较多、雇农较多的支部做模范支部”“注意计划模范支部的工作，加强对中心支部的指导”，作为党的重要的工作方法。[③] 1930 年 8 月，共青团寻乌县委“因人力财力上的缺乏”，决定先“暂在留车建立一个模范支部”，希望“模范支部是影响其他支部使之效法而健全起来”；同时决定少队县总指挥部成立后，“各区须负责派一部分积极勇敢对红军有认识及观念较好的份子前来县总指挥部训练，以作少队模范队”。[④] 中国共产党本来就是无产阶级的先锋队，作为“少共”（少年先锋队）的共青团则是党的得力助手。它们本来就是先锋，是模范。在其基础上成立的党团群模范支部和少队模范队，则无疑是“先锋”中的“先锋”，其火热的革命激情和外溢的革命态度，于此可见一斑。

不难看出，在土地革命初期各根据地初创之时，面对国民党的军事“围剿”和挑战，为了克服困难打破封锁，巩固和发展农村革命根据地，

---

① 何友良：《苏区制度、社会和民众研究》，社会科学文献出版社 2012 年版，第 193—196 页。

② 中央档案馆、江西省档案馆：《江西革命历史文件汇集（1929）》（一）甲，1987 年印，第 241、272 页。

③ 中央档案馆、江西省档案馆：《江西革命历史文件汇集（1929）》（二）甲，1988 年印，第 40—41 页。

④ 中央档案馆、江西省档案馆：《江西革命历史文件汇集（1930）》（二）甲，1988 年印，第 16、22 页。

争取对敌斗争的全面胜利，中国共产党出台了系列奖励和督促工农业生产发展政策。依据政策，受到奖励或表彰的对象，是中国共产党最早树立的模范暨劳模；所建立的模范农场，以及在党、团、群等组织战线上建立的模范支部、模范队等，是最早树立的模范单位。革命大潮初起时最早形态的模范暨劳模，是应需而生的时代产物。

二 革命竞赛：中国共产党第一次掀起树立模范的高潮

随着国民党第二次“围剿”战争的展开，尤其是第三次“围剿”战争结束后，苏区物资短缺和经济困窘程度加剧，财政入不敷出的现象显现。

一方面，反“围剿”战争均在苏区内进行，不仅消耗了苏区内的人力物力，而且严重破坏和影响了苏区经济的发展，而国民党多年对苏区的封锁政策无异于雪上加霜，进一步恶化了苏区经济困难状况。在湘鄂赣，“经过几年长期斗争的边区，受到敌人屡次的严重进攻，大烧大杀大抢，农村经济已经完全破产了。特别是最近平、浏吃饭问题都无法解决，赤区民众好久以前就吃粥了，并且连粥也没吃”；到1931年年底，共青团湘鄂赣省委给共青团中央的报告，仍然深描了“敌人进攻苏区之恶毒”。[①] 1931年秋的赣西南，经济“是枯滞的状态”，“商业情形是起落无常的不安定状态，物价亦没有经常的均衡的一定”，“群众感觉现金缺乏的困难。目前工业品价格亦涨，农产品价格低落成为苏区经济剪刀差现象”；同年春季的鄂豫皖苏区，“感受了暂时的粮食的缺乏”。[②] 1931年赣东北苏区的农业生产，“比较革命前约减低十分之四，许多好的田地山林都荒芜了，成为废地”。[③]

另一方面，随着三次反“围剿”战争的次第胜利，从中央到地方，苏区各级政府（中央、省、县、区、乡）先后建立，吃“财政饭”的人数迅速增多，与此同时，正规红军队伍日益壮大，军费开支成倍增长，各苏区财政一时骤然吃紧。1931年上半年赣东北苏区“财政收入骤减”，“从前

① 《湘鄂赣革命根据地文献资料》第1辑，人民出版社1985年版，第492、630页。
② 《革命根据地经济史料选编》（上），第78、79页。
③ 《闽浙赣革命根据地财政经济史料选编》，第92页。

存款二十余万元先后用尽，至4月间，十军的伙食费都无款发，至于党政工作人员的生活费及红军的零用钱早已停发了”；到10月底，仍是“财政上极端困难，每月总是入不敷出，工作人员已四个月未发生活费，红军生活费亦极困难”；延至1932年6月，“财政已到极度困难，纸票跌价”。[①]在中央苏区，最初“财政的主要或者说唯一的来源是‘打土豪’”，然而土豪终究有限，最后“打土豪的对象由豪绅地主及富农扩大至中农，以至有点余钱的贫农”[②]；1932年9月，开始构建新型财政税收系统的财政人民委员部仍在反思，过去“一般政府财政不能独立，只依靠打土豪”，“结果那些老区域打光了的便（打）到商人、中农人身来”[③]。

为了扭转经济颓势，消灭物资短缺现象，强化财政税收能力，打破国民党的持续“围剿”和经济封锁，中国共产党在各条战线上组织模范队、轻骑队、突击队、冲锋队等，开展革命竞赛，提高工作效益和产出。1931年3月，中共中央在指示苏区开展红五月运动时指出，“各地党部各革命团体，彼此间可订立革命竞赛的办法，并可组织群众自愿的模范队来领头，以求这一切工作最大限度与最高成绩的实现”；4月，《中央关于苏区宣传鼓动工作决议》指示：“苏区内应该立刻开始革命竞赛，模范队，轻骑队，共产党礼拜六等的活动”；5月《中央巡视条例》要求巡视员：“要克服一切工作转变中的阻碍……要为布尔塞维克的工作速率而斗争。要运用种种工作的新方式——如革命竞赛，模范队，向地方党部解释并帮助他们发展这一工作。”[④]

中共中央发出开展革命竞赛的指示后，各苏区随后跟进。1931年4月的湘鄂赣苏区，“规定少队工作冲锋计划，执行实际工作上的革命竞赛了”，共青团在革命竞赛工作方法之下，“青年的竞赛情绪很浓厚”。[⑤]鄂豫皖苏区在1931年的秋收运动中，要求“实行生产工作的竞赛，以区为单位的作竞赛工作，一区与一区，一乡与一乡，一队与一队的去做”；湘鄂西苏区，“因为长江堤防的溃决，修堤变成了苏维埃政府的第一等任

① 《闽浙赣革命根据地财政经济史料选编》，第479、482、497页。

② 《中央革命根据地史料选编》上册，第450、451页。

③ 《革命根据地经济史料选编》（上），第105、106页。

④ 中央档案馆编：《中共中央文件选集（1931）》第7册，中共中央党校出版社1991年版，第200、218、225页。

⑤ 《湘鄂赣革命根据地文献资料》第1辑，人民出版社1985年版，第496、497、645页。

务”，因而湘鄂西党“发起修堤的革命竞赛”。①

在闽浙赣，1931年9月，中共赣东北省委提出“苏维埃应鼓动劳动群众从事耕作的积极性，经常举行各种生产的革命竞赛”；次年2月，为做好春耕工作，赣东北省苏维埃提出“在一切群众会议中，特别在贫农团的会议中……鼓励他们组织生产突击队，或生产模范队和生产冲锋队……这模范队队员必须特别的努力的生产，足为其他群众的模范”，“模范队的这一班与那一班，这一村的模范队与那一村的模范队，这一村一乡与那一村一乡的全体群众，经常举行生产革命竞赛。由参加竞赛者，自动开会规定生产农产品的数量，如要在某时期内生产多少谷米、蔬菜、棉花以及开辟几多荒田荒地等。到了一定时期，即请评判员评判他们做出来的成绩。有最好成绩的，应报告苏维埃给以奖品”；5月，出台《赣东北苏区生产冲锋队组织办法》，对如何组织生产冲锋队、如何开展工农业生产竞赛予以具体规定。②

在中央苏区，1932年2月，中华苏维埃共和国临时中央政府发布《关于春耕问题的训令》，要求各级政府“要把春耕运动作一大大宣传鼓动……并用革命竞赛的方法来鼓励群众”③。3月，中共江西省委决议：“要动员所有能劳动的男女耕田，一家一家的以革命竞赛来努力耕种。”④ 5月，江西省工农兵第一次代表大会决议：“发展生产，以革命竞赛的方式发动个人与个人，乡与乡，区与区，县与县，各种生产的比赛，个人或某乡某区某县生产比一般的特别好者，政府可酌量情形奖励，鼓动群众努力耕种。”⑤

这样，工农商学、党政军群等各条战线各种形式的革命竞赛、劳动竞赛等，就在苏区轰轰烈烈地开展起来。在竞赛中成立的各种各样的模范组织，如农业战线上春耕模范队、冬耕冲锋队、开荒突击队、模范耕田队、代耕队、互助队，工业战线上的生产模范队、冲锋队；军事战线上的模范营、模范团，党团群战线上的模范区委、模范支部、模范队等，既是各项

---

① 《革命根据地经济史料选编》（上），第91、95页。

② 《闽浙赣革命根据地财政经济史料选编》，第98、294、352—353页。

③ 《临时中央政府关于春耕问题的训令》，《红色中华》1932年2月10日第9版。

④ 江西省档案馆、中共江西省委党校党史教研室编：《中央革命根据地史料选编》中册，江西人民出版社1982年版，第373页。

⑤ 《中央革命根据地史料选编》下册，第472页。

工作的促进者和引领者，也是各条战线上的实际模范。事实上，革命竞赛中也涌现出一大批各行各业的模范。如拾金不昧的道德模范萧仁相，是“三军机关枪训练队学生……年仅十六岁，于本月十日于小便处拾得金戒指四个，自动的交给他的队长，缴给军部来”。[①] 如节省经济模范中央政府警卫连和工作人员，警卫连从1932年3月14日起，“全体实行每日吃两餐饭，节省米粮，帮助红军，发展革命战争”；16日起，中央政府工作人员也改为吃两餐饭，并“实行减少办公费四分之一”。[②] 如劳动模范少共江西省委全体工作人员和瑞金武阳区群众，前者从3月14日“实行节省帮助红军”外，并“实行共产青年团礼拜六帮助红军家属耕田，耕种红军公田”[③]；后者在5月下旬修建机场的劳动竞赛中，夺得“第一面奖旗”[④]。如扩红模范兴国、赣县的模范少先队和兴国县，前者在扩红运动中“竟全体□员，自动扩大红军”，于6月“四日整队赴汀，到军委就编”[⑤]；后者全县“由九月二十日起，到九月卅日止，仅仅在十天当中，猛烈扩大红军的紧急动员，竟达到了一千六百人”，成为名副其实的扩红模范县。[⑥] 如购买公债模范列宁师范学校，该校在与红军学校购买公债的比赛中胜出，“共买得公债值大洋七百四十元，超过原定额百分之一百四十七”，“中共苏区中央局赠列校以竞赛优胜旗”。[⑦] 以上均为当时报纸上登载的较早的模范。

很显然，1931—1932年，在国民党多次军事“围剿”和经济封锁下，作为化解苏区经济困窘和政治突围手段之一的革命竞赛，催生了大量的革命先进——个人模范和集体模范。换言之，在1931—1932年苏维埃区域的革命竞赛中，中国共产党第一次掀起了树立模范的高潮。此后直至中央苏区被攻陷前，革命竞赛运动从来就没有停止过。

---

① 《萧仁相真配称为工农红军》，《红色中华》1932年1月20日第5版。

② 《中央政府工作人员节省粮食帮助红军》，《红色中华》1932年3月16日第6版。

③ 《少共江西省委全体工作人员实行节省帮助红军》，《红色中华》1932年3月16日第6版。

④ 《瑞金群众热烈建筑飞机场》，《红色中华》1932年5月25日第5版。

⑤ 《兴国赣县少先队对扩大红军的热烈》，《红色中华》1932年6月9日第4版。

⑥ 《扩大红军的模范县》，《红色中华》1932年10月16日第3版。

⑦ 《革命竞赛 推销公债 列宁师范——红军学校》，《红色中华》1932年11月28日第4版。

三 表彰模范：《红色中华》的红板与红匾

尽管今天的我们很难确认中国共产党最早树立的模范标准，但是中华苏维埃共和国临时中央政府的机关报——《红色中华》上，却登载了“标准版”的模范。下面以代表性广、信息量大、权威性高的《红色中华》上登载的“标准版”模范为样本，简要梳理和分析 1933 年至长征以前中国共产党的树立模范工作概况。

1933 年 1 月 7 日的《红色中华》开辟了“红板”专栏，“‘红板’上是革命竞赛上用的一种鼓励方法，譬如在一个竞赛中，哪些同志的成绩最好，在一个红板上就把这些同志的名字登出来”。[①] 可见，红板是专门用来表彰革命竞赛模范的栏目，主要登载模范们的姓名和先进事迹。3 月 6 日，《红色中华》开始在报纸的中缝登载模范名单和先进事迹，主要是模范姓名及其捐款金额。当天中缝分别以《退还公债红板》《节省经济帮助战费红板》为标题，登载了中国店员手艺工人、苦力运输工会，以及汀州市工会、瑞金县工会等单位的捐款名单和金额。[②] 这里受表彰的，第一种类型是退还公债模范，第二种类型是节省经济模范。4 月 26 日的《红色中华》又开辟了一个新的专栏——“红匾”。以红匾代替红板，表彰的仪式无疑更加隆重，但内容与以前相比无异。这里受表彰的，第一个是节省经济模范，第二个是借出谷子模范，第三个和第四个都是退回公债模范。[③]

从以上几个典型个案不难看出，红板和红匾上表彰的先进，完全不是以劳模为主。如果对红板和红匾上表彰的所有模范类型、单位属性进行统计，这一结果可以看得更为清楚。表 1 为 1933 年 1 月至 1934 年 9 月《红色中华》红板和红匾上表彰的所有模范类型、单位属性。据该表统计，34 次专栏表彰中，从模范类型看，退还公债模范 15 次，位列第一；节省经济模范 14 次，位列第二；借出谷子模范 6 次，位列第三；劳动模范 5 次，位列第四；购买公债和扩红模范各 3 次，并列第五。从单位属性看，集体

① 《紧急战争动员中的“红板”名单》，《红色中华》1933 年 1 月 7 日第 6 版。

② 《退还公债红板》《节省经济帮助战费红板》，《红色中华》1933 年 3 月 6 日第 1、2 版中缝，第 3、4 版中缝。

③ 《红匾送给他们》，《红色中华》1933 年 4 月 26 日第 3 版。

（包括中央、省、县、区、乡、村各级组织）受表彰31次，个人18次，一共49次。

将这一初步统计结果和前文叙述相比较，可以得出以下三点结论。

其一，树立劳模工作只是苏区时期树立模范工作的一部分。如前文所述，中国共产党树立劳模源于苏区的经济困窘和督促、奖励工农业生产发展的政策，随着实际工作的开展，树立劳模从以激励工农业生产这一初衷，很快向做好苏区经济和支援战争工作等重心转变。退还公债模范、节省经济模范、借出谷子模范、购买公债模范、扩红模范等多种模范的涌现并受到表彰，就是明证。另外，苏区时期所有的革命文献只有“模范”一词，而无“劳模”说法，则从另一个角度较好证明了这个结论。

其二，树立和表彰经济工作模范是苏区时期中国共产党树立模范工作的重中之重。34次红板和红匾对各类模范共进行了46次表彰。其中，退还公债模范（15次）、节省经济模范（14次）、借出谷子模范（6次）、劳动模范（5次）、购买公债模范（3次）等经济模范共受表彰43次，占受表彰总次数（46次）的近94%。这说明，绝大部分表彰对象都和苏区经济工作密切相关，有助于纾解苏区的经济困窘，有助于从经济上支持战争与革命。这充分证实了树立模范工作重心之所在，当然也从侧面反映了苏区经济工作的重要性，以及当时苏区经济困窘的程度。

其三，树立模范工作，各级组织是强有力的保障；相信组织、通过组织、依靠组织，是中国共产党实现工作目标的信条和手段。这个组织既可以是支部、区委、县委、省委，乃至中央各部委等各级党组织，也可以是村、乡、区、县、省苏维埃等各级政府组织；既可以是工会、少年先锋队等群团组织，也可以是学校、医院等社会组织；既可以是工厂、合作社等社会经济组织，也可以是军队中的各级军事组织和赤卫队、模范营等各级地方武装组织。总之，组织是无处不在的，组织的力量是无穷的。34次红板和红匾专栏表彰中，就列有以上各种各样的组织，集体（以上各种组织）受表彰次数（31）占受表彰总次数（49次）的63.3%，就是很好的说明。当然，个人的力量也不可忽视（见表1）。

表 1　1933 年 1 月至 1934 年 9 月《红色中华》红板和红匾专栏表彰概况

序号	标题	模范类型和单位属性
1	紧急战争动员中的“红板”名单	节省经济模范、劳动模范；个人
2	节省运动的中央无线电队	节省经济模范；集体
3	帮助战费 被服厂工人同志捐出工资	节省经济模范；集体和个人
4	大家起来革命竞赛 节省经济 帮助战争	节省经济模范；集体
5	退还公债	退还公债模范；集体和个人
6	节省经济 帮助战费	节省经济模范；集体和个人
7	退还二期公债票	退还公债模范；集体和个人
8	退还公债	退还公债模范；集体和个人
9	退还公债	退还公债模范；集体和个人
10	红匾送给他们	节省经济模范、借出谷子模范、退回公债模范；个人
11	节省经济 退还公债	节省经济模范、退还公债模范；集体和个人
12	节省经济 退还公债	节省经济模范、退还公债模范；集体和个人
13	节省经济 退还公债	节省经济模范、退还公债模范；集体和个人
14	节省经济 退还公债	节省经济模范、退还公债模范；集体和个人
15	节省经济 退还公债	节省经济模范、退还公债模范；集体和个人
16	节省经济 退还公债	节省经济模范、退还公债模范；集体和个人
17	经济动员战线上的模范战士的光荣红匾	节省经济模范、退还公债模范；集体和个人
18	红匾 送给瑞金突击队的优胜者	扩红模范；个人
19	突击运动中的红匾 给中央局的实习生们	扩红模范；集体和个人
20	完全取清公债谷子的模范 红板上的会昌踏迳区	购买公债模范、借出谷子模范；集体
21	把光荣的红匾送给红山、腊口、童坊	购买公债模范；集体
22	光荣的红板 兴国工人领导建设	劳动模范；集体
23	收集粮食红匾 推销公债超过的区	购买公债模范；集体
24	大家努力来学习收集粮食模范区 红板上的黄柏区	借出谷子模范；集体
25	收集粮食模范区 红板上的下巫区	借出谷子模范；集体

续表

序号	标题	模范类型和单位属性
26	收集粮食模范区 红板上的公略罗家区	借出谷子模范；集体
27	红匾 一个小村退回二期公债一百〇六元	退还公债模范；集体
28	退回二期公债的模范	退还公债模范；集体和个人
29	红五月首先完成的模范县	扩红模范；集体
30	节省全部津贴 退回二期公债	节省经济模范、退还公债模范；集体
31	红匾送给兴国瑞金全体工农群众—人民委员会奖励粮食动员的模范县	借出谷子模范；集体
32	赣县建节区的秋收队的活跃	劳动模范；集体
33	把瑞金放在收集棉花被单及军用材料的光荣红板上	劳动模范；集体
34	兴国熬盐运动的成绩	劳动模范；集体

注：(1) 本表据《红色中华》统计，为节省篇幅，略去资料来源；(2) 为不完全统计，《红色中华》中缝中的红板资料，因难以辨认未予统计；(3) 为便于分析，表中标题有些增加了文中的小标题；(4) 表中的集体为各种组织的统称。

四 新价值观引领：从树立模范弘扬模范到苏区民众观念与行为的重塑

中国苏维埃革命是中国共产党局部执政的开始和尝试，树立和弘扬模范就是中共在苏区革命时期多方面的尝试之一。根据上文的研究，中国共产党树立模范、弘扬模范的初衷和主要目的，是土地革命初期各根据地在国民党军事“围剿”和经济封锁的形势下，提高生产和工作效率，以解决根据地的经济困窘和物资短缺，争取对敌斗争的全面胜利。革命大潮初起时最早形态的模范暨劳模，是应需而生的时代产物。

显然，上文提到的劳模与早期历史和学界已有的认识并不吻合。首先，在地点上，劳模并非仅产生于中央苏区，而且是在井冈山、闽西、赣西南、赣东北多个苏区树立的。其次，在时间和内容上，劳模并非发端于有人认为的1932年3月中共中央颁布的《关于革命竞赛与模范队的问题的通知》（实际上在此之前，无论是中共中央还是各苏区，都提出了组织模范队、冲锋队、突击队、轻骑队等开展革命竞赛的倡议，作了相关决定），也非此后苏区广泛开展的各种革命竞赛（包括劳动竞赛），更非1935年才开始的苏联斯达汉诺夫运动。劳模最早源于各苏区颁布的奖励和督促工农业生产发展的政策，是各苏区依据政策奖励或表彰的对象。最后，在提法上，当年党的文献没有“劳模”的提法，只有“模范”一词，劳模其实是模范的一种形态。当然，囿于模范认定标准和资料，今天已经没法确认最早的模范和模范集体。

模范的创设和树立，是为了让模范在工农业生产和其他各项革命工作中发挥榜样带头作用。模范树立以后，中国共产党采取了多种措施加以弘扬和引领。

在政策上，各苏区继续以激励政策进行引导，奖勤罚懒，鼓励生产和各项革命工作。如赣东北省苏维埃政府在1932年2月就指出，必须在生产运动和革命竞赛中广泛地发动“反懒惰的斗争”，“在各种群众会议中，要经常发动群众批评，批评指责哪些对生产怠工的分子，而奖励积极生产者”，“努力耕种就是努力革命斗争”，“为红军为革命而生产”；5月又强调，应在苏区内“造成一种极浓厚的积极生产空气，以打击懒惰和怠工的分子”，“生产怠工的分子就是不革命的分子”，“不努力生产的就不是拥护苏维埃和红军”，应“鼓动一切工农群众来和生产冲锋队一样的努力生产”。[①] 赣东北省苏维埃政府的上述做法，不久之后被中共中央宣传部长张闻天在中共中央机关报《红旗周报》上作为先进经验予以介绍，希望发挥其榜样作用。[②]

在组织上，各级党政军群团积极成立各种各样的模范组织，将它们培育或塑造成各条战线上的标兵，从而成为各项革命工作的示范者、促进者和引领者，以模范组织带动群众，从而最终促进苏区各项工作的开展。

在机制上，从1931年直至中央苏区被攻陷前，各条战线持续不断地发动各种运动，通过各种大规模的不间断的运动，辅以阶级斗争、肃反等手段[③]，进行广泛而深入的政治动员，推动着各项革命事业向纵深发展。

---

① 《闽浙赣革命根据地财政经济史料选编》，第293—294、353页。

② 《革命根据地经济史料选编》（上），第98、100页。

③ 杨会清：《中国苏维埃运动中的革命动员模式研究》，江西人民出版社2008年版，第216页。

在各项生产和革命运动中，不仅催生了大量的革命先进——劳动模范、扩红模范、妇女模范、退还公债券模范、节省经济模范、借出谷子模范、购买公债模范、退回谷票模范、拥军模范、道德模范等，而且在革命动员机制和模范的带动下，苏区内形成了轰轰烈烈的生产氛围、你追我赶的革命空气、甘于奉献的共产主义精神。

在宣传上，充分利用现代传媒如《红色中华》《斗争》等报刊，开辟"红板"和"红匾"专栏、利用报纸中缝等，对模范及其先进事迹给予重点报道和宣传，以发挥其榜样效应。这样，现代传媒就成为表彰模范和宣传模范的重要阵地，成为苏区革命时期中国共产党树立模范、弘扬模范精神的舆论高地。在当时"围剿"与反"围剿"战争这样一个相对封闭的环境中，《红色中华》所发挥的宣传作用，以及苏区受众所受到的正面激励影响，是巨大的、无可估量的。①

在仪式上，无论是革命竞赛，还是模范的产生、表彰形式、奖品的发放、表彰大会等，都有相对固定的程序、环节和内容等，通过固定仪式的重复操演，反复表达和灌输新型的革命伦理与价值观，并强化民众对此的记忆和认同。如开展革命竞赛，竞赛的双方或各方通常要订定竞赛条约（合同），条约上要写明分组情况、竞赛的项目（内容）、竞赛时间、竞赛指标（数量）、奖品、签字者、证明人（公证人）、条约订定时间等。② 如模范的产生，有竞赛产生、组织评选、群众推选等形式；模范表彰，可以是日常表彰，也可以开会表彰，还可以通过墙报和现代报刊宣传等形式表彰；模范的奖品可以是物质的，也可以是精神的（口头的），总之对模范要予以奖励；而模范表彰大会，有领导讲话、模范代表发言、颁发奖品、群众呼喊口号或唱歌、会后游行等环节。在人类学和社会学看来，"仪式通常是对神圣能力的尊崇，同时，也是提醒信徒他们所担负的义务与责任。仪式与信念可以是互相依存的，仪式通常包含对信念的肯定"③；仪式

---

① ［美］窝纳丁·赛弗林、小詹姆斯·W. 坦卡特：《传播学的起源、研究与应用》，陈韵昭译，福建人民出版社 1985 年版，第 115 页。

② 汝南：《瑞京各区委"八一"宣传鼓动工作的革命竞赛》，《红色中华》1933 年 7 月 8 日第 1 版；《中央苏区南部十七县经济建设大会中的革命条约》，《红色中华》1933 年 8 月 19 日第 2 版、1933 年 8 月 22 日第 5 版。

③ ［美］理查德·谢弗：《社会学与生活》，赵旭东等译，世界图书出版公司·后浪出版公司 2014 年版，第 486 页。

也被“视为具有增强作用的集体情绪和社会整合现象”①。尽管革命仪式不同于宗教仪式和其他社会仪式，但它们的社会功用本质上有类似之处。苏区时期关于模范固定仪式的反复操演，无疑有利于将新（革命）价值观潜移默化进民众的头脑中。

在内容上，赋予模范特定的内涵，并将模范打造成特定的政治符号。模范的特定内涵是：“为革命而努力工作，为革命而甘于奉献”，模范等同于“努力工作，无私奉献”的代名词。模范和传统的劳动者是明显不同的，与兼具“劳动者”和“私有性”双重属性的小生产者是有本质区别的。模范是新价值观体现的一个特定政治符号，是“努力工作、无私奉献”的共产主义战士，是苏区民众学习的榜样。被树立的模范就成为苏区时期一个特殊的群体或集体，他们如夜空闪烁的繁星，照亮并引领着苏区民众不辞劳苦，艰苦奋斗，默默奉献，奋勇前进。

显然，中国共产党通过多种措施弘扬模范和打造模范这一政治符号，是希望借此创造出一种模范再生产机制，一种新价值观引领机制，即通过政策上的激励指导和赏勤罚懒、组织上的培育和塑造、机制上以不间断的运动辅以其他手段推动、宣传上的正面报道和引领、仪式上的强化记忆和认同、内容上的赋予特定内涵和特定价值，从而掀起人人争当模范、个个争当先进的革命高潮局面。可见，树立和弘扬模范，构建全新的价值观，实现对苏区民众观念和行为的重塑与引领，既是手段也是目的，是目的和手段的高度统一，是苏区革命时期中国共产党局部执政对民众观念和行为重塑的伟大尝试，今天已成为中国共产党的重要精神遗产之一。

① 郭于华主编：《仪式与社会变迁》，社会科学文献出版社2000年版，第1页。

从徐家汇藏书楼的家谱管窥江南地区文化

宗亦耘

（上海图书馆）

一 藏书楼家谱的由来

徐家汇为晚明相国徐文定公之故乡，因子孙世居其地，又因正当肇嘉浜与法华泾泾水汇合处，故名曰徐家汇。

胡道静在《徐家汇的发展》一文中详细介绍徐家汇的由来及发展。该文指出徐家汇在徐光启时代开教，清初至清中期，徐家人宁敝履尊荣，服从正教，沉寂多年。1841 年，耶稣会获得恢复，最终选择以徐家汇为中心发展，“迩来九十年，天主教之布道、文化、社会等各项事业，均在徐家汇逐渐发展，遂成今日之巨观”。同时又由于“倡导新学与格致之功，抑亦足多，此与昔日徐文定公同时接受加特力（Christian 的音译）教与赛因斯（science 音译），殆无二致欤”。[①] 因此徐家汇藏书楼的收藏和当时中国社会的科学文化发展息息相关。

徐家汇藏书楼收藏的书籍名目繁多，有中西书籍，上层西方著作古本甚多，大抵为希拉法英德文之书，各国所出之有名百科辞典，应有尽有。依科分类目，目录照著者之名编有卡片及书簿，大约有八万册。下层为中文书，共百架多，每架共十二格。另有书柜藏置各省有名碑帖，分列经史子集丛书五部，悉遵四库全书分类。目录有书本簿及卡片目，照康熙字典字母为次序，以书名之末一字编成。卡片目录又分著者、书名及分类三种，另编有各直省府厅州县志目录，亦分书本及卡片两种，大约有十二万

① 《圣教杂志》1936 年第 7 期，第 421—423 页。

册，志书一千七百余部，又藏有中西古钱，琳琅夺目，考古家咸摩沙弗置。除藏书楼外，耶稣会会士院，以及天文台，徐汇大小修院，徐汇公学，徐汇师范，亦各有图书馆，大约有中西书籍八万册，合计徐汇各图书馆存书三十万册左右。①

藏书楼不仅收集官方出版的各类图书，对地方志、家谱等地方文献的收集也不曾遗漏。

笔者查阅了1925—1938年的《圣教杂志》，每年都有多期在书的封面封底的背面刊登类似于广告的收藏志书的短文，有些还详细刊录了具体缺哪些省的志书。下文为其中的一篇广告。

收买志书通知

径启者：敝处收集各省府厅州县志书，已得二千三百多部，惟尚有所缺，对于东三省、新疆、云南、贵州、广西，尤属寥寥无几。各省诸位司铎及先生，如蒙代搜，不胜感激。若得此种志书，请将书名、卷数、册数、纂修人姓名、刊印年月及书价，开单见示。耑此布达。顺颂。②

从1937年开始，《圣教杂志》出现了收买家谱的广告。家谱是中国最为私密的地方家族文献，梁启超曾强调过其重要性，但是社会上对家谱的重视与利用远不及现在，多数散落在民间，无人整理利用。

1937年第1期以后，《圣教杂志》开始同时刊登收买宗谱与志书的广告，有时甚至是连续刊登关于宗谱的广告：

吾国大家名族往往有家谱之刊印，此亦有补于国史也。本楼有鉴于此，除收集各省府县志外，今又搜觅宗谱。请阅报诸君，或托旧书坊，或向各地绅商询问，代为采访……想诸君必乐予赞助也，又各省方志望多为采访。

徐家汇藏书楼启③

① 《圣教杂志》1930年第8期，第347—348页。此处，用徐汇，照引文抄录。

② 《圣教杂志》1937年第1期，第26卷。

③ 《圣教杂志》1937年第1期，第26卷。

作为比志书还要细节化、体现了中国社会最小单位生活记录的家谱文献资料，藏书楼有所关注且有意收藏，藏书楼强调中国社会精英群体的家谱，主要是出于了解地方文化传统的需要。家谱收集从 1937 年开始，一直延续到 1938 年《圣教杂志》出至 27 卷第 8 期上海沦陷停刊。虽然藏书楼收集家谱的时间短暂，但还是有不小的收获。

二 藏书楼的家谱

目前上海图书馆标注来源于徐家汇藏书楼的家谱，其中江苏 43 种，浙江 29 种，上海 11 种，安徽 10 种，江西 6 种，湖南、广东各 5 种，山西 4 种，湖北、河北各 2 种，广西、海南各 1 种，全国 1 种，谱籍不明确 400 种。谱的收集主要集中在长江以南，江浙沪皖比例较高。在《圣教杂志》的收谱广告中尤其强调名门望族的家谱，这批谱中就有苏州潘家的《大阜潘氏支谱》清光绪十三年（1887）版、民国十六年（1927）版；江苏常熟归有光家谱《归氏世谱》清光绪十四年（1888）版，民国四年（1915）版的《京兆归氏世谱》；江苏武进冯梦龙《冯氏宗谱》，光绪三十二年（1906）版；浙江海宁金庸《海宁查氏族谱》，光绪十年（1884）版；《吴中叶氏族谱》，叶德辉家族家谱；广东中山《北岭徐氏宗谱》，徐润立家谱等。

家谱作为一种民间文献，往往体现了地域文化的特征。名门家谱，往往更能体现名门的家世、生平事迹，以及社会主流群体的文化特征。家谱的内容，往往具有风俗学、社会学、文化传承等方面的价值。笔者在此试举几例江南家谱予以说明。

（一）上海图书馆收藏有［江苏苏州］《大阜潘氏族谱》正编十四卷、附编十卷、首一卷，潘家元纂修，民国十六年（1927）松鳞庄铅印本。另收有《大阜潘氏支谱》，潘观保纂修，清光绪十三年（1887）松鳞庄刻本，残本。谱中所记录的潘氏家族清明祭扫的风俗非常具有典型性。

《大阜潘氏族谱》是清代潘祖荫家族的家谱，作为江南世家，潘氏最早源于安徽歙县（属徽州），谱云“吾谱篁墩始”，唐歙州刺史逢时公自闽来歙州为新安始祖，留居篁墩，名曰大阜潘氏，细查族谱可知：该族始祖潘名，唐僖宗时宦居安徽歙县篁墩。潘氏是清初移居到苏州的徽商的后代。“按公之考谷馨公以业浙盐往来吴中，侨寓南濠，公于康熙初年卜宅苏城黄鹂坊桥拱榜曰研经堂，嗣后遂为吴人焉。”①

著名学者唐力行指出“徽商资本一方面瓦解着大家庭结构，另一方面又加固并扩大了宗族血缘群体”。② 我们知道有很多徽州人为了经商，南迁江浙，潘家就是其中一例。

徽州宗族把尊祖、敬宗的宗法原则制度化。③《休宁范氏族谱》的《谱祠宗规》规定：“祠堂当展”，“谱牒当重”，“祠，祖宗神灵所依；墓，祖宗体魄所藏。子孙思祖宗不可见，见所依藏之处，必加敬谨”。尊祖敬宗的宗族观念的具体体现，对在异乡的徽州人来说，就是回乡省墓祭祖。《大阜潘氏支谱》《大阜潘氏族谱》光绪、民国版记录了潘氏族人多次回歙县扫墓祭祖，以显示宗族观念之事。

第一篇是嘉庆甲子四月望日，元孙奕隽（号榕皋）《省墓记》，省墓原因是在歙一支舜隣公支中近年剖分以鬻人，兼有侵及墓榜之地者，也有隐瞒应得之地等事，于是“在苏之子孙相与谋曰，于此而若罔闻其安用，吾子孙具舟赍粮于三月十三日启行四月初五日至墓下，按册规究盗卖之人而得其名，究盗卖之值而得其数，舍其不能归者，赎其可归者，计丈其地亩，绘为图又赎田亩，并君所存者计共亩，捐于祠令司祠者主之。为主政公墓祭扫费请于官，勒石以志之，夫报本反始仁人之心，而追远慎终，孝子之志也”。其《展墓日记》多是在沿途所见后所作诗文。④

另一篇是潘钟瑞《歙行日记》《辛巳展墓记》记录了潘氏族人回歙省墓的过程。

潘钟瑞《辛巳展墓记》言“吾宗自七世祖其蔚公以上墓皆在歙县，吾子姓往昔间一归省，近自嘉庆甲子曾叔祖三松公谒墓后，此事阙如七十余年矣，虽松鳞义庄岁寄祭扫费无间，未足以伸诚敬业”。⑤ 说明了回歙县省墓的原因。

《歙行日记》，首先记录了此行的时间，“光绪七年辛巳三月初四日丙

---

① 潘观保纂修：《大阜潘氏族谱》，见始迁祖景文世系，清光绪十三年（1887）松鳞庄刻本。

② 唐力行：《明清徽州的家庭与宗族结构》，《历史研究》1991 年第 1 期。

③ 唐力行：《商人与文化的双重变奏》，华中理工大学出版社 1997 年版，第 47 页。

④ 潘家元纂修：《大阜潘氏族谱》第 16 册，附编卷十《文诗钞》，民国十六年（1927）松鳞庄铅印本。

⑤ 潘家元纂修：《大阜潘氏族谱》第 16 册，附编卷十《文诗钞》，民国十六年（1927）松鳞庄铅印本。

寅，钟瑞奉西圃书命有新安祖籍之行”。其原因是“先是午桥弟晋龄自大阜来书言舜隣公支下有历年未葬各棺，叔因属小白叔祖世畇按支谱未载葬地者计有一百二十余棺，乃命余筹其事，余庆于大阜立族墓，复书午桥属其觅地，并邀同族人至各厝地履勘，既而购得歙县三十五都一图大阜社屋埵山地一区，而徽地所查与苏人所报相合者六十余棺，以今年清明节破土，叔命余与济川弟涑龄，拈花弟魁先赴歙办，又徽地累世先茔，历年虽寄祭扫费而子姓久未往，不足伸诚敬，命先事谒祭周行展视。余敬承命，是日在家为清明祭飨祖先毕，辞别诸兄弟子侄，出至平阳馆中，发行李，济川来偕，出胥门，与拈花会于万年桥，舟次，夜宿舟中”。此处的西圃讳遵祁，字觉夫，别字顺之，自号西圃，榕皋先生之孙理斋先生之子。道光十年（1830），榕皋先生卒，“君承祖命父命与补之君谋捐田千亩，请于从父文恭公建松鳞义庄，自始祖唐歙州刺史逢时公以下咸秩祀之，族之人婚丧皆有助，生子予之气，子能读，予之师，不能读，予之业读而成名奖助尤厚，潘氏科名甲吾下，由君振兴之也。宏纲琐目皆君手定”。①

三月初五出发，自苏州过杭州，从浙江到徽州，十九日才到歙县。钟瑞描述了沿途所见，此不一一介绍。

到达歙县第一天宿在祖祠博乡堂，是承西圃叔命。“宗祠在博乡堂左，大门上有状元及第探花及第大学士重宴琼林诸额。又七叶衍祥竖额，入门正厅为敦本堂额，万历间武林汤焕书联曰：‘凤舞鸾翔地椒蕃𤢖，衍家近年常熟杨沂’。孙补书堂后，历阶而上，为祠五楹，由楼上自始祖下逮近世。余展拜自下而上，再于楼上历阶而进为后祠。亦有楼，奉历代祖妣。又有历代遗名，祖先总位一一展拜。盖祠宇倚山而起，故四层递高，对面亦山列翠如屏，正中恰对高峦树林葱郁，气象极佳。祠经修葺，旧贯可仍，犹见制作之朴茂，楼上有畏堂公书额曰恩联义别。楼下有理斋公书联曰：‘春露秋霜，无忘怵惕，爱存慤著，一交神明。阶前有前明陈文庄公祠记，西圃叔重修祠记。’”②

钟瑞遂与大家商议族事。继而勘察墓地。并于五月初三，族中诸公多

① 潘家元纂修：《大阜潘氏族谱》第16册，附编卷十《文诗钞》，民国十六年（1927）松鳞庄铅印本。

② 潘家元纂修：《大阜潘氏族谱》第16册，附编卷十《文诗钞》，民国十六年（1927）松鳞庄铅印本。

来送行，并赠歙砚、徽墨、葛精、茶叶诸品。“苏地先有墓始于同治乙丑，在光福河亭桥之侧，今复于歙县大阜社屋埵购地一区，述徽俗之异于苏，俾异日续举者得寻端绪焉。”

潘介福的《癸未省墓记》是在潘钟瑞回歙展墓后两年，即光绪九年（1883），“在苏各支子姓一二人或二三人往祭扫以为常，今癸未秋祭期当往，必更递乃可资练习，介福窃念议始于伯父宜由敏慎子弟为之先，四月间论及，余自请往”。

到潘承谋《甲寅大阜展墓日记》载：“我松鳞庄支裔例越三载遣二三人赴大阜展墓，是岁五月十有三日，余与葵生叔志晖，自苏过杭之余杭遵陆而行历临安于潜昌化度昱岭关十九日抵大阜村，宿博乡堂循日展墓。”

谱中徽商的宗族观念在潘氏族人一次次回乡展墓的记载中得以体现，同时展墓过程像一个慢慢展开的画卷，对徽商祭祀、宗祠、清明风俗、沿途的风俗文物都有生动的记载，对研究明清时期徽商的社会生活有重要的史料参考价值。

（二）［浙江海宁］海宁查氏族谱，（清）查世絃纂修，清嘉庆十三年（1808）刻本，查氏从源流上也是自徽州南迁的皖籍人。

查氏始祖文徵，字希音，原居歙之篁墩，为南唐宣歙观察史。始迁祖查均宝（又名瑜，小字詹记，号仁斋），元至正十七年（1357）自安徽婺源县（今属江西）迁居浙江嘉兴县槜李，随即又迁居海宁州园花里（又称花园里，今袁花镇）龙山东南查家桥村，为海宁龙山查氏始迁之祖。查均宝之孙查浩、查澄、查渊分启南支、北支和小支，至此家族遂分三大支，尤以南支最盛。

明清以来，海宁查氏家族人才辈出，最鼎盛的时期，有“一门十进士，叔侄五翰林”的荣耀，成为当时名震一时的“江南第一望族”。据家谱中的“海宁查氏榜名录”统计，明清两代家族一共出进士 21 名、举人 49 名，康熙帝曾题御书“唐宋以来巨族，江南有数人家”，并亲书匾额“嘉瑞堂”赐予查家。金庸先生即出于此族。

《海宁查氏族谱》“科甲诗文辉煌璀璨”[①]。卷一《列传·家族人物传

---

① 查世絃纂修：《海宁查氏族谱》，允中作《纂修海宁查氏家谱序》第一册，清嘉庆十三年（1808）刻本。

记》，记录迁入海宁前唐宋五人为官者，余为明以后之人，《列传》中既收录明封按察司佥事一愚、明山东布政司参议东谷、明赠大理寺左少卿雪坡这样的官宦，也收录明处士季宇公传、处士华卿公传这样的普通家族人物。“查隐君允彩，字华卿，明参议焕五世孙，少孤事母，祝以孝闻，苦志读书，文誉日起，会明季，无意功名，隐居乐道晏如也……壬子饥馑，羸壮流离，君素贫，率先捐粟赈恤，复与有心计倡募数百斛为粥。”① 这些家族之人穷则醉心诗书教化，热心公益；达则兼济天下，辅助国家。谱内家族受过教育的人物都有较为详细的记载。显示了查氏作为有名的江南世家诗书传家的儒家传统。

（三）［广东珠海］北岭徐氏宗谱光绪十年（1884）肇修堂石印本，徐润立等纂修。

徐氏始祖徐廷祚河南陈留人。其子二世徐广达、徐广德元末自河南迁广东南雄，自南雄迁广州番禺，明洪武二十四年（1391）定居香山（珠海北岭）前山。三世徐观成分迁北岭。

> 北岭徐氏十六世徐瑞珩，字德琼，号荣村，广东香山县人，诰授奉政大夫赏戴花翎候选郎中。君少而好学，读书通大意，顾迫于家事，兄钰亭君命君早治生。君遂出就贾，历游东南诸海口，适中外通商，沪上商务为中外冠，闽粤次之。君往来居积，一意经营，不数年间。累业巨万，一时与君同为贾者，莫能及君万一。窃窃然谓：君有何神术，乃速富如此。咸丰纪元，英国百年大会于其伦敦之京城，百国咸集，锦绮珠玉如山如海，奇技淫巧，为人耳目所未经者，不可以数记，而君独寄七里湖丝十二包往陈于会，既而较论久之竟推君丝为会中第一。外人无异词，英国主亲临观之，喜甚，奖君金、银牌各一，手谕、书画一帧，俾君执以为券，幅中作洋人有两翼欲飞状，盖以寓君货当飞行天下之意。至是，君名益名声大噪。②

① 查世綋纂修：《海宁查氏族谱》，《九世处士华卿公传》第2册，清嘉庆十三年（1808）刻本。

② 徐润立等纂修：《北岭徐氏宗谱》卷七，清光绪十年（1884）肇修堂石印本，见《诰授奉政大夫赏戴花翎候选郎中徐君德琼行状》一文。

这段文字有几个信息。其一，清末至民国间，在沪的广东商人自成一派颇有成就。广东人徐瑞珩在上海经商，并且很成功，可算是代表之一。其二，徐瑞珩荣记湖丝在伦敦世博会得了大奖，徐氏以奖牌作于商标上，生意做得越来越大。20 世纪初，徐氏家谱中关于徐德琼参加世博会的记录，让中国参加世博会的记录提前了 16 年，修改了中国与世博会的历史。

家谱作者徐润立，又名以璋，号雨之，德珍公长子，十七世传人，委办轮船招商局花翎二品，衔加二级，浙江仅先补用道，由监生遵筹饷捐光禄寺署正，于同治二年（1863）六月在江南粮台报销局加捐员外郎。

另外，家谱中翰墨志中收录了负暄图、游三台山图、渔隐图、西山访梅图、焚香读易图、归耕图、华堂春介图、北堂侍膳图、未园饮践图、西园春宴图十张图，每张图配有诗文说明，随后也有收录一些诗文。说明徐氏家族并不纯粹是个商贾之家，亦有风雅的一面。

通过这部家谱我们可以了解到清末民初在上海居住的广东商人徐瑞珩家族的生活，他们早年迫于生活入行经商，入行后生意做得灵活，而且兴隆，荣记湖丝参加世博会，充分体现了徐瑞珩经商的眼光独到。作为早期上海移民的组成部分，广东人在上海的生活得到很好的体现。

另外，谱中还提到广东家谱的重字甚于名的特点："吾粤字重于名，世纪录内皆以字行，有未成婚而未有字者，则书以名，所有名讳，凡旧谱已载，及采访得实者，俱祥载之也。"① 徐氏家谱虽然自广东移民上海，但家谱修撰仍然保留了原有的地域文化特色。

（四）上海图书馆藏［江苏常熟］京兆归氏世谱二十卷，（清）归衡等纂修，归令望增补，清光绪十四年（1888）刻本。

关于归氏世谱的版本，归氏十九世孙归令望有注"是谱初刻于康熙乙未，再刻于嘉庆丙寅，三刻于道光葵卯，兹因版遭兵焚，旧谱罕存，同治己巳义庄仍宗原本翻刻，稍就所知增列，俟后之子姓修辑云尔，十九世孙令望谨识"。即此谱是多次补定的归氏家谱。

归有光（1506—1571），字熙甫，又字开甫，号震川，明代著名散文家。谱系长洲（今江苏苏州）、昆山、常熟、嘉兴等支合谱。有光出于昆山玉峰支第十一世。明末刑部主事归起先、清康熙间状元归允肃父子是常

---

① 徐润立等纂修：《北岭徐氏宗谱》卷一，清光绪十年（1884）肇修堂石印本。

熟虞山支第十三、十四世。谱中文字资料甚为丰富，内有高攀龙、王世贞、钱大昕、汪琬、徐乾学、姚鼐、顾炎武、袁枚、王鸣盛、全祖望、洪亮吉、钱谦益、孙星衍、沈德潜等文人翰墨。自明代归有光以来，归氏家族出了不少名人，谱中的诗文传志资料记录详细。

历史上归有光与唐顺之、王慎中两人均崇尚内容翔实、文字朴实的唐宋古文，并称为嘉靖三大家。归有光在散文创作方面造诣极深，当时被称为“今之欧阳修”，后人称赞其散文为“明文第一”，著有《震川集》《三吴水利录》等（从归有光《常熟县赵段圩堤记》可见其对水利的了解）。

归有光的《震川集》是传之后世的文集，由归氏后人，明末清初的归庄编校。谱中第12册《艺文集》收录了14篇序，其中有钱谦益《新刊震川先生文集序》《与归进士论校震川先生全集书》，允肃《跋家太仆全集后》康熙乙卯，归庄《书先太仆全集后》《答汪苕文民部论太仆集书》《再答汪苕文书》，汪琬《与归元恭论震川集书一》《与归元恭书二》《与归元恭书三》，魏禧《震川先生全集跋》等。

徐乾学在《重刻震川先生文集序》讲到《震川集》的版本及编定，“归子元恭刻其曾大父太仆公集未就若干卷而卒，余偕诸君子及其从子安蜀续成之，计四十卷。初，太仆集一刻于吾昆山，一刻于常熟，二本不无异同，亦多纰谬，元恭惧久而失传也，乃取家藏抄本校雠次第之编定四十卷，然后谓者以订缺者，以完好古者得以取正焉”。

关于归有光的年谱，有清代学者钱大昕的《归震川先生年谱序》认为“年谱一家昉于宋唐人集，有年谱者，皆宋人为之留，元刚之于颜鲁公，洪兴祖方崧卿之于韩文公，李璜何友谅之于白文公，耿秉之于李卫公是也。震川归先生之文，近代之韩欧阳也，韩欧阳有年谱，而先生阙焉，是非后进之责与?”“国初汪尧峰编修尝谱之，而世不复传。安亭孙君守中先生讲学之乡，濡染教泽，诵先生之文。因论次先生遗事，谱其年月，甲乙分明，皆可徵信。”钱大昕把归有光比作近世的韩愈、欧阳修，而韩愈、欧阳修有年谱，没有归有光的年谱就是后辈学人的失职了。同时肯定了孙守中所作年谱的可信。

汪琬在《归震川先生年谱后序》中讲“尝明中叶士大夫争言古文往往剿袭史汉诸书，以相轇轕，纷纭倡和，编与东南，此先生所深叹于妄庸人为之巨子者也，于是退处荒将寂寞之滨，独与其门人子弟讲求六艺，慨然以斯文为己任”。赞扬了归有光为人为学的品格。谱内还收有王鸣盛、汪照的《归震川先生年谱序》。归玉峰作《归有光列传》中讲到归有光对明代以王世贞为代表的文风的批判，后来反而得到王世贞的尊敬与理解。在这本家谱中收录有王世贞作的《鸿胪归君暨配郁孺人墓表》。

《京兆归氏世谱》中记录的另一个有趣的人物是归庄。归庄（1613—1673），清初文学家。一名祚明，字尔礼，又字玄恭，号恒轩。昆山（今属江苏）人。明代散文家归有光的曾孙。17 岁时与顾炎武一同参加复社，后隐居昆山，以卖书画为生，不仕清。佯狂愤世，凭吊今古，与同乡顾炎武齐名，有“归奇顾怪”之称。而“顾怪”则是指明代大家顾炎武。作为明末遗民，归庄在《历代遗民录序》称“遗民则唯在废兴之际，以为此前朝之所遗也——遗民之称，视其一时之去就，而不系乎终身之显晦”①。

归庄以明末狂士著名，其诗文表达出了一代士人在文化危亡、国家破灭后的悲痛、哀伤和苦闷情绪。

谱内录顾炎武《吴兴行赠归高士祚明》：“北风十二月，游子向吴兴，榜人问何之，不言但霑膺，三年干戈暗，乡国有兄不得归，茔域高堂有母儿，一人负米百里伤哉，贫此来海虞两月日，裁得白金可半镒，归来入门不暇餐，走山下求兄棺，湖中雪满七十峰，江山对君凝愁容，冬尽月向晦慈亲，倚门待果见兄骨，归心悲又以喜，如君节行真古人，一门内外惟孤身，出营甘旨入奉母，崎岖州里良苦辛，君向余太息，此事不足言遥望，犹在浮云间，长叹未及往，菽水难为计，岂无季孙粟，义不当人惠，世无汉高帝，饿杀韩王孙，宁受少年侮，不感漂母恩，时人未识男儿面，如君安得长贫贱，读书万卷佐帝王，还归奉高堂，穷冬积阴天地闭，知君惟有袁安雪。记录了归庄的义、忠。”

顾炎武还作《书归生孔庙两庑位次考后》以记归庄曾作关于两庑位次考一文，“又悲夫亡友之遗墨犹存而不获共论此也，乃书其末以俟后人，归生名庄再名祚明工草隶为东吴高士”。

《诗词综》内记顾炎武《常熟归生晟生芳绩书来以诗答之》：十载江村二子偕，相逢每咏步兵怀，犹看老骥心偏壮，岂惜飞龙羽乍乖，海上戈船联沪渎，石头烽火照秦淮，先朝旧事君休问，鼓角凄其满御街。该诗充满

① 归庄：《归庄集》，上海古籍出版社 1984 年版，第 170 页。

了对前朝旧事的感怀。

关于归庄所作万古愁曲子，清代学者、文学家全祖望有《题归恒轩万古愁曲子》，曰“世传万古愁曲子，瑰环恣肆，于古之圣贤君相无不诋诃，而独痛哭流涕于桑海之际，盖离骚天问一种手笔，但不能定其为何人所作，近人或以为谑翁，或以为道隐，或以为石霞，皆鲜证据。惟魏匀庭徵君及其事于恒轩寿序，予始取而跋之，沈绎堂詹事谓：世祖章皇帝尝见此曲，大加称赏，命乐工每膳，歌以侑食。古之遗民野老，记甲子哭庚申，大都潜伏于残山剩水之间，未闻有得播兴朝之钟吕者，是又一异事也。恒轩太仆曾孙，名庄，一名祚明，字元恭，少入复社，于书无所不窥，兼工行草诸体，尝题其齐柱，云入其室空空如也，问其人，嚣嚣然，曰时皆笑之，方史阁部守淮扬，恒轩仲兄尔德名昭，参幕府事，所称礼贤馆徵士者，城破死之，恒轩亦同顾，推官举师不克，行遁得免，书淫墨癖，竟以佯狂终身”。①

另谱内还收录了常熟赵允怀的《新刻归元恭先生文钞序》，钱谦益的《书归元恭看花二记后》《归元恭恒轩集序》《赠归元恭八十二韵即效其体》《归文休七十寿序》《归文休墓志铭》。

另《论课编》收有徐栻《附监生廉泉归君暨季孺人合葬墓志铭》，洪亮吉《例赠训道国子监生耕读归君墓志铭》，李兆洛《安徽宁国府泾县训道归君墓志铭》。

《诗词综》收有徐乾学《寿庶园归公配席夫人六十》，袁枚《又》等诗文。

作为明代著名散文家归有光的家谱，谱中网罗了当时及后世文坛与归氏家族文人往来筹措的相关资料，收集了明清著名文人对归有光、归庄的评价及讨论。体现了归氏在当时文坛的地位，也反映了当时文坛的状况。

徐家汇藏书楼的家谱收藏，肇源于徐宗泽对中国社会深入了解的需求，同时这些家谱尤其是名家大族之谱，典型地反映了当时社会各个方面的生活，客观地为后来人提供了有价值的历史资料。

---

① 归衡纂修、归令望增补：《京兆归氏世谱》第12册《艺文集》，清光绪十四年（1888）刻本。

笔者通过对来源于藏书楼的江南地区四部家谱的介绍，分别从当时社会的祭扫风俗、诗书传家、经商传奇、文坛交往等方面介绍了徐家汇藏书楼收集的江南名家大族家谱的历史文献价值。我们从中可窥斑见豹，见证江南大族的生活一角，说明作为民间文献的家谱，确实是有待开发的文献资料宝库。

近代晋中农民的商业活动与阶层差异

——以山西省文水县为中心

张爱明

（太原师范学院历史系）

晋商是明清以来中国最活跃的商人群体之一，也一直是商业史研究的核心议题。从马寅初、卫聚贤、陈其田等对山西票号的研究开始，晋商研究经百余年的积淀，成绩斐然，学界甚至有“晋商学”一说。但检视学界的既有研究，主要集中于商帮、商道、票号、贸易等经济史领域，仍然是一种精英视角。[①] 从社会史角度对中小商人群体，乡村中农民“农兼商”现象，“商人”与乡村社会的互动研究较为不足。[②] 究其原因，除了研究视角和方法的局限，主要是因为史料的缺乏。留世的晋商史料，以反映精英商人的信函、账册、契约、商人著述、工商业规程等为主，关于“小人物”的系统史料几乎没有。但经商的农民是晋商的重要组成部分，对其进行研究，有利于我们深入认识晋商的兴衰变迁。

《阶级成分登记表》[③]（以下简称《登记表》）因内容丰富、相对可靠、时间跨度长，成为近年来乡村史研究、国史研究利用较多的史料之一。晋中文水县的《登记表》，详细记载了晚清至民国乡村中农民经商的动机、形式、地点、行业、收入等，为我们研究农民的经济行为提供了重要文本。资料显示，近代文水县农民在灾荒、苛捐、人地矛盾、惯习等驱动

---

① 刘建生、丰若非等：《晋商研究述评》，《山西大学学报》2004 年第 6 期。

② 行龙曾呼吁从社会史的角度对晋商与地方社会做跨学科的深入研究，以揭示晋商与地方社会的人口流动、职业结构、婚姻观念、民风习尚、经济生活等问题的关联与互动，但成果非常有限。参见行龙《从社会史角度研究晋商与地方社会》，《山西大学学报》2005 年第 1 期。

③ 相关研究可参见行龙《集体化时代农村社会研究的重要文本》，《山西大学学报》2018 年第 1 期；张爱明《试论近代山西乡村外来户的“入住权”——以〈阶级成分登记表〉为中心》，《史林》2018 年第 3 期。

下，普遍在农业外兼营商业，如从事店员、小贩、合伙经营商铺等。依赖“半耕半商”的家庭经济，农民有效应对了19世纪末20世纪初的乡村危机。

当然，各个阶层和阶段的农民商业行为有明显差异，单一的“形式主义”或“实体主义”理论不能完全解释乡村“商人”的经济行为。为了行文之便，本文将农民家庭主要分为“贫农式”和“富农式”两种。“贫农式家庭”生活较为贫困，包括雇农、贫农、下中农等阶级。“富农式家庭”生活较为富裕，包括上中农、富农、地主等阶级。还需要指出的是，本文的“商人”并非一般所指的以商业收入为主的专业性商人，而是兼有农民和商人双重身份，家庭经济由务农和经商双拐支撑，简言之，即“半耕半商”。

一 何以为商：农民经商的原因

19世纪末至20世纪初是中国最为动荡的时期，其时吏治腐败、政权更迭、灾祸频繁、金融混乱、人口剧增，农民生活处于崩溃的边缘。面对日益严重的乡村危机，农民不得不背井离乡或在农业外兼营他业。萧公权的研究指出：“当农耕注定没有收成的时候，乡民常常被迫放弃务农这项‘世业’，转向手工业、商业等其他行业。”① 在山西中部平遥、祁县、太谷、孝义、文水等县乡村，农民的兼业主要是经商，并形成普遍的“半耕半商”的家庭经济模式。这与晋中地狭人稠、商风兴盛、农民田税负担沉重等密切相关。

（一）人地失衡

文水县位于山西省中部，吕梁山区东北隅，境内山地和平川各占一半，古代即有“半壁平原半壁山”的说法。县内90%以上的耕地为旱地、山地和荒地，土地整体较贫瘠，农业产量有限。另外，文水县的人口密度较高，土地分配较为不均，造成了乡村中人地关系的普遍失衡。为了填饱

① ［美］萧公权：《中国乡村：19世纪的帝国控制》，张皓、张升译，九州出版社2018年版，第479—480页。

肚子，农民只能在保留农业生产的同时，兼从事收入较高的商业活动，以弥补农业收入的不足（见表1）。

表1 文水县各村各阶级土地占有情况

成分	户数（户）	占比（%）	人口（人）	占比（%）	亩数（亩）	占比（%）	户均占地（亩）	人均占地（亩）
雇农	57	1.62	253	1.94	25.1	0.06	0.44	0.10
贫农	1607	45.71	5355	41.06	11212.17	26.80	6.98	2.09
下中农	736	20.93	2716	20.82	8204.25	19.61	11.15	3.02
中农	763	21.70	3205	24.57	12215.89	29.19	16.01	3.81
上中农	190	5.4	819	6.28	4071.86	9.73	21.43	4.97
富农	93	2.65	417	3.20	3409.92	8.15	36.67	8.18
地主	70	1.99	278	2.13	2704.54	6.46	38.64	9.73
合计	3516	100.00	13043	100.00	41843.73	100.00	11.90	3.21

数据来源：文水县各村《阶级成分登记表》（1965年12月），文水县档案馆。

民国时期，一方面由于频繁的战乱和灾荒，文水县外出谋生的人口增加，导致大量边缘性土地被撂荒，可耕地面积大幅减少。另一方面，文水县人口不断增长，到1935年时人口密度高达126.81人/平方千米，为晋省之最。[①] 人均耕地仅有3.65亩，远远低于全省平均的13.6亩，[②] 人地关系已经严重失衡。

不仅如此，文水县的土地硗确瘠薄，境内多山地和碱地，更加剧了人地的紧张关系。表2的土地调查显示，1949年前夕，文水县7区53乡122村共有耕地5万余亩，其中95%的土地为旱地和荒地，亩产约为130斤，水地占地不足5%。[③] 如果不考虑自然灾害与地权变动，民国时期文水县人均3.21亩地一年可收粮约400斤。远远低于彭南生所说的“在传统农业条件下，近代中国需1000市斤左右的粮食产出才能保证生存”[④] 的标准。

① 周宋康：《分省地志·山西》，中华书局1939年版，第62—70页。

② 《晋绥社会经济调查统计社年刊·调查统计》，太原德和印刷厂1935年版，第5—39页。

③ 中共文水县委会：《1949年全县各区、乡、村划分及各区村基础数字负担情况统计表》，1949年，文水县档案馆藏，档案号：WG-111-38。

④ 彭南生：《也论近代农民离村原因——兼与王文昌同志商榷》，《历史研究》1999年第6期。

这就说明，文水县在近代面临着比较严峻的人口压力，人地矛盾尖锐。

表 2 **1949 年前文水县各区土地类型及均产情况**

分区	土地总量（亩）	水地			旱地			荒地	
		亩数（亩）	占比（%）	均产（斤）	亩数（亩）	占比（%）	均产（斤）	亩数（亩）	占比（%）
一区	48892.66	4314.01	8.82	不详	38028.65	77.78	不详	6550	13.40
二区	114328.7	0	0.00	不详	106984.4	93.58	118	7344.3	6.42
三区	90107	0	0.00	不详	89711	99.56	144.16	396	0.44
四区	79865.32	11129.88	13.94	244.3	62283.95	77.99	141	6451.49	8.08
五区	79913.28	1943.04	2.43	203.5	75548.64	94.54	124	2421.6	3.03
六区	88376.63	1565.35	1.77	不详	78516.59	88.84	不详	8294.69	9.39
七区	36273.25	4767	13.14	不详	31506.25	86.86	不详	不详	不详
总计	537756.84	23719.28	4.41	223.9	482579.48	89.74	131.79	31458.08	5.85

数据来源：中共文水县委员会：《1949 年全县各区、乡、村划分及各区村基础数字负担情况统计表》，档案号：WG－111－38，文水县档案馆。

土地的不足和低产严重制约了农民的生产积极性，在生产条件无法改善的情况下，生存的压力驱使收成不足的农民由农业转向了商业。“山西中路一带的土壤，大部分不能算好，殊不足以养活当地的人，为了生活的逼迫，在此土地收获量不足以维持最低限度生活的地方生长大的人们，普通具有两种特质：第一便是喜好储蓄，第二便是用商业贸易的手段冒险到省外去找其生活资料。”① 这句话点出了山西中部土地的贫瘠和农村的贫穷，也道出了农民普遍经商的原因。

（二）灾害频繁

灾害频仍是 19 世纪末至 20 世纪中叶中国最显著的特征之一。据夏明方的统计，民国年间，华北各省的水、旱、虫、风、疫、震等自然灾害中，河北总计 1510 次，河南 1782 次，陕西 1233 次，山东 812 次，山西

① 荫萱：《山西中路农村经济的现阶段》，《中国农村》1936 年第 2 卷第 11 期，第 73—77 页。

1050次。[①] 换言之，民国时期的山西每年要承受30余次自然灾害，直接影响到农业收成，这对于本就地狭人稠的山西来说，无异于雪上加霜。

文水县自然灾害主要是水灾和旱灾。相较于旱灾，因境内有汾河、文峪河、磁窑河等支流，水涝灾害更为频繁，对农业的破坏力更强。20世纪三四十年代，该县连续遭受多次重大水灾，农田被冲毁者不计其数。1933年文峪河泛滥，“不得安居之村庄有好几十处，不得施种之农田达一千余亩”[②]。《文水县志》记载，1934年，本县南武涝、徐家镇等11村遭水灾，淹没田禾1.1万余亩。1939年，汾河、文峪河水溢，全县67村受灾，受灾土地15.5万亩，塌毁房屋518间。1940夏秋，大雨连绵，文峪河出岸，沿河各村田禾、房屋冲毁颇多。1942年，汾河、文峪河水溢，全县90个村庄受淹，淹毁田禾14万余亩，房屋225间，受灾人口达6.2万人。[③]

频繁而严重的灾害，给本已十分贫困的农民以沉重的打击。为了生存，一部分农民逃荒到外地谋生，做起了经商的营生。文水县的《阶级成分登记表》有不少农民逃荒到外地经商的记载，南安乡西北安村因靠近磁窑河，在1934年遭受了严重的水灾，很多农民结伴逃荒到东北经商。据南安村贫农张文辉回忆，当时村里遭受水灾，他父亲被迫带领家小逃荒到了东北，从此在东北当店员直至去世。[④]

（三）赋税沉苛

自清末以来，中国农民的田税负担与日俱增，到民国初期，土地的田赋增加了数倍有余，大大超过了农民的正常承受范围。陡增的田赋充实了国家的财政收入，却将农民推向深渊。陈瀚笙先生对当时沉重的赋税深恶痛绝，他曾说：“在中国，与其说赋税是国家财政的基本，毋宁说它是公开掠夺的代名词。”[⑤] 与其他地方相比，山西农民要承受更加沉重的赋税压力。尤其是阎锡山掌管山西后，普遍推行“编村”新政，在农村基层增设大量组织机构和“公人”，巨额行政费用的支出几乎按照人头摊派到每个

---

① 夏明方：《民国时期自然灾害与乡村社会》，中华书局2000年版，第371—383页。

② 《文水视察记》，《监政周刊》1934年第5卷第9期，第8—9页。

③ 李培信主编：《文水县志》，山西人民出版社1994年版，第90—91页。

④ 文水县南安镇西北安村《阶级成分登记表》，1966年，文水县档案馆藏，档案号：45-4-9-99。

⑤ 汪熙：《陈瀚笙文集》，复旦大学出版社1986年版，第5页。

农民身上。[①] 1933 年时，“全省各村平均每户负担五元二角一分，其中徐沟、榆次、太原、文水等县每户竟负担在十五六元以上，乃至二十四五元，似此情形，民何以堪！”[②]

在农村金融政策上，阎锡山主张对农民征收重税，为此衍生出不少新税种。仅是田赋，就有地丁、租课、米豆及附加税等正供。粮丁正税外，另有省亩捐、县亩捐、征收费、区经费、教育捐、农桑费等九种附税。[③]以上所述，只是直接从田地按亩征收者，至于人丁的支差，军队的给养，户籍的摊派，以及畜、屠、契印花等共杂之税捐，尚不在内。国家的过度索取，进一步蚕食了农民微薄的农业收入，加剧了他们的生存危机（见表3）。

表 3　　1949 年文水县部分村庄基础数字负担情况统计

村庄	村庄概况		农民负担					
	人数（人）	土地（亩）	负担亩（亩）	负担每亩出粮（斤）	人均收入粮（斤）	人均负担粮（斤）	征后每人余粮（斤）	负担占比（%）
西城村	3249	10946	6315. 8	32. 13	215	63. 1	183. 12	30
新立村	315	1030	419	10. 1	327. 1	133. 4	193. 15	41
新庄村	473	936. 7	412. 2	76. 9	131	68. 6	62	52
杭城村	2580	4000. 5	1627. 8	67. 3	129. 1	41	88. 12	31. 7
石侯镇	2494	6504	3786. 7	35. 4	346	53. 8	292. 12	15. 4
东石侯	1011	3582. 04	2173. 1	23	280	49. 9	234. 2	16
横沟村	527	2810	953. 6	85. 4	277	35	145	17. 8
温云营	482	3614. 2	1232. 6	50. 5	362	128. 8	161	50
武良村	1877	7199	2382	44. 1	161	56. 5	104. 1	35
大城南	2081	3319. 5	1427. 4	20. 8	100. 1	74. 3	86. 13	74
东旧城	2054	3336. 1	1840. 2	28. 7	95	48. 6	84. 1	51
西旧城	946	2101. 7	1454. 5	9. 5	390. 1	14. 5	376. 1	37
宜儿村	2559	3745. 5	602. 6	16. 4	50. 2	35. 4	46. 12	30. 1
武午村	1726	2524. 41	1389	6. 6	183. 5	5. 2	176. 15	35
方元村	2172	3516. 5	824. 1	74. 1	135	28. 8	106. 8	25

① 杨奎松：《阎锡山于共产党在山西农村的较力》，《抗日战争研究》2015 年第 1 期。
② 山西省政府村政处编：《清理村财政报告》（1933—1935 年），第 2 页。
③ 孙群：《整理山西田赋计划书》，晋新书社 1932 年版，第 63 页。

续表

村庄	村庄概况		农民负担					
	人数（人）	土地（亩）	负担亩（亩）	负担每亩出粮（斤）	人均收入粮（斤）	人均负担粮（斤）	征后每人余粮（斤）	负担占比（%）
文倚村	1426	2262	998	6.1	198	35.3	142.13	25
武陵村	1632	2752	1108	30	155.6	20	135	13
大陵庄	375	706	258.5	30	75.1	20.1	53.13	27
宋家庄	989	1260	296.8	20	170	5.4	141	35
樊家庄	485	811.4	96.4	32.7	153.13	6.7	111.8	49
旧城庄	254	629.4	255.3	28.8	261	29	231	9
南武镇	1798	3877	1910.6	11.1	162.2	11.8	150.4	7
合计	31505	7146.95	31764.2	35.8	229.9	35.13	193.12	32.2
备注	本表只选取了数据部分统计完善的村落							

数据来源：中共文水县委会：《1949年全县各区、乡、村划分及各区村基础数字负担情况统计表》，1949年，文水县档案馆藏，档案号：WG－111－38。

注：数据照原档案抄录。

根据表3的统计，1949年前夕文水县农民的农业收入有将近三分之一用于支付田赋及附加税，每人一年的余粮不足200斤，而当时养活一口人至少需要600—700斤粮食，农民的余粮远远不足以维持生活。为了躲避繁重的苛捐杂税，不少农民将土地出卖，走上了经商之路。例如，炮守堡村的贫农杨炳儿，其父亲在阎锡山治理时期，全家5口人有地19亩，后因苛捐杂税繁重，生活难以维持，便让兄外出学商当店员。①

（四）商风盛行

浓厚的经商氛围是晋中农民普遍经商的驱动力。晋中号称“晋商故里”，明清时期成为中国影响力最大的商人群体。经商带来的利润刺激，使山西人的崇商观念日炽、经商之风日盛，逐渐形成了以地域和家族为核心的商业网络。及至晚清民国，以祁县、太谷、平遥为代表的晋中地区，农民“重商之风”达到顶点。据有关学者统计，晚清至民国，晋中各地直

① 文水县上曲镇炮守堡村《阶级成分登记表》，1966年，文水县档案馆藏，档案号：42－5－5－41。

接或间接经商的比例高达25%。

民国年间，山西“乡建派”的代表人物之一刘容亭，曾对晋中祁县、太谷、平遥三县四村的农民经商情况进行调查。他发现这里的农民，其“欲望必为一本万利，富拟陶朱，以富商大贾为目标”。选择职业时，“商家子弟固无论矣，即非商家子弟，凡资质聪明，父母以为倘能学习商业，必优于学其他职业”[①]。总而言之，商风之盛塑造了农民“重商轻农”的思想，导致大量农民弃农从商。明清至民国，经商的山西人并非都是富商大贾，就连普通农民，耳濡目染，都深谙经商之道。

晋中文水县直接或间接经商的比例为50%。像岳村的贫农岳海川，祖辈三代依靠当店员补充农业收入，其祖父仅有土地2亩，以在河北省东鹿县当店员为生。父亲从小在北京永盛源海味店当店员，后当会计，每年收入120元。他本人从小学做生意，后在北京万园恒粮店当会计，每月工资40斤粮。两个弟弟也在北京学商，二弟是晋生祥杂货店学徒，三弟是晋长恒粮店学徒。[②] 这样的家庭在文水县非常普遍。

二 糊口经济：贫农式家庭的商业活动

文水县贫农式家庭农场中，由于土地不足造成的劳力过剩，在农业生产效率日益“内卷”但又无法“解雇”家庭成员的情况下，逐渐形成了一种由青壮年男劳力在外学商或经商，妇孺老幼等辅助劳力在家种地的经济结构，家庭成员内部通过代际分工与性别分工实现了劳动力资源的合理配置。此外，北方农村漫长的农闲期与轮耕制度为从商提供了条件。当农场收入无法保障过冬需求，贫农式家庭就会充分利用“冬闲期”走村串乡，做肩挑贩卖，以微薄的收入换取有限的粮食。

（一）农闲期的小贩

“农闲”是指农民无农业生产，闲散无事的时日。费孝通发现，长江

---

① 刘容亭：《山西祁县东左墩西左墩两村暨太谷县阳邑镇平遥县道备村经商者现况调查之研究》，《新农村》1935年第22期。

② 文水县城关镇岳村《阶级成分登记表》，1966年，文水县档案馆藏，档案号：35-3-8-78。

以北的农作活动有很强的季候性，通常是在农忙时需要大量劳力，农闲则无农事可做，一年中的“农闲期”超过 2/3，于是农村经常会发生周期性失业的情形。① 也就是说，北方农村的家庭农场每年在农业上投入的时间只有 1/3 左右，剩下 2/3 即为农闲期。资料显示，文水县乡村中的贫农式家庭在农闲期主要是通过做肩挑小贩弥补农业收入的不足，俗称“挑八股绳”。他们农忙务农，农闲经商，或者今日为商，明日为农，时多时少，辗转频繁。文水县的各个村庄根据区位特点和经营惯习，形成了各自不同的小商贩体系。

有的农民将部分粮食换成大豆，加工成豆腐，然后走村串乡售卖。西宜亭村中共有 53 户小贩，占总户数的 1/4，其中有 33 户是卖豆腐的。如贫农王玉喜的父亲，农忙时一边种地一边打短工，到了冬天就做豆腐，然后自己肩挑售卖，以做豆腐为生。② 有的农民在有限的土地上，种植瓜果蔬菜等经济作物，待收获后肩挑贩卖。如武良村的贫农李喜善，其父亲李国仁，一向无房无地，主要依靠出卖劳力生活，年轻时推车、压扁担，贩卖瓜果，日行数十里，勤俭节约，十多年买下几十亩地。李喜善本人也是一边种地，一边贩卖瓜果。③ 肩挑小贩或在冬闲期，或在农业生产间隙进行，收入非常有限，在民国时期，一个小贩一年可大概收入 30—50 元，是一种典型的温饱型经济行为。

（二）在外学商的店员

店员是指商店的雇员，有时兼指服务性行业的职工，因常年住在店铺赚取工资，又称“住地方”“吃劳金”。毛泽东曾说：“店员是商店的雇员，以微薄的薪资，供家庭的费用，物价年年增长，薪给往往需数年一增，偶与此辈倾谈，便见叫苦不迭。”④ 可见，店员和小贩一样，地位比较卑微。文水县农民在外学商当店员的约占经商人数的 40%，与农闲期的小贩共同构成了一个庞大的小商小贩群体。

---

① 费孝通：《乡土重建》，岳麓书社 2012 年版，第 70 页。

② 文水县北张镇西宜亭村《阶级成分登记表》，1966 年，文水县档案馆藏，档案号：37 - 4 - 5 - 43。

③ 文水县西城镇武良村《阶级成分登记表》，1966 年，文水县档案馆藏，档案号：46 - 14 - 8 - 117。

④ 《毛泽东选集》第 1 卷，人民出版社 1967 年版，第 7 页。

资料显示，贫农式家庭在务农与经商之间进行了巧妙的分工处理。为了既保障农业的生产，又能有额外的经济收入，贫农式家庭会从小培养男童学习基本的商业技能，稍微年长便送到外地投亲靠友，在店铺中营生。村中的土地则由妇女和老人等辅助劳力耕种，逐渐形成了一种以代际分工和性别分工为基础的“半农半商”的家庭经济结构。如岳村的贫农王振贵，家中所有男丁均在外经商，其中父亲在平遥小店镇卷小鞭炮，兄弟几人在北京的各个店铺当学徒和店员，村中有土地20亩由妇女们耕种。[①]

从生产策略上看，贫农式家庭内部的分工起到了三方面的作用。第一，提高劳动生产效率，增强生存应对能力。通过家庭内部分工，实现了家庭劳动力的较优配置，使妇孺老幼等以往较为边缘的劳动力得到利用，从而各尽其能，让劳动力发挥最大效益。第二，灵活安排，增加生存保障。对于那些小农生产难以满足家庭生计需要的家庭，通过适时开展各类小手工业、小商业等兼业活动，增加了非农收入。[②] 第三，缓解土地压力，合理分配资源。有限的土地无须家庭所有劳力都投入农业，从而造成土地的“内卷化”，对于年富力强的男劳力也是一种浪费，“男商女耕”的生计模式，恰好弥合了这种缺陷，在一定程度上弥补了家庭农业经营的不足。

三　消费与投资：富农式家庭的商业活动

与“贫农式家庭”相比，“富农式家庭”的占地较多，几乎没有田不足耕的现象发生。另外，他们占有的多是平地、水地、滩地等质量较高的土地，农产有保障。再加上多数家庭拥有牲畜、大型农具、肥料等较优的生产资源，有的家庭之间还以家族为纽带，或进行换地，或进行换工，进行土地“连片化经营”，无疑大大提高了农业生产效率，使得他们的农业收入远远高于“贫农式家庭”。所以，“富农式家庭”的商业活动不是由生存推动的，而是有满足消费、扩大投资和财富积累三大因素。

---

① 文水县城关镇岳村《阶级成分登记表》，1966年，文水县档案馆藏，档案号：35－8－77－2。

② 陈军亚：《韧性小农：历史延续与现代转换——中国小农户的生命力及自主责任机制》，《中国社会科学》2019年第12期。

（一）动机与目的

“富农式家庭”经商，主要是为了满足消费，提高生活水平。大体上，20世纪二三十年代，山西农民的“生活线”的标准如以货币来衡量，约需115.34元。[①] 在文水县，如果仅计算农业收入，“贫农式家庭”的年收入约为30元，“富农式家庭”的年收入约为80元，距离“生活线”仍有不少差距。为了满足消费，提高生活水准，“富农式家庭”多通过经商来增加收入。资料显示，如果在店铺中当小掌柜，年收入为120—300元；如果自己开小商铺，年收入在300元上下；如果商铺较大，收入能超过1000元。有的家庭通过经商过上了衣食无忧，雇工种地的生活。

另一方式是扩大投资，增加收入来源。高利贷是商人最主要的投资方式之一。由于收益高、见效快，许多“富农式家庭”将经商的收入用来放高利贷，而非扩大经营规模。据统计，1949年前山西农民除了向当铺、商铺等借钱外，私人借贷对象以商人为最多，占22.6%，地主次之，占14.4%，富农占13.4%。这就是说，商人、地主和富农，成为山西农村高利贷的三位一体的主宰者。[②] 在文水县的乡村中，大部分经商的“富农式家庭”都会兼放高利贷，获得了高额的利润。如郝家堡村的富农郝永密是本村的经商世家，随着收入的增加，郝永密开始放高利贷，从1939年开始，每年放高利贷粮食十几石，月利3%，年利高达30%—50%。[③] 总之，“富农式家庭”用经商收入当作放高利贷的资本，获得了更高的收入，又用放贷收入继续经商或放贷，加速了农村的贫富差距。

（二）类型与特征

“贫农式家庭”由于资本、经验、人际关系等有限，从商类型呈流动性强、专业性弱、劳动量大、地位卑微等特征。与之相比，“富农式家庭”由于土地充足、资金充裕、经商经验丰富、人际关系广泛，可自由支配家

---

① 乔启明：《中国农民生活程度之研究》，《社会学刊》1930年第1卷第3期，第1—43页。

② 毕任庸：《山西农业经济及其崩溃过程》，《中国农村》1935年第1卷第7期，第55—63页。

③ 文水县南白镇郝家堡村《阶级成分登记表》，1966年，文水县档案馆藏，档案号：44-9-5-45。

庭劳力，商业活动呈现出专业性强、规模较大、体力劳动弱、竞争力强等特征。

第一，商业等级较高，更具竞争性。“富农式家庭”经商类型灵活多样，以受雇在店铺中当掌柜或自开店铺当老板最为常见。同时，“富农式家庭”的商业活动具有时段性，通常“商人”是由店员做起，积累经验，逐渐攀爬至掌柜、经理等职。如孝义村的上中农任庆魁，从 1926 年起在北京通三益干果店当店员，1941 年任店铺写账，开始顶上 4—5 厘身股，相当于三掌柜，月工资 30 多元，此时店铺的资本约为 3 万元伪币。1949 年解放时，已经顶上 9 厘身股，担任总账，相当于二掌柜。1950 年店铺停业四五个月，后又与 16 人集股开业，资本为 2 万多元，本人集股金 1500 元，任经理。直到公私合营后，当了私方经理和私方代表，1962 年调到“协合祥”任私方经理，月工资 70 多元，拿 5 厘定息。[①]

第二，强烈的家族性与代际传承。家族性和地域性是晋商最主要的经营方式之一，晋商以地缘和血缘为纽带，以会馆为其活动场所，进行合伙经营，进而走向集团性、垄断性经营。通过对文水县的观察，发现经商的人群主要集中于一个或两个姓氏和家族之间，而且多是相对富裕的“富农式家庭”。这与他们的家族和财富基础不无关系，如岳村虽有岳、王、李、栗、闫等大姓，但经商的主要集中于岳姓和王姓；武良村的商人以李姓和蔚姓居多；孝义村的商人以张姓居多；永乐村的商人以武姓和梁姓居多。另外，依托固有的经商资源与人际网络，“富农式家庭”代与代之间的传承非常普遍。文水县的资料显示，“富农式家庭”后代的经商率要远远超过“贫农式家庭”和“中农式家庭”。

余　论

19 世纪末至 20 世纪初是中国历史上最为动荡的时期之一，其时战乱与灾荒频繁，国家对农民进行了超常的财政压榨。再加上晋中本就人口稠密，土地有限且贫瘠，导致农民收支严重失衡，普遍处于贫困化的境地，

① 文水县孝义镇孝义村《阶级成分登记表》，1966 年，文水县档案馆藏，档案号：34－2－29－20。

农民对传统农业的依赖度下降。因此，在经商风气盛行的晋中乡村，“脆弱”的农民在保留农业生产的同时，普遍从事商业活动，以弥补农业收入的不足，形成了特殊的“半耕半商”经济。这种生计模式使农民尤其是“贫农式家庭”有效应对了乡村危机，表明了小农经济的韧性。同时，在“半耕半商”的经济基础上，不同阶层农民从事的商业活动有明显的差异，商业活动具有典型的阶级性。

“贫农式家庭”由于土地不足，劳动力低廉，他们只能充当店员伙计等底层商人，收入有限，仅可满足维持生存的最低要求。有的缺乏资金，只能在农闲时做肩挑小贩，用微薄的利润换取有限的粮食。显然，“贫农式家庭”兼营商业属于生存推动的“糊口型经济”，更符合实体主义理论下的“道义小农”。与此同时，“贫农式家庭”遭受了来自国家财政的超常压榨，还要受到“富农式家庭”的高利贷盘剥，也符合马克思主义描述的被剥削者形象。

“富农式家庭”占有较多的土地，农田产量较高，主要依靠出租或雇人耕种，是典型的“经营式农场”。因为有充裕的资本和广泛的人际关系，他们多独立经营商业或在店铺当掌柜、经理等，经商主要为了营利和消费，类似于“资本主义企业家”。另外，为了维持较高的生活水平与社会地位，“富农式家庭”依赖较为成熟的市场体系与劳力体系，用农业与商业收入互相挹注，不断拓宽商业渠道，培养后代，表现出强烈的家族性与代际传承，更符合形式主义理论下的“理性小农”。可以看出，不同阶层的农民从事商业活动有其复杂性，表现出不同的生活逻辑，不能一概而论。